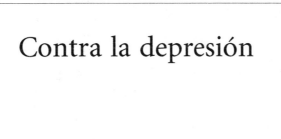

Contra la depresión

Seix Barral

Peter D. Kramer
Contra la depresión

Traducción del inglés por
Francisco Lacruz

Título original:
Against Depression

Primera edición: enero 2006

© Peter D. Kramer, 2005

Derechos exclusivos de edición
en español reservados para
todo el mundo:
© EDITORIAL SEIX BARRAL, S. A., 2006
   Avda. Diagonal, 662-664 - 08034 Barcelona
   www.seix-barral.es

© Traducción: Francisco Lacruz, 2006

   ISBN: 84-322-9669-4
   Depósito legal: B. 26 - 2006
   Impreso en España

A Grossmutti,
a los Omas *y los* Opas,
y a Eric y Lore

PRÓLOGO

Confío en que este libro demostrará su utilidad de maneras concretas e inmediatas. Quiero decir, para las personas que tienen que tomar decisiones sobre la depresión... Si deben tratarla, y cuán enérgicamente, en sí mismas o en alguien a quien aman. Estoy seguro de que se le puede dar esta clase de uso. A veces cuento historias sacadas de mi consulta, con el fin de decir qué le parece la depresión a un médico que trata de minimizar el daño que ésta causa. Hablo de la investigación reciente y de los tratamientos biológicos, tanto desde un punto de vista práctico como utópico, para enfocar un nuevo cuadro de la depresión, tal como ésta va apareciendo en la ciencia contemporánea.

Pero pienso que es justo aclarar que este libro tiene menos que ver con lo que se debe hacer, aquí y ahora, que con el significado. ¿Cómo entendemos la depresión? ¿Cómo la abordaremos? En estas cuestiones, tomo una postura decidida. He escrito un polémico e insistente alegato a favor de la proposición de que la depresión es una enfermedad, algo a lo que haríamos bien en enfrentarnos resueltamente.

Quizás piensen ustedes que no tenemos necesidad de semejante alegato. Cada vez más, nuestros gobiernos, estatales y federales, exigen que a la depresión le sea otorgada una plena categoría de enfermedad, con miras a la cobertura de los seguros y la determinación de la incapacidad. Los grupos de salud pública emprenden campañas contra la depresión. No puede haber controversia alguna sobre una creencia que ya tenemos.

Pero yo pienso que no la tenemos, al menos en el mismo sentido en que tenemos la creencia de que el cáncer es una enfermedad, es decir, de forma automática e íntima, como un hábito de la mente. Existe una perspectiva sobre la depresión que yo llamo *lo que es para nosotros*, con lo que me refiero, entre otras cosas, a lo que parecemos estar diciendo cuando revelamos nuestros pensamientos irreflexivamente. Podemos encontrarnos afirmando que un episodio de depresión está *justificado*, de un modo que no calificaríamos de justificado un ataque de asma, aun en el caso de que su causa estuviera clara. Asociamos la depresión con una postura artística heroica, una postura sin la cual consideramos que la humanidad podría empeorar. Admiramos los rasgos que pueden acompañar a la depresión, como la alienación, sin preguntarnos en cada caso si constituyen aspectos de una enfermedad. El que con frecuencia parezcamos valorar positivamente la depresión forma parte de lo que me lleva a creer que en absoluto valoramos la depresión como si ésta fuera una enfermedad más. De muy pocas enfermedades puede decirse que reformular su importancia es enfrentarse con lo que debería importarnos, y que ciertamente nos importa, mientras tratamos de vivir una vida buena.

Forma parte de la naturaleza de la polémica que surjan objeciones. Leyendo, protestamos: pero, pero, pero... De vez en cuando, hago una pausa para discutir puntos de vista contrarios. Más a menudo permanezco anclado en el esfuerzo por transmitir una perspectiva individual, *lo que es para mí*, pues he conocido muchos casos de depresión en aquellos que me importan, tanto en mi papel de psiquiatra como en mi vida privada. De vez en cuando, mi polémica adopta la forma de ensayo. En ocasiones, me deslizo a la ciencia ficción, imaginando una sociedad que ha derrotado a la depresión.

Del principio al fin, mi interés —¿qué vamos a hacer con la depresión?— ha determinado mi elección del contenido. Por ejemplo, hablo menos de psicoterapia que de medicación. Espero que quede claro, por los casos que he retratado, y por los hallazgos de la investigación que menciono, que la psicoterapia conserva un importante papel en el tratamiento de la depresión. Pero aunque los estudios más recientes de la psicoterapia han resultado tranquilizadores —confirman lo que ya estaba bien establecido, que los diferentes tipo de terapia funcionan—, a mi entender, no han sido productivos. Contribuyen sólo de forma marginal a la nueva interpretación científica de la depresión, la perspectiva que yo llamo *lo que es*.

Igualmente me he abstenido de comentar algunas intervenciones innovadoras. Entre ellas, la estimulación del cerebro, mediante imanes o corrientes eléctricas. Los nuevos tratamientos pueden demostrarse útiles; pero hasta ahora la investigación que han inspirado no ha afectado nuestros puntos de vista sobre la enfermedad.

En general, mi selección de los hallazgos de la investigación ha sido guiada por un criterio: ¿modifica las creencias fundamentales sobre la depresión? Los estudios de los últimos diez o veinte años han transformado las teorías imperantes sobre el ánimo y los trastornos del ánimo... y por tanto ampliado la distancia entre *lo que es* y *lo que es para nosotros*. Esta brecha, entre ciencia y valores, es mi tema.

Sobre la elección de las palabras: en su mayor parte, me inclino por hacer la distinción entre afección, el estado patológico de un organismo, y enfermedad, la mala salud que resulta de la enfermedad. Pero no soy demasiado escrupuloso con esta distinción, una tendencia que me parece excusable en el caso de lo que llamamos una afección mental, donde queremos decir una enfermedad que afecta a la mente. Igualmente, para variar, a veces escribo *trastornos del ánimo* donde quiero decir *depresión*. En psiquiatría, *trastornos del ánimo o del estado de ánimo* puede referirse a una amplia gama de estados, incluyendo estados de ansiedad, así como la enfermedad maníaco depresiva y sus variantes, los trastornos afectivos bipolares. En este libro, la expresión *trastornos del ánimo* casi siempre significa *depresión*; las escasas excepciones deberían quedar claras por su contexto.

Más: la depresión, en este libro, se refiere a lo que los psiquiatras llamamos depresión mayor unipolar, el estado caracterizado por episodios prolongados de humor deprimido, apatía, energía disminuida, falta de sueño y apetito, tendencia al suicidio, pérdida de la capacidad para experimentar placer, sentimientos de inutilidad y síntomas similares. Hablo del trastorno afectivo bipolar sólo de pasada, al considerar la melancolía heroica y el genio creativo. Sencillamente hay demasiadas cosas a considerar en lo que concierne a la depresión, tomada ésta en un sentido estricto. Cuando dejo a un lado la pluma, me siento desesperado por todo lo que he omitido.

Aun más de lo que ocurrió con mis otras obras, he confeccionado este libro en el transcurso de conversaciones con colegas míos. Ken Kendler toleró mis consultas telefónicas de forma regular durante los muchos meses en los que me dediqué a ordenar mis pensamientos sobre los nuevos estudios científicos de la depresión. Los siguientes eruditos y médicos mostraron su generosidad con comentarios, información, teorías, borradores de manuscritos no publicados, o compartiendo resultados de investigación preliminares: Bruce Charlton, Dennis Charney, Paula Clayton, Ronald Duman, Carl Elliott, Anna Fels, Philip A. Fisher, Alice Flaherty, Alexander Glassman, David Gullete, Alan Gruenberg, Leston Havens, David Healy, Stephan Heckers, René Hen, Steven Horst, Ronald Kessler, Donald Klein, Brian Knutson, K. Ranga Rama Krishnan, Lisa Monteggia, Charles Nemeroff, Dennis Novack, Harold Pincus, Paul Plotsky, Grazyna Rajkowska, Johan Schioldann, Yvette Sheline, Michael Stein, Graig Stockmeier y E. Fuller Torrey. A grandes trazos, he refundido estudios científicos dispares en una historia coherente sobre lo que es la depresión. Todos los errores que haya cometido son sólo míos.

Chuck Verrill, mi agente literario, cuidó de este libro desde su inicio, en los días que siguieron a los atentados del 11 de septiembre, cuando todos los esfuerzos editoriales parecían inseguros. Pam Dorman, el editor ejecutivo de Viking Penguin, conservó su fe en esta obra en cada unas de sus fases. No exageraré diciendo que la contribución editorial de Beena Kamlani fue capital. Me alentó y me llevó la contraria, con su estilo amable, en cada momento.

Contra la depresión es el quinto libro que mi esposa, Rachel Schwartz, me ha visto terminar. Sólo ella (y a veces yo) puede saber cuánta tolerancia, gracia y paciencia han sido necesarias.

Mis padres, mis abuelos y mi superviviente bisabuela llegaron a este país como emigrados de la Alemania de Hitler, poco antes y durante la Segunda Guerra Mundial. En sus vidas y en sus personas, demostraron —y en el caso de mis padres, continúan demostrando— que puede coexistir la resistencia con una medida exacta de complejidad y profundidad emocional. Con amor, con gratitud, con admiración, les dedico este libro.

LO QUE ES PARA NOSOTROS LA DEPRESIÓN

1

Poco después de publicar *Escuchando al Prozac*, hace doce años, me vi inmerso en una depresión. No la mía. Yo me encontraba en mis cuarenta y tantos y suficientemente satisfecho en esa larga travesía de la vida. Pero el trastorno del ánimo siempre estaba presente en mis contactos con pacientes y lectores. Mensajes de padres con niños deprimidos y maridos con esposas deprimidas atestaban mi contestador telefónico. Y cartas con historias personales rebosaban en mi buzón. Por su volumen, por sus características, esos escritos daban mucho que pensar; eran abrumadores, desorientadores. Y continuamente me llegaban mensajes no tan íntimos. Reporteros y entrevistadores agresivos me abordaban para que hablara de la importancia de las iniciativas de los laboratorios, de pleitos relacionados con los antidepresivos y de la legislación sobre la salud mental. Mis colegas me invitaban a participar en coloquios sobre terapias particulares. Defensores de puntos de vista partidistas del trastorno del ánimo me mandaban correos electrónicos con propaganda, pidiéndome que me sumara a su causa.

La palabra «inmersión» tiene connotaciones pasivas. Yo viví mi relación con la depresión de esa manera, viéndome sumergido por una marea. No esperaba que fuera así. Cierto, en mi libro yo había analizado la depresión... pero sólo para suscitar cuestiones que se alejaban un poco del tratamiento de la enfermedad mental.

Escuchando al Prozac nació de una afirmación que algunos de mis pacientes habían hecho: «Con esta medicación, soy yo mismo por fin.» Esos hombres y mujeres habían tomado un antidepresivo y experimentado una espectacular respuesta. Su episodio de depresión había terminado... E informaban también de otro cambio. Por temperamento cautelosos y pesimistas, incluso antes de su primer encuentro con la depresión, esos pacientes progresaban, con la medicación, hacia la autoafirmación y el optimismo. Este estado de confianza en sí mismos, al menos así lo afirmaban, representaba su verdadera identidad, se sentían ellos mismos, tal como estaban destinados a ser.

Yo había utilizado esta idea —*por fin yo mismo*— como un punto de partida para la reflexión. ¿Y si, en el futuro, parecidas medicaciones tuvieran el potencial de ir más allá de tratar un trastorno del ánimo? Había motivos para creer que incluso los antidepresivos corrientes podían a veces alterar rasgos de la personalidad, obligando así a la cautela. Teniendo en cuenta esto, ¿cómo deberían recetar los médicos? La pregunta se trasladaba de la ética médica a la crítica social: ¿qué exige de nosotros nuestra sociedad, respecto a la autoafirmación? Valorar la actitud de mis pacientes hacia los antidepresivos requería, pensé, prestar atención a grandes, perennes cuestiones. ¿Cómo identificamos el verdadero yo? ¿Importa el camino en el viaje a la satisfacción?

Eran los efectos adicionales de las medicaciones —sobre la personalidad, más que sobre la enfermedad en sí— los que provocaban esta línea de pensamiento. A fin de cuentas, durante siglos, los médicos han tratado a pacientes deprimidos, usando medicamentos y estrategias psicológicas. Cuando estos esfuerzos dan resultado, y restablecen la salud, nos sentimos agradecidos. Los dilemas éticos que me interesaban se encontraban en otra parte. Por extraño que pueda parecer, jamás imaginé que había escrito un libro sobre la depresión.

Pero los autores no pueden predecir o controlar el destino de sus libros, del mismo modo que los padres no pueden determinar la dirección de la vida de sus hijos. *Escuchando al Prozac* apareció en una época de gran interés por la depresión. Todo en esta dolencia tenía la capacidad de fascinar: diagnóstico, tratamiento, política de atención sanitaria, cuestiones de género, experiencia íntima. Cuando *Escuchando al Prozac* encontró lectores, se convirtió en *el* libro más vendido sobre la depresión. En las tiendas, se exponía al lado de los manuales de instrucciones sobre la manera de recuperarse del trastorno del ánimo o de vivir con los que están afligidos por él. Yo nunca había tenido la intención de que mi libro fuera *útil*. Pero los lectores escribían diciendo que *Escuchando al Prozac* les había guiado hacia una u otra solución a su depresión... gracias a que tomaron tal medicación, o que la evitaron.

Tal como pasa con un libro, así ocurre con su autor: allí donde sus lectores lo sitúan, allí acaba estando. La trayectoria del libro me convirtió en una autoridad sobre la depresión.

Una inquietante consecuencia de ello fue que recibí montones de relatos biográficos de trastornos del ánimo. Mi mesilla de noche gemía bajo el peso de textos mecanografiados y galeradas. Había relatos de depresivos sexualmente agotados, depresivos promiscuos, madres solteras urbanas, hombres de familia de pequeñas poblaciones, mujeres fatales, libertinos gais, celebridades, periodistas, curas y psicólogos. La colección representaba una profusión de autopatografías como ninguna generación anterior había conocido. Se me pedía que avalara estos libros, los examinara, los revisara para las editoriales, los valorara en medio de una guerra de ofertas.

Un psiquiatra se siente encantado —feliz— al ver una enfermedad mental liberada de su estigma. Pero, como lector, me sentía cada vez menos cautivado. Pese a su aparente variedad, las historias de depresión me resultaban angustiosamente uniformes. Su tema constante, su justificación, era la confirmación de una nueva realidad, que la depresión es una enfermedad como cualquier otra. La autorrevelación de los autores era un acto de testimonio, convertir una vergüenza privada en una aceptación sincera sobre un nada excepcional, y nada recusable *handicap*. Hasta aquí bien... un testimonio incontrastable de las ideas corrientes sobre la depresión, a menudo acompañado de consejos a los lectores para que buscaran una evaluación médica y, en caso de necesidad, tratamiento. Pero la mayoría de las veces, en estos relatos, se transparentaban pizcas de orgullo, como si el estar afligido por la depresión pudiera a fin de cuentas ser más enriquecedor que, digamos, un doloroso y desalentador encuentro con la insuficiencia renal. Aparecían expresiones como: «La depresión me devolvió el alma.» El regalo espiritual no era la autocomprensión que pudiera surgir frente a la adversidad. Pese a insistir en su normalidad, los relatos biográficos hacían que la depresión pareciera dignificadora.

Yo había admirado el primer puñado de esos libros, sobre todo por su coraje. Pero la décima confesión ya no me pareció tan valiente como la primera. Pronto llegué a mi límite. Inundado de esos relatos, me dije que debería completar la serie. Escribir el relato que terminara con todos esos relatos. La autopatografía final. Un relato personal de una depresión realizado por alguien que nunca (ésta sería mi pretensión) había sufrido realmente esa dolencia.

Si este proyecto ha ido más allá de una mera broma privada fue porque la depresión me había alterado, tal como la enfermedad y el sufrimiento siempre alteran a aquellos que los combaten. En mi caso, el punto de confusión era esa cuestión del encanto... el *glamour* de la depresión. Para el psiquiatra en ejercicio, la depresión es bastante lúgubre.

Es cierto que, entre los trastornos mentales importantes, la depresión puede mostrar una engañosa levedad, especialmente en sus primeras fases. Dependiendo de los síntomas predominantes, el depresivo puede ser capaz de reír, apoyar a otros, actuar responsablemente. Hay pacientes depresivos que participan activamente, incluso compulsivamente, en su propio tratamiento. Y la depresión, especialmente si se trata de un primer episodio en un adulto joven, es probable que responda a casi cualquier intervención: psicoterapia, medicación, el paso del tiempo. En mis tiempos en la facultad de Medicina, si un servicio de psiquiatría iba a la deriva, un cauteloso jefe aplazaba los ingresos hasta que le enviaban un depresivo con un buen pronóstico. La esperanza era que la recuperación del recién llegado restableciera la moral, tanto para el personal como para los pacientes.

Pero la depresión que yo trataba en mi consulta se había instalado para quedarse. La oscuridad era una característica que se prolongaba indefinidamente en mi trabajo. He visto a pacientes en Providence, Rhode Island, durante más de veinte años. En una pequeña consulta se acumulan los fracasos. Y cuanto más escribía, más disminuían mis horas de consulta. El resultado era que pacientes que aún no estaban bien llenaban muchas horas, junto con aquellos que retornaban para tratarse. Y la popularidad de *Escuchando al Prozac* hizo que las llamadas más fuertes a la puerta de mi despacho procedieran de familias con alguno de sus miembros afectado por la depresión y que habían dejado de progresar con otros médicos. Las circunstancias hicieron de mí un especialista en trastornos del ánimo que no respondían al tratamiento. Trabajaba en medio de una desesperación crónica.

Muchas consultas privadas tienen esta cualidad a medida que pasa el tiempo. La depresión leve es la depresión presente en los adultos jóvenes; esos pacientes eran los que los jefes de servicio preferían. El suicidio es siempre un riesgo; nos preocupábamos por él y nos protegíamos contra él. Sin embargo, la mayor parte de los pacientes de veintitantos y comienzos de los treinta iban por buen camino. Con frecuencia, lo que provoca un episodio agudo es algo evidente, de modo que hay algo que discutir... «el hecho desencadenante» y su relación con anteriores desengaños. La psicoterapia desempeña un papel central en el tratamiento. El médico se siente útil. Pero a medida que el paciente se hace mayor, los ataques de depresión se repiten con más frecuencia. Pueden aparecer espontáneamente nuevos episodios, sin ninguna razón aparente. Duran más, responden peor a cualquier intervención, y remiten (cuando lo hacen) más brevemente. Algunas funciones pueden quedar permanentemente dañadas... la concentración, la confianza, la autoestima.

Incluso en primeros episodios depresivos, habrá pacientes que respondan mal o de forma incompleta. Estos depresivos difíciles de tratar persisten en una consulta. Los remito a otros colegas para que busquen otras opiniones. Considero tratamientos nuevos y experimentales. A menudo, nada funciona... y a veces a la recuperación le sigue una recaída. Estos pacientes luchan contra corriente. Los conocía cuando —o poco después que— la promesa de una buena vida era aún evidente.

Para el psiquiatra, entonces, la depresión se convierte en algo íntimo. No es muy buena compañía. La depresión destruye familias. Arruina carreras. Envejece a los pacientes prematuramente. Ataca sus recuerdos y su salud en general. Para nosotros —para mí— la afirmación de que la depresión es una enfermedad es una verdad indiscutible. La depresión es debilitadora, progresiva e implacable en su recorrido cuesta abajo, un adversario duro y digno de respeto para cualquier médico.

En un aspecto importante, mi experiencia se distanciaba del testimonio aportado por los relatos biográficos: nunca he tratado a un paciente gravemente afligido que, al recuperarse, diga nada favorable de la depresión. Aunque es cierto que, cuando está preso en ella, un paciente quizás hable de que tiene un sentimiento de superioridad. Los que se resisten a la enfermedad se están perdiendo algo; algo que no reciben. Esta creencia trae consuelo en un momento de sufrimiento. Pero esa idealización raramente sobrevive a la depresión. Cuando se siente mejor, el paciente cuestionará esa línea de pensamiento. ¿Qué me pasaba? Confundía la enfermedad con la autocomprensión. Ha estado, literalmente, haciendo de la necesidad virtud. Mirada retrospectivamente, la depresión no tiene nada que la salve.

Fuera de las consultas, la tendencia a atribuir valor a la depresión es bastante corriente. La depresión puede dar la impresión de que personifica una postura moral o incluso política. Hay un punto de vista izquierdista que piensa que la depresión representa cierta distancia moral respecto de nuestra sociedad, una abnegación enfermiza, un minimalismo en contraste con el mercantilismo. Existe una perspectiva derechista sobre la depresión, también... la noción de que uno debe «aguantar» el sufrimiento, sin recurrir a remedios «fáciles» como el apoyo psicoterapéutico o la medicación. Desde cualquier punto de vista, de izquierdas o de derechas, hay una virtud en experimentar la enfermedad en vez de buscar un rápido y completo tratamiento. Al menos, a mí me parecía que había oído, de pasada, declaraciones de este tipo, declaraciones que sonarían muy extrañas si se dijeran de cualquier otra enfermedad.

Esas afirmaciones me enfurecían. Descubrí en mí mismo una actitud protectora hacia los deprimidos, un deseo de clarificación en nombre de ellos. Se diría que, al abrir mi despacho, yo había intentado llevar a cabo una amplia consulta psiquiátrica, extendiéndome hasta los trastornos de ansiedad, déficit de atención, retraso mental leve, esquizofrenia, problemas de pareja, lo que quieran. Pero si la psicoterapia enseña algo es que —más de lo que al principio estamos dispuestos a reconocer— cada uno es responsable de sus circunstancias. La suerte desempeña su papel, pero nosotros colaboramos. De niño, yo había conocido episodios pasajeros de depresión de bajo nivel con algunos parientes. Tal vez me propuse, de una manera sinuosa, proteger a los que amaba. Esta pasión podría resultar evidente —no me cuesta imaginarlo— en mis escritos. Quizás mis lectores me han juzgado como debían.

Cuando me concentré en las distintas valoraciones que se atribuyen a la depresión, empecé a disfrutar más de mi situación. A mi alrededor bullía un auténtico remolino de discusiones y suposiciones sobre la depresión. Me encontraba inmerso en una extraña corriente, llena de pecios y desperdicios. Comencé a recoger trozos que me parecían evocadores. Me encontré tratando de modelar una escultura mental, un *collage* multidimensional, a partir de fragmentos que habían llegado a mí.

Quizás un objeto aislado pueda servir de ejemplo de los fragmentos que coleccioné. Había terminado una charla, y me hallaba de nuevo entre el auditorio, en una conferencia regional sobre trastornos del estado de ánimo. El que me seguía en la tribuna era un psicoanalista. Describía su tratamiento de un paciente de mediana edad que había acudido en busca de ayuda por una depresión que había surgido de repente. Los principales rasgos eran torpor mental, obsesiva falta de confianza en sí mismo, baja autoestima. El analista tenía la impresión de que, durante toda su vida, el paciente había sido un egocéntrico, bastante satisfecho de sí mismo y carente de autocomprensión. De modo que el médico permitía que el episodio continuara. Esperaba que la pérdida de confianza motivase al paciente a comprometerse en una psicoterapia que erosionase su narcisismo.

Tiempo atrás podría haber considerado este enfoque como algo falto de interés... un ejemplo de un psicoanalista que «optimiza» el nivel de malestar de un paciente en aras de un proceso de autoexploración. Pero ahora —con los trastornos de humor de mis propios pacientes tan presentes en mi cabeza— hervía de cólera. ¿Había alguna otra enfermedad en la que un médico haría esta elección? Aunque un paciente tenga cáncer o diabetes y parezca que psicológicamente ha mejorado por ello —mostrándose más humilde, rebajando sus humos—, trataríamos la enfermedad decididamente. Nadie emplearía un argumento comparable, dejar que el síndrome siga, con otra enfermedad mental tal como la anorexia o la paranoia.

Me encontré a mí mismo pensando en los aspectos particulares de la depresión en ese paciente, el que había acudido al psicoanalista en busca de ayuda. ¿Qué decir de ese inexplicable trastorno en mitad de la vida en un hombre anteriormente confiado en sí mismo? Quizás el trastorno de humor era el resultado de un trastorno físico específico, externo al cerebro. La anemia puede causar depresión. En ese caso, ¿toleraría el analista ese trastorno sanguíneo para proporcionar el beneficio de rebajar la autoestima? Si el paciente se recuperaba espontáneamente, ¿podría el médico recomendar una sangría terapéutica? La idea era irritante, yo lo sabía, pero estaba bastante familiarizado con la brutalidad de la depresión para sentirme enojado por el orgullo del conferenciante al haber hecho esa elección, dejar que el paciente se debatiera con la enfermedad.

Causas aparte —anemia o no anemia—, la decisión de dejar la depresión sin tratar suscita una serie de inquietudes éticas y prácticas. ¿Quién asumirá la responsabilidad del daño que la depresión cause al matrimonio o a la carrera del paciente? ¿Quién garantizará que no se suicide... dado que el causarse daño a uno mismo es siempre un riesgo cuando existe un trastorno del estado de ánimo? ¿Y acaso no es simplemente mala fe —cuando una persona pide ayuda para una enfermedad— guardar silencio sobre potenciales tratamientos? El riesgo moral (para el doctor) se magnifica cuando el esperado beneficio colateral —mitigar un defecto de la personalidad— concierne a un problema que el paciente podría no reconocer.

Consideré mi disgusto como un signo de que aceptaba completamente el hecho de que la depresión es una dolencia. ¿Cómo no, dada la reciente acumulación de pruebas? Los científicos estaban demostrando que la depresión aparece asociada con anomalías específicas en la anatomía cerebral. La depresión era considerada como un factor de riesgo para el ictus y enfermedades del corazón. Y la depresión tiene su propio factor de riesgo; cuando más deprimido estás ahora, más propenso serás en el futuro al trastorno del ánimo crónico y recurrente, con su correspondiente daño al cerebro, los vasos sanguíneos y al resto del cuerpo. Seguramente la depresión se ha ganado su categoría de enfermedad en este sentido particular: los médicos deben tratarla.

Relacionándome con colegas, prestándome a entrevistas, tratando pacientes, poco a poco me fui dando cuenta cada vez más de una diferencia que existe entre dos aspectos de la depresión: *lo que es*, en la medida en que podemos reunir hallazgos de la investigación reciente, y *lo que es para nosotros*, es decir, la depresión tal como la abordamos informalmente. Nuestros hábitos mentales van con retraso. Tienen raíces en tradiciones que consideran la depresión, o su prima lejana, la melancolía, como un signo de conciencia enaltecida, desafección social, intuición moral o genio creativo.

Yo crecí en medio de esta tradición. En mis años de universidad, rasgos que parecen (y a veces sencillamente son) síntomas de un trastorno del estado de ánimo estaban de moda, la alienación especialmente. Por todas partes en la literatura aparecía el concepto de que darse un paseíllo por la desesperación era como un requisito para ser una persona completa. Yo veía coraje en las posturas melancólicas de mis compañeros de clase, jóvenes y mujeres antihedonistas, autodestructivos, que llevaban su depresión con garbo. Aun ahora, tras mis años de íntimo contacto con la depresión, yo no era inmune a sentirme fascinado... excepto que cuando caía en esa actitud, ésta parecía totalmente errónea.

Cuando hablaba en público, empecé a desafiar a mis auditorios sobre nuestro doble criterio. Utilizaba una pregunta-test: «Decimos que la depresión es una dolencia. ¿Significa eso que queremos erradicarla como hemos erradicado la viruela, de manera que ningún ser humano vuelva a sufrirla jamás?»

Al hacer esta pregunta, trataba de dejar claro que la simple tristeza no estaba en discusión. Tomemos la depresión grave, la definamos como la definamos. ¿Están ustedes conformes con librarse de esta enfermedad?

No importaba si me estaba dirigiendo a médicos o investigadores farmacológicos o familiares de pacientes gravemente afectados por la enfermedad mental... todos ellos defensores del «modelo médico de depresión». Invariablemente la respuesta era cautelosa. ¿A qué nos referimos exactamente por depresión? ¿Qué grado de gravedad? ¿Estamos hablando de modificar la naturaleza humana?

Yo consideraba esas inquietudes protectoras como expresiones de lo que la depresión es para nosotros. Si se le pregunta a alguien si está conforme con que se erradique la artritis, nadie dice: «Bueno, la fase final de la deformación, sí, pero dejemos que subsista el codo de tenista, el higroma y las primeras fases de la enfermedad reumatoide.» La esclerosis múltiple, la tensión sanguínea elevada, el acné, la esquizofrenia, la psoriasis, la bulimia, la malaria... no hay ninguna otra enfermedad con la que consideremos la posibilidad de que debe preservarse. Pero erradicar la depresión despierta todas las reservas.

Oponerse a la depresión demasiado directa o completamente es ser tosco y reduccionista... no comprender la tragedia inherente de la condición humana. Y no son sólo las variantes leves —los equivalentes psiquiátricos del codo de tenista— los que merecen protección.

Preguntado sobre la posible eliminación de la depresión, un miembro del auditorio puede responder con referencias a una novela que termina en suicidio. O quizás sea un artista, un poeta autodestructivo, el que toma la palabra. Estar deprimido —aun de forma bastante grave— es estar al corriente de lo que más importa en la vida, su finitud y brevedad, su carácter absurdo y arbitrario. Estar deprimido es adoptar la postura del rebelde y crítico social. La depresión es para nuestra cultura lo que la tuberculosis era hace ochenta o cien años: una enfermedad que implica refinamiento. La depresión grave puede caracterizarse como algo más que una enfermedad... una dolencia con connotaciones espirituales, o una fase necesaria en una búsqueda cuyos aspectos médicos son incidentales.

Yo conservaba cierta simpatía por esas afirmaciones, pero cada vez menos. Me llevó sólo un año o dos de inmersión en la depresión descubrir que me había apartado sustancialmente de las ideas comunes que respecto a ésta hay en nuestra cultura.

2

EL RETORNO

Con frecuencia, la depresión se va moderando de manera imperceptible. Pero de vez en cuando el cambio es repentino... de la oscuridad a la luz. La práctica médica contiene su parte de drama. Un paciente en coma se despierta. Una víctima de apoplejía, muda desde que se produjo el hecho, recupera el habla. Los oncólogos pueden ser testigos de la remisión espontánea de un cáncer aparentemente terminal. Pero para el médico, poco es lo que puede compararse con este particular retorno a la vida, el final de la depresión... especialmente si el episodio ha sido largo.

La relación del psiquiatra con el paciente es íntima. Si la psicoterapia desempeña algún papel en el tratamiento, ambos habrán estado sentados uno frente al otro, semana tras semana, quizás durante años. Debido al trastorno, el paciente puede haberse sentido atormentado por la culpa y mostrarse locuaz, revelándolo todo. La investigación revela la emoción y sus orígenes, inmediatos y lejanos. El doctor quizás ha seguido la vida interior del paciente más detalladamente que la suya propia... la coloración será más sutil, los rincones oscuros examinados más detalladamente. Y entonces llega el día.

«*Yo estaba saliendo de su despacho, iba hacia mi coche, y justo entonces, la depresión terminó. En un instante regresó el sentido de vivir en el mundo. Me senté ante el volante y dejé que las sensaciones me invadieran. Un transeúnte dio unos golpecitos en la ventanilla y me preguntó si me encontraba bien. Le dije: "Por fin."*»

O: «*Bajé de la cama y me di cuenta de que aquello ya no estaba conmigo. En el desayuno, me dije: "Esto no puede ser. ¡Desayunar!*

¿Cuándo fue la última vez que pude tragar comida por la mañana?" Y me serví un bol de cereales de los niños.»

O: «Llamé al despacho de Bill, para hablar con él, que se molestó por la interrupción. En el pasado, había tratado de complacerlo, presentarme como alguien saludable cuando sabía que no era así. ¿Cómo podía convencerlo de que esta vez era diferente? "Bill —le dije— Voy hacia ahí. No puedo esperar al almuerzo. Quiero que me veas ahora."»

El recuerdo de estos momentos nos sostiene en las horas bajas. Si podemos mantener vivo a ese paciente, si puede aferrarse a las estructuras que lo sostienen, tal vez llegue el día feliz.

«Levantarse» es un verbo que los pacientes utilizan. Hablan de que la depresión se levanta, como la niebla. «Mi mente estaba nublada», dicen. Y mencionan una insidiosa cualidad que tiene la depresión: ofusca la noción de las propias fuerzas. La depresión daña la capacidad de valorar el propio yo. «No comprendía cuán distorsionada estaba mi manera de pensar.»

Igualmente, la descripción puede hacerse de forma pasiva, como una carga que se está levantando. Un peso liberado de las espaldas, una carga de la mente. De nuevo, se pone de manifiesto una pasada distorsión de la conciencia. «Hasta que se me quitó, no tuve conciencia de lo pesada que era.»

Para mí, también, la gravedad de la depresión resulta evidente en la ligereza, el desahogo, que siento cuando alguien a quien estoy tratando se recupera.

La imaginación es un instrumento débil. Al recuperarse, el paciente será más vital y menos predecible que la persona que yo he estado tratando durante su enfermedad. Es como la diferencia que existe entre recordar a un amigo y estar un rato con él. Si es rápido e inteligente, a su regreso esos rasgos serán más marcados de lo que uno recordaba. Y tiene, además, otros rasgos. Olvidaste aquella tranquila mirada que te lanza, la que hace que tengas que valerte de tus propios recursos.

El contraste entre un paciente deprimido y un paciente recuperado es el contraste entre la ausencia y la presencia. Al deprimido le falta compleción. Sus intereses son estrechos, su repertorio de conductas, limitado, el relato de su propia vida pasada se ha vuelto repetitivo y rancio. Raras veces el deprimido sorprende. La fuerza de voluntad está ausente, así como la espontaneidad. La depresión es lo contrario de la libertad.

Cuando la depresión se va, la persona que emerge a la luz aparecerá fuerte, completa, humana. Hay otros matices y dimensiones. No es el caso de «mejor que bien», sino de «regreso a uno mismo». Esa persona a vuelto a ser quien era.

Si yo soy tan reduccionista, esas dramáticas y bien recibidas recuperaciones de la depresión son el motivo de ello. Resultan absolutamente convincentes. Ver al paciente sano es comprender cuán gravemente enfermo se encontraba durante todos aquellos meses.

Últimamente, en la era de la psicofarmacología agresiva, la brusca transformación se ha convertido en un hecho más corriente. «La semana pasada la medicación hizo efecto.» La recuperación en particular que tengo en mi mente tuvo lugar hace quince años, antes de mi inmersión en la depresión, antes del Prozac, cuando llevaba poco tiempo ejerciendo privadamente. Estos bruscos cambios eran más raros entonces. Tengo cada uno de ellos grabado a fuego en la memoria... Pero éste por una razón adicional.

Margaret era una paciente cuya depresión se hacía visible en su cuerpo. En la sala de espera, se sentaba, con los hombros hundidos, en la silla más lejana, mirando al suelo fijamente, ignorando mi entrada, moviéndose sólo cuando le hablaba. Cuando se aproximaba el día de su cita, yo me iba preparando para una hora de fatiga, dolor y frustración.

Y entonces, de repente, un jueves, allí estaba ella, próxima, erguida, los ojos abiertos, sonriendo cálidamente. No cabe error alguno sobre la gloriosa verdad de estos casos. La aflicción había desaparecido. Al entrar en la sala de consulta, Margaret se pellizcó, el signo universal de estar aquí, contra toda esperanza.

Con Margaret, el papel de la medicación no estaba claro. Tomaba antidepresivos sólo porque parecía sentirse peor sin ellos; habían transcurrido meses desde que le ajustara la dosis. Meses, también, en que la psicoterapia ya no funcionaba del todo. Aunque se produjo en medio del tratamiento, el cambio fue más bien espontáneo.

Qué extraordinario era tener a aquella Margaret ante mí. Su voz era enérgica, cuando había sido temblorosa. Su vivacidad, el ritmo de su discurso, su mente despierta... Cada aspecto de su comportamiento y actitud contenía una lección sobre el poder de la depresión para distorsionar la identidad. A pesar de que yo me había enfrentado con la depresión, activamente, lo cierto es que había infravalorado sus efectos. Este error es corriente. Incluso miembros de su familia tienden a olvidar cómo era antaño el depresivo, o a no dar crédito a su memoria.

La recuperación de Margaret tuvo lugar durante el transcurso de una noche. La mujer me la describió paso a paso:

> Yo estaba sentada cenando con Gregory. Éste charlaba de politiqueos de oficina. Mi cabeza se iba hacia pensamientos relacionados con mi propio trabajo. Pensaba en las maniobras que una de mis colegas había estado haciendo contra mí. Ya se la he mencionado, Callie, la directora de planificación. Resulta que Callie ha estado intrigando para absorber mi personal. Yo me encontraba en la mesa de la cocina, asintiendo con la cabeza cuando tocaba mientras Greg proseguía con su charla. Descubrí que había concebido un plan para pararle los pies a Callie, y, lo que es más, sabía que lo llevaría a cabo. Lo que me hizo darme cuenta de que me importaba. Tomé un bocado de la verdura. Era espantoso. ¿Cuándo había dejado de interesarme cocinar?
>
> ¿Debo situar ahí el momento? ¿Entre mi preparación del plato de berenjenas —no muy logrado— y mi recuerdo de Callie, una hora más tarde? Allí estaba yo ante Gregory, escuchando a medias, y vi que los resultados tenían importancia... el trabajo, la comida, lo que pasaría con nosotros dos.
>
> Le dije a Gregory: «Estoy curada.»
>
> ¿Cómo podía saber él lo que yo quería decir?
>
> Yo no dejaba de repetir: «No, mira. He vuelto.»

Margaret me puso al corriente de su nueva vida, porque así era como la llamaba. Habló de su aprecio por aquel hombre que había permanecido a su lado. Le divertían sus fallos, los mismos que sólo unas semanas atrás le producían desesperación.

Dijo: «He estado trabajando en el proyecto de consulta... rellenando los informes provisionales. No puedo creer que dejara a mi personal relajarse tanto. Y esa Callie... ¿cómo le di la oportunidad de que me pisoteara? Estoy trabajando en un plan para comerle el terreno. Soy astuta como una zorra.»

Margaret se había descrito a sí misma como dura, contundente. Pero yo nunca había visto que ejerciera sus poderes. Tal como Margaret había insistido desde el principio, no había sido ella misma... como solemos decir cuando hablamos de las enfermedades mentales. Había estado fuera de combate.

Así fue como empezó la sesión, conmigo viendo a Margaret recuperada por primera vez. Más tarde, en la misma sesión, me dejó sin palabras. Comprender esta reacción requiere cierto contexto.

Margaret había venido a verme hacía dos años. Tratando de causar una buena impresión, había llegado preparada para presentar la historia de su vida de una manera concisa. Y ofreció un resumen inicial. Tenía notas. Hubiera quedado bien en una reunión de negocios, excepto que no pudo mantener su compostura. Al cabo de unos minutos, Margaret rompió a llorar. Había llegado hasta aquí. ¿Cómo era que la depresión había retornado?

Margaret se encontraba entonces cerca de los cincuenta años, los últimos cinco en un exitoso segundo matrimonio. Estaba de nuevo en muy buenas relaciones con su hija Kate de veintitrés años, de la que había estado distanciada. La vida laboral de Margaret discurría otra vez por el buen camino. Debería haberse sentido satisfecha. Pero nada parecía tener importancia.

Este episodio depresivo de Margaret era el segundo o el tercero, dependiendo de cómo se valoren sus primeros años en la vida adulta. ¿Es innata la tendencia a la depresión?, preguntó Margaret. El padre de Margaret había sido alcohólico, y Kate estaba pasando también por un episodio de alcoholismo.

Margaret describió una infancia negativa propia de un cuento de hadas... Cenicienta o Blancanieves. Tenía un hermano, un alegre peleón al que su madre, la figura fuerte de la familia, había favorecido siempre. De niña, Margaret había sido constante y meticulosa; su extravertida madre criticaba a Margaret por su autocontrol, su mente prosaica. El padre de Margaret había sido cariñoso, si bien de poco carácter. Murió mientras ella estaba aún en el instituto. Por entonces, Margaret empezó a flaquear.

Margaret se volvió, más que triste, pasiva. Dejó de protegerse de los hombres posesivos. Los malos tratos que permitía eran verbales, el tratamiento que ella había recibido de su madre.

Este tipo de conducta es algo que nuestra sociedad produce con regularidad. Los hombres dominantes son atraídos hacia las mujeres vulnerables. Les atraen todo tipo de fragilidades: baja autoestima, drogadicción, ansiedad social. Pero la depresión es un responsable principal. Cuando contó la historia, llegué a sospechar que Margaret había estado deprimida a sus veintipocos años. Ciertamente, había tenido dificultades.

Avanzó hasta la graduación y luego hasta una universidad pública de Medicina, todo ello en medio de una especie de niebla. Un joven profesor, diez años mayor que ella, llegó en su rescate y se casaron.

El matrimonio parecía exactamente lo que Margaret necesitaba. Una carrera, una hija, tiempo con los amigos. Los aspectos desagradables de los años universitarios se habían borrado. El marido sabía cómo navegar por la vida... proteger a Margaret de su madre, preparar el salto de Margaret del sector académico al privado, en una empresa de seguros sanitarios. Con la ayuda del matrimonio, Margaret disfrutaba de los placeres de la condición adulta. Las cualidades de las que su madre se había burlado —franqueza, atención al detalle— le servían estupendamente a Margaret.

Y entonces de nuevo la vida de Margaret volvió a descarrilar. Las aventuras de su marido salieron a la luz. Durante años, había estado manteniendo relaciones con estudiantes. Ahora había dejado embarazada a una joven. Quería irse a vivir con ella. E hizo una lista de los defectos de Margaret. Sus gustos era prosaicos. No estaba interesada en las cuestiones mentales. No era una compañera alegre. Margaret sabía que esas quejas eran una excusa fácil, lo que un hombre dice para justificar su aventura con una joven. Pero, al igual que las pullas de su madre, aquellas acusaciones hicieron tambalear la confianza de Margaret. Realmente era tan poca cosa. ¿Y qué me dices de haber elegido a ese hombre? ¿Podría volver a confiar en su juicio?

Cuando se abrió el abismo a sus pies, Margaret acudió en busca de consuelo con un amigo. El marido echó entonces a Margaret de casa, utilizando su breve aventura como justificación. Y entonces la mente de Margaret dejó de funcionar. No era capaz de tomar decisiones. No comía ni dormía. Empezó a pincharse en las muñecas, usando agujas de hacer punto. Ese impulso hacia la autodestrucción la condujo hacia un sentimiento de culpa abrumador. Era una madre con una hija adolescente.

El primero (o segundo) episodio depresivo, ocurrido a los treinta y tantos años de Margaret, duró veinte meses, con la máxima intensidad, y persistió durante dos años más. Margaret cubrió las apariencias. Alquiló un apartamento, lo arregló para cuando fuera a visitarla su hija. En el trabajo, Margaret pensaba que estaba aguantando el tipo, pero sus compañeros la encontraban despistada. Había sido toda una mujer y ahora había adelgazado de forma alarmante. La hija seguía sin venir, más disgustada con el único y breve *affair* de su madre que con los múltiples y prolongados de su padre. Antes de que Margaret pudiera movilizarse, el marido se había marchado con Kate, a la universidad, donde su embarazada estudiante había encontrado un empleo. En el trabajo, a Margaret le rebajaron de categoría. Se hizo evidente que gran parte de su vida social había dependido de un matrimonio intacto y de la categoría universitaria de su marido.

Y nada hacía mella en el trastorno del ánimo de Margaret. Los antidepresivos producían sólo efectos secundarios. Las medicaciones habían sido administradas de forma irregular por psiquiatras que preferían la psicoterapia pero que luego levantaban las manos impotentes frente a ese depresivo que no respondía. Donde la terapia ayudó, en el caso de Margaret, fue en crear una clara conciencia de que los defectos que ella atribuía a los miembros de su familia no eran imaginarios sino reales, constantes y perjudiciales para su desarrollo. La madre había sido cruel, el padre débil, el hermano desatento. Y el marido era tan egocéntrico y falso como Margaret recordaba. La terapia puso en duda la idea automática de Margaret de que las decepciones y rechazos con que ella se encontraba surgían de su propia insignificancia esencial. No obstante, al igual que la medicación, estos descubrimientos parecían ejercer poco efecto en la enfermedad.

A su debido tiempo, la depresión menguó. Recuperada, Margaret confió aún más en la cautela. Se dice que los depresivos son especialmente perceptivos. Algunos, sí. Pero Margaret no tenía mucha psicología, y lo sabía. Malinterpretaba o ignoraba las normas sociales. Sus reacciones eran poco matizadas. No encajaba con ningún patrón femenino ideal. Le encantaba jugar con datos y con gráficos organizativos. Sus amigos masculinos consideraban un desafío «hacer una mujer de ella» sacando a la luz sus aspectos vulnerables. Como era propensa a las relaciones descompensadas, Margaret no podía permitirse cometer más errores que la pusieran en peligro. Se volvió cautelosa cuando se aproximaba a los hombres.

Poco a poco, Margaret volvía a juntar los elementos de su vida: la carrera, la relación con la hija, los amigos supervivientes. El lugar de trabajo había servido a Margaret especialmente bien. Algunas colegas habían tratado de proteger a Margaret durante sus años con problemas. Ella llegó a confiar en esas mujeres de un modo más general, trasladando a ellos el centro de su vida social, lejos de la comunidad universitaria.

Un amigo le presentó a Gregory, un ingeniero que tenía su propia empresa, así como su propia historia de infidelidades matrimoniales. Durante algún tiempo, la relación fue titubeante, más bien centrada en actividades de grupo. Con el tiempo, Margaret decidió que Gregory era digno de fiar. La boda fue un hecho simbólico importante, que auguraba nuevos comienzos.

Según su propio relato, desde su recuperación, Margaret había llevado una vida satisfactoria, construida en torno al trabajo, la maternidad, el matrimonio y los amigos. El nuevo episodio de depresión se presentaba sin ningún motivo aparente.

En sus sesiones conmigo, a Margaret le había costado revelar la amplitud de sus síntomas. Volvía a pincharse las muñecas, sin saber por qué. Ni comía ni dormía. La vida era uniformemente chata, excepto por la fluctuación de sus sensaciones de dolor.

Margaret y yo charlábamos semanalmente. Trabajábamos con medicaciones, las pocas que estaban disponibles por entonces. La investigación ha demostrado que la psicoterapia y la medicación ayudan a mejorar la depresión y que ambas en combinación dan mejores resultados que por separado. La respuesta de Margaret al tratamiento era modesta, y en ocasiones paradójica. La psicoterapia le proporcionaba a Margaret un sentimiento de seguridad; en su nuevo estado se sentía más libre de obedecer sus impulsos y atacar sus brazos con agujas de hacer punto. Aumenté la dosis, incluyendo otros medicamentos, sin ningún efecto... Hasta que un día, una de esas combinaciones en particular funcionó: Margaret perdió la compulsión a herirse ella misma.

Pero permanecían elementos sustanciales de la depresión. Para Margaret, su apatía era una forma de tortura. Su entusiasmo había definido su personalidad.

Margaret tenía un escaso impulso autoprotector. Le daba lo mismo vivir que morir... aunque tenía miedo que «descubrieran» su depresión. Se esforzaba por aparentar un afecto normal hacia Gregory y hacia sus empleados. Quería que su hija se sintiera amada; pero para Margaret, en la niebla del prolongado episodio de la depresión, muchos de los componentes del amor —el afloramiento de sentimientos, las esperanzas para el futuro— eran de difícil acceso.

Si se tratan con medicación y psicoterapia, incluso segundos y terceros episodios de depresión deben moderarse en semanas. Cuando la depresión perdura, los psiquiatras se preocupan. Hemos visto demasiado; sabemos cómo pueden llegar a ser de corrosivos los trastornos del estado de ánimo, cuán capaces de destruir el yo.

Mis primeros encuentros clínicos con la depresión supusieron espantosos sufrimientos. Yo estudié y me preparé en los años setenta. La formación psiquiátrica, tanto en la facultad de Medicina como en mi residencia, empezó en la sala de pacientes internados. Si bien los pacientes eran hospitalizados de forma más liberal por aquel entonces, las poblaciones de las salas estaban dominadas por los gravemente debilitados. Las medicaciones se usaban con moderación. Las enfermedades seguían su curso.

En sus últimas fases especialmente, la depresión presentaba un aspecto típico. Mirada vacía, ojos bajos, entrecejo fruncido. La cabeza apoyada en una mano, o la cara tapada por la otra. Esta expresión es la que los artistas han reproducido durante siglos, lo que los doctores llaman la *facies* de la enfermedad. La depresión tiene también un *habitus* —el cuerpo desplomado e inerte, los músculos flácidos. Yo vi la cara y la postura de la depresión repetidamente en mi período de preparación— no solamente en la sala de psiquiatría sino también en el hospital general y en la clínica de pacientes externos. La depresión en su fase final era corriente.

La cara y la postura son producto del *curso* de la depresión. Revisando el gráfico de los enfermos internos de grado avanzado, podían verse anotaciones que se remontaban décadas. Hospitalizaciones recurrentes, recuperaciones incompletas. Y luego, escondidas en el dorso del gráfico, quizás, notas de la entrevista inicial. Éstas contenían una descripción de algo parecido a un paciente de «buen pronóstico», del tipo que podría ser admitido para despertar esperanza en un servicio muy castigado... o asignado a un residente.

La inmovilidad torturada era uno de los posibles destinos para los deprimidos, un *terminus ad quem*. Algunos se suicidarían. Muchos mejorarían. Algunos cambiarían la depresión por la «neurosis» no específica, que en aquellos años era el diagnóstico psiquiátrico más corriente. Pero muchos se dirigían hacia ese triste destino. Trabajar primero con los pacientes más enfermos daba a cada estudiante un cuadro de la curva de la depresión. Incluso los depresivos jóvenes, más sensibles al tratamiento, pueden terminar ahí.

Hoy encontramos la cara de la depresión con menos frecuencia. Creo que si el tratamiento funciona —y aquí no me refiero a ningún tratamiento en particular, sino a la empresa psiquiátrica, a todos los recursos contra la depresión— es en parte porque la fase final de la depresión es más rara. Ahora lo que vemos es un cuadro más sutil: un funcionar sin propósito fijo, disminuido, memoria irregular y escasa capacidad de concentración, intensa apatía, tendencia a las lágrimas y una aplastante sensación de sufrimiento. Los síntomas tienden a mostrar altibajos. El depresivo puede tener una o dos horas buenas al día, y suficiente energía para disimular durante un rato más. Éste es el progreso que hemos hecho... de lo horroroso a lo terrible.

Sin embargo, este paciente podría ser el que perdamos para siempre. De modo que cuando los síntomas depresivos se instalan para quedarse, los médicos tienen una tendencia contra la que Freud advertía, el celo terapéutico. Con Margaret, cuanto menos ayudaba la medicación, más decidido estaba yo a curarla con la psicoterapia. Pero resultaba difícil hallar el camino.

Margaret se quejaba de decaimiento. ¿Admitía interpretación ese síntoma? Muchos pacientes deprimidos son apáticos, y vienen con diversas historias. La apatía forma parte del síndrome. Sí, Margaret estaba decaída hoy, frente a un particular desafío, pero lo estaba también muchos días, sin ninguna razón aparente. Raras veces tenía yo la optimista impresión de que interpretar ese letargo —su origen, sus características— nos haría avanzar.

A menudo yo trataba de proporcionar lo que cualquier persona herida necesita: esperanza, firmeza, apoyo. Podría decidir simplemente bajar el volumen, pasar de puntillas ante el significado aparente. Margaret se quejaba de su incapacidad para sentir lo que una madre debía sentir hacia su hija. A veces, yo me refería a la herida que Margaret había sufrido cuando Kate decidió marcharse con su ex marido, o, en múltiples ocasiones, durante la propia infancia de Margaret, cuando miembros de su familia habían correspondido a su afecto y devoción con insultos o rechazos. Pero a menudo me inclinaba por una respuesta que se ajustara al médico: «Sí —podría decir—, eso es un síntoma de depresión. En mitad de un episodio, resulta difícil reunir sentimientos cálidos o la energía para transmitirlos. Así es la enfermedad. He visto a pacientes recuperarse de situaciones peores.»

Yo permanecía junto a Margaret, en solidaridad con ella y luchando contra su dolencia. Más que interpretar sus autoacusaciones, procuraba argumentar para relativizarlas y hacerlas a un lado: «Lo ves de ese modo cuando estás deprimida.» Mi objetivo era poner cierta distancia entre Margaret y sus certidumbres negativas.

La depresión distorsiona las proporciones de las cosas buenas y las malas que uno recuerda de sí mismo y de los demás. Mi *Yo* es inadecuado e inútil; *ellos* tienen razón al rechazar a ese *Yo* necesitado, equivocado. Habría sido un disparate creer a pie juntillas cada una de las afirmaciones de Margaret... excepto como expresiones de su estado actual. Además, Margaret había pasado por algo del trabajo duro que implica una psicoterapia tradicional durante su primer ataque de depresión. Ahora, sus autoexploraciones eran repetitivas y mecánicas.

Nuestras sesiones funcionaban como una especie de almacén para el dolor. Como Margaret lo traía a la sesión, podía enfrentarse con el mundo el resto de la semana. Mi papel era ayudar a Margaret a mantenerse firme en su trabajo y en su matrimonio. Ayudarla a conservar su relación con Kate. Mantener a Margaret unida a la vida.

Mi preparación había consistido en terapias en profundidad, las que tratan el conflicto inconsciente. Y aquí la depresión tiende trampas al psicoterapeuta. Los deprimidos parecen candidatos ideales para el tratamiento. Los deprimidos están dañados en su capacidad para experimentar sentimientos. Muchos han sufrido tempranos traumas y posteriores crisis de confianza. En mitad de un episodio, los deprimidos tienen acceso a una biblioteca completa de recuerdos negativos. No saben decidirse, como si estuvieran emocionalmente desgarrados, enfangados en la inseguridad.

Yo sabía que, en sus años buenos, Margaret había sido menos introspectiva y más orientada a la acción que la perturbada figura que tenía ante mí ahora. Pero ¿cómo podía sentarme con Margaret y no explorar las cuestiones obvias... si estaba paralizada por la ambivalencia sobre las personas y los papeles que definían su vida?

¿Se había debilitado el vínculo de Margaret con Gregory por la desconfianza hacia los hombres en general? Cuando ella proporcionaba aliento a su hija, ¿despertaba ese esfuerzo difíciles recuerdos de aquella madre tan crítica? El apoyo que Kate había dado a su padre, en la época de la crisis, ¿había dejado a Margaret permanentemente reacia a la maternidad? Seguramente el entusiasmo de Margaret por su carrera estaba alterado por recuerdos de sus orígenes en los espantosos años en la universidad y el fracasado primer matrimonio.

Durante gran parte del siglo pasado, se consideró que la depresión procedía de un particular tipo de lucha interior. Cuando el amor se entrelaza con un odio tan vergonzoso que no puede ser aceptado, el resultado es un agotamiento de la energía y una inhibición de la acción. Nos disgusta, o sentimos miedo, o desdén, por nuestro marido, hija, madre y carrera profesional, aunque nos decimos a nosotros mismos que deberíamos amarlos. Esta ambivalencia da lugar a un sentimiento de culpa, odio hacia uno mismo y finalmente depresión. Hoy los terapeutas se han distanciado en cierta medida de esta serie de creencias. Con todo, era difícil no considerar la depresión como el secreto de Margaret, una crítica cruenta de sus circunstancias... matrimonio, maternidad, trabajo, la inversión total de una vida moderna «realizadora», en la que todos y cada uno de sus elementos le habían mostrado sus propias carencias.

La empatía es una herramienta de la psicoterapia. Reflejar el estado de ánimo del paciente con gran exactitud puede ser estabilizador, sedante, tranquilizador. Pero ¿qué emociones debemos reflejar?

En la terapia, me encontré reemplazando a Margaret. Ella informaba de que Kate había obtenido un ascenso en el trabajo. «Debes de estar orgullosa», decía yo.

En realidad, a Margaret casi no le afectaba. Orgullosa, sí, si tomamos en cuenta una débil versión del orgullo, conseguida con dificultad. Este aspecto de la depresión es uno de los más dolorosos: el distanciamiento de los sentimientos que concuerdan con los propios valores, la incapacidad de valorar las cosas que uno *debería* apreciar. Cuando interpreté mal esta dificultad, Margaret estuvo cerca de regañarme. ¡Que yo, nada menos, le atribuyera orgullo! Cuando lo que yo estaba tratando era una ausencia de sentimiento...

Y entonces yo podría decir... ¡cuán difícil no poder dar importancia a las cosas!

Esa especie de empatía podía provocar en Margaret una caída en barrena. ¿Era una madre descuidada? En su estado deprimido, Margaret era tan propensa a la autoacusación que estaba abierta a aceptar cualquier hipótesis, mientras ella apareciera como la culpable. La psicoterapia se basa en la capacidad del paciente para corregir al terapeuta: «No, no es así.» Margaret me corregía sólo si la alababa.

Pero ahora me corrigió. Nos encontrábamos al final de la sesión en la que Margaret había anunciado su recuperación. ¿Estaba yo esperando las gracias por haberla librado de su dolencia? La prioridad de Margaret era poner las cosas en su sitio.

Me miró a los ojos y dijo: «Estoy enfadada con usted por apremiarme tanto. Usted me exigía demasiado... en el trabajo, o con Gregory. Usted trata con la depresión a diario. ¿No sabía cuánto me cuesta cada esfuerzo?»

Éstas son imágenes que tengo grabadas en la memoria: primero, ver a Margaret recuperada. Y luego, mientras estoy sentado satisfecho conmigo mismo ante ella... tenerla ahí, directa al grano, llamándome la atención. Yo había escogido mal el enfoque de la psicoterapia.

La queja de Margaret no era enteramente justa. Como yo me preocupaba por su carrera y matrimonio, le había exigido ciertos comportamientos. La había alentado a perseverar en el trabajo, aunque el empleo hubiera perdido todo significado para ella. Me gustaba ver a los pacientes mantener la apariencia de una vida normal. Algunas veces es rentable pedir milagros.

Pero entonces ella añadió una segunda acusación: «Aquí, en la consulta, también.»

Comprendí la queja y me mostré de acuerdo con ella. Había apremiado a Margaret emocionalmente con demasiada fuerza. No a menudo. En unas cuantas sesiones en el transcurso de dos años, la había forzado para establecer conexiones... preguntando a Margaret si así eran las cosas. Y ella había dicho, sí, exactamente, precisamente así... incluso había subido la apuesta. Pero los oscuros sentimientos contradictorios, sobre Gregory y Kate especialmente, eran la enfermedad. Por lo general —mentalmente sana— Margaret era una entusiasta. Si Margaret había parecido ambivalente respecto a su marido y su hija, eso se debía a que había estado sufriendo apatía y pesimismo. Cuando sencillamente no puedes sentir calidez o cariño, entonces las decepciones y humillaciones pasadas desempeñarán un papel desproporcionado en tu paisaje mental.

Mientras nuestra sesión se acababa, recordé a otro paciente, un hombre cuyas reflexiones culpables desaparecieron cuando su depresión terminó. «Estoy quemando mi diario —me dijo—. Era como una víctima de la tortura confesando fantásticos crímenes que nunca ha cometido.» Ese recuerdo me ayudó a comprender el origen del resentimiento de Margaret. Ella quería saber por qué, en nuestras sesiones, le había otorgado a un impostor —la depresión— semejante categoría. Yo había estado negociando con un gobierno de ocupación —la depresión de Margaret— mientras el legítimo gobernante de su mente se encontraba en el exilio.

Con frecuencia, la tarea del terapeuta es sencilla. Imaginemos a un hombre trastornado que se muestra hostil con las mujeres, de un modo que interfiere con su propia felicidad. Secretamente, permitámonos suponer, tiene miedo a las mujeres, porque se considera necesitado e inadecuado, y por tanto vulnerable... de manera que ha construido esa defensa, el desprecio. Su sed de afecto da lugar, paradójicamente y contra su propio interés, a la agresión. Aquí, el terapeuta tiene que seleccionar la emoción que requiere ser reconocida, de modo que con el tiempo el cuadro entero aparezca. El terapeuta podría decir: «Usted desprecia a las mujeres», o: «Tiene usted miedo de las mujeres», o: «Usted las adora», y en cada caso el terapeuta tendría razón. Esas emociones pertenecen al hombre; por más que sean contradictorias, son suyas.

La pretensión de Margaret era que, en su mayor parte, su caso no era de ese tipo. Las emociones —aquellas que habíamos examinado durante los meses en que ella estaba deprimida— venían impuestas externamente por el desencadenamiento, y luego la persistencia, de una enfermedad. Mi empatía estaba fuera de lugar, mis interpretaciones, mal basadas. Margaret no era su sentimiento de culpa, ni tampoco la indiferencia.

Decepciones pasadas podrían haber herido a Margaret y hacerla vulnerable a las reapariciones de la depresión, incluyendo esta aparentemente espontánea recaída. Posiblemente, antes de su anterior psicoterapia, los recuerdos del daño pasado ejercían los posibles efectos perturbadores que unas experiencias mal digeridas imponen a la mente. Pero esos mismos recuerdos no podían, en ningún sentido importante, causar o mantener las incapacidades que Margaret sufrió durante su último episodio depresivo, el que había surgido de repente.

Margaret nunca tuvo dudas sustanciales sobre la maternidad, la carrera o su matrimonio actual. Una enfermedad le había robado sentimientos que verdaderamente eran suyos e impuesto otros. Margaret era la que experimentaba estos sentimientos depresivos y los comunicaba en la psicoterapia; pero no surgían de, o tenían sólo unas débiles raíces en, la psicología que mostraba en estado saludable.

Más tarde, leyendo una novela de Philip Roth, tropecé con un pasaje en el cual un político progresista recuerda sus erróneas reflexiones sobre el comportamiento de un político del ala derecha despreocupadamente disoluto: «En el nombre de la razón, uno busca algún motivo superior, algún significado más profundo... Era todavía costumbre mía en aquellos días mostrarme razonable sobre lo irrazonable y buscar complejidad en las cosas sencillas.» Con el tiempo, yo me sentí así en mi enfoque sobre la depresión de Margaret. Había atribuido demasiada importancia a un oponente arbitrario.

Durante las siguientes semanas, llegué a conocer a una Margaret saludable. Era una mujer firme, responsable, muy competente. Era ecuánime y franca... ni una onza de neurosis en ella. Había naturalidad en los amores de Margaret, su hija, Gregory. Su trabajo la entusiasmaba; lo que otros hubieran considerado insulso, ella lo encontraba absorbente.

Me he referido a una sensación de sentirse completo que parece estar ausente en los deprimidos. Sienten que les faltan algunos elementos del yo. Como espectadores, podemos sentirnos tentados a completarlos, utilizando nuestra imaginación para suplir intenciones, deseos o creencias, a fin de proporcionar una coherencia que parece faltar. En el proceso, podemos crear un falso drama; el depresivo corre un riesgo similar, el de atribuirse a sí mismo motivaciones (especialmente las que inducen a la culpa) que *deben* estar presentes para explicar unos sentimientos o su ausencia.

Recuperada, Margaret era una persona mucho menos compleja de lo que había parecido en medio de su depresión... lo que era totalmente beneficioso, desde su punto de vista y del mío. Era sencilla y vital, sencilla y se sentía completa. La persona completa, la que tenía delante, era alguien en buena parte libre de problemas.

Margaret no tenía ningún sentimiento de culpa... Ese cambio por sí solo habría sido notable. Allí donde sus emociones eran contradictorias, se perdonaba a sí misma, apoyándose en los tópicos del momento. «¿Que odio a veces a mi hija? Mira, es una generación de ingratos. ¿Quién no aborrece a estos chicos alguna vez?» Los sentimientos negativos no provocaban una ambivalencia paralizadora. Eran brisas pasajeras. Margaret adoraba a su hija, de forma simple, directa. La estructura emocional de Margaret era menos retorcida de lo que cualquier teoría psicológica de la depresión hubiera predicho.

Era risueña, franca, alegre. Llamaba a las cosas por su nombre. No tenía reparos en ser dura. Era una persona desacomplejada, nada propensa a la introspección.

Si bien Margaret se sentía inclinada a avanzar, yo no. Para mí, la vacilante psicoterapia encerraba una lección: que la depresión era aún más patológica de lo que yo me había imaginado. Uno reúne estas lecciones... Mucho antes de mi proyecto, me dedicaba a reunir historias de pacientes, como hace cualquier médico. Aquellas estupendas, sumamente bien recibidas, recuperaciones, cuando era lo bastante afortunado para ser testigo de alguna, parecían reforzar la cuestión: la depresión es más retorcida de lo que imaginamos, más enajenadora del yo, más diferente.

Superficialmente, la depresión a veces se parece a esa intensa emoción que le hace a uno alzarse en oposición al corrupto mundo. Esta impresión puede venir de la evidencia de los síntomas; la depresión parece una huelga de brazos caídos. O puede surgir de la tendencia de los depresivos a actuar impulsivamente. ¿Quién se pincharía en los brazos sino una persona apasionada? A decir verdad, el pincharse es un intento de sentir alguna cosa, lo que sea. La depresión es ausencia de sentimientos.

Simplemente, nombrar las emociones —«te sientes muy culpable»— es prestarles legitimidad. Con Margaret, al emplear los elementos más básicos de la terapia —empatía, interpretación aproximada, la búsqueda de un significado—, yo me había puesto del lado de la enfermedad y contra la persona que Margaret era cuando estaba sana. Los sentimientos que yo había puesto de relieve en Margaret eran extraños a ella. Los experimentaba, los comunicaba, pero en cierto sentido no eran suyos.

No pienso exagerar mis dudas sobre el tratamiento de Margaret. El episodio de depresión en el que trabajamos juntos terminó antes y con menos daños posteriores que el que lo había precedido. Yo estaba abierto a la posibilidad de que le había hecho a Margaret algún bien. Estoy indicando una de las múltiples experiencias que me convencieron, de forma acumulativa, íntimamente, de que la depresión se comprende mejor como dolencia.

Uno desea no tener que negociar con impostores. Ver a Margaret durante las semanas posteriores a su recuperación me recordó cuánto aprecio la seguridad en uno mismo y la satisfacción. Resultaba maravilloso oír cómo ella se abría paso a golpes de machete a través de los matorrales del mundo de los negocios.

Muchos deprimidos, cuando se encuentran en un episodio depresivo, están malhumorados e introspectivos. Margaret no tenía esa tendencia. Su manera de ser dejaba el período de la depresión claramente delimitado. Si un ataque de depresión se presenta sin causa evidente, si la mentalidad a que da lugar es distinta de las actitudes usuales del paciente, si el episodio termina limpiamente... esa secuencia contiene algo de lo que queremos decir cuando hablamos de que la depresión es una patología. En una discusión sobre la erradicación de la depresión, todo aquel inclinado a defender esta idea incluiría casos como el de Margaret.

Pero me acuerdo del anterior episodio depresivo de Margaret, tras su descubrimiento de la traición de su primer marido. Aquel episodio fue prolongado y perjudicial, pero sus causas era obvias. El hecho de que el episodio fuera *comprensible*, ¿influye en nuestra actitud hacia él? ¿Y qué hay de los años de universidad? Las dificultades de Margaret entonces encajaban en una serie de categorías disponibles: duelo, inmadurez, adaptación adolescente. Ese episodio, si lo hubo, provocaría problemas en la discusión de la erradicación; pero, mirándolo retrospectivamente, podemos sentirnos obligados a considerarlo una enfermedad. Y con buenos motivos sobre bases adicionales: incluso a una edad temprana, la depresión suave puede distorsionar la memoria y la identidad. Y esos primeros episodios pueden generar impostores... es decir, rasgos que son extraños al yo.

«Enfermedad» es un concepto que comprendemos gracias a la costumbre. La epilepsia es una enfermedad... no cada ataque, sino el trastorno subyacente, la tendencia a experimentar convulsiones, y el porcentaje de recurrencias. De forma similar ocurre con el asma. Si el quinto y grave ataque es asma, también lo era el primero, el suave. Este modelo se mantiene especialmente en el caso de la depresión, que es progresiva. Cada episodio provoca una mayor propensión al siguiente; cada uno es un factor de riesgo para una vida de crónico y recurrente trastorno del ánimo. Según esta lógica, episodios tardíos y bien definidos proyectan una sombra hacia el pasado, invitándonos a tratar cada episodio vigorosamente, para detener la enfermedad en seco.

A medida que la investigación aportaba nuevas pruebas sobre el daño que la depresión puede causar, me aferraba cada vez más a la idea de que la depresión es totalmente una enfermedad, que se presenta de muchas maneras. Pero puntos de vista alternativos sobre la depresión, los que yo he llamado «románticos», forman tan frecuentemente parte de nuestras suposiciones que pueden persistir incluso frente a décadas de trabajo con pacientes. En mis años de inmersión en la depresión —viajando, dirigiéndome a diferentes auditorios— descubrí que, fuera del despacho, mi propia comprensión de la depresión seguía siendo confusa.

3

¿Y SI?

Durante diez años o más, mi rutina semanal había sido constante. Por las mañanas, escribir; por las tardes, ver pacientes. Con la publicación de *Escuchando al Prozac,* se añadieron nuevos elementos: viajes y apariciones públicas.

En una firma de ejemplares me permitía a veces una breve introducción sobre este o aquel aspecto de *Escuchando al Prozac,* explicando las posibles presiones del lugar de trabajo para conservar el optimismo, digamos, y sobre la ética de utilizar medicamentos como respuesta. De lo que hablara no parecía tener importancia. En cuanto había terminado, un miembro del auditorio solía hacer una señal, cortésmente, pero con insistencia. Un gesto con la mano. Aquí.

«Sí», diría el «moderador». En las tiendas más pequeñas, era el propietario. El moderador podía conocer el nombre del preguntador. Este cliente habitual, este lector, este ávido y espontáneo personaje, recibía un signo de asentimiento con la cabeza. Y, con desmoralizadora seguridad, preguntaba: «¿Y si el Prozac hubiera estado disponible en tiempos de Van Gogh?»

Dirigiéndome a un grupo pequeño, yo quería *presentar* mi libro, expresando las dudas y las reflexiones que había consignado en mi libro. Y me esforzaba por adaptar mi respuesta a cada sugerencia del auditorio, teniendo en cuenta la forma en que había sido planteada. En este caso, ¿qué se pedía? ¿Palabras tranquilizadoras o desmontar suposiciones?

La pregunta «¿Y si?» me dejaba frío. La oía regularmente, sobre todo a partir de un número de *The New Yorker.* A finales de 1993, la revista publicó una tira vertical de tres viñetas bajo el título «Si hubieran tenido Prozac en el siglo XIX». En la viñeta superior, unos dibujos hechos con amplios trazos redondeados mostraban a un satisfecho Karl Marx. Y debajo, aparecían Friedrich Nietzsche y Edgar Allan Poe. Cada uno de ellos hablaba en un alegre bocadillo. Poe se hacía el simpático con un cuervo. Nietzsche expresaba satisfacción con la gente corriente. Marx estaba seguro de que el capitalismo podía resolver sus defectos. Marx debe de ser un caso marginal... la gente no lo considera un depresivo. Pero mirando la tira humorística retrospectivamente, Poe y Nietzsche empezaban a aparecer en la categoría de los artistas torturados, junto con Van Gogh.

Lo que variaba poco eran los que preguntaban. Eran hombres campechanos, que trataban de apoyarse en el auditorio que los rodeaba, como si estuviéramos todos implicados en una broma divertida. Y por supuesto, la pregunta contenía una simple imagen absurda, la de catapultar a un hombre famoso desde las profundidades a la anodina superficialidad. Pero los que preguntaban parecían, si los escuchabas bien, hablar de algo más amplio... planteando un acertijo sobre identidad o estética, o ética médica. Una preocupación central era el arte o la filosofía que podríamos haber perdido, una visión profunda sobre la condición humana.

En la librería, yo sonreía ante la inteligencia del que preguntaba. Si Van Gogh era el genio elegido, yo podía hablar sobre el tratamiento que recibió. Sus médicos habían tratado de estabilizar su enfermedad con los fármacos que tenían a su disposición, probablemente digitalina a elevadas dosis como pilar fundamental, y con la ayuda y la influencia tranquilizadora de un sanatorio rural. En la medida en que estas intervenciones tuvieron éxito, tal vez le debamos un último cuadro o dos a la medicina del siglo XIX. Si los médicos hubieran sido capaces de moderar la enfermedad más eficazmente... ¿quién sabe? ¿Nos estamos preguntando sobre las obras de Van Gogh que valoramos pero que podrían haberse perdido... o sobre telas que nunca tuvo la oportunidad de pintar? ¿Deseamos quizás que hubiera recibido menos tratamiento, sufrido una depresión más grave siendo más joven? Y así sucesivamente.

Con mayor frecuencia, me encontraba refiriéndome al debate sobre arte y neurosis que tuvo lugar en Estados Unidos en los años cuarenta. ¿Es cierto que el sufrimiento es un requisito para ser un genio?

Mi respuesta era rutinaria. Me ofendía ese chiste que nos apartaba de los temas que había suscitado. Yo no trataba la cuestión «¿Y si?» como hacían otros. No le prestaba atención, no me rompía la cabeza con ella, no me la tomaba en serio.

Y entonces, un día, lo hice. El escenario fue una reunión profesional en Copenhague, en 1955.

En mi país, a medida que la popularidad del Prozac aumentaba, mi posición entre mis colegas caía... o así me lo temía yo. Con unos miles de ejemplares vendidos, un hombre queda bien. Con centenares de miles de ejemplares, ya es otra cuestión. Era un popularizador, un oportunista que había hecho su carrera apoyándose en las espaldas de los demás, los verdaderos investigadores. De nuevo, esta percepción era una cuestión de hipersensibilidad, de suave paranoia... aunque cuando un libro triunfa, hay siempre tardías críticas «desacreditadoras» que alimentan la inseguridad de un autor. Llovían las invitaciones para dar conferencias, y sin embargo me parecía oír risitas disimuladas desde la última fila.

Pero ¡en Escandinavia! Allí yo era un profeta honrado, como Jerry Lewis en Francia. Los finlandeses fueron de los primeros en traducir *Escuchando al Prozac*. Ahora lo estaban traduciendo al sueco, con un prólogo de la más eminente psiquiatra biológica de la Europa del norte, Marie Åsgard. Los editores eran devotos jóvenes investigadores que habían recomendado mucho el libro a sus colegas. Los suecos habían persuadido a la Sociedad Escandinava de Psicofarmacología de que me invitaran como orador para el discurso de apertura en su reunión anual.

Mis anfitriones habían propuesto el tema «Mitos y Realidades» sobre los antidepresivos. Yo jugueteé con la idea. ¿Podíamos elevar la cuestión mito *versus* realidad? Nos encontrábamos en la tierra de los dioses nórdicos. Sabíamos que el mito, como la ciencia, trata de transformar la observación en teoría, dentro de un contexto más amplio de conocimiento y creencia. ¿Podríamos reconocer que, cuando construye nuevos modelos, la ciencia teje sus propios mitos, destinados a servir durante un tiempo? En farmacología, se ha desarrollado una investigación fructífera a partir de paradigmas que en su tiempo fueron considerados un poco equivocados... paradigmas elaborados a pesar de unas pruebas contradictorias. La idea de que la depresión es el resultado de un déficit de neurotransmisores, como la serotonina, era una de esas hipótesis, imperfecta pero productiva. En este sentido, los nuevos antidepresivos, el Prozac y los otros que afectan a la manera en que el cerebro gobierna la serotonina, son el producto de un mito. Y así sucesivamente.

El núcleo de la charla concernía a una ortodoxia que yo consideraba mítica, la que decía que los antidepresivos tratan solamente la depresión. Yo quería revisar las pruebas de que los fármacos podían influir en los rasgos de la personalidad de individuos que no tienen ninguna clase de enfermedad mental.

Pasé una agradable tarde en Copenhague solo. Y llegó la mañana de mi charla. Fui invitado a un generoso desayuno danés. La conversación en la mesa me dio ánimos. Me encontraba en compañía de gente seria, investigadores de laboratorio y psicoterapeutas. Estos últimos habían visto efectos parecidos a los que yo había descrito en mi libro, respuestas espectaculares a la medicación. Habían predicho aquellos resultados a partir de la teoría. Yo me sentía pisando un terreno sólido. El invitado de honor.

Fui acompañado al podio y presentado. E inicié mi charla. El auditorio era atento. Aplausos corteses. Habían reservado un turno de preguntas. Un individuo campechano se levantó para hacer la primera pregunta. Exhibía una sonrisa que me resultaba familiar. Su pregunta fue: «Así pues, doctor Kramer, ¿qué hubiera pasado si Kierkegaard hubiera tomado Prozac?»

¿Por qué esperamos algo diferente? Viajamos, buscamos nuevas compañías: «Aquí por fin nos verán como nos vemos nosotros mismos.»

La verdad es la verdad que los psicoterapeutas les dicen a los pacientes. Puedes volar a través del océano, pero si todo el mundo se ríe de ti aquí, puedes llevarte tu cara de payaso allí.

O, más bien, algunos temas necesariamente inspiran diversión, y éste es uno de ellos: la noción de que la autoafirmación podría venir en una cápsula. Carecía de importancia quién presentara mi libro o cómo adaptara mis observaciones. La pregunta sería la misma. Por supuesto, en Copenhague el artista sufriente sería Søren Kierkegaard. ¿Quién, si no? Es el danés más famoso, a la altura de Hans Christian Andersen. Sin duda Kierkegaard es el danés más conocido por su melancolía, si consideramos a Hamlet una ficción. Los daneses conocen a Kierkegaard tanto como nosotros conocemos a Mark Twain o

Henry Thoreau... quizás más íntimamente. Alguien me dijo una vez que cuando los niños daneses se muestran malhumorados, sus padres los riñen: «¡No seas tan Søren!»

Kierkegaard forma parte de lo que me había llevado a Copenhague, lo que había hecho atractiva la invitación. Yo, de joven, había leído a Kierkegaard. Mi compañero de habitación en la universidad y yo habíamos leído juntos *La alternativa. Un fragmento de vida*, después de que la madre de mi compañero muriera. Esa mujer había vivido con la enfermedad de Hodgkin durante casi todo la vida de su hijo y nunca se lo había contado por miedo a arruinar su infancia. Eso era como algo sacado de Kierkegaard... un espíritu de autosacrificio tan radical que resultaba inquietante.

Mi compañero y yo abordábamos a Kierkegaard como ficción... leyendas de enajenación, que estaban en la estantería al lado de las historias de J. D. Salinger. La primera obra de Kierkegaard aparece adornada con meditaciones sobre un romance fracasado. Un joven adora a una muchacha, se gana su amor, pero llega a sentirse indigno. Decide arruinar su propia reputación... hacer el papel del sinvergüenza, como la forma más noble de decepcionarla. Hace años, cuando yo solía adorar a mujeres de las que me sentía indigno, me identifiqué con Kierkegaard. La nostalgia hacía que sus escritos siguieran siendo para mí muy preciados.

Sin embargo, durante el vuelo a Dinamarca, había hojeado una versión en rústica de los diarios de Kierkegaard. Cuán lúgubres son. Kierkegaard describe el desprecio por uno mismo, el pesimismo, el pavor, el aislamiento, el sentimiento de culpa y la alineación. Escribe sobre sus deseos de suicidarse de un disparo. Kierkegaard se queja de una «melancolía primitiva... una enorme dosis de angustia». Escribe: «Mi vida pasada estaba por entero tan empapada de la más oscura melancolía y sumida en la más pesarosa de las nieblas de la tristeza que no es extraño que fuera como fuera.» Y luego: «¡Cuán terrible resulta tener que comprar cada día, cada hora... ¡Y el precio varía tanto!» Y de nuevo: «Lo triste en mi caso es que la migaja de alegría y seguridad que lentamente destilo en el doloroso proceso dispéptico de la vida de mis pensamientos la consumo inmediatamente en un solo y desesperanzado paso.» No quiero decir que tuviera en mi memoria estas citas tres días más tarde; pero, en el avión, había leído los pasajes y me quedé asombrado ante mi temprano sentido de identificación con el autor. ¿Qué fibras de mi propia estructura psicológica había tocado Kierkegaard?

A mi llegada a Copenhague había ido a ver la estatua de Kierkegaard, en los jardines de la Biblioteca Real Danesa. Por añadidura, busqué la tumba de Kierkegaard en el viejo cementerio central. Aquellos paseos me dieron tiempo y ocasión para tomarle la medida al hombre. De manera que cuando oí «Kierkegaard» en la acostumbrada pregunta, tenía conciencia de una persona en particular. ¿Y si un tratamiento eficaz hubiera estado disponible para «ese hombre», ese que paga un terrible precio por cada día, por cada hora?

Así fue como, de pie ante un grupo de caras amistosas en una habitual sala de conferencias de un hotel, capté un resquicio del problema «¿Y si?»: la pregunta nada tenía que ver con mi charla y no mucho con mi libro. Yo había pedido a mis oyentes que consideraran los efectos de la medicación en personas que no cumplían ninguno de los criterios que definen la enfermedad. ¿Cómo es que mi charla hacía que se hablara de Kierkegaard? Y lo mismo se aplicaba a Van Gogh, Nietzsche y Poe. Con estas figuras, lo que está en cuestión es el suicidio, la paranoia o el alcoholismo... la enorme dosis de angustia.

Dirigiéndome a mis colegas europeos, me encontré cortando en seco aquel discurso básico sobre el artista neurótico. Recapacité y consideré la omnipresencia de la pregunta «¿Y si?». La hacemos automáticamente... pero ¿por qué? ¿Tenemos escrúpulos sobre tratar o prevenir la depresión? Es estupendo debatir sobre la «psicofarmacología cosmética»... esa expresión que yo utilizo para referirme al esfuerzo de esculpir una personalidad normal con la medicación. Pero desde que la psiquiatría es una profesión, su objetivo ha sido siempre vencer a la enfermedad mental. La pregunta «¿Y si?», la pregunta Kierkegaard, expresa incomodidad con la empresa psiquiátrica, con los proyectos de vida de los psicofarmacólogos escandinavos.

Las ideas no estaban desarrolladas. Efectivamente, yo estaba iniciando una conversación conmigo mismo. Durante meses, había estado tropezando contra la pregunta Van Gogh. ¿Por qué no me había afectado como de costumbre? ¿Qué era la depresión para mí, si podía oír la pregunta «¿Y si?» docenas de veces antes de encontrarla extraña?

Ahí (lo cual equivale a decir en ninguna parte) es donde la cuestión podría haber quedado si no fuera por un cambio ocurrido en el estado del tiempo. Un colega me había invitado a una estancia en un castillo familiar en Jutlandia, la península más rural de Dinamarca. Pero una tormenta no permitió la salida del ferry, de modo que nos aprestamos para el típico tour en automóvil por Zelanda, un circuito muy frecuentado de castillos y museos.

Durante el camino de vuelta a Copenhague, nos detuvimos en la hacienda de Isak Dinesen. Dinesen, la maestra de las narraciones breves y diarista, es otro icono danés, tanto más desde la aparición de la versión cinematográfica de *Memorias de África,* basada en sus relatos de su temprana vida matrimonial. Yo había leído la obra de Dinesen, también, en mis años de adolescente. Me habían gustado mucho sus inquietantes historias. Para mi familia, obligada a huir de la Alemania nazi, el Viejo Mundo tenía dos significados simultáneos: elevada cultura y crueldad. Las historias de Dinesen captaban ambas cosas.

Ahí estábamos ahora, mi anfitrión, farmacólogo, y yo, paseando por las tierras de Rungstedlund, la granja de Dinesen en el mar del Norte. La propiedad —actualmente un museo— se extiende junto a la autopista a lo largo del estrecho que separa Dinamarca de Suecia. El bungalow principal está amueblado tal como lo estaba cuando era la residencia de Dinesen, lo que quiere decir de una manera espartana, y los escasos objetos, algunos exóticos, todos perfectos, son un reflejo del estilo de su prosa.

Mi colega y yo nos pusimos a discutir sobre las enfermedades de Dinesen, sus recurrentes dolores de estómago y debilidad en las piernas. Yo suponía, tal como la propia Dinesen había hecho en su vida, que los síntomas eran los efectos tardíos de la sífilis que ella había contraído en el primer año de su matrimonio con el inútil barón Bror Blixen. «¿Y si —le pregunté a mi anfitrión— la penicilina hubiera existido en la época de Dinesen?»

Mi pregunta era un poco para bromear... como quitando importancia a cualquier posible irritación que yo hubiera dejado entrever en la conferencia. El chiste (si había uno) era que no había ni podía haber ninguna pregunta Dinesen. Desde luego, si la penicilina hubiera existido en 1915, los médicos la habrían prescrito. Nadie se hubiera negado a administrar un antibiótico a una esposa inocentemente infectada por su marido. De hecho, nadie niega antibióticos a un infectado de la manera que sea. No hay ningún dilema moral en cuanto a su uso. Todas las posibles preguntas son técnicas, relacionadas con el desarrollo de una resistencia. El temor no es de que los antibióticos sean demasiado eficaces, sino que podrían llegar a perder su eficacia. El objetivo de los antibióticos, reducir la carga de la enfermedad provocada por la bacteria, es irrecusable.

Cabe preguntarse si Dinesen hubiera escrito de otra manera, en caso de haber sufrido menos. La sífilis ha moldeado nuestra herencia cultural. Gauguin pintó sus más grandes cuadros cuando estaba enfermo de sífilis, presa de los dolores y agudamente consciente de que se estaba muriendo. El diagnóstico sobre Nietzsche de vez en cuando ha sido discutido, pero durante más de cien años los expertos han afirmado que gran parte de la obra del filósofo fue compuesta mientras sufría una enfermedad mental, una dolencia causada por una forma de la sífilis que daña el cerebro. Sin embargo, no tenemos ninguna ambivalencia moral o estética acerca de la penicilina. Hemos vivido con la penicilina durante medio siglo, y nadie considera que el mundo del arte o de las ideas sea más superficial, al menos por esta razón.

La enfermedad infecciosa *puede* ser idealizada. Ya he mencionado el aspecto romántico que antaño se atribuía a la tuberculosis. Susan Sontag habló de esta fantasía en su famoso ensayo *La enfermedad como metáfora*. La tuberculosis era una enfermedad de anhelo, sensualidad, serenidad, decadencia, sensibilidad, *glamour*, resignación, instinto y renuncia instintiva, esto es, de pasión o pasión reprimida, pero en ningún caso una dolencia de criaturas emocionalmente realizadas o refinadas. (En grado sumo, depresión y tuberculosis son indistinguibles, en su importancia afectiva, metafórica. Cuando George Sand señaló, hablando de Frédéric Chopin, que «su sensibilidad es demasiado trabajada, demasiado exquisita, demasiado perfecta, para sobrevivir mucho tiempo», podría haber estado hablando de sus rasgos depresivos; tal como fueron las cosas, fue un episodio de tuberculosis activa —Chopin había estado tosiendo sangre— lo que provocó el comentario.) Sontag cita un pasaje de *La montaña mágica* de Thomas Mann en el que un personaje sostiene que «la enfermedad es sólo amor transformado».

La distinción atribuida a la tuberculosis disminuyó a medida que la ciencia clarificó la causa de la enfermedad, y el tratamiento se hizo, primero, posible, y luego, rutinario. Sin embargo, tal como señala Sontag, hubo un tiempo de espera; la explicación científica no superaba la metáfora de ninguna manera rápida o sencilla. Cuando la moda finalmente cambió, lo hizo con ganas. La tuberculosis se volvió repulsiva, antes de hacerse corriente, una neumonía entre otras muchas. Por lo general, consideramos la sífilis de esta manera, simplemente como una infección. Sin duda nos mostramos neutrales sobre sus manifestaciones residuales: una sífilis tratada que se manifiesta como un dolor estomacal, o en las piernas. Si la sífilis tiene resonancias morales o metafóricas, no son muy grandes... Por lo menos, se hallan en remisión. Por eso no hay ninguna pregunta Dinesen.

Una versión sencilla de esta perspectiva impregnó la conversación que tuve durante el paseo con mi colega por los terrenos de Rungstedlund. Resultó que él era una especie de experto sobre Dinesen y sus dolencias. Él opinaba que la naturaleza de la aflicción de Dinesen era oscura. El padre de Dinesen había cometido suicidio cuando ella tenía diez años. (La leyenda sostiene que *él* tenía la sífilis y no quería contagiársela a su esposa.) En su vida adulta, entre las medicaciones de Dinesen, había fármacos antipsicóticos, estimulantes y sedativos... Thorazine, anfetaminas y barbitúricos, además de narcóticos. El uso de cada uno de estos fármacos podía explicarse para controlar un dolor crónico; sin embargo, la colección de agentes psicoterapéuticos es impresionante. Efectivamente, incluye toda clase de fármacos psicoterapéuticos disponibles en los años cuarenta y cincuenta. Tras el episodio inicial de sífilis, el fluido espinal de Dinesen no mostraba ningún signo de enfermedad. Las crisis gástricas no son típicas de las fases residuales de la sífilis. Durante toda su vida, Dinesen había tenido un aspecto anoréxico.

Dinesen pudo haber sufrido no sólo cualquier secuela de la infección sino un envenenamiento por metales pesados... habían tratado su sífilis con arsénico y mercurio. O (y aquí se produjo un viraje crucial en la conversación) tal vez era hipocondríaca y estaba deprimida. Si esta suposición era aceptada, situaría a Dinesen en la misma categoría que Kierkegaard... el genio creativo deprimido. Y entonces algunos asistentes a la conferencia preguntarían: «¿Y si el Prozac hubiera estado disponible en tiempos de Dinesen?» Habría una pregunta Dinesen a fin de cuentas.

Este contraste —no hay pregunta ante la enfermedad infecciosa, pero sí una pregunta rutinaria frente a la depresión— implica una categoría especial para la depresión. ¿Por qué? Si ambas enfermedades pueden provocar un tipo de sufrimiento capaz de alterar visiones del mundo o modelar el arte, ¿por qué reaccionamos de forma diferente frente a la depresión y a la sífilis?

Después del viaje a Dinamarca, comencé a aprovechar el desafío «¿Y si?» como una sonda para obtener material que pudiera añadir a mi colección de opiniones sobre lo que la depresión es para nosotros. Retrasando la respuesta, le preguntaría al preguntador de Van Gogh en qué estaba pensando.

La mayor parte de miembros del auditorio consideraba que Van Gogh había estado muy enfermo... pero con una dolencia que lleva en sí algo adicional, su propia visión especial. En una de sus historias, Poe se refiere a «una completa depresión del alma» como «la espantosa caída del velo». Los que preguntaban mantenían esa creencia del siglo XIX, la de que la depresión revela cierto tipo de naturaleza elevada a aquellos lo suficientemente valientes para hacerle frente. Su «¿Y si?» se basaba en la preocupación de que la mejoría de la depresión podría nublar la claridad moral de una persona o apagar una chispa divina. La depresión es más que una enfermedad... Tiene un aspecto sagrado.

Para algunos «¿Y si?» se refería a una dosis elevada de genio, dejando aparte, o considerando una coincidencia, que la persona elegida —Poe o Kierkegaard— estuviera realmente enferma. Uno podría decir: «¡Vaya coincidencia!» En *Escuchando al Prozac*, yo me había preocupado por el uso de la medicación en personas sanas, para modificar rasgos de la personalidad como la timidez. Ahora, estas preocupaciones se extendían para abarcar a receptores *para los que sí estaban destinados* los antidepresivos, aquellos que sufrían una enfermedad mental, como Nietzsche y Van Gogh. Los que preguntaban parecían considerar el trastorno del ánimo como una dosis doble de temperamento artístico, de manera que los síntomas de la depresión son simplemente rasgos personales y *cualquier* aplicación de antidepresivos es en definitiva cosmética. En este caso, la depresión no llega a la categoría de enfermedad.

Una preocupación desconcertante tiene que ver con la depresión como fuente de creatividad. Mucho más tarde, cuando llevaba ya más años en mi período de inmersión, traté de abordar este tema... si realmente hay una base para vincular la depresión y el talento artístico.

Pero al principio, cuando empezaba a prestar atención a la pregunta Van Gogh, me concentré en el tema de la categoría especial de que es objeto la depresión. ¿Por qué es diferente la depresión? ¿Por qué no se merece plenamente un tratamiento resolutivo? ¿Se trata acaso de un vínculo con el arte capaz de modificar la manera en que consideramos un síndrome... un vínculo que nos hace no verla como una simple enfermedad y sí como algo que llamamos «enfermedad» como una mera forma de hablar?

Consideremos la epilepsia, una serie de trastornos caracterizados por ataques convulsivos, que alternan a veces con una variedad de auras mentales e intensas experiencias emocionales. De forma crónica, entre los ataques, los pacientes con cierto subtipo de epilepsia pueden verse afligidos por la hipergrafía, la tendencia a escribir compulsivamente y con todo detalle. Pueden mostrar también un característico estilo de la personalidad, algo que incluye entusiasmos intensos, a menudo fervor religioso, y una alternancia entre la agresión y la actitud de excesivo apego emocional.

Dostoievski, Flaubert, Tennyson, Swinburne, Byron, De Maupassant, Molière, Pascal e incluso Petrarca y Dante han sido presuntamente considerados epilépticos en uno y otro tratado. Edgar Allan Poe también está en la lista. Un epileptólogo actualizó el caso recientemente en los *Archivos de neurología* de la Asociación Médica Americana, pero la teoría de que Poe era epiléptico se remonta a 1870.

Y, durante su vida, todo el mundo consideró que Van Gogh sufría epilepsia. Dos médicos establecieron el diagnóstico en los años 1880; ésa era la enfermedad para la que se habría prescrito la digitalina. Los diarios de Van Gogh y las notas de sus médicos contienen descripciones de ataques en los que figuraban tanto auras como ataques de gota, y en los cuales Van Gogh perdía la conciencia y caía al suelo. Hoy en día los neurólogos han especulado sobre la posibilidad de que Van Gogh tuviera el tipo de epilepsia que produce hipergrafía. Su correspondencia llena setecientas páginas impresas, y eso que murió joven.

La epilepsia es otra aflicción sagrada, o lo fue antaño. Y existen medicamentos —los anticonvulsivos— utilizados para prevenir o controlar la epilepsia. Pero podrían ustedes dar una docena de charlas sobre los usos peculiares de los anticonvulsivos y no oír una sola pregunta humorística sobre un artista. La intensidad de la patología y consecuente solidez de la categoría de la epilepsia como enfermedad proyecta sus sombras sobre cualesquiera intentos de bromear con ella. Negar el tratamiento sería cruel. En el contexto de unas crisis epilépticas, una pregunta Van Gogh o Poe, si se hiciera, podría subrayar las ironías de la práctica médica... de cómo unas intervenciones necesarias tienen consecuencias incognoscibles. Pero la pregunta no sería divertida. Dicho de otra manera: nos sentiríamos felices de erradicar la epilepsia.

La experiencia de mis giras de conferencias me llevó a formular la cuestión de la erradicación. Me pareció que la pregunta «¿Y si?» revelaba una preocupación muy corriente sobre la capacidad de tratar o prevenir la depresión con gran eficacia. En esa pregunta, el «Prozac» queda como una sustancia imaginaria que de forma fiable evita o anula el trastorno del humor y rasgos asociados. Esta perspectiva produce incomodidad, incluso mientras trabajamos con este fin.

Mientras la sustancia imaginaria, el antidepresivo universalmente eficaz, esté fuera de nuestro alcance, la cuestión «¿Y si?» sigue siendo ciencia ficción. «¿Y si hubiéramos dispuesto de una cura en el siglo XIX?» quiere decir: «¿Y si fuéramos a tenerla mañana?» ¿Cómo afectaría a nuestro arte, a nuestra literatura, a nuestra filosofía, a nuestra imagen de la vida realizada? Igualmente, «¿Y si?» trata del aquí y ahora. La pregunta plantea lo que valoramos en la depresión y lo que, en términos de rasgos relacionados con la depresión, valoramos en nosotros mismos.

Para mí, la pregunta «¿Y si?» conduce directamente a otra. ¿Qué pasaría si la depresión sufriera la transformación experimentada por la tuberculosis? La depresión podría estar a punto de llegar a esta metamorfosis, pasar de una aflicción romántica a una enfermedad corriente. Se estaban acumulando algunas pruebas difíciles de ignorar sobre las causas corporales que causan la depresión, y sobre la patología cerebral que subyace en esos síntomas. Cada vez más, el mito científico predominante —qué es— establecía que la depresión no es ni más ni menos que una enfermedad, sino una mera enfermedad. Añadí un proyecto a mi trabajo de recolección de migajas y fragmentos; imaginar cómo nuestras creencias, nuestro arte, nuestro sentido del yo, pueden cambiar cuando el punto de vista médico se convierte en un lugar común cultural. Pero no me hacía ninguna ilusión de que ese momento estuviera a nuestro alcance. Mi trabajo con los pacientes me recordaba, diariamente, que conservamos un confuso —parcial, anacrónico— concepto de la depresión.

4

AMBIVALENCIA

En los días post-Dinamarca, traté a Emily, una bióloga molecular, que tenía tendencia a sufrir depresiones muy graves. Afligida, caminaba por su habitación, llorando, retorciéndose las manos, lamentando decisiones tomadas, dudando de sus talentos y logros, temiendo morirse, y al mismo tiempo deseándolo. Emily respondía enseguida a la medicación y la psicoterapia... Realmente, la medicación parecía ser decisiva. Pero ella recelaba de los antidepresivos, de modo que le suprimía la medicación en cuanto se sentía estable.

Emily y yo discutíamos lo juicioso de la decisión. La investigación sugiere que mantener la dosis que se ha demostrado adecuada es la mejor estrategia para evitar posibles recaídas. En el otro platillo de la balanza está el riesgo, desconocido, del uso crónico de la medicación; muchos doctores reducen las medicinas a sus pacientes al cabo de un tiempo, incluso cuando está en juego una depresión recurrente. Pero dicha consideración se aplica sólo a pacientes que han mejorado sensiblemente. Los síntomas residuales predicen la recaída. Y aquí era donde Emily y yo estábamos en desacuerdo sobre lo bien que ella se encontraba.

Emily me producía la impresión de que era poco segura de sí misma y emocionalmente frágil, cosa que al parecer no había sido en su edad adulta joven. Continuaba experimentando el tipo de insomnio que generalmente precedía, y luego acompañaba, a su trastorno del estado de ánimo, un brusco despertar a las cuatro de la mañana. En mi opinión, el episodio depresivo no había terminado limpiamente, o Emily había empeorado un poco, después de interrumpir la medicación. Emily se encontraba en medio de una enfermedad progresiva, debilitadora. El trastorno del sueño y la inseguridad eran síntomas. Ignorándolos, estaba poniendo en peligro su bienestar.

Si un cambio en la medicación era imposible, ¿podríamos reanudar una psicoterapia más frecuente? La habíamos reducido a dos veces al mes. Emily pensaba que este calendario era el más adecuado. Quizás yo no estaba totalmente convencido de eso. Como he dicho, la medicación había parecido fundamental para su recuperación.

Yo no titubeaba en mi creencia de que un tratamiento más enérgico podía beneficiar a Emily. ¿Cómo entender su elección? A menudo, me parecía oírla diciendo lo que el público de las librerías decía... que, para ella, la depresión era, a la vez, algo más, y algo menos, que una enfermedad.

La información nunca estaba en discusión. Emily estaba llevando a cabo una investigación sobre la bioquímica del trastorno del humor. Era, en todo caso, una defensora acérrima de la teoría de que la vulnerabilidad a la depresión queda codificada en época muy temprana, a través de la genética o los accidentes biológicos que modelan el cerebro del feto. La ironía —un científico afligido por la dolencia que está estudiando— no se debía a ninguna coincidencia, o quizás no había ninguna ironía. Al comienzo de su carrera, Emily había decidido investigar el trastorno que reinaba en su familia.

Pero a mí me parecía captar indicios de que, en la vida diaria, Emily no consideraba su depresión una enfermedad. En sus sesiones conmigo, Emily expresaba de forma regular su asombro ante la capacidad de otras personas para sobrellevar la desgracia. Su vecino del rellano, un diabético, estaba perdiendo la vista. «¿Cómo puede soportarlo? —decía Emily—. ¡Vivir una vida así!» Las exclamaciones de Emily eran sinceras y generosas, pero tenían sentido sólo de una manera limitada. Un individuo tan miope sería sin duda alguien constitucionalmente animado, una persona más capaz que Emily de disfrutar de la vida diaria. El de Emily era el más incapacitante, el más doloroso, de los hándicaps. Pese a su convicción de que la tendencia a la depresión era una cuestión de biología del cerebro, Emily nunca hizo esa comparación... porque nunca asimiló su depresión a la diabetes de su vecino.

En vez de ello, defendía la legitimidad de la tristeza: dado lo dura que la vida tiende a ser, esa ecuanimidad en un hombre legalmente ciego resulta inexplicable. Carecer de fragilidad psicológica es vivir con limitaciones emocionales. Emily simultaneaba su compasión por el hombre visualmente disminuido, admirándolo (como un fenómeno de la naturaleza, el animal resistente), con la duda de que estuviera completo como ser humano.

En sus protestas, Emily parecía también estar diciendo algo sobre sí misma: «Soy débil. Los demás pueden soportar verdaderas cargas, y no se quejan.» Hacía a menudo esta especie de autoacusación. Ella veía las afecciones como la miopía como unas dolencias impuestas desde fuera, en tanto que su depresión la golpeaba directamente en un aspecto de lo que ella era, una persona desdeñable con una tolerancia limitada para los reveses... y los reveses no eran la depresión, sino las decepciones particulares que la abrumaban cuando se sentía deprimida.

La depresión le proporcionaba a Emily una perspectiva, un permanente punto de vista trágico de la condición humana. La jovialidad del vecino era impresionante pero ilógica, como si él no fuera capaz de apreciar una verdad sobre su propia existencia. La vida es cruel, injusta, arbitraria... suficientemente dura sin necesidad de desventajas añadidas. Emily sospechaba que los optimistas no comprendían nada. Su marido se encontraba en esa categoría. Era un agradable apoyo, querido y encantador, pero un poquito superficial. Hasta el insomnio era una virtud en ese contexto; su marido era un dormilón a su lado. ¿Cómo podía ignorar los horrores de la vida? Emily sospechaba de mí que me encontraba en el mismo campo, el de las personas con poco peso afectivo, emocionalmente obtusos. Le concedía a su pesimismo una categoría especial, como un elemento de buen gusto y sabiduría. Ella era un poco superior en este punto. Esta superioridad la ayudaba a soportar su aflicción.

Para Emily, la depresión era algo menos que una enfermedad... un simple fallo del carácter, que no merecía compasión como la diabetes. Y era también algo más que una enfermedad... una fuerza del carácter, sin la cual una persona podía estar moral, intelectual o emocionalmente atrofiada. Por supuesto, la depresión era también enfermedad a fin de cuentas. Emily la trataba como tal en su trabajo, y a veces en nuestras discusiones sobre su herencia familiar y su necesidad de medicación.

La manera como Emily mantenía estas creencias contradictorias era en sí misma problemática. En su forma más corriente, la depresión es un trastorno de la valoración emocional de la experiencia. De una decepción, la persona deprimida dirá: «Sé que no debería sentirlo como algo catastrófico, pero lo siento así.» En la depresión, una persona entiende las cuestiones de una manera y las siente de otra, o mantiene múltiples interpretaciones, de las cuales las más oscuras son las más apremiantes. Condenarse a uno mismo por la propia desesperanza y a tu marido por su optimismo tiende a ser muy frecuente.

En el transcurso del tratamiento, Emily pronunciaba juicios estéticos y morales sobre temas que yo, y en otros contextos ella, habríamos considerado médicos. A veces Emily se consideraba débil, allí donde debilidad quiere decir «demasiado sensible». A veces, o al mismo tiempo, consideraba a los demás cortos e insensibles. La evaluación variaba, de modo que una determinada tendencia podía ser ahora admirada, ahora denigrada. En diversos grados, síntomas de la depresión —desesperación, irritabilidad— embellecían e intensificaban estas valoraciones. Lo que era constante era la inclinación de Emily a considerar su vulnerabilidad, y el blindaje de los demás, como virtudes o defectos.

Con Emily, yo no tenía el lujo de sonreír bondadosamente ante la doble mentalidad. Cuando Emily expresaba superioridad, a través de su adaptación a lo trágico, yo quería mostrar la otra cara de la moneda: ¿se estaba ella aferrando a la depresión porque a estas alturas era lo que mejor conocía? Cuando ella movía con incredulidad la cabeza ante las dificultades con que otros se enfrentaban, le pregunté si podía reservar un poco de admiración y compasión por sí misma, a la luz de su propia carga. Quería a Emily de mi parte, que yo consideraba que era también la suya, esa que implicaba volver a sentir una amplia gama de afectos... tanto alegría como tristeza matizada, que, en la depresión, son desplazadas por el sentimiento de vacío. Quería disminuir la ambivalencia de Emily sobre la pregunta «¿Y si?»: ¿Y si yo me viera libre, radicalmente libre, de la depresión...?

Tratando a Emily, descubrí que estaba en juego mi propia perspectiva. Una resuelta oposición a la depresión no siempre me hacía sentir bien. Yo me había preparado en psicoterapia psicoanalítica, donde la postura preferida del médico es la neutralidad. El analista maduro se instala en una posición equidistante de los aspectos en competencia del temperamento del paciente, respetando tanto su inseguridad como su autosuficiencia, tanto la parálisis como la esperanza o el deseo.

La neutralidad es en parte una técnica. Declinando asumir el papel director (contra el cual el paciente no puede más que rebelarse), el terapeuta permite al paciente reconocer ambos lados de su ambivalencia. El paciente que hasta ahora ha insistido en su desesperación puede verse inducido a reconocer la parte del yo que aún confía en recuperar.

Pero la neutralidad, si no es fingida, es asimismo un estado interno... un estado que una aceptación del modelo médico obliga al terapeuta a abandonar. Si bien los médicos se sienten satisfechos de que un paciente haga su propia elección sobre el tratamiento, sin embargo, no permanecen equidistantes entre el cáncer y la cura del cáncer... como tampoco entre el trastorno del ánimo y la flexibilidad emocional. El partidismo es la necesaria consecuencia de la decisión de reconocer seriamente la depresión como enfermedad. Cada vez más, a medida que las pruebas sobre los dañinos efectos de los síntomas residuales se acumulan en la literatura de investigación, la noción de ser justo —«respetar los síntomas», como aspectos auténticos del yo— parece algo extraño.

Los encuentros con pacientes como Margaret —quien me acusaba de negociar con una instancia ajena— refrenaban mi tendencia a dar demasiada importancia a actitudes o preferencias que surgían a la sombra de la depresión. En la época en que conocí a Margaret, había tratado a muchísimos pacientes deprimidos que asociaban su identidad a su sentido de vaciedad en un mundo indiferente... pero que, más tarde, cuando su depresión remitía, se sentían encantados de reivindicar una porción de optimismo y alegría.

Existe una actitud a la que yo llamo *faute de mieux*. Cuando no podemos modificar una desgracia, podemos atribuirle valor, a falta de algo mejor. Los médicos nos encontrábamos en esta situación cuando disponíamos de pocas herramientas para luchar contra la depresión. Encontrábamos mérito en posturas que tienen cierto atractivo: hastío del mundo, ambivalencia emocional, alienación social. La mayor parte de los síntomas depresivos pueden ser interpretados como virtudes... Desde el punto de vista de Emily, incluso el insomnio, cuando éste es contrastado con el sueño despreocupado de las mentes estúpidas. Esta valoración debería haber resultado siempre sospechosa: ¿por qué un humor trastornado o limitado debería ser preferible a una respuesta flexible a las circunstancias? A medida que el daño que causa la depresión se hace más evidente, y que la enfermedad se vuelve más tratable, esta atribución de mérito se torna menos necesaria, y menos defendible.

Van Gogh y Kierkegaard nunca aparecerán ante nosotros, pero

Emily sí que se encontraba en mi despacho... con su creencia de que la depresión reflejaba quién era, una persona socialmente inadaptada o una persona superior. Al oír estas afirmaciones, me enfrentaba con una pregunta paralela a la que me había perseguido a través de dos continentes: ¿qué se deriva de la disponibilidad de tratamientos razonablemente eficaces aquí y ahora?

Yo no estaba convencido de que los síntomas de Emily representaran el yo auténtico o una gracia especial. Continué recomendando el tratamiento, mientras discutíamos sus riesgos y puntos flacos. Ésa me parecía una postura moral, alzarse francamente contra la persistencia de la discapacidad, el sufrimiento y el daño.

Con el tiempo, Emily emergió de su caída en picado. Parecía más competente en todos los terrenos, y menos propensa al catastrofismo. Así se lo dije.

«Es mi obligación», dijo ella.

Unas semanas antes, ella había observado que era menos aguda mentalmente, con sus estudiantes y en el laboratorio. Aquella enconada depresión había empezado a perjudicar su concentración y claridad de pensamiento. Y había vuelto a tomar la medicación en su dosis completa.

«No parece usted encantado», me soltó, como si se hubiera tratado de una competición entre nosotros, de ganar o perder. Había sido muy duro, dijo ella, reconocer cuán implacable era la depresión en su caso.

«No, no —dije yo—, y sí, sí, desde luego.» Creo que es justo decir que yo había sentido un inmenso alivio antes de saber la causa de la mejoría, alivio al ver a mi paciente recuperada. Esperaba que en esta ocasión Emily experimentara una completa cura. Si lo hacía, dudaba de que ella echara de menos ningún aspecto de su depresión. «Bien podría —imaginé yo— llegar a compadecer a su antiguo yo tal como había compadecido a su vecino.»

Por mi parte, veía pocos motivos para la ambivalencia. Comprendo, como comprende todo médico, que la enfermedad es algo difícil, que la desgracia golpea al inocente. Pero cada vez más me parecía que las verdades de este tipo abogan por tratar la enfermedad, allí donde podamos hacerlo, por aliviar el sufrimiento y devolver la fuerza moral.

5

EN CONJUNTO

Era el progreso científico el que había convertido este tema, la esencia de la depresión, en algo cada vez más urgente. La última década del siglo pasado y los primeros años de éste fueron extraordinarios en la historia de la psiquiatría. Cada mes parecía aportar algún nuevo resultado en las investigaciones, un resultado capaz de modificar nuestra comprensión del trastorno del estado de ánimo. Algunos hallazgos parecían especialmente relacionados con la cuestión que me preocupaba, el significado de la depresión. Lo que equivale a decir que de los fragmentos que captaban mi atención, los resultados de los laboratorios figuraban entre los más brillantes.

He sido un poco travieso o prepotente, lo sé, al llamar a ese conocimiento —el tipo que surge de la observación y experimentación controladas— *lo que es*. Vincular la ciencia a la identidad es, en el lenguaje de la teoría social, otorgar un privilegio a un punto de vista... situar la investigación técnica antes que la introspección, la sabiduría popular o la tradición literaria.

Pero ¿acaso no concedemos, de forma rutinaria, esa prioridad a la ciencia? Es difícil imaginar una consideración filosófica de la tuberculosis que ignore su condición de enfermedad infecciosa. El bacilo ácido-resistente, que se contagia a través de la tos y las gotitas de Flügge, la devastación de los pulmones, la respuesta, o la resistencia, a los agentes antibacterianos, la discapacidad y la temprana muerte... Ningún intento de buena fe de valorar la tuberculosis negará o ignorará estas realidades, fuera cual fuese la reputación de la tuberculosis en el pasado. Privilegiamos la ciencia. La acusación contra la depresión, o contra la psiquiatría, ha sido que no consigue ganar ese privilegio.

Si acaso, son los críticos de la psiquiatría convencional los que han insistido en la primacía de lo físico. La exigencia más insistente de pruebas concretas ha venido de Thomas Szasz y sus seguidores. Szasz es un psiquiatra conocido por su afirmación, realizada por primera vez en 1960, de que la enfermedad mental es un mito... y esto, con un punto de vista menos amable que el mío de la función que cumple el mito. Szasz afirmó que la enfermedad mental no puede ser una dolencia. Este término, escribió, implica una patología definida localizada en un sistema orgánico, en este caso el cerebro.

En el sentido superficial, Szasz estaba haciendo una declaración sobre la clasificación. Szasz quería que el concepto de *enfermedad mental* desapareciera. Enfrentado con una patología anatómica demostrable, Szasz eliminaría el calificativo *mental*. Muchos de los espectaculares trastornos del ánimo y del pensamiento observados en el siglo XIX resultaron ser formas tardías de la sífilis, en la fase en que esa enfermedad ataca el sistema nervioso. Szasz llamó neurosífilis a una enfermedad cerebral. Por definición (la de Szasz), si no puedes señalar una patología en la depresión, el síndrome no es una enfermedad; y si puedes, no es una enfermedad mental.

En un sentido más profundo, el rechazo de la enfermedad mental por parte de Szasz era una predicción. Afirmó que la ciencia nunca mostraría trastornos del pensamiento o de la emoción caracterizados por una patología anatómica. Escribió que «*las creencias* de una persona —tanto si se trata de una creencia en la cristiandad, en el comunismo o en la idea de que sus órganos internos se están "pudriendo" y que su cuerpo está, de hecho, ya "muerto"— no pueden ser explicadas por un defecto o enfermedad del sistema nervioso».

Incluso a mediados de siglo, Szasz pisaba terreno poco sólido. Se sabía que la paranoia puede indicar la presencia de un tumor cerebral. Y pronto se convirtió en conocimiento médico corriente que el desencadenamiento de una epilepsia puede transformar a una persona anteriormente desapasionada en hiperreligiosa, incluso entre ataques. Dostoievski es el modelo más frecuentemente citado del místico epiléptico. Lo contrario de lo que escribió Szasz era cierto: desde el principio, creencias e ideas del tipo de las que él nombraba podían explicarse como anomalías neurológicas.

En sus primeros documentos, Szasz propuso una segunda razón por la que la depresión no podía ser una enfermedad: su diagnóstico se basa solamente en lo que informa el paciente. Pero con el uso más amplio de medicaciones psicoterapéuticas, la psiquiatría había llegado a reconocer una forma de depresión que sigue el esquema de una enfermedad mental. Esa afección es llamada a menudo seudodemencia, pero el daño que sufre la mente es absolutamente real. El déficit se parece al causado por el Parkinson en sus fases tardías: problemas de motivación, de memoria, concentración, en la elección de las palabras y en el razonamiento. Esta demencia tiene lugar en pacientes que han sufrido trastornos del estado de ánimo en el pasado y responde a los antidepresivos. Los pacientes con el tipo de depresión que produce demencia pueden perder la función intelectual de forma independiente respecto de cualquier problema de tristeza; a menudo el diagnóstico se realiza «empíricamente», cuando un neurólogo decide prescribir un antidepresivo en el curso de un tratamiento de un deterioro cognitivo.

A medida de que se iban acumulando pruebas sobre los aspectos biológicos de una variedad de trastornos mentales, Szasz iba perfeccionando las bases de su objeción. En los años noventa, emergió un particular sarcasmo como un estribillo szasziano: «La depresión no aparece en los manuales de patología.»

Durante mi período de inmersión, participé en un debate televisivo en el que Szasz se encontraba en el lado opuesto. El tema era «¿Es una enfermedad la depresión?». Szasz decía: «Como usted sabe, la depresión no figura en la lista de los manuales de patología. Quizás cuando aparezca en los libros de texto de patología, uno podría estar dispuesto a conceder... que es algo como la neurosífilis o la epilepsia.»

Hay (argumentaría yo) una involuntaria concesión en las últimas posturas de Szasz: Decir «muéstreme la patología» implica que, a falta de la evidencia final, la depresión satisface los requisitos de la definición de enfermedad.

Y lo hace. Con los años, cuando la profesión respondió a Szasz, se han señalado ya los otros criterios. La depresión causa profundo dolor y deterioro. Es un síndrome... caracterizado por un predecible grupo de discapacidades, tales como tristeza, anomalías en el apetito y el sueño, y problemas con la memoria y la concentración. La depresión progresa como las enfermedades. Cuando reaparece, los síntomas de la depresión se hacen más diversos y responden menos al tratamiento.

Los depresivos mueren jóvenes. La depresión viene de familia. Puede encontrarse la depresión en todas las culturas. Durante la mayor parte de la historia occidental, científicos, médicos y pacientes han considerado que la depresión era una enfermedad. La lista abarca criterios que los sociólogos generalmente enumeran cuando explican cómo nuestra cultura define la enfermedad: gravedad de la discapacidad, efecto sobre la mortalidad, forma coherente, curso previsible y aceptación histórica. Pruebas de este tipo deberían ser suficientes.

Y así es, pero no del todo. Cuando los psiquiatras afirmaban que *por supuesto* la depresión es una enfermedad —porque muestra síntomas, es progresiva, universal y todo lo demás—, una parte de lo que daba fuerza a la afirmación era una ulterior implicación: cuando las dolencias cumplen estos criterios, es que existe un sustrato físico, y, con el tiempo, se encontrará. En efecto, los psiquiatras convencionales también estaban esperando pruebas de «marcadores biológicos» de la depresión, independientemente de lo que el paciente informe. Lo que distinguía la posición de los médicos convencionales de la de Szasz era una valoración de las probabilidades... de la probabilidad de que la investigación demostrara una patología cerebral característica de la depresión.

En los últimos decenios del siglo pasado, cada dólar destinado a la investigación en psiquiatría iba a parar a estudios que aceptaban el «modelo médico». La ciencia estaba operando completamente sobre la suposición de que la depresión es una enfermedad apoyada en anomalías fisiológicas y que por su cuenta produce posteriormente más daño. Sin embargo, la prueba irrefutable, una clara patología cerebral que acabara con una molesta discusión, seguía siendo difícil de conseguir.

Y entonces, llegó con el advenimiento de unas herramientas de investigación más sutiles. Si acaso, las pruebas llegaron demasiado contundentemente. Los marcadores biológicos de la depresión se correspondían con las peores expectativas de los psiquiatras. La depresión parecía causar anomalías anatómicas en el cerebro... un daño que podría por sí mismo predisponer a posteriores depresiones, y a más daños.

En mayo de 1999, la prestigiosa revista *Biological Psychiatry* publicó una «comunicación de la máxima importancia» calculada para coincidir con la reunión anual de la Asociación Psiquiátrica Americana. Grazyna Rajkowska, una anatomista que había estudiado trastornos neurodegenerativos como las enfermedades de Alzheimer y Huntington, había trasladado su atención a la depresión, una dolencia que había afligido a su propia familia. La teoría imperante de la depresión subrayaba la variación en la disponibilidad de moléculas mensajeras (como la serotonina y la norepinefrina) que el cerebro usa para la comunicación entre las células... el popular «desequilibrio químico». Rajkowska sospechaba que en la depresión la patología implicaba cambios en la anatomía del cerebro, y los encontró.

Rajkowska estaba examinando tejido cerebral procedente de pacientes deprimidos que habían muerto repentinamente... no por vejez, sino por suicidio, homicidio, accidente de automóvil y causas naturales, como un ataque al corazón. Había obtenido su material gracias a un extraordinario arreglo con unas oficinas de un forense, que conseguían preservar cerebros con pocas horas transcurridas desde la muerte de la víctima. Aunque Rajkowska estaba trabajando en Mississippi, las primeras muestras de tejidos llegaron de Cleveland, Ohio, donde Craig Stockmeier, su colega y futuro marido, había creado un «banco» de cerebros procedentes de autopsias para fines de investigación. Con el tiempo, Rajkowska y Stockmeier prepararon a un empleado de la Oficina del Forense del Condado de Cuyahoga para que obtuviera el permiso rápido de los miembros de la familia y quitara y preservara justo la pequeña porción de cerebro relacionado con el trabajo de Rajkowska.

Rajkowska examinaba las muestras con tediosas técnicas de trabajo. Cortaba el cerebro en estrechas rodajas, aplicaba tintes que eran absorbidos por los diferentes tipos de células, y luego contaba las células en subsectores representativos de diferentes capas del cerebro. Los datos se introducían después en un ordenador, que (esto era un adelanto tecnológico capital) recreaba una imagen tridimensional de la arquitectura celular de la región cerebral. La codificación y el recuento eran luego repetidos de forma independiente por un segundo investigador. Ninguno de los investigadores conocía el diagnóstico del sujeto cuyo cerebro estaba examinando.

Para el estudio que apareció en *Biological Psychiatry,* Rajkowska examinó muestras de una docena de depresivos y de un número igual de controles. Uno de los pacientes deprimidos había estado afligido por la dolencia unos pocos meses; otro, llevaba más de medio siglo. Las edades de los pacientes al morir abarcaban desde los treinta a los ochenta y seis años. Dos de los sujetos nunca habían tomado antidepresivos. El diagnóstico de los sujetos había sido confirmado por la investigación en la que figuraban revisiones de expedientes médicos y entrevistas con facultativos y miembros de la familia. Lo que estas personas tenían en común era un grado importante de depresión en ausencia de ingesta de drogas, trauma craneal, o enfermedad neurológica (no psiquiátrica).

Por motivos relacionados con su preparación profesional, Rajkowska era una experta en el córtex prefrontal, la parte del cerebro que está justo detrás de la frente. Rajkowska había nacido en Polonia y se había licenciado en Leningrado y Varsovia. Allí, los estudiantes de Pavlov seguían gobernando los laboratorios. La investigación en el bloque soviético se hacía con perros, una peculiar especie, entre los mamíferos inferiores, que tiene (como los humanos) grandes córtices prefrontales. El córtex prefrontal es una parte del cerebro de reciente desarrollo relacionada con la sensibilidad moral, la planificación y otras capacidades esenciales para el funcionamiento social. (Es pequeño en el gato.) El anhelo —la anticipación del placer— requiere un córtex prefrontal intacto.

Aunque los primeros trabajos de Rajkowska se habían referido a los trastornos neurológicos progresivos, el córtex prefrontal era igualmente de interés en la depresión. Los estudios habían mostrado una disminución del flujo sanguíneo, así como de la utilización de la energía en el córtex prefrontal, en los pacientes en mitad de episodios depresivos, junto con una paralela disminución de la gravedad de la enfermedad. Los sujetos normales, cuando tienen ideas tristes, muestran unos escáneres cerebrales en los que aparece reducido el flujo sanguíneo prefrontal.

Bajo el microscopio, el córtex prefrontal de los depresivos parecía normal. Pero la representación por ordenador mostró un cuadro diferente, algo que había permanecido oculto a las primeras herramientas de los investigadores. Las células de algunas regiones del córtex aparecían debilitadas, desorganizadas, desconectadas. Lo que los gráficos de Rajkowska revelaban no era una variación normal, una manera de ser de un humano en vez de otra. Los cambios parecían daño cerebral... patología anatómica.

Las enfermedades de Huntington y de Alzheimer provocan grandes trastornos en el córtex prefrontal... notables pérdidas de neuronas en cada capa. El cambio en la depresión era menos espectacular. Sin embargo, Rajkowska identificó reducciones en el grosor cortical, tamaño celular y densidad celular dentro del tejido cerebral. Las anomalías eran más específicas, más locales, que las pérdidas en los grandes trastornos neurodegenerativos. Algunas capas de células no quedaban afectadas; otras, sí, y de manera notable. Y el trastorno del ánimo llevaba su propia firma.

Las células nerviosas responsables del estado de ánimo, el pensamiento, el movimiento, y las diversas funciones del cuerpo —las neuronas— no viven aisladas. Están sostenidas por unas células llamadas glía (la palabra procede del griego, «cola», «pegamento»), que proporcionan estructura externa, residuos digestivos y toxinas, y generalmente ayudan a mediar entre las neuronas y el medio en que viven. En los trastornos neurodegenerativos, las glía se multiplican en un fracasado esfuerzo por salvar neuronas. La depresión se caracterizaba por una relativa ausencia —un déficit— de glía.

Los cambios que Rajkowska halló tenían lugar en partes relacionadas del córtex prefrontal. De una de éstas, el córtex orbitofrontal (que se asienta justo encima y detrás de las cuencas, u órbitas, del ojo), una investigación casi simultánea había demostrado que estaba implicada en un tipo de depresión en las personas mayores que es causada por pequeños derrames. Las zonas afectadas eran también aquellas en las que las células se comunican vía norepinefrina y serotonina, sustancias químicas mensajeras involucradas en la regulación del estado de ánimo. Y las células afectadas dentro de esas zonas eran aquellas que ayudaban a modular esa comunicación.

No era muy probable que los cambios representaran efectos no específicos del estrés. Pacientes esquizofrénicos, que sufren niveles elevados de estrés, tienen una pérdida glial mucho más pequeña, y en diferentes regiones cerebrales.

Las diferencias que Rajkowska halló no se reducían simplemente a promedios de grupo. Los resultados se agrupaban cuidadosamente. Pero los cerebros de algunos individuos deprimidos mostraban unos déficit extremos, de manera que, cortando en rodajas células de tejido relacionado, un patólogo podría decir con seguridad que las muestras no habían venido de un sujeto de control normal. Y con exactamente la muestra adecuada bajo el microscopio —una rodaja notablemente desprovista de glía—, un experto podría establecer un firme diagnóstico de depresión repasando de arriba abajo al trastorno anatómico.

Rajkowska había encontrado cambios mensurables en la composición del cerebro en los depresivos. Y terminaba su informe con una atrevida afirmación. La suya era la primera prueba, en la depresión, de anormalidades de forma a nivel de la célula. Estos hallazgos, dijo, sugerían que la depresión es una enfermedad cerebral caracterizada por una clara patología celular.

Rajkowska había identificado un modelo de anomalía cerebral que se parecía mucho a las enfermedades neurodegenerativas, pero sobre todo al trastorno del estado de ánimo. La relación de la desorganización de las células nerviosas con el síndrome —la experiencia— de la depresión no estaba clara, pero había indicios de que podría ser razonablemente directa. La arquitectura desorganizada tenía lugar en una parte relacionada del cerebro... un córtex vinculado, mediante pruebas de escáner cerebral, tanto a sentimientos de tristeza como a episodios de depresión. Y aunque el estudio de Rajkowska era demasiado pequeño para permitir una conclusión firme sobre este tema, los datos parecían sugerir que el grado de patología reflejaba la duración de la enfermedad... Cuanto más tiempo estaba deprimido un paciente, peor se encontraba el estado de su córtex prefrontal.

En esta investigación, la depresión parecía estar vinculada a un fallo del mecanismo protector, la ausencia de células gliales. Ese resultado hacía estos hallazgos muy prometedores. Rajkowska estaba observando bajo el microscopio lo que los psiquiatras encuentran en la sala de consulta. La depresión guardaba un sorprendente parecido con una enfermedad de vulnerabilidad. Las desprotegidas células nerviosas sufrían un ataque de cualquiera de los múltiples agentes de tensión que pueden afectar al cerebro y esas neuronas carecían de la capacidad de resistir ese trauma o de sanar el daño.

Las formas de las células desorganizadas en el estudio de Rajkowska parecían indicar que había en marcha una batalla perdida de antemano. Algunas glía se habían atrofiado. Otras aparecían grandes y deformadas, como empeñadas en un infructuoso intento de compensación. Estas distorsionadas células tenían núcleos de tamaño aumentado, un cambio que podría indicar los intentos de una sola célula de producir las proteínas generalmente hechas por muchas. Pero ¿por qué las glía no proliferaban en número, como lo hacen en la enfermedad de Huntington? En el cerebro deprimido podría haber problemas en dos direcciones. Tanto la capacidad para resistir los ataques como la de recuperarse del daño podrían ambas quedar deterioradas.

La depresión probablemente no era, hablando en sentido estricto, un trastorno neurodegenerativo. Esta etiqueta se reserva para enfermedades en las que un ataque minuciosamente definido se traduce en un daño progresivo, una especie de enzima o célula inmunitaria o deficiencia nutricional que incesantemente causa atrofia o muerte de las neuronas. Aquí, la degeneración podría ser desencadenada por uno cualquiera de una serie de factores: infección, enfermedad de los vasos sanguíneos, toxinas medioambientales, desequilibrios hormonales, carencia de oxígeno, exposición a radicales libres... cualquier cosa que dañe las células cerebrales. Incluyendo los procesos tóxicos activados por el estrés. En los gráficos de ordenador y bajo el microscopio, la depresión aparecía como un trastorno de la neuroprotección, o, para acuñar otra torpe expresión, neurorresistencia. La depresión parecía una falta de blindaje en un mundo hostil. Una segunda insuficiencia podría estar también en juego, la de los recursos necesarios para la recuperación, una vez que el ataque ha causado su daño.

En *Escuchando al Prozac*, revisé la teoría de la monoamina sobre la depresión... la hipótesis que yo comparé con el mito, en mi conferencia de Copenhague. La teoría de la monoamina afirma que la depresión es el resultado de un déficit en algunas sustancias químicas, tales como la norepinefrina y la serotonina, que transportan mensajes entre las células. A la serotonina se le atribuye a veces un papel indirecto. Podría no ocurrir que un déficit de serotonina provoque depresión, pero la serotonina es una sustancia protectora. Cuando las sendas cerebrales serotonérgicas están sanas, muchas otras cosas pueden ir mal, y sin embargo el estado de ánimo no se verá afectado. Pero si reduces la serotonina, la depresión sale a la luz. Esta posibilidad es llamada la teoría permisiva: una «serotonina baja» no causa trastorno del ánimo, pero permite lesiones que sí lo causan. Un investigador citado en *Escuchando al Prozac* dice:

> Quizás la serotonina sea la policía. Los policías no están todos en un lugar... no están en la comisaría de policía. Están presentes en todas partes. Patrullan por la ciudad... Están aquí mismo. Su presencia potencial te hace sentirte seguro. Te permite que hagas muchas cosas que también te hacen sentirte seguro. Si no tenemos suficientes policías, pueden ocurrir muchas cosas. Podemos tener disturbios. La ausencia de policía en sí misma no causa disturbios. Pero si se produce un disturbio y no hay policías, no hay nada que impida que el disturbio se extienda.

Las células gliales son también policía. Su ausencia permite el daño. Las pruebas de Rajkowska sugerían un equivalente, o una extensión, de una teoría ya vigente. Quizás el daño a las células y a las sendas de la serotonina estén relacionados. Estos dos defectos son facetas diferentes de un solo problema... protección inadecuada, ausencia de policía.

Los hallazgos de Rajkowska eran casi demasiado claros. A todos los niveles, desde la circunstancia social, a la asunción psicológica del yo, a la química cerebral y a la anatomía celular, el depresivo carece de apoyo. En el cerebro y en la vida diaria, los déficit fundamentales en la depresión son idénticos: vulnerabilidad al daño, fallos en la resistencia.

El estudio de Rajkowska fue seguido muy de cerca, en junio de 1999, por un independiente e igualmente provocativo resultado de una investigación basada en una tecnología diferente, novedosa. Ivette Sheline, una joven psiquiatra con experiencia en radiología, había decidido usar una mejorada imagen cerebral asistida por ordenador (de pacientes vivos) para estudiar un problema que hasta entonces había desconcertado a los investigadores.

Varios estudios parecían mostrar que el hipocampo, una parte del cerebro que rige los recuerdos emocionalmente cargados, es a veces más pequeño en los pacientes que han sufrido depresión. Si bien el fenómeno era real, su causa no estaba clara. Era posible que las personas que tienen el hipocampo pequeño (la palabra viene del latín y se refiere al caballito de mar, por la forma curvada de su estructura, que muestra en su sección transversal) fueran propensas a la depresión. Si no, la enfermedad de los vasos sanguíneos y la apoplejía, que en la vejez conduce a un subtipo de depresión, podrían ser la causa principal. O podría ser que la depresión causara atrofia celular o incluso muerte celular en el cerebro. El equipo particular que estaba realizando el estudio, en la Universidad Washington de St. Louis, estaba razonablemente seguro de que el hipocampo se encoge con la edad; un objetivo del estudio era establecer normas basadas en la edad para el tamaño del hipocampo.

El estudio de Sheline estaba cuidadosamente concebido. Los investigadores estudiaron a veinticuatro mujeres que habrían sufrido depresión y a otras veinticuatro de la misma edad y nivel educativo que no habían experimentado nada. Ninguna de ellas estaba activamente deprimida, ni tampoco ninguna había estado deprimida en los cuatro meses anteriores. Las edades de las mujeres abarcaban todo el espectro adulto, desde los veintitrés a los ochenta y seis. Todas estaban sanas; ninguna tenía estados ni siquiera indirectamente asociados con una enfermedad de los vasos sanguíneos, tales como una tensión sanguínea elevada. La muestra era, en realidad, muy selecta: mujeres que no tenían nada malo, excepto (en el grupo de control) una historia anterior de depresión.

Los dos grupos no mostraban diferencia alguna en cuanto al tamaño cerebral. Pero las imágenes magnéticas de alta resolución indicaban que las mujeres deprimidas tenían un volumen inferior del hipocampo y correspondientes diferencias en el tamaño de otra parte del cerebro asociada con la emoción, la amígdala. Contrariamente a las expectativas de los experimentadores, en estas saludables mujeres no aparecía ninguna relación entre la edad y tamaño del hipocampo. Sólo se mantenía una serie de correlaciones; cuantos más días una mujer había estado deprimida, más pequeño era el volumen de su hipocampo y la amígdala. Y cuanto más reducido el hipocampo, peor era la memoria verbal... pese al hecho de que las mujeres con pasados episodios depresivos mostraban normalidad en otros tests de funcionamiento intelectual.

La valoración del historial de depresión de las mujeres había sido realizada con cuidado. Los investigadores habían hecho un convencional gráfico de vida, basado en los informes de las pacientes, acompañado de entrevistas adicionales con familiares de éstas y de los psiquiatras que las trataban. La experiencia de las mujeres deprimidas abarcaba una amplia gama... Desde un solo episodio hasta dieciocho. Pero, de promedio, su carga de enfermedad había sido sustancial: cinco episodios de depresión, que habían consumido un total de dos o tres años de vida. La duración es una medida importante, porque el diagnóstico de la depresión es más digno de fiar en aquellos que han sufrido la enfermedad durante mucho tiempo.

De manera que: el hipocampo no se encoge con la edad. Se vuelve más pequeño con la depresión. Ése fue el título del artículo: «La duración de la depresión, pero no la edad, predice la pérdida de volumen del hipocampo en mujeres médicamente sanas con depresión grave recurrente.» El hipocampo de una mujer de setenta años que había sufrido tres años de depresión a lo largo de los cuarenta años previos se parecía al de una mujer de treinta años que había estado deprimida durante tres, tras cumplir veinte. El daño hecho por la depresión en una temprana edad adulta se parecía al daño causado por una depresión reciente en la vejez. El daño del hipocampo no era pasajero, sino que persistía cuando la depresión remitía. El deterioro era importante, afectaba entre un 8 y un 10 por ciento de pérdida del volumen del hipocampo. (Posteriormente estudios similares encontraron una pérdida mayor, del orden de un 20 por ciento.) Y este cambio en la anatomía cerebral no era un hallazgo incidental; afectaba al funcionamiento intelectual, y de la manera predicha.

Este resultado llamó la atención de los médicos. Sugería que la depresión estaba desgastando los cerebros de sus pacientes. El estudio consideraba urgente prevenir los episodios, o reducir su duración. Cada día cuenta. No hay que descartar la depresión como una variante normal o fase por la que pase la gente, al menos si cada día causa más pérdida permanente en el volumen del hipocampo y la memoria verbal. El estudio de Sheline era convincente por su rigor y por evidencia del daño que demostraba en la integridad del cerebro y la función mental.

La investigación llamó la atención de forma particular debido a la región del cerebro involucrada, el hipocampo. Siete meses antes de que Sheline publicara su estudio, las investigaciones sobre el hipocampo habían producido uno de los más increíbles resultados de la historia de la neurociencia: pruebas de nueva formación de células en el cerebro adulto.

Unos párrafos atrás, introduje unas referencias a la reparación y la resistencia. Estos conceptos son cruciales para las actuales teorías de la depresión. Pero la noción de que es posible una completa renovación en el cerebro adulto se ha extendido sólo recientemente.

En 1993, yo escribí: «Puede haber mecanismos de reparación de estos sistemas neurales, formas de aprender o reaprender a resistir. Pero, por otra parte, no hay ningún buen modelo de reparación bioquímico, sólo de prevención de daño y de compensación.» En 1998, Fred Gage, del Instituto Salk (junto con algunos colegas suecos), coronaron años de investigación demostrando que en el cerebro adulto el cambio y la reparación tienen lugar constantemente. El artículo de Gage empieza: «La pérdida de neuronas se considera irreversible en el cerebro humano adulto, porque las neuronas que se mueren no pueden ser reemplazadas.» Su conclusión se inicia con esta orgullosa afirmación: «Nuestro estudio demuestra que tiene lugar génesis celular en cerebros humanos y que el cerebro humano retiene el potencial para la autorrenovación durante toda la vida.»

Gage empleó una ingeniosa tecnología para demostrar la formación de nuevas neuronas. Los cancerólogos de vez en cuando utilizan un marcador químico, la bromodeoxiuridina, o BrdU, para comprobar la proliferación tumoral. La BrdU es valiosa porque se fija específicamente en las nuevas células en crecimiento. Gage razonó que la BrdU también podría servir para revelar la producción de células en el sistema nervioso. Observó el tejido procedente del cerebro de pacientes de cáncer de más de sesenta años a los que, durante su habitual tratamiento médico, se les había sometido al test de la BrdU, y que habían muerto poco después. Efectivamente, en la autopsia, los cerebros de estos pacientes revelaron la presencia de neuronas que contenían BrdU, y precisamente en la misma región considerada como la más probable para mostrar nuevo crecimiento de células.

Que hasta 1998 no se demostrara la neurogénesis en los seres humanos, revela la dificultad técnica de la investigación. En los años sesenta, este fenómeno había sido descubierto en los ratones y, de forma más impresionante, en conejillos de Indias, una especie con un sistema nervioso relativamente maduro. Pero los estudios en primates resultaron decepcionantes. En una época tan reciente como 1985, un reflexivo investigador había afirmado que la neurogénesis podía ser imposible en seres humanos y monos, porque interferiría con la memoria y el aprendizaje. Trece años más tarde, el crecimiento de nuevas neuronas se demostraba en los monos, y luego en los humanos.

Posteriormente, la investigación en primates descubrió neurogénesis en otras regiones cerebrales, sobre todo en el córtex prefrontal. Las nuevas células pueden adoptar diferentes formas... pueden convertirse en neuronas, o en glía. Estos hallazgos planteaban la posibilidad de que parte de lo que Rajkowska había visto en sus autopsias de depresivos fuera una respuesta reparadora fracasada... una neurogénesis inadecuada.

Pero fueron los resultados de Sheline los que se mostraron especialmente preocupantes a la luz de la demostración de Gage de la neurogénesis. Se sabía, por los estudios con animales que habían precedido el trabajo con los humanos, que el estrés inhibe la formación de nuevas células en el hipocampo, mientras que un ambiente social seguro y estimulante intensifica el crecimiento. En otras palabras, los auténticos factores que desencadenan —o protegen de— episodios de depresión, desencadenan —o protegen de— estos problemas mediante la renovación celular.

Ninguno de los sujetos de Sheline estaba agudamente deprimido. El daño en el hipocampo era el residuo de la enfermedad, una pérdida de volumen que el cerebro no había conseguido compensar. Si el hipocampo es un lugar donde la reparación es especialmente probable, entonces de un paciente recientemente deprimido podía esperarse que tuviera un hipocampo más pequeño que otro que había sufrido un episodio similar años atrás, a una edad temprana, con tiempo suficiente para que se diera el crecimiento celular. Pero por lo que se refiere a los depresivos, la autorrenovación de que hablaba Gage parecía estar ausente. Cierto es que la cadena lógica es larga, pero era posible que la depresión pudiera acarrear un fallo de resistencia a nivel de la célula o medio celular. Al igual que los resultados de Rajkowska, los de Sheline sugerían dos problemas en la depresión: vulnerabilidad al daño y curación fracasada.

El trabajo de Sheline y Rajkowska se presentó con anterioridad, a mediados de los años noventa, en unos anuncios de los resultados de unos estudios piloto. Los resultados finales eran esperados ansiosamente... al menos, yo los esperaba ansiosamente. Recuerdo haberme abierto camino a codazos en la reunión en que Rajkowska presentaba sus datos. Y entrevisté a las dos mujeres varias veces.

En mi opinión, estos resultados de la investigación *materializaban* —el término parece correcto— una experiencia clínica. No era simplemente una cuestión de que la depresión estuviera asociada con diferencias en el cerebro. Pienso que cualquier persona razonable hubiera admitido por anticipado que la depresión habría de tener algún correlato físico. Esos cambios resultaban poéticos, metafóricos, llenos de aparente contexto narrativo, muy evocadores de lo que los médicos ven en su trabajo diario. La depresión en el cerebro se parece misteriosamente a la depresión en la persona. Es fragilidad, carácter quebradizo, falta de resistencia, un fallo en la curación. La depresión es crónica y progresiva, dejando cada episodio —¡quizás cada día!— un daño tras de sí. La depresión no es una variación normal; es una patología... y con riesgo de un mayor daño ulterior.

No quiero decir que estas dos ponencias sean concluyentes. Al igual que el estudio que señala a la serotonina y la norepinefrina como factores críticos en el trastorno del humor, las pruebas de daño en el hipocampo y córtex prefrontal coexisten con hallazgos contradictorios. Pero el trabajo de Sheline y Rajkowska se inscribe dentro de una amplia línea de estudios que confirman la perspectiva clínica. Una definición plausible de enfermedad que incluya el cáncer, los ataques al corazón, las apoplejías, la epilepsia y la diabetes debe también abarcar la depresión.

Ciertamente la descripción anatómica de la depresión es muy atractiva y sugerente. La persona deprimida se sienta ante nosotros. Habla, muy abatida, del trivial disgusto que la arrojó a un infierno en vida. Al oír hablar de vulnerabilidad en la vida diaria, podemos imaginar una vulnerabilidad a nivel de la neurona. No hace falta tener en cuenta el rostro y la actitud. Podemos imaginar a las células gliales retirándose, y a las neuronas marchitándose en el mismo momento.

No hace mucho, el tratamiento de la depresión avanzaba de una determinada forma. Una teoría sostenía que la salida de la depresión era hacia abajo. Como el autoexamen conducía a los pacientes a enfrentarse con temores peores que aquellos que hasta entonces habían reconocido, unos síntomas emergentes eran un signo de progreso. Siempre he considerado cruel y presuntuoso ese modelo, pues asume que los terapeutas saben cuándo más sufrimiento conduciría a menos. Ahora, hemos aprendido que los síntomas señalan un daño continuo. La recuperación es urgente. El momento de interrumpir la enfermedad era ayer.

Para el médico, la patología es con frecuencia gráfica. Al oír hablar de dolor en el pecho, el cardiólogo ve arterias bloqueadas. En este sentido, los hallazgos de Rajkowska y Sheline daban origen (en mi caso, a finales de mi período de inmersión) a visiones... inquietantes ilustraciones que aparecían mientras los pacientes contaban sus historias de parálisis, frustración y vaciedad. Esas visiones no hacían más que reforzar mi rechazo a las explicaciones que atribuyen cualidades trascendentes a la depresión. Cuando tropezaba con esas afirmaciones —en las biografías, en la conversación, en la consulta clínica—, aparecían acompañadas ahora, en mi mente, de imágenes discordantes, del hipocampo encogido y del córtex prefrontal trastornado.

6

EL ENCANTO

Si acaso, he subestimado el atractivo de la depresión. La depresión provoca sentimientos cálidos a aquellos que la observan. Sin duda, en sus formas suaves y tempranas, así es. Los rasgos depresivos tienen su atractivo. Al igual que las personas deprimidas, incluso en mitad de su aflicción. La depresión tiene su encanto.

En su primera cita, Betty dice: «Si no es un tema demasiado extraño para empezar, quisiera hablarle de la colada.»

El montón de ropa limpia se alza a los pies de la cama. Empezó siendo dos pilas, ropa blanca y de color, con algunas prendas delicadas al lado. Ahora, semanas más tarde, se ha convertido en un absurdo montón, como cucurucho de helado. ¿Qué costaría, realmente, trasladar la ropa limpia de la cama a los cajones de la cómoda?

El tono de Betty indica que se siente violenta, derrotada. Me mira para ver si yo comprendo lo debilitador que es fracasar en tareas tan simples.

Betty ha hecho un comienzo lleno de consideración. Nada de desalentadoras historias de angustia. Emprende la sesión como podría hacerlo un autor de cuentos, con sencillos detalles, completados con una llamada a los sentidos... forma, color, tiempo.

«Continúe», le indico, y Betty así lo hace. El relato se convierte en cómica desesperación. El montón tiene su historia. Empezó como un escondrijo de ropa sucia en el armario del baño. A medida que crecía, Betty compraba nuevos artículos, en vez de lavarlos, y lo cierto era que no podía permitirse aquel desembolso. Aun así, a menudo se presentaban desagradables decisiones... si volver a planchar una blusa empapada de olor corporal. Estas sutiles humillaciones son las más difíciles de revelar: la secreta falta de higiene, el fraude que implica llevar puesto un conjunto sólo aparentemente limpio y planchado.

Betty describe su disgusto, casi una fobia, por la habitación del sótano que alberga las lavadoras y secadoras de su edificio de apartamentos. Y hace una representación cómica de ello, de la forma en que tiembla ante la idea de hacer la colada... su frustración ante su propia ridiculez. Y sonríe ante la paradoja: es demasiado delicada para bajar por las escaleras, pero no demasiado delicada para el escenario de vida doméstica que ella llama vivir con trapos sucios.

Finalmente, la cosa se hizo insoportable. Metió la ropa en su coche y, avanzada la noche, la llevó hasta una de esas lavanderías automáticas donde las máquinas aceptan tarjetas de crédito. En cuyo momento la vida dio un bandazo y penetró en este otro estado, en el cual dominan las cosas limpias.

Betty a menudo ha pensado si lo de la colada tiene como finalidad salvarla de los hombres... impedir que ella los traiga a casa. De todas formas, los invita. Y entonces la colada delata su vulnerabilidad. Los hombres comprenden. Incluso los no muy listos. El más reciente episodio de depresión empezó después de un romance fracasado.

Betty se está desplazando lentamente hacia un nuevo territorio, su tolerancia a los malos tratos. En mi despacho, Betty ha sido muy considerada conmigo. Ha llamado mi atención explicando un problema aparentemente soluble —la colada— antes de revelar auténticos conflictos.

Yo sospecho que la elección de esa historia no es casual. ¿Qué sabe Betty de mí? Que soy un escritor y un terapeuta. Se está dirigiendo a mí en mi lengua vernácula. Imagina que yo no quiero conclusiones, que prefiero textura, anécdotas, las historias que ella me puede contar.

Betty es ingeniosa y consciente de sí misma. Se ríe de ella y me hace compartir sus bromas. Consigue crear un problema aquí en la habitación, entre nosotros. En este sentido: el gambito de iniciación-con-la-colada es exactamente un ejemplo de posponer lo más importante... me refiero a la exposición de las cosas más preocupantes: en su carrera profesional (es escultora), el matrimonio, cada uno de los objetivos de Betty.

Seguramente Betty trata de evitar el enfrentamiento directo, como es habitual en ella, para mirar a hurtadillas. Se supone que yo veré que no es sólo la colada lo que la abruma. La vida diaria está enmarcada y dominada por problemas que son a la vez pequeños e intratables. Si bien el monólogo de la ropa sucia me desvía de otros detalles de la desesperación de Betty, ella confía en que yo sé que emergerán. Su tortuosidad oculta un cumplido y una súplica. Ella espera que yo comprenda más de lo que me dice.

Quizás Betty está pidiendo, a cambio, un enfoque parecido, una intervención delicada. Por su parte, ella no tiene miedo de iniciar una amable confrontación. A modo de ilustración del problema de la ropa sucia, Betty señala los montones de papeles que hay sobre mi escritorio. Es un bonito toque que implica simultáneamente una comunidad de fragilidad humana, la suya y la mía, y demuestra una agradable disposición a desafiarme, un adulto contra otro.

Estoy encantado. Admiro el encanto social. Encuentro agradable —¿quién no?— pasar el tiempo con personas que aportan energía creativa en el arte de ser considerado. Betty es tremendamente amable. ¿Cómo, me pregunto, puede tener tantos problemas *sociales*? Es sutil, generosa, humilde. En su presencia, me siento tosco y autoritario. Betty comprende las complejidades de las relaciones mejor que yo, y tiene una mayor tolerancia ante los puntos flacos de los demás. Qué afortunado soy por estar teniendo esta conversación.

Pero también es cierto que, cuando estoy encantado, pienso en la depresión. En este sentido, me parezco a aquellos que idealizan el trastorno del ánimo... La diferencia está en la dirección de la deducción. La hábil introducción de Betty me preocupa. El encanto evita la agresión, a veces al precio de la abnegación. Como el insomnio o el remordimiento excesivo, el encanto puede no siempre acompañar a la depresión, pero suelen ir de la mano.

Parte de esta relación es indirecta. La depresión se presenta en todo tipo de personas. Hay depresivos hoscos y malhumorados; hay depresivos que son ineptos socialmente hablando. De hecho, la hosquedad y la ineptitud a menudo conducen al tipo de naufragio social que desencadena el trastorno del ánimo. Pero también es cierto que muchos depresivos encajan con un estereotipo; son socialmente quisquillosos y emocionalmente sensibles. La investigación confirma esta asociación. La emotividad, en especial la fragilidad frente a la decepción, es un factor de riesgo para la depresión. Seguramente también se añaden factores genéticos: neurosis y propensión a la depresión a veces viajan juntas. Y las personas que realizan amplias inversiones sociales —es decir que se sienten vinculadas a una amplia gama de parientes y vecinos— pueden sufrir pérdidas que (dada su tendencia a sufrir depresión) no se ven compensadas por el apoyo que esa red les proporciona a cambio.

Pero estos estudios se refieren a correlaciones entre distintas formas de ser. La empatía no es depresión. Hay personas emocionalmente intensas que jamás sufren trastornos de humor. Algunos vínculos conservan su capacidad de sostén hasta el final. Frente a la depresión, detectamos una bondad que se ha vuelto compulsiva, una adhesión caracterizada por la dependencia y la desesperación. Vemos juicios erróneos, confianza indiscriminada.

Los médicos aprenden a aceptar el encanto con reservas. La psicoterapia imita a la melancolía... es un ejercicio de amplificación de afecto y de atención al detalle social. Que un paciente se relacione fácilmente con su terapeuta no significa que sea fácil vivir con él en casa o en su lugar de trabajo. Que se maneje bien aquí en la consulta no quiere decir que esté a salvo de las consecuencias de su dolencia. Porque los pacientes sensibles responderán a la esperanza de mejoría del médico, ahorrando sus energías para la hora de la terapia, apareciendo entonces animados y competentes. Los pacientes encantadores casi siempre sufren más deterioro real del que muestran en la consulta.

Lo que más me preocupa es la compulsión. Esa actitud atenta hacia los demás, ¿es una postura libremente elegida que expresa las buenas intenciones de Betty hacia el mundo? ¿Es un estigma de la lesión?

La madre de Betty estaba deprimida. Se dice que los hijos de depresivos desarrollan una gran conciencia de las necesidades de los demás. Desde temprana edad, deben leer en el interior del padre afectado por la enfermedad, a fin de evitar problemas y ser adecuadamente criados. Están necesariamente desesperados por agradar. Si en la adolescencia, estos hijos se vuelven propensos a la depresión, su necesidad de aceptación y estabilidad no hace más que aumentar. Se vuelven aún más vigilantes socialmente.

En la edad adulta, la sensibilidad ansiosa y la generosidad compulsiva del depresivo tienen su atractivo, para sus colegas, amantes y parientes, quienes refuerzan las tendencias admirándolos... y criticando luego defectos menores. Desesperado y confuso, el depresivo tiene dificultad en separar sus propios deseos de los de aquellos a los que se siente ligado. Puede desarrollar una dificultad general para establecer prioridades, digamos un trastorno de la perspectiva. Los depresivos convierten en catástrofe el problema que les afecta.

Se me ocurre, durante la primera reunión con Betty, que, cuando ella empieza con lo de la colada, puede deberse a que, en aquel momento, el problema le parece muy grande. Lo que a primera vista es ingenioso puede contener un ingrediente de despiste. Pero la desorientación y el encanto no se excluyen. La falta de sentido práctico puede ser atractiva. Da a los demás una sensación de poder; no constituye una amenaza. Hay contextos en los que una mujer puede permitirse su confusión, porque será recompensada. La sesión terapéutica podría ser uno de ellos.

Si bien los síntomas de la depresión que se van acumulando —desorganización, timidez, servilismo— implican un mérito social, tienen sus costes: ansiedad por los demás, falta de atención a las propias necesidades, fracasos profesionales... Esos recurrentes creadores de tensión condenan a Betty a ulteriores ataques de depresión.

Yo no deseo reforzar unos talentos sociales que podrían dejar atrapada a Betty, pues ella ejerce esas competencias en su propio perjuicio. Sospecho que un anterior terapeuta adoptó el enfoque contrario. Betty da la impresión de ser alguien a quien se ha enseñado a caminar con cuidado, para no verse arrollado. Tomo nota mental de no responder demasiado entusiásticamente a los entretenidos, detallados, informes de Betty. Resulta convencional decir que en la terapia un paciente debería sentirse libre de expresar su ira. Yo trataré de conseguir algo más difícil: querré que Betty se muestre aburrida y repetitiva... si el aburrimiento comunica la experiencia de su vida diaria.

Con frecuencia me imagino que conozco las historias de los pacientes antes de oírlas. Hacia la mitad de la primera sesión con Betty, tengo ya una impresión de lo que va a revelar la posterior conversación. Una infancia difícil... padres indiferentes, quizás, emocionalmente halagados por su propia apatía. La sensación durante los primeros años de la adolescencia, que va aumentando con el tiempo, de ser una intrusa. Días malos inexplicables. Una dosis adicional de ansiedad típica de las adolescentes, la inhibición que les impide participar en la clase. Pero Betty habrá sin duda disfrutado de unas sólidas relaciones con sus iguales, con el tipo de amigos que se reúne en torno de una muchacha simpática cuando ésta asiste a su misma escuela durante años. Y el reconocimiento de un maestro, atraído por la delicadeza de Betty. ¿Un affair con ese profesor? Quizás no. La relación pudo haber sido positiva. El maestro dirigía el departamento de arte y apreciaba la necesidad de Betty de expresarse por medio de rodeos.

Betty (tal como yo imagino su historia) está entusiasmada con la facultad. Representa una oportunidad de superar su alejamiento y pasar tiempo con otros artistas, que ven el mundo tal como lo ve ella. Pero la transición resulta ser inesperadamente difícil. Betty no se daba cuenta de cuán dependiente era de su larga relación con los amigos de antes. En la universidad descubre que hay algo que ella no ha captado sobre cómo una persona sabe a qué grupo pertenece. Se lleva bien con todo el mundo, pero se siente cada vez más desconectada.

Y se produce un desgraciado incidente con un muchacho. Ella va demasiado deprisa, demasiado lejos, sólo para ver que el otro se escapa como un conejo asustado. Se siente incómoda al contar el incidente, sospecha que el malentendido es culpa suya. La fracasada relación la trastorna más dc lo que ella cree que debería. Se pone ansiosa con ocasión de un control, y lo suspende.

El trabajo empieza a resultar duro, o quizás es el desapacible invierno. Pillada entre proyectos contrapuestos, se encuentra inmovilizada, sin hacer nada. Se muerde las uñas hasta el tuétano. Para un trabajo artístico, hace dibujos de unas uñas partidas y cutículas inflamadas. En una ocasión se hiere la muñeca con un cúter. Este episodio la hace pensar si está loca. Ése es su nuevo secreto, cuán extraña se ha vuelto. Aunque a menudo no se siente más extraña que la persona que tiene al lado. La adolescencia es así, ¿no? Pone empeño y consigue aprobar el trimestre. En febrero, un ataque de humor sombrío la inmoviliza durante una semana. Y sale de la habitación sólo para comer.

Para nuestro objetivo, el de describir la depresión, no es importante si mi especulación es acertada. Betty se presenta a sí misma indirectamente, alusivamente. Mi respuesta a este test descriptivo revela lo que la depresión es para mí como profesional. Y lo que es el encanto. El contacto con la depresión me ha amargado el encanto, al menos en la consulta.

Las descripciones de la depresión tienden a concentrarse en su carácter agudo. Dolor, confusión y desesperación se apoderan del centro de la escena. Uno de los ensayos más antiguos, en lengua inglesa, sobre la melancolía, escrito por el poeta William Cowper, empieza así. En 1763, nombrado para un cargo político para el que no se siente apto, Cowper es atacado por el temor. Sale corriendo por todo Londres, intenta suicidarse... con una navaja, con láudano, arrojándose al Támesis. En cada ocasión, la mano de Dios lo salva. Las autobiografías contemporáneas son parecidas. La crisis justifica la narración.

Hoy en día, la psiquiatría se las apaña bien con las crisis. Pero no siempre... Hay pacientes a los que nunca llegamos. Pero en su mayor parte, una vez que la persona está en tratamiento, el médico encontrará una forma de quitarle fuerza al trastorno, convertir una depresión aguda en una sorda. En mi experiencia, la depresión se caracteriza menos por la agudeza que por la duración. Depresión es aquello que se instala para quedarse.

Tengo miedo por Betty. Una parálisis del ánimo aminorará el progreso de Betty como artista. No conseguirá logros importantes, o llegará a ellos demasiado tarde. Si su carrera falla, si necesita buscar verdaderos empleos, los empresarios la considerarán una ganga, alguien con más talento del que indican sus títulos. Le pagarán menos y sus ascensos se verán afectados negativamente. Tendrá dificultad en afirmarse por sí misma. Para Betty, el trabajo se convertirá en una fuente de constante tensión.

Betty también será una ganga en el mercado de las relaciones amorosas. Los hombres pueden rescatarla de una depresión y, cuando empiece a sentirse cómoda, arrojarla a otra. Pueden dominarla, maltratarla.

Los hándicaps de Betty la expondrán a lo que los investigadores llaman hechos vitales estresantes, y esos hechos la conducirán a ulteriores episodios depresivos y más hándicaps. La depresión aguda le consumirá más tiempo cada año. Los ataques posteriores serán más complejos y resistentes al tratamiento. Cada vez le será más difícil hallar ambientes seguros.

Perfilándose detrás de esta pendiente, aparece una imagen del cerebro, cada vez menos resistente, cada vez más vulnerable.

Yo me había preocupado por el curso de la vida de Betty, sin especificar lo que ella siente cuando fracasa. La depresión es notoriamente «polimórfica» o «pleomórfica», adoptando diferentes formas en diferentes personas o en la misma persona con el paso del tiempo.

Muchas enfermedades se anuncian a través de un síntoma aislado. El cáncer de un órgano interno puede presentarse como una erupción cutánea. La variedad de formas de la depresión no se limita al «principal trastorno evidente». Un único síntoma, de los muchos que constituyen un síndrome, puede predominar durante años. En una persona, el rasgo visible será el desprecio por sí misma. En otra, la apatía. En una tercera, la agitación. A un paciente puede irle bien en muchas esferas, pero permanecer paralizado por la desconfianza en sí mismo. En dos ocasiones, he tratado a pacientes en los que la tristeza paralizadora duró varios años. La diversidad de formas de la depresión ya estaba clara para los antiguos griegos. Robert Burton, en el siglo XVII, cita a antiguos sabios que afirmaban que entre los melancólicos «apenas hay dos de cada mil que sufran igual». Esto, a pesar del hecho de que la depresión es un síndrome... que su pauta de trastornos puede reducirse a una corta lista de síntomas comunes.

A lo largo de algunas reuniones, el tipo de dificultades de Betty se pone de manifiesto. Para Betty, la colada por hacer es la metáfora de toda su vida. El rasgo definitorio de su depresión es la parálisis de la acción, lo que Betty llama «agotamiento». Este agotamiento no es físico, obviamente. Betty es capaz de ser la primera en una clase de aeróbic. En verano, consigue derrotar a nadadores consumados, en mar abierto. Le gusta ocuparse de los niños de su hermano y es capaz de quedarse con ellos durante un largo fin de semana.

En Betty, el agotamiento se refiere a una incapacidad mental para dedicarse a los proyectos que tienen relación con su propio éxito. Su agotamiento se limita a su vida amorosa y su carrera profesional. Y, por supuesto, al tiempo que pasa sola en su apartamento. No es capaz de acabar —a menudo siente que no puede siquiera empezar— las tareas simples que hacen que un día sea productivo. Lo que Betty menciona como agotamiento me recuerda lo que antaño era conocido como *anomalías de la voluntad*. En el siglo XIX, las anomalías de la voluntad eran consideradas fundamentales en la depresión.

En el transcurso de algunas conversaciones, la historia de Betty emerge a la luz. Según mi estimación, ha tenido tres claros episodios de depresión. Debido a esas recurrencias, y pese a lo mucho que se asemeja a ellos en lo tocante a la sensibilidad. Betty se diferencia de muchos de los pacientes sobre los que escribí en *Escuchando al Prozac*. Si tienes tres episodios de depresión grave, puedes estar casi seguro de que tendrás un cuarto y un quinto. Si has tenido tres episodios seguidos de síntomas residuales, seguro que tu psiquiatra se concentrará en erradicar toda huella de depresión, con la esperanza de anticiparse y evitar un trastorno del humor que te dure toda la vida.

Lo que a Betty le importa realmente es hacer arte. Aspira a tener grandes encargos, obras monumentales que adornen espacios públicos. Tiene la preparación técnica suficiente para intentarlo. Mientras tanto, se la conoce por sus pequeñas construcciones, collages tridimensionales que se parecen a las cajas de Joseph Cornell.

Betty se gana la vida enseñando escultura en una universidad local, con un convenio especial. Aunque sus clases son populares, ella nunca se siente bien preparada. El malestar por los defectos que percibe la obliga a anteponer sus tareas docentes a todo. Sus horas no lectivas están llenas de desorganizados intentos de preparar sus clases o adquirir materiales. No tiene tiempo o energía para otra cosa. Olvídate de montar una exposición. Los platos se apilan en el fregadero. La cita con el veterinario para examinar a su perro lleva seis meses de retraso. Hace años que Betty no presenta la declaración del impuesto sobre la renta. Su departamento académico ha invitado a Betty a solicitar un empleo como profesora, pero ella no se ve capaz de enfrentarse a la tarea de preparar un currículum.

Se me ocurre que Betty sería una buena heroína para una de esas películas cómicas basada en el atractivo torpe, espontáneo, de una mujer. La noche pasada —la que precede a la mañana en la que estoy escribiendo estas palabras—, estuve viendo una intrascendente producción italiana en el vídeo, *Pane e tulipani*. La heroína, antes de demostrar su verdadera valía, hace gala de una encantadora incompetencia que se parece a la de Betty. Sus tropiezos contradicen otros rasgos —su experiencia y formalidad— que triunfan cuando se aplican al servicio de los demás y podrían florecer completamente en un medio que le proporcionara adecuado aliento. Ése es el argumento de la película, por supuesto... florecer.

El hermano de Betty tiene una enfermedad recurrente. Betty responde a sus emergencias, y luego ella se encuentra aún más retrasada en sus cosas. La tendencia a dar la primacía a los demás se extiende a sus relaciones con los hombres con los que sale, de manera que va de un lado a otro, de crisis en crisis. Aunque con frecuencia sueña con la maternidad, Betty teme que no puede permitirse —emocionalmente— tener hijos. Más demandas a su atención podrían acabar con ella. Las exigencias de parientes, estudiantes y amigos dominan su semana, eclipsando el esfuerzo dedicado a su oficio de artista. Un rasgo de este agotamiento es que la energía se acaba antes de que comience la atención al yo.

Aunque ella dedica una atención especial a su agotamiento, en mi opinión, Betty tiene otros rasgos depresivos. La falta de energía es agravada por el perfeccionismo y un bajo amor propio. Se siente culpable con demasiada facilidad. Se concentra en los aspectos penosos de cualquier situación. Exige soledad. Se siente una intrusa en los grupos sociales. Se obsesiona con pequeñeces. Todas estas tendencias son síntomas. La definición clásica de depresión se refiere a sentimientos de inutilidad, excesiva culpabilidad e indecisión. Unos informes más completos, en los manuales, hablan de renuncia social y reflexiones paralizadoras. Pero estas facetas del trastorno del ánimo son tan familiares para Betty que las siente como aspectos de sí misma; su interés está en otra parte, en recuperar su energía.

Cierto que los rasgos que a mí me preocupan parecen elementos admirables de la personalidad en cierto tipo de esteta o altruista. La baja autoestima puede ser vista también como generosidad. La necesidad de negarse a sí misma es vista como una disposición a permitir que los demás se acerquen a ella cuando quieran. Su alineación contiene una crítica de la vaciedad que caracteriza las formas comunes de relación... chismorreos interesados, coqueteo narcisista, arribismo social, contactos profesionales de conveniencia, adulación del poderoso. Las bajas expectativas de Betty están ligadas a una penosa gratitud por pequeñas victorias; su pesimismo linda con la alegría, dado lo agradecida que Betty se siente por cualquier éxito. Lo puntillosa que es la convierten en una exacta compositora de palabras y relaciones... y, por supuesto, de objetos tridimensionales. En las raras ocasiones en que Betty expone su obra, los críticos alaban la coherencia de la estética... todo está en su sitio. Betty es, además, moralmente escrupulosa. (No hemos adoptado este criterio en Estados Unidos, pero algunos psiquiatras alemanes consideran la escrupulosidad —los excesivos reparos— como el rasgo central de la depresión, el que da origen a todos los demás síntomas.) En este campo, el de juzgar el bien y el mal, Betty está segura de sus juicios.

Esta función dual —el síntoma como una cualidad social— ayuda a explicar el encanto de la depresión. Otras enfermedades mentales —el ataque de pánico, digamos, o la paranoia— generalmente carecen de este rasgo.

Ésta es una anécdota de los días de estudiante de Betty:

Se encuentra en medio de una depresión. Desesperadamente quiere asistir a una clase avanzada de fotografía de retratos con un famoso artista invitado. Betty sabe que su currículum no está a la altura... no tiene ninguna posibilidad de ser admitida. Tiene miedo de que, si lo intenta y es rechazada, se vea más inmersa en el trastorno. Para protegerse, y como sabe que el esfuerzo es desesperado, llena la solicitud de manera inconexa, dejando secciones enteras en blanco. En la entrevista, Betty cree que el artista profesor se limitará a cumplir con la formalidad. Betty le cuenta la verdad, que no es capaz de sentir entusiasmo por nada, y menos por el retrato. Betty se muestra áspera, no encuentra el momento de terminar la conversación. Queda paralizada para el resto del día y el siguiente. Cuando se publican las notas, ni siquiera va a comprobarlas... Pero sus amigos le traen la buena noticia de que su nombre figura el primero de la lista. Betty se incorpora a la clase. Cuando consigue realizar un buen trabajo, el profesor asiente orgulloso con la cabeza. «Por eso la acepté», le dice. «Pude ver que tenía usted temperamento artístico.»

Ahora (en su vida adulta), colegas, estudiantes y parientes adoran y admiran a Betty, no a pesar de sus hándicaps, sino debido a ellos. Los rasgos que la paralizan la hacen atractiva.

Con el tiempo, la depresión va desgastando... conduce al divorcio, al desempleo, al aislamiento social. A medida que los depresivos envejecen, pueden volverse muy solitarios. He tenido pacientes que usaban este aislamiento forzado como una especie de indicador. Cuando los amigos los rehuían, estos pacientes sabían que era hora de concertar una cita conmigo. A menudo, los episodios francos de depresión son más de lo que los amigos pueden soportar. Pero algunas personas —y no pocas, según he observado— son amadas o admiradas por sus síntomas residuales.

A pesar de todo, me asombra cuán fácilmente los amigos de Betty miran a otro lado, o no se dan cuenta, cuando ella sufre un episodio de depresión. ¡No es capaz ni de arreglar los objetos de un cajón! Su grado de parálisis es aterrador. Más tarde, me acordaré de Betty cuando trate a pacientes con bloqueo de la capacidad de escribir o dificultades para escribir una tesis de doctorado. El problema no es nunca la tarea. Raras veces se le da a alguien —escritor, científico, director, obrero de la línea de montaje— una tarea para la que le falte preparación. El problema es la dolencia. Apatía, desesperación, confusión, perfeccionismo, anomalía de la voluntad... los síntomas son tan paralizantes como los de casi cualquier enfermedad que pudiéramos citar.

A diferencia de los pacientes que podrían hablar a favor de sus síntomas —Emily, por ejemplo—, Betty no se considera superior. Lo que ocurre es que no sabe tomar distancia de sus tendencias automáticas. Vive las demandas de los demás como imperativas. Se siente culpable de su parálisis, dado que la mayoría de la gente sigue adelante, incluso frente a obstáculos evidentes. Entiende que su situación es desesperada. Con todo, Betty no está decidida a liberarse de su depresión, en todos sus aspectos.

Al cabo de unas pocas sesiones, comprendo mejor lo que me inquietó desde el principio sobre la descripción de la colada. Contenía una pizca de ambivalencia sobre, o una ceguera hacia, la extensión del problema de Betty. Al mostrar su encanto, al pedirme que respondiera a él, para admirar su actitud considerada, y a ella misma por ese motivo, Betty está esperando lo imposible. Quiere liberarse del agotamiento sin cambiar de manera fundamental. Los escrúpulos, el perfeccionismo y las bajas expectativas llevan con ella tanto tiempo que confía en ellos en sus tratos con el mundo. Si pudiera liberarse de este aspecto de la depresión —la anomalía de la voluntad—, podría contentarse con dejar tranquilos los demás rasgos y síntomas, o ignorar ciegamente el riesgo que éstos suponen.

El deseo de elegir a conciencia —o sea, alterar sólo algunas manifestaciones de la enfermedad— es una tendencia que constituye otro aspecto de la singularidad de la depresión. Ataque al corazón, anemia, dolor crónico, infecciones, cáncer, todos implican o conducen a un ánimo bajo. Alguien que desesperara de curar podría decir: «Si tuviera más energías, podría vivir con este dolor.» Pero ese deseo sería un compromiso, una definición de un mínimo aceptable, un trato con el destino o con Dios. Nadie viene a ver al médico y le dice: «Por favor, quíteme la debilidad y déjeme el resto.» No, las cosas van en dirección contraria: trate usted con éxito la dolencia y la letargia desaparecerá naturalmente. Pero con frecuencia, en el caso de la depresión, los pacientes pueden desear activamente no deshacerse de una parte del síntoma. En efecto, dicen: ese elemento es extraño, pero soy yo.

Yo era, en mis años de universidad, un admirador de muchos de los rasgos de los que recelo en Betty. Ser más desprendido, sensible, escrupuloso y generoso... todo eso hubiera significado una mejoría de mi propio carácter. Ciertamente, percibía el encanto de la sensibilidad artística en otros. Ésta es un área donde la inmersión prolongada me cambió. Los ojos del doctor ven estos rasgos de la personalidad, los que sirven de distinción social, bajo un aspecto negativo. Con demasiada frecuencia, son síntomas de enfermedad progresiva, o factores de riesgo o adaptaciones a ella. Primero hagamos que te cures, es mi implícita sugerencia a Betty, y luego ya veremos cómo sientes esa compulsión a ceder la primacía a los demás. Betty sufre ya a causa de su baja autoestima. No desvalorizaré unos rasgos que ella cree que son aspectos de su carácter. Pero tampoco puedo considerar una cura que los deje intactos.

En esta última afirmación se esconde un problema ético complejo. En *Escuchando al Prozac*, lamenté la tremenda exigencia de autoafirmación de nuestra cultura; estamos ansiosos de que salga una píldora que nos haga sentirnos a cada uno de nosotros como el mejor plátano del árbol. Para el médico, en el momento clínico, enfrentado con un paciente propenso al trastorno del estado de ánimo recurrente, ese problema pierde relieve. No es que yo quiera transformar a Betty en una egotista, pero no tengo ninguna duda sobre la dirección en que tiene que moverse, si ha de salvarse. El objetivo del tratamiento es evitarle la enfermedad a la que es propensa, con todas sus consecuencias: neuronas puestas en peligro, temprana enfermedad de los vasos sanguíneos, crisis suicidas y todo lo demás.

En un futuro, la medicación podría resolver el dilema ético. Podemos imaginar (con dificultad) una sustancia que proteja las glía prefrontales y neuronas del hipocampo de Betty, en tanto dejamos que persistan sus escrúpulos y humildad. Aunque parece que gran parte de lo que la perturba sí *es* depresión y que curarle *eso* la cambiaría completamente.

Aquí y ahora, la medicación desempeñará un papel en el tratamiento de Betty. Parece una cuestión de suma urgencia para ella sentirse menos desesperada, más autocontrolada y más despierta. Pero dejemos a un lado la medicación. Si fuéramos a confiar en la psicoterapia solamente, ¿qué consideraríamos progreso? Trabajando con Betty, yo quería examinar sus procesos de pensamiento a cámara lenta. ¿Cuál es el proceso que, al enterarse de que un novio se encuentra en apuros, la lleva a dejarlo todo y atenderlo? ¿Qué patrones pasados conforman esta respuesta? La comprensión no sirve de mucho sin un cambio del comportamiento. Consideraré una buena noticia que Betty solicite ese empleo de profesora. Estaré encantado de verla reservar horas para su arte y mantenerlas sin flaquear. Podría sonreír si ella me cuenta lo que tiene en mente sin prestar demasiada atención a mis preferencias. ¿Cómo va a protegerse Betty de los acontecimientos estresantes de la vida, en forma de hombres necesitados, dominadores o depredadores? Bien podríamos llegar a la conclusión de que Betty no puede permitirse ser despistada, tímida o emocionalmente exagerada. Casi cada intervención que aborde la vulnerabilidad de Betty a la depresión es probable que la haga menos encantadora.

Al tratar a Betty, estaba dispuesto a ver que esas delicadas cualidades desaparecían: la evaluación paralizadora, la tendencia compulsiva a cuidar, volcarse en las desgracias de los demás. Sin duda era una cuestión de *furor sanandi,* el celo exagerado de curar. Pero yo veía ciertas formas de comportamiento, generalmente atractivas, como a través de una lente distorsionadora o correctora que las hacía grotescas. La conciencia del daño que la depresión causa me había hecho insensible a su encanto.

7

MÁS ENCANTO

Yo me había hecho insensible a su encanto, y no solamente en la sala de consulta. Esta actitud no me abandonaba nunca. Impregnaba mi respuesta a los múltiples libros sobre la depresión.

Yo admiré el primero de estos libros, *Darkness Visible*, de William Styron.

La de Styron es una meditación sobre lo inefable. La depresión, escribe Styron, es «tan misteriosamente dolorosa y esquiva en la manera como se da a conocer al yo —al intelecto mediador— que raya en lo indescriptible». Y luego insiste: «Tenía en mi mente una sensación próxima a, aunque indescriptiblemente diferente de, el verdadero dolor.» Y: «En cuanto a mí mismo, el dolor es sumamente comparable al ahogamiento o la sofocación... pero incluso estas imágenes no dan en la diana.» Y una vez más: «Para la mayor parte de los que lo han experimentado, el horror de la depresión es tan abrumador que supera toda expresión.» Styron busca palabras adecuadas: «Tristeza malsana», «pesaroso aturdimiento», «conexiones anárquicas», «una marea tóxica e indefinible», «un supremo malestar», «feroz *introspección*», «esta curiosa alteración de la conciencia». Como escritor, está comprometido (sin esperanza) en una lucha que viene de antiguo: «Desde la antigüedad —en el torturado lamento de Job, en los coros de Sófocles y Esquilo—, los cronistas del espíritu humano han estado luchando con un vocabulario que pudiera dar adecuada expresión a la desolación y la melancolía.» La depresión pone al descubierto las limitaciones de la escritura. Las palabras fallan.

Me gustó la insistencia de Styron en que la depresión es distintiva...

tan diferente a la tristeza cotidiana que convierte en vanos los intentos de describirla. Pero las historias personales que siguieron a las de Styron no me convencieron. Reexaminé un libro y descubrí que la técnica, el método de atraer al lector, era simplemente describir un contratiempo cotidiano que ponía en marcha rasgos depresivos. Tales pasajes están destinados a crear una alianza con el lector... y evidentemente, con otros, lo consiguieron. Para mí, un observador formado en el rostro y el curso de la depresión, y actualmente abrumado por la depresión en la consulta, la historia de horror empezaba prematuramente.

Cuando los libros funcionaron, imaginé, fue porque muchas de las características asociadas con la depresión son atractivas. La irascibilidad, el aire meditabundo, la timidez, la lealtad y el sentimentalismo... estos rasgos se convierten en fuerzas para cierto tipo de narrador en primera persona. De forma similar ocurre con los efectos sintomáticos de un episodio depresivo suave... desesperación, confusión, agitación, aprensión, aislamiento social, apatía global. Los rasgos parecen implicar humildad. Sugieren adaptación existencial en un mundo desprovisto de significado.

Y luego está el subconjunto de los depresivos que llegan a la tristeza a través de la inocencia excesiva, el apego incondicional. Veía que los lectores podían quedar encantados por estos autores, más que por otros escritores que compartían noticias de sus dolencias... fuera la nefritis o la enfermedad de Crohn. Nuestros corazones laten al ritmo del ingenuo. Me he estado preguntando por qué, si el trastorno de pánico es tan frecuente como la depresión, no hay ni una sola autobiografía ampliamente conocida escrita por un paciente cuyo problema básico sea el pánico. Pensé que la diferencia podría estar relacionada con el encanto.

Y ahora un extraño ejemplo de mi problema. Con ocasión de un viaje a España, un amigo mío me regaló *Sobre las corridas de toros*, un relato de A. L. Kennedy sobre los meses que ella pasó investigando las corridas. Kennedy empieza describiendo su problema con el suicidio:

> Debería saltar ahora, mientras puedo.
> Porque no quiero que nadie esté mirando, o se sienta trastornado por mí, cuando caiga. Es a mí únicamente a quien quiero matar.

Y no deseo que nadie se quede boquiabierto mientras me estoy matando. Creo que he tenido ya suficiente vergüenza en mi vida.

Afortunadamente un vecino está cantando una canción ridícula. Morir al son de una porquería de música será una humillación más, de modo que Kennedy sigue adelante, debilitada, dolorida, indiferente a su primera vocación como escritora.

Lo entiendo. La decadente tendencia suicida de Kennedy contrasta efectivamente con la versión de macho de Ernest Hemingway. El aislamiento, la lucha con el miedo y la evidente mortalidad del depresivo evocan rasgos análogos en el matador. La muerte nos acecha. Los toros y la depresión son ambas unas maneras nobles de reconocer esa realidad; los toreros y los depresivos están especialmente dotados. El sarcástico relato de cómo se libró por los pelos nos permite comprender que Kennedy tiene virtudes de escritora: observación sensible, perspectiva objetiva, conciencia de lo absurdo, conocimiento irónico de sí misma.

Sería igualmente cierto decir que no lo entiendo. Ojeo las páginas en busca de noticias sobre el tratamiento o el curso de la enfermedad. Qué ingenuo. Para Kennedy, la depresión es un indicador de discernimiento. Ha cumplido su fin. Compartir tu deseo de muerte con el lector es un método de atracción social.

Una nota al margen sobre lo que el suicidio es para el psiquiatra: mi experiencia es limitada, por lo cual toco madera diariamente. Limitada y sumamente dolorosa. No hay ninguna muerte debida a enfermedad que los supervivientes vivan tan mal como el suicidio de un ser amado.

Recuerdo a un paciente que vino a verme durante unas cuantas sesiones, no las suficientes para establecer un diagnóstico claro. Semanas más tarde, murió en un accidente de coche, solo, en una carretera secundaria. En su sangre había niveles elevados de fármacos, prescritos por un internista. La muerte fue considerada accidental, pero yo tenía mis dudas. Me reuní con dos miembros de la familia. No había mucho que decir. Había muchas cosas que se ignoraban, y yo no quería aumentar su carga. Los hechos arrojaron una sombra sobre mi mente durante dos años, constantemente. Mucho después, apenas soporto pensar en las víctimas o en los supervivientes o en mi propio papel.

No estoy seguro de cuántos suicidios he tenido en mi consulta, donde la depresión era el diagnóstico fundamental. Quizás uno, en veinte años. Me estoy acordando de un paciente que murió de sobredosis. En su caso, no estoy seguro de que el suicidio fuera intencionado, aunque el forense dijo que sí. Otros dos pacientes se mataron años después de haberse ido a vivir a otra ciudad. Ambos tenían otras enfermedades mentales. Estos tres también me obsesionan. Vivo con el terror del suicidio; ése es otro aspecto de la inmersión.

El suicidio está en juego de una manera particular, intensa, cuando empleamos antidepresivos. Estas medicaciones son herramientas eficaces en la prevención del suicidio. Estudio tras estudio han demostrado que cuando los nuevos antidepresivos, como el Prozac, son introducidos en una nación determinada, o cuando empiezan a usarse ampliamente en una particular región de un país, las tasas de suicidio descienden, tanto entre los adultos como entre los adolescentes. Pero los antidepresivos también pueden, de forma poco frecuente, fomentar pensamientos e impulsos suicidas en personas que nunca habían estado deprimidas. Eso es algo que hace años sabemos... escribí al respecto en *Escuchando al Prozac*. De manera que nuestros esfuerzos por alejar el suicidio a veces pueden provocarlo; para los psiquiatras, en su trabajo diario, la posibilidad de suicidio siempre está próxima.

Gracias a nuestras nuevas herramientas, la psiquiatría realiza una tarea preventiva del suicidio mejor que en el pasado. Se nos da bastante bien, diría yo, en convertir la enfermedad aguda en crónica. Pero podemos fracasar. Nunca olvidamos los fracasos. Colegas a los que he tratado como pacientes siempre dicen lo mismo. Los suicidas, si ya no viven en ninguna otra parte, al menos viven dentro de nosotros.

El encanto se había convertido también en foco de atención para mí, como observador de la depresión, debido a una peculiaridad de mi trabajo clínico. En mi consulta había pacientes que luchaban por rehacer sus relaciones. Los matrimonios me fascinan, y es un descanso del trabajo con la depresión mental que me da un toque de esperanza semanalmente.

Pero la discordia marital y el trastorno del ánimo comparten territorio. Yo había explorado ya esa superposición en una breve sección del libro que escribí después del Prozac, una descripción de teorías de la intimidad, *Should You Leave?* Tras su publicación, empecé a tener noticias de un inesperado grupo de pacientes, una serie de hombres con idéntica preocupación. Todos tenían una debilidad por mujeres que se volvían depresivas. Al menos, aquellos hombres parecían, por razones que eran oscuras para ellos, atraer a esa especie de mujeres y a ser atraídos por ellas.

Uno de esos hombres había estado luchando durante años con los problemas de una esposa que sufría depresiones recurrentes y luego llegó a suicidarse. Era un tipo rudo, tosco, gigantesco, la clase de individuo que parece invulnerable. Pero años de vivir con la depresión le habían quebrantado, y luego el suicidio. Lo que él más temía, al volver a casarse, era exponer a sus hijos por segunda vez a esa dura prueba. Y sin embargo, cuando empezó a ir en serio con una mujer con la que estaba saliendo, descubrió que era propensa al trastorno del ánimo. La mujer había sufrido crisis en el pasado, o dejaba traslucir indicadores de una sugestiva historia familiar. El hombre quería saber qué le llevaba a hacer este tipo de elección.

Cinco años atrás, esta preocupación hubiera sido considerada corriente. Al hacer lo que dice que teme, un hombre efectúa una repetición compulsiva, un modelo básico de comportamiento humano. Enfrentado con un caso así, el psicoanalista clásico buscaría una motivación inconsciente. ¿Por qué iba el viudo a zancadillearse a sí mismo de esta manera tan particular? Si hubo depresión en su familia de origen, ¿no estará compulsivamente «casándose con su madre»? ¿Odia y teme secretamente a las mujeres, de manera que elige blancos vulnerables y luego saca lo peor de ellas? ¿Le mueve su ansiedad de castración a buscar un compañero débil? ¿Está en juego la perversión sexual... sadismo enmascarado como actitud solícita? Un facultativo esmerado se hubiera resistido a llegar a conclusiones, pero estos tipos de preguntas constituían un patrón en busca de una respuesta que cabía esperar que emergiera con el tiempo. Y es bastante cierto que la memoria, la añoranza y la crueldad se mezclan para crear modelos destructivos y autodestructivos de comportamiento.

Hoy tendemos a preguntarnos si aspectos aparentemente problemáticos de la historia de un paciente son más normativos o adaptativos. Ese enfoque condensa y aísla la patología: dejemos a un lado *estas* dolencias y concentrémonos en *aquéllas*. Quizás deberíamos abordar la ansiedad (en este caso, la preocupación de que uno elige erróneamente a sus amores) y no el comportamiento (la elección en sí misma) que el paciente dice que le hace sentirse ansioso.

Yo me sentía especialmente abierto a esa táctica desde que había iniciado mi proyecto sobre la depresión. Aquí había hombres que decían que se veían arrastrados a los trastornos del humor de los otros. Esa afirmación se relaciona con temas de valor social. ¿Cuán patológico —cuán perverso— es encontrar encanto en la depresión?

Bueno, puede ser sólo que la vulnerabilidad a la depresión es muy corriente. Si un hombre define el trastorno en un sentido muy amplio («propensa al trastorno de ánimo», «episodios en el pasado», «historia familiar»), montones de mujeres cumplirán este criterio. Los hombres con los que yo estaba trabajando oscilarían entre su preocupación fundamental («Siempre acabo con mujeres depresivas») y justamente esta misma exculpación («Vivimos en medio de la depresión»). Dirían que amar a las mujeres es amar la depresión... o aceptarla.

Debería añadir que esta perspectiva difícilmente se limita a los hombres que se preocupan por su relación con mujeres inestables. Hombres deprimidos y mujeres deprimidas hacen parecidas afirmaciones: «Pero todo el mundo es depresivo...» Buscan signos de trastorno del humor por todas partes, de la misma forma que algunos gais, sólo medio en broma, encuentran la homosexualidad reprimida omnipresente. Esta opinión, la depresión es mundial, emerge en mis sesiones de psicoterapia cuando doy mi opinión... la creencia de que la mayor parte de la gente se las arregla bastante felizmente, pese a las contrariedades de la vida. Un paciente me desafiará: «Pero yo no conozco a nadie así... satisfecho en el matrimonio, contento en el trabajo.» A los escasos conocidos siempre alegres que pueda tener, el paciente los descartará como fenómenos de la naturaleza.

Por supuesto, con los depresivos, puede que sea una cuestión de haberse rodeado de otros depresivos... de haber creado un entorno poco exigente de amigos que ven el mundo tal como ellos lo ven. Hombres y mujeres parecen tener en cuenta el grado de melancolía del otro cuando se casan. Comparados con las personas casadas cuyos cónyuges están libres de trastorno del ánimo, los maridos o mujeres de depresivos son dos veces más propensos a ser diagnosticados o tratados de depresión. El fenómeno ha sido observado repetidamente, y la mayor parte de los estudios llegan a la conclusión de que la semejanza tiene que ver con la elección. Los depresivos buscan depresivos.

Quizás ellos digan que no es así. Si el matrimonio es anterior a los primeros síntomas, el paciente tal vez proteste: «Pero ¿cómo podría haberlo sabido?» Los maridos no deprimidos con esposas deprimidas hacían la misma pregunta.

A menudo lo sabemos... o podríamos saberlo, si fuéramos observadores. La depresión tiene sus precursores. Los veremos en detalle cuando regresemos a *lo que la depresión es*. Habrá pocas sorpresas. La tristeza, como rasgo de la personalidad, es un indicador de futura depresión. Si los hombres atraídos por mujeres depresivas no parecían perversos —y en su mayoría carecían, sorprendentemente, de manías— es en parte porque la atracción a los factores de riesgo de la enfermedad (como algo distinto de la atracción hacia la enfermedad misma) no es extraordinaria. La piel pálida que se correlaciona como el melanoma tiene su atractivo. Los comportamientos que predisponen a enfermedades mortales —fumar, ingesta de alcohol excesiva, promiscuidad sexual— son notoriamente seductores, o lo fueron en su tiempo. La tristeza tiene su atractivo. Y, por supuesto, la mayor parte de la gente triste nunca sufre una depresión completa.

Les pregunté a mis pacientes qué les atraía de sus esposas, cuando ellas estaban todavía bien, y qué hizo que sus esposas se sintieran atraídas por ellos. Estos maridos eran tranquilos y razonables. Si acaso, se les podría considerar supercontrolados. En una mujer apreciaban los sentimientos y el buen juicio. No les importaba un poco de afectación; asociaban la feminidad precisamente con esas cosas. Preferían timidez a una rotunda autoafirmación.

En cuanto a sus propias fuerzas sociales, estos hombres atraían a mujeres que valoraban la solidez. Los hombres se sentían orgullosos de resultar atractivos por esta razón. Servían de ancla a unos navíos sacudidos por la tormenta. Elegían compañeras sobre el principio de que lo opuesto atrae... cuanto más contraste, mejor.

Después de eso: una protesta de ignorancia e inocencia. Un hombre ofrece apoyo. Hace todo lo que puede para que el matrimonio funcione... dadas las exigencias del trabajo, y los imperativos de la vida real. Podemos creer esta explicación, o no. Quizás estos hombres razonables hacen que sus mujeres se suban por las paredes. Pero la versión de los maridos cumple una norma de plausibilidad. Un hombre puede elegir en este sentido, elegir la vulnerabilidad indirectamente, a través de experimentar una particular especie de deseo, relacionado con una visión convencional de lo femenino... intensa emocionalidad y deferencia hacia el varón fuerte. En una psicoterapia, un analista considerará una combinación de causas para repetidos fracasos sociales: el hombre busca mujeres depresivas y luego las empuja hacia la tristeza, o simplemente las decepciona. Y aquí podría tratarse de una cuestión de sadismo o de un modelo menos inocuo.

Esta historia, en definitiva, no es nada excepcional. El hombre es un poco mecánico desde el punto de vista emocional. Es atraído hacia la dimensión de la que carece... hacia mujeres tristes, mujeres con *profundidad*. Estas mujeres van en su busca. Y luego, con el tiempo, lo bueno que él ofrece, la estabilidad, ya no es suficiente. La mujer encuentra que no la apoya bastante, en un momento de estrés renovado... que no está totalmente disponible, según las normas de ella. Y se siente aislada. Sucumbe a la depresión... a causa de los defectos de su marido, o por cualesquiera otras razones, relacionadas con los genes y tempranas malas experiencias y las malas experiencias que precedieron al matrimonio. Al igual que Margaret, en sus años con Gregory, puede sucumbir a una depresión «no motivada», incongruente con las actuales circunstancias.

Dadas estas limitaciones, estas posibilidades sociales, quizás tantas novias y esposas deprimidas se deben simplemente a la mala suerte. Aunque, visto desde otro ángulo, podría argumentarse que algo así como el encanto de la aflicción está desempeñando su papel... el encanto, como mínimo, de la propensión a la depresión, el encanto de la tristeza y la vulnerabilidad.

Cuanto más pensaba en el fenómeno con mis pacientes, más me impresionaba el hecho de que sentirse hechizado por los precursores de la depresión, como la tristeza o la evidente fragilidad ante el estrés, es algo corriente, rutinario. Los depresivos son atraídos por los indicios de depresión en los demás. Del mismo modo lo son los robustos e imperturbables. En una terapia, yo podría hacer una observación en este sentido, con la esperanza de que el paciente se abriera.

A menudo, este enfoque terapéutico fracasaba... me refiero al esfuerzo de minimizar la angustia de mis pacientes, desviando nuestra atención de la depresión y centrándola en los rasgos que son solamente factores de riesgo, a cierta distancia de la enfermedad con todas sus letras. Yo debería haber sabido que así sería, que iba a fracasar, o triunfar sólo parcialmente... Debería haberlo sabido por mi experiencia en la interpretación de la autopatografía, donde los impulsos suicidas despiertan la simpatía de los lectores. No es solamente la vulnerabilidad lo que atrae, o la apertura emocional. Cuando dejo hablar a mis pacientes, se hace evidente que muchos se sintieron atraídos de una forma directa por el trastorno del estado de ánimo.

8

Por provocativa que pueda parecer, la afirmación de que *la depresión hechiza* no es nada exagerada. La depresión tiene su erótica.

De vez en cuando, en mi consulta, aparece una mujer que lleva lo que a mí me sorprende como una vida social extraordinaria. Estará atormentada por la depresión, y en particular por un trío de síntomas: cansancio, apatía y falta de energía. Es decir, carecerá de la fuerza interna para emprender una tarea o buscar cualquier actividad. La mayor parte del tiempo permanecerá pasiva y aislada... y, claro está, no le interesará salir con hombres. Tal vez sea sólo una mujer corriente desde el punto de vista de su atractivo físico, y poco interesada en cuidar de su aspecto. Pero será como un imán para cierto tipo de hombres, un tipo que se da en abundancia.

Mi impresión es que la popularidad de estas mujeres proviene, no a pesar de, sino directamente de, su depresión. Su lasitud guarda cierta semejanza con la languidez de Marlene Dietrich. Estoy pensando en el rasgo que Josef von Sternberg, el director de cine, hizo resaltar cuando asignó a la Dietrich el papel de Lola Lola en *El ángel azul*. Allí la Dietrich canta *Volver a enamorarme*, un himno a la indiferencia que se convirtió en su firma. La deprimida vampiresa no debe ser censurada por sus coqueteos. «Simplemente no lo puede evitar.» Alfred Hitchcock adoptó una táctica similar en *Stage Fright*, cuando hizo que la Dietrich se personificara (en una canción de Cole Porter) como *La chica más perezosa de la ciudad*. Las mujeres a las que la Dietrich retrata desean poco, y no prometen nada. Estos personajes pueden no sufrir depresión. En realidad, quizás no cumplan unas normas realistas de coherencia o credibilidad psicológicas. Pero personifican una forma de sensualidad que incorpora y populariza rasgos depresivos.

La indiferencia puede indicar fuerza. A menudo así lo ven los potenciales amantes, como un desafío a ser superado. Pero para los deprimidos, la indiferencia surge de la debilidad, es una incapacidad de preocuparse por el propio destino, incluso una ausencia de instinto autoprotector. Cuando me preparaba para ser psicoterapeuta, pasé por la fase de leer novelas de Jean Rhys, relatos de jóvenes pasivas, víctimas de personas socialmente expertas. Las heroínas son virtuosas de la lasitud, la apatía. No son perseguidoras, sino víctimas. Como lectores, nos disgustan los hombres (y a veces, sus esposas) que se aprovecharían de una joven vulnerable, pero encontramos sus apetitos plausibles.

Aquí no se da tanto una cuestión de idealizar la melancolía como de idealizar el romance... *definiendo* romance en términos de déficit emocional. La suavidad afectiva, el aislamiento social, la anomia, el distanciamiento... según la estética decadente, cada síntoma de depresión es sexualmente estimulante. La mujer que espera impasiblemente en la oscurecida habitación, indiferente, poco atenta al futuro, anestesiada contra el desastre, que requiere un despertar, que exige el gesto atrevido... ¿qué hombre es tan sano que no haya perseguido alguna vez a esta heroína dramática?

En las películas, esta persecución termina en desastre. En la vida, llevará de vez en cuando a un resultado satisfactorio a largo plazo. La supuesta sirena puede mostrarse amistosa y fiable, una vez que entre en una relación social segura y sus síntomas depresivos disminuyan. Perderá sus rasgos teatrales pero ganará rasgos sociables que se conservarán con el tiempo.

¿Es la melancolía un ideal de decadencia desde 1900? ¿O el género de la novela ha conservado religiosamente los rasgos depresivos durante mucho más tiempo? La imagen de la mujer apasionada-pero-depresiva prevaleció durante bastante más de un siglo. Las dos grandes novelas escritas por hombres sobre mujeres, las dos que satisfacen los requisitos de la etiqueta convencional de clásicos, *Ana Karenina* y *Madame Bovary*... ¿cómo es que ambas terminan con el suicidio de la heroína? Podemos sustituir a Emma Bovary por la *Atala* de Chateaubriand, en los orígenes de la novela romántica, o la *Thérèse Raquin*, de

Zola, ya hacia el final del género. No faltan heroínas epónimas dispuestas a quitarse la vida. Sexo y suicidio, adulterio y suicidio, son aparejamientos constantes en la imaginación romántica.

Tampoco está en juego solamente el atractivo femenino. Ahí tenemos el joven Werther de Goethe y el René de Chateaubriand. El primero de ellos un suicida y el segundo casi. Ambos personifican un ideal romántico masculino. El pesaroso, inalcanzable, joven, el rebelde sin causa, el desdeñado hermano menor, el sardónico intruso, avanzando a toda velocidad en su vertiginoso descenso... ¿qué mujer puede resistirse a su oscuro atractivo? Aquí a veces lo que está en juego es el masoquismo recíproco, el depresivo llamando a la depresiva. Pero incluso para mujeres totalmente estables, la depresión puede parecer atractiva. El intelectual triste e indeciso, el observador de la vida amargado y aislado... constelaciones de rasgos que se parecen mucho a la depresión sirven incluso en la edad mediana del varón para definir cierto tipo de hombre fascinante.

¿Va demasiado lejos esta especulación al decir que la depresión crónica moldea los grandes romances? He sido testigo de enamoramientos que parecen incitados por la depresión... Testigo como psicoterapeuta. Los hombres pueden obsesionarse con las mujeres deprimidas, e inexplicablemente, como si este impulso —el de sentir la fuerza de la tristeza de un amante— tuviera el poder de superar cualquier equilibrada consideración.

Un ejemplo representará a un pequeño puñado de ellos. He tenido que camuflar la historia aún más que de costumbre, porque podría ser reconocible.

Harry era un próspero empresario metido en un matrimonio fracasado. Estaba abierto a las aventuras breves y acostumbrado a ser perseguido por mujeres dispuestas, tal como él lo veía, a agarrarse a una buena cosa. La esposa era mordaz, amargada, insatisfecha. Hacía lo que podía para retrasar el divorcio.

Harry conoció a una mujer en un cóctel. Lo que le gustó de Mariana inicialmente fue su actitud retraída. En contraste con las hembras efusivas, efervescentes, que perseguían a Harry, Mariana se mostraba reservada y contenida. En cuanto se la abordaba y se le tiraba de la lengua, demostraba perspicacia, de una manera que desequilibraba a Harry. Al mismo tiempo, seguía apareciendo etérea. En mitad de una conversación, su mirada podía perderse más allá de Harry, como si su mundo interior fuera más atractivo que cualquier conversación casual.

«Me gusta su sonrisa», me dijo Harry más de una vez, como si este hecho explicara muchas cosas. Harry no es muy dado a la elaboración. Llegué a creer que lo que le cautivaba era su ocasional poder para provocar esa sonrisa, hacer que Marina se animara, a pesar de sí misma.

El cóctel era una de las pocas incursiones que Mariana hacía fuera de casa. Aceptó ver a Harry esporádicamente y —desdeñando sus ofertas de caros entretenimientos— casi solamente en su propio apartamento. Su cuarto de estar parecía una caverna... débilmente iluminado, decorado con pequeños objetos primitivos cada uno de ellos en su lugar adecuado. Esto ocurría en noches de invierno.

Para cenar, Mariana daba de comer a Harry lo que tenía a mano, exquisiteces en pequeña cantidad, o delicias que había traído de la tienda. Ella, al parecer, apenas comía. Llevaba prendas transparentes de tiendas de segunda mano. Vivía del aire.

Generalmente la noche terminaba en la cama. De vez en cuando, Mariana podía mostrarse ávida. Más a menudo parecía casi ausente, como si esperara que Harry hiciera la suya y se marchara. Su pasividad, su letargia, su clara apatía, parecían sinceridad y honestidad. A veces, la noche desembocaba en una escena... la apacibilidad de Mariana se convertía en desesperación cuando Harry la descuidaba en algún aspecto menor.

Harry se convirtió en un adicto... Sentía celos, aun cuando sabía que Mariana sólo salía para recados. Estaba convencido de que ella lo dejaría por alguien de más valía, si era capaz de reunir la energía necesaria para alternar. Este temor nunca se cumplió. El asunto continuó durante meses, durante toda la etapa final del divorcio. La esposa estaba furiosa.

Harry se sentía confuso. Mariana no era la mujer que él deseaba. Había estado buscando una joven compañera que fuera a la vez práctica y llamativa.

Cuando le pregunté a Harry con qué clase de compañera sentimental terminaría, respondió en términos concretos. Una experta esquiadora y marinera, como las esposas de sus amigos. Una mujer que fuera capaz de decorar y supervisar primeras, segundas y terceras residencias. Pero Harry no podía entregar su afecto a una solitaria. ¿Qué era lo que no funcionaba en él?

Mariana nunca pedía nada. Tenía algunos dólares, aparentemente, gracias a su madre. Diseñaba sitios web, vía internet. Al principio, ella se sentía encantada cuando él le mandaba clientes. Luego dijo: «no», aquellos encargos la hacían sentirse presionada. Menos mal, ya que los hábitos de trabajo de Mariana habían incomodado a veces a Harry. Mariana era hábil, pero poco de fiar.

Ella parecía seguir el mismo camino en la relación. Mariana comprendía a Harry. Las opiniones que manifestaba sobre las relaciones comerciales de Harry demostraron ser prácticas. Harry se encontró actuando por consejo de ella. Mariana podía ser igualmente incisiva sobre el narcisismo de Harry. Era difícil decir si era partidaria de la honestidad o simplemente (en su depresión) carecía de la energía, previsión y determinación que una persona necesita para simular.

Si bien Mariana podía ser sagaz y útil, también era capaz de prescindir de Harry durante semanas, con muy pocas explicaciones. A veces él aparecía y la encontraba hecha una ruina, abrumada por un pequeño contratiempo. Durante el verano, Mariana aceptaba acompañar a Harry en excursiones por el campo o en viajes de negocios. Pero con frecuencia cancelaba estos compromisos o dejaba plantado a Harry. No era tanto una actitud cruel, sino voluble, confusa.

Había una mezcla de fantasías en Harry. Mariana era sólo suya, una bella durmiente repetidamente despertada por su beso. Una doncella en apuros. Inasequible, caprichosa, *mobile* como el viento.

Harry comprendía su obsesivo enamoramiento hasta ese punto: decía que Mariana representaba un contrapeso al deliberado, comercial, ambicioso, mundo en que vivía. Admiraba el hecho de que ella hiciera lo que le encantaba, aunque a veces parecía solamente que estaba haciendo lo único de lo que era capaz de hacer. Me preocupaba que Harry estuviera proyectando virtudes sobre Mariana, que fuera ciego a su enfermedad.

Una vez que se divorció, Harry dijo que quería terminar la relación con Mariana también, de manera que pudiera dirigir sus pasos en busca de una vida feliz. Pero le atacó una repentina, y terminal, enfermedad, una fulminante leucemia. El testamento dejaba una suma sustancial para Mariana. La ex esposa no lo entendía y me lo dijo. Quería saber si yo había tratado de hacer entrar en razón a Harry... abrirle los ojos a las artimañas de Mariana.

Sí y no.

Yo había tratado de que Harry comprendiera el sentido de lo que encontraba confuso. Dábamos un repaso a las diferentes maneras de abordar un enamoramiento obsesivo o compulsivo. Teorías de la personalidad... por qué un hombre es narcisista, o protector, o propenso a ser tratado arbitrariamente. Y teorías de la relación... modelos fijos basados en tempranas decepciones, necesidades que surgen de idiosincrasias de la propia imagen, intentos de compensar el fracasado matrimonio con la nueva relación. No había falta de curiosidad, quiero decir, ni tampoco de estructuras para canalizarla.

Pero yo había intentado hacer sentar la cabeza a Harry de una manera directa. Ella está deprimida... Le había dicho eso con frecuencia. Nunca tuve intención de que el comentario tuviera que ser decisivo. Admiro a aquellos que son capaces de amar a los enfermos, y a los enfermos mentales en particular. (De haber sido Mariana paciente mía, quizás habría esperado a ver que la relación tuviese éxito.) Al mismo tiempo, me parecía que la buena fe requería decirle a Harry de qué modo su descripción de los comportamientos de Mariana tenía sentido para un psiquiatra.

Yo creía que Mariana necesitaba tratamiento. Pensaba que corría el riesgo de suicidarse. Que la enfermedad progresara... la aparición de más síntomas incapacitantes y un aumento de la proporción de días malos.

Le dije: «Por ella, vea si puede convencerla de que la analicen.»

Y nuevamente: «Si tengo razón, si permanece usted con Mariana, tendrá problemas.»

Pero la depresión no era una categoría importante para Harry. No ocupaba mucho espacio en su universo de explicaciones para el comportamiento humano.

Y aquí nos tropezaríamos con la pregunta de la esposa, sobre las artimañas de Mariana.

Según su propio relato, Harry había sido atraído por Mariana porque se contenía, porque sorprendía, porque marchaba a su propio ritmo. Con frecuencia, estos rasgos indican independencia. Señalan confianza en el juego de las citas... la capacidad de jugar las propias cartas con habilidad, incluso cuando las apuestas son altas. En este ejemplo, pensé, esos mismos comportamientos podrían indicar enfermedad.

Cuando Lutero anunció sus tesis y dijo: «no puedo hacer otra cosa», lo admiramos porque el imperativo es una cuestión de conciencia. Tiene ante sí otros caminos para elegir, pero su fe lo obligó a ir por ése. Si un hombre en la situación de Lutero estuviera tan obsesionado que se viera privado de su libertad de acción, entonces él «tampoco podría actuar de otro modo...», pero lo admiraríamos menos. Actuar por independencia es una cosa; por compulsión, es otra.

Para regresar al dilema con que me enfrentaba en el caso de Harry: la vida de Mariana discurría entre estos extremos, entre la libre voluntad y el determinismo que impone la mala salud. Sea lo que sea lo que haga, está modulado por su gusto y juicio. Cuando yo decía: «¿No ve usted que ella está deprimida?», estaba señalando el elemento compulsivo de su comportamiento. Pero sé lo que la ex esposa de Harry decía, y yo no estaba enteramente en desacuerdo: «Mariana hace buen uso de sus rasgos depresivos.»

La suposición que me preocupaba, la que quería plantear a Harry, concierne al significado de la postura de Mariana. «¿Es una rebelde contra los valores del consumismo, la competición y la estupidez?» Mi opinión: no tan completamente como podría parecer a primera vista.

En el mejor de los casos, tenemos una noción imperfecta de los ideales de Mariana. No sabemos si, en el caso de que ella se encontrara bien, si estuviera libre, despreciaría el materialismo, la competencia y el chismorreo. Sabemos que tiene problemas para salir de casa, para relacionarse socialmente, para realizar su trabajo, para mantener un nivel de deseo que dirija o aumente su motivación. Si nuestra opinión de la cultura contemporánea es bastante negativa —si Harry siente suficiente desprecio por sí mismo y por aquellos que lo aman— entonces podemos correr el riesgo de interpretar mal la incapacidad del depresivo como una resistencia de principio a las normas sociales.

Ciertamente, he visto a personas recuperarse de la depresión y participar vigorosamente en conductas sociales corrientes... las mismas (competitivas, adquisitivas) que parecían despreciar cuando estaban deprimidas. No me refiero solamente a curar vía medicación, de lo que podemos desconfiar, si entendemos los antidepresivos como inductores de conformidad. Me refiero a una remisión espontánea, o a una respuesta a unas luces intensas, o a la psicoterapia, o a una estimulación magnética del cerebro. Me refiero a la total recuperación de la depresión, sin omitir las gozosas, repentinas, recuperaciones que, como he confesado desde el principio, influyen en mi visión de la enfermedad.

¿Puede una sola perspectiva abarcar toda la verdad? Quizás (para adoptar el punto de vista de la ex esposa) Mariana fuera una tentadora igualmente hábil, aunque sus artimañas se derivaran de, o consistieran en, una enfermedad.

En el caso que nos ocupa, estoy señalando una preocupación. Sospecho que Harry estaba interpretando mal las normas sociales. Estaba considerando a Mariana despreocupada, allí donde tal vez la mujer fuera solamente errática en las respuestas a sus proposiciones. Ama a Mariana en medio de su depresión crónica y a causa de esta depresión. No hizo esta mala interpretación (si es que lo es) de manera solitaria, sino como participante de una cultura en la que la rebeldía, la sensualidad y los rasgos depresivos se mezclan en un ideal romántico estándar.

Éste es un aspecto de la consulta en una ciudad pequeña; te enteras del desenlace de las historias. A veces son concluyentes. Tres meses después de la muerte de Harry, Mariana fue hospitalizada por depresión. Su recuperación fue mediocre... aunque es justo decir que no había estado muy boyante durante los meses en que Harry la conoció.

Tenemos abundantes ejemplos de devoción hacia compañeros que sufren depresión. El afecto cada vez más profundo de C. S. Lewis por Joy Davidman mientras ella luchaba contra el cáncer de huesos (esa historia es el tema del libro biográfico de Lewis, *A Grief Observed*, y de la película *Shadowlands*) ha constituido periódicamente un modelo popular para el amor romántico. Los cuidados de John Bayley por Iris Murdoch cuando la mente de ella se derrumbó por la enfermedad de Alzheimer (como se cuenta en su *Elegy for Iris* y en otras partes) representa un idea parecida. En cada caso, no es la enfermedad la que suscita afecto o pasión, sino la integridad dañada del amado, frente al deterioro. Asimismo, admiramos a Bayley y a Lewis por superar su aversión natural a la enfermedad.

Con la depresión, no siempre se trata de resistir a la repugnancia. La depresión produce sufrimiento sin desfiguramiento, una combinación apta para suscitar la fantasía de protección y rescate. Los síntomas e incluso el estado de la enfermedad —Mariana en su pasividad— pueden resultar atractivos, y de una manera que no parece especialmente perversa. Hasta cierto punto, esta diferencia es afortunada. Queremos que el enfermo sea evaluado y cuidado.

Sin embargo, resulta sorprendente que la respuesta social a la depresión dé lugar a la paradoja y el oxímoron. La depresión es seductora y patológica, admirable y destructiva. En la depresión, tenemos una enfermedad que (en términos de *lo que es para nosotros*) contiene valor moral y atractivo erótico.

Estas atribuciones son rasgos de la depresión y abarcan territorios definidos. Decir que la depresión no debería ser erradicada porque engendra creatividad es diferente a decir que nos vemos atraídos sensualmente hacia la depresión, sin saber completamente por qué. Pero, por supuesto, esas zonas se superponen. El depresivo es ensimismado y autocrítico, una actitud que imita la valiente postura (importante tanto para el arte como para el romance) del héroe socrático dedicado a la vida de autoobservación. Según una antigua convención, el varón melancólico —artista, poeta, aventurero, seductor— es heroico y deseable. La Dama de Shallot, en poema y en pintura, representa un ideal moral, estético y romántico... Una mujer demasiado sensible para soportar la cruel realidad, que entreteje belleza, que es amorosa y no tiene amantes, que se consume.

En mi opinión el encaprichamiento de Harry por Mariana no era un ejemplo aislado del poder erótico de la depresión. Yo estaba tratando ya a una serie de hombres que se encontraban en parecidas circunstancias. A menudo se sentían atraídos no por mujeres que resistían bajo la tensión de la depresión, sino por mujeres sumergidas en ella, mujeres que estaban perdiendo la batalla. A éstos se sumaban los típicos casos de jóvenes deprimidas que (habiendo rechazado a una serie de pretendientes comprensivos y solícitos) decían entablar relación con jóvenes deprimidos y narcisistas que, por su parte, podrían haber aportado una historia similar y complementaria. En realidad, debido a los impactos sumados de *Escuchando al Prozac* y *Should You Leave?*, yo me había convertido en una autoridad sobre temas relacionados con el trastorno del ánimo y la intimidad, y por tanto estaba siendo testigo de los atractivos de la depresión en todas las formas imaginables. Aclarar los orígenes de estos apegos, y ayudar a los pacientes a encontrar matices entre distintas inclinaciones, consumía una parte cada vez mayor de mi trabajo diario.

Para comprender mi condición mental, necesitan ustedes imaginarse una superposición de acontecimientos. Conversaciones con lectores, lecturas de historiales, trabajo con pacientes como Emily, que achacaban su superioridad en los síntomas de la depresión... Todas estas cosas tenían lugar simultáneamente y venían acompañadas, como contrapunto, de las pruebas acumuladas sobre la condición de la depresión como enfermedad insidiosa, progresiva. Por todas partes, yo veía un abismo entre *lo que es* y *lo que es para nosotros*, entre patología y encanto. Mirar hacia esa sima me producía una especie de vértigo.

En ese estado alterado, empecé a preguntarme cómo la frecuencia y carácter intratable de esta particular enfermedad, la depresión mayor, había moldeado nuestros puntos de vista de diversos, si bien interrelacionados, conceptos... carácter, belleza, moralidad, buena vida. Lejos de la sala de consultas —con amigos en una cena, o entre extranjeros en un museo, o solo en mi escritorio— me descubrí haciéndome extrañas preguntas, cosas que no tenían relación evidente con la depresión, la enfermedad, o sólo una relación débil e indirecta. ¿Por qué una pérdida es un tema especialmente sublime para el arte? ¿Por qué el pesimismo es la postura adecuada para los intelectuales? ¿Por qué son tan profundos los rasgos melancólicos? La mayor parte de estas preguntas la he desdeñado u olvidado. Pero algunas se salvaron, para aumentar mi propia y peculiar colección... por una sospecha de que no sólo para mí, sino también para muchas otras personas que hicieron esta transición, considerar la depresión como *simplemente una enfermedad* podría influir en muchos hábitos mentales.

9

UNA CONFUSIÓN EVIDENTE:
TRES ESCENAS

I

Desde la infancia, he encontrado los museos sedantes y subyugadores. Tengo la costumbre, cuando viajo a causa de mis libros, de pasar mis ratos libres en los museos.

Estamos en 1997. *Should You Leave?* acaba de aparecer en las librerías, y yo estoy ocupado en las tareas de promoción. Uno pensaría que acabo de escribir otra vez sobre los antidepresivos, pues los periodistas ignoran el matrimonio y hacen preguntas sobre trastornos del ánimo. Mi nuevo libro contiene historias que se refieren al tema, claro. Pero la prensa me está confinando a un territorio que yo creía haber dejado atrás, y en el que siempre me he sentido incómodo. No paro de rechinar los dientes.

De modo que me dirijo a un museo, para ver una exposición de los primeros tiempos de Picasso. Picasso es un artista que siempre me ha gustado indiscriminadamente, las obras importantes y las desechadas. Estoy deseando ardientemente ver la exposición.

Pinturas y bocetos de la infancia de Picasso se alinean en un corredor que gira sobre sí mismo para conducir al espectador a las telas de los últimos años de la adolescencia del pintor. Picasso está imitando a artistas conocidos, pero da muestras de virtuosismo técnico y de la capacidad del genio-estudiante para apropiarse de cada estilo. Tengo la impresión que el comisario de la exposición busca que exclame: «¡Qué talento!»

De repente, al final del corredor, y ahora abriéndose espectacularmente a la derecha, aparecen... los cuadros del período azul. Y no sólo una selección; los más dolorosos. El comisario de la exposición ha seleccionado obras que surgen directamente de la respuesta de Picasso al suicidio de su amigo, Carles Casagemas: *Cabeza del difunto Casagemas, Casagemas en su ataúd, El entierro de Casagemas*. Mi reacción es automática: «¡Cuán profundo!»

Este pensamiento, también, es el que el comisario de la exposición pretendía, ¿no es así? Esa intención me parece que está implícita en la disposición de las pinturas, la manera en que estas telas están al acecho para sorprender y abrumar.

Aquí aparece una cabeza del difunto Casagemas, y ahora otra. Luego una madre con los ojos cerrados, ahora una madre dándonos la espalda, y aquí otra agachada y con la mirada perdida. Imágenes de desolación y resignación. Dos mujeres sentadas ante la barra de un bar, en un gesto de dejadez, de frente, con una copa vacía de absenta entre ellas. Convencionales gestos de melancolía por aquí y por allá... Mujeres de hombros caídos y cabezas inclinadas, la postura clásica. Aquí, un trío —hombre, muchacho y mujer, descalzos— están de pie en una playa monótona. Los ojos de las figuras están bajos. Demasiado espacio las rodea. El muchacho parece estar tocando al hombre en busca de consuelo. No se ve ninguna respuesta. «Tragedia», dice la etiqueta.

¿Qué hemos de buscar en esta colección? Seguramente, la cualidad requerida para la grandeza: la profundidad.

La respuesta a mi propio trabajo conforma mi actitud en la galería. Me pongo de malhumor. Pienso, ¿cuán profundo? ¿Qué confiere esas cualidades a los que están vinculados a la grandeza? ¿Cuál es la fuerza de este vínculo?

Echo un vistazo al catálogo de la exposición. En él aparece un ensayo sobre Gustave Coquiot, un crítico de principios del siglo XX poco favorable al período azul, sobre la base de que es poco original. El propio Picasso expresa su expresión desdeñosa de la obra del período azul: «Sólo sentimiento.» Es fácil ver lo que quiere decir: el *Niño Glotón* sirviéndose su bol de gachas con una cuchara es un llorón por antonomasia. Retrocediendo —repasando el pasillo con la mirada— es posible imaginar que un crítico podría considerar las primeras obras más libres y sólidas, más asombrosas en la forma en que captan personaje y circunstancia. Pero la exposición parece resistir juicios despectivos, los de Coquiot o Picasso, o del propio espectador. La espectacular disposición de los cuadros clama «profundidad».

Profundidad ¿cómo? Hablando con propiedad, ¿acaso la profundidad en el arte gráfico no es una cuestión de visión y representación? ¿De ver el mundo como nadie lo ha visto antes, o de recordarnos cómo lo vemos a veces?

¿Viene a ser el período azul una ruptura técnica o estilística? El folleto que acompaña la entrada dice algo distinto. «El uso monocromático del azul no era infrecuente en la pintura simbolista de España o Francia, donde aparecía asociada con representaciones de melancolía o desesperación.» ¿Acaso estas sombrías imágenes pronostican el futuro del arte? Recuerdo uno de los bocetos eróticos de Picasso. No debía tener veinte años cuando lo hizo... seguramente el dibujo estaría incluido aquí, de no ser tan puritanos. El cuerpo de una mujer se extiende en diagonal desde el espectador, pero su rostro está visto desde arriba, y la vagina de pleno. Me topé con este boceto hace años, en una exposición donde ocupaba su lugar en una secuencia que culminaba en el cubismo analítico.

Pese a su brillantez técnica, pese a su presciencia estética, pese a su complejidad, ese primitivo dibujo no suscitaba ningún grito de «profundidad». Lo erótico puede ser provocativo o liberador, cuando no es simplemente chabacano y degradante. Pero, en términos convencionales, lo erótico no es profundo.

Trato de evocar el humor de aquella otra sala, con la exhibición de cubismo y del dibujo de múltiples perspectivas. ¿Encarnaba la mujer, una prostituta supongo, el aislamiento existencial implícito en los cuadros inspirados en Casagemas? Recuerdo cierto patetismo. Ahora se me ocurre que tal vez yo he impuesto ese sentido de soledad a la obra. Como americano puritano, consideraba que un sofisticado, europeo, viso de distanciamiento sería redentor en una obra de arte. Pero ¿por qué precisamente la evocación de una vaciedad interna confiere profundidad? El cuadro erótico busca placer en lo sensual, lo lascivo. Tomado tal cual, comunicaba la respuesta del pintor a un cuerpo de mujer que podríais oír en una entrevista radiofónica a un presentador provocador: «¡Qué buena está!»

Una exclamación salaz puede dar a entender la tensión dramática de la imagen, la dialéctica entre la delicadeza de la forma femenina y la crudeza de la anatomía íntima... entre la idea clásica y la franca pornografía, entre la adoración y la lujuria. El dibujo erótico era consumado e innovador y con múltiples facetas. Contenía su propia visión compleja. Pero socavaba aspectos de la condición humana ausentes en la obra del período azul: exuberancia, apetito, una apreciación de lo exquisito en lo corriente.

Más que técnica o novedad o sofisticación del punto de vista, lo que distingue el período azul es su temario. Gozo y lujuria y un amor de lo que la vida ofrece no son cosas profundas. El suicidio es profundo. La tristeza es profunda, y la vaciedad y la desesperación.

Una confesión: una de las telas del período azul ha suscitado una respuesta idiosincrática. He visto y admirado *Tragedia* con frecuencia en el pasado, en su país natal, la National Gallery de Washington. Hoy en día me parece que la mujer de pelo negro como el azabache y cargada de hombros, con la cabeza inclinada en la icónica postura de la melancolía, guarda un parecido físico con una paciente que estuve tratando durante diez años. Es una cuestión de la mutua imitación del arte y la vida... postura, peinado, caída de la ropa, cincelado de los rasgos faciales. O de mi imaginación enfebrecida.

Un internista me mandó a Eva durante mis años de prácticas hospitalarias. La había tenido a su cargo por una debilitante enfermedad, que resultó ser depresión, o tristeza patológica. Eva era una judía checa que se había formado como atleta en sus años de universidad. Al inicio de su edad adulta, consiguió emigrar, después de una serie de fallidos esfuerzos que implicaron riesgos y humillaciones. Más tarde, pudo sacar también a su madre y su hermana. Tres años después de su llegada, las dos mujeres contrajeron cáncer. Murieron con una diferencia de dos meses.

Eva estuvo un tiempo afligida, se recuperó y regresó al trabajo —era profesora de educación física—, y luego se deslizó nuevamente en una persistente depresión que incluyó meses de insomnio y falta de adecuada alimentación. Con toda probabilidad, los antidepresivos le salvaron la vida. Le permitieron dormir y comer, y además pasar un semestre entero sin sufrir días negros. Permanecía triste y apática. Fue en esos años cuando Eva parecía un picasso, hermosa pero con un aspecto grave en su rostro que reflejaba, además, la tensión que le producía el esfuerzo de vivir.

Como un personaje de una historia de Borges, tenía una increíble memoria... Era aparentemente incapaz de olvidar un solo detalle de sus pasadas desgracias. Su año estaba lleno de aniversarios; la muerte de su madre, la de su hermana, el día en que cada una ingresó en el hospital, la iniciación de los diversos tratamientos de cáncer, la salida de Europa oriental, la llegada a Estados Unidos, los cumpleaños de su hermana y su madre, y cada fiesta del calendario judío. Cada uno de esos aniversarios era un motivo para la recaída en una abrumadora desesperación. Eva era apaleada regularmente, desde dentro. Transcurrieron cinco años antes de que consiguiera recuperar una vida social. En ese momento, dejó la medicación e interrumpió sus visitas a mi consulta. Hicieron falta cinco años más para que consiguiera mantenerse ilesa doce meses seguidos.

Hay dignidad en una recuperación prolongada... pero, siempre, yo cambiaría un tonel de dignidad triste por una garrafa de resistencia. Desesperación y enajenación son respuestas comprensibles a una pérdida. Pero si la tristeza persiste, me parece que la honramos en parte porque debemos, debido a que nuestra capacidad para moderar la desesperanza es limitada. En su mayor parte, lo que los psiquiatras combaten no es la emoción difícil, sino la incapacidad para salir de ella... no la vaciedad, sino la vaciedad interminable. Un intervalo de tristeza seguido de un creciente, y finalmente completo, viraje hacia el mundo... ¿No contiene esta secuencia bastante nobleza?

Esta idea es propia de médicos, lo sé, pero es mía. Me hace preguntarme sobre la intención de Picasso. La suya no es la clásica versión de la tragedia, con defectos de arrogancia castigados. Aquellos que sufren en los cuadros de Picasso son inocentes y desconsolados. Se nos invita, o al menos así lo imagino yo, a unirnos a esas figuras en su dolor y a compartir su pérdida de dirección. ¿Qué vamos a interpretar de la falta de respuesta al toque del muchacho? ¿Es aislamiento aquello sobre lo que triunfamos o lo que experimentamos, cuando vemos la existencia tal como es? ¿Debería la tragedia purificar e inspirar al espectador, como defendía Aristóteles? ¿O estamos destinados simplemente a acompañar a esas figuras en el dolor? Quizás sea la extrema delgadez del hombre lo que me preocupa, una indicación de cronicidad, de la completa derrota que consume cuerpo y mente. De pie ante la imagen, viendo a Eva superpuesta, me siento ligeramente asqueado por la noción de que la desesperación no tratable es un ideal.

No importa demasiado si soy exacto en cuanto a la historia del arte. Estoy trabajando con autobiografías. En lo que insisto es en que yo tuve (y luego retrocedí) esa respuesta inmediata en la sala de la galería... ¡Profunda! Eso y la probabilidad de que la conciencia de profundidad es la respuesta normativa, la de que un comisario de exposición tiene todo el derecho de anticiparse a la reacción del espectador. La asociación de «desesperado» con «profundo» es tan fija, estoy diciendo, tan automática que apenas nos damos cuenta de que *es* un emparejamiento, una metáfora compuesta de dos elementos distintos.

Al acercarme al final de un pasillo dentro de un espacio de la exposición, capté una grieta en una estructura sólida... una diminuta fisura entre lo profundo y lo deprimido. Confieso que yo estaba en una mala coyuntura, y no sólo como escritor. Mi consulta clínica me pesaba... fracasos con pacientes cuya enfermedad era obstinada. Yo veía en el sufrimiento de mis pacientes no una exaltación de su humanidad sino el fracaso de mis métodos.

Mis dudas sobre el período azul fueron efímeras. Una mirada ulterior a *Tragedia* y el trastorno pasó. Cuán noble parecía esa familia... prototípicamente humana, distanciados uno del otro y del indiferente universo. Otro pensamiento mundano al estilo médico intervino: cuán agradecido estaría si el arte sirviese de recuerdo, o de medio para expresar el dolor, si fuera mi paciente el que se hubiera suicidado, o el amigo de mi paciente.

Cuando las personas responden con evasivas al experimento mental de la erradicación, parte de lo que las preocupa son unas actitudes como aquella que yo experimentaba momentáneamente. ¿Hasta dónde ha de llegar, la oposición a la depresión? ¿Ya no le daremos a la desesperación lo que merece? En la discusión, yo podría haberme sentido inclinado a decir que a la depresión hay que enfrentarse abiertamente, sin cuestionar nuestra admiración por el distanciamiento o la tristeza prolongada. Mi intervalo de resistencia a lo obvio —a la profundidad del período azul— me proporcionó una pausa. Aunque parecía una aventura también ver adónde podría conducir una nueva especie de conciencia de la depresión.

II

Un editor me invita a contribuir con un prólogo a una nueva edición de la obra clásica de Carl Rogers, *On Becoming a Person*. Consciente del honor, acepto, pero con recelos. En su época, hace cuarenta años, Rogers era El Psicólogo de América. Ahora era despreciado, por los académicos, como superficial.

Mi propia experiencia de la visión del público me ha hecho desconfiar de las reputaciones. Releo los libros de Rogers. Las observaciones son precisas; los argumentos, llenos de perspicacia. La ciencia es avanzada para su tiempo. Y me quedo pensando: ¿cómo puede ser que Rogers no sea un intelectual?

Los ensayos de Rogers son meticulosos, moldeados por una exquisita atención a lo que dicen los pacientes. Quisiera que mis sesiones se parecieran. Y además, la teoría es extraordinaria.

Antes de Rogers, los psicoanalistas trataban de someter a los pacientes a una dieta de privación emocional. La idea era ensalzar la ansiedad del paciente, a fin de motivar una intensa autoexploración. Las resultantes «asociaciones libres» se convertirían en el tema de una dura interpretación, lo cual iniciaría el cambio. Pero ¿y si el proceso se demostraba demasiado duro para la mayor parte de los pacientes?

Rogers sugería que, en psicoterapia, optimizar la ansiedad generalmente significa minimizarla. Observó que cuando uno se limita a interpretar una afirmación, el paciente calla como un muerto; pero si te muestras comprensivo con el sentimiento —si enfatizas—, el paciente desarrollará su línea de pensamiento. Rogers medía las diferencias entre las respuestas a la interpretación y las respuestas a la empatía. Fue el primero en aportar rigor estadístico a los estudios del proceso de la psicoterapia, el primero en usar cintas magnetofónicas e instrumentos de medición.

Los psicoanalistas han actuado durante mucho tiempo como si hubieran descubierto la importancia de la empatía independientemente. No es así. Se la robaron a Rogers. En su tiempo, Rogers fue uno de los grandes rebeldes contra la ortodoxia predominante del psicoanálisis. Dijo que el rey estaba desnudo. Rogers hizo eso a partir de la práctica clínica, sobre la base de la observación paciente.

Rogers era notablemente eficaz. Sus escritos modificaron creencias dentro y fuera de la profesión. Fue Rogers, y no Benjamin Spock, quien tuvo en cuenta por primera vez una forma menos autoritaria de educación, en la que se confiara en los niños para que encontraran su propio camino. El asesoramiento pastoral es en su mayor parte rogersiano. El concepto de matrimonio que prevaleció durante la mayor parte de finales del siglo xx —la noción de que una relación ideal funciona como una base para la realización individual, y no simplemente la unión emocional— puede verse en los escritos de Rogers. Las posturas sociales de Rogers pueden parecer anticuadas, pero fueron útiles como contrapeso a anteriores ortodoxias. En alguna futura resurgencia liberal, podrían volver a prevalecer.

Dejando a un lado la audiencia popular, las credenciales de Rogers son excelentes. Tenía dieciséis libros, dos centenares de artículos y numerosas cátedras en su haber. Se inspiraba en una amplia gama de ciencias sociales para su trabajo... etología, antropología, psicología social y teoría de la comunicación y sistemas generales. Rogers conversó en público con figuras como Martin Buber, Paul Tillich, Michael Polanyi y Hans Hofmann.

Cuanto más leía yo, más me maravillaba: ¿por qué Rogers no era un intelectual? No ayudaba el hecho de que Rogers fuera del medio oeste, rural incluso, en sus orígenes y sus peculiaridades. (Rogers había nacido en Chicago, pero se trasladó al campo a la edad de doce años. Decía que su respeto por el método experimental había surgido por haber leído, en su adolescencia, un largo texto titulado *Feeds and Feeding*, sobre alimentación.) Pero el impedimento fatal —así lo llegué a creer, mientras escribía la introducción— era el temperamento. Rogers era alegre. Se sentía cómodo consigo mismo y con los demás.

Está convencido de que los intelectuales son pesimistas europeos. Son misteriosamente complejos. Se sienten incómodos en sociedad. Luchan contra demonios interiores. Después de la Segunda Guerra Mundial especialmente, Kafka se convirtió en el modelo para el intelectual, o Kierkegaard.

Lo extraño es esto. Rogers adoraba a Kierkegaard. Sostenía que la alienación del auténtico yo era el problema fundamental del hombre moderno. El (difícil) objetivo de la vida, y el método de recuperación en la psicoterapia, según Rogers, es «ser ese yo mismo que uno es realmente». El libro más importante de Rogers recibe su título por la tarea central, convertirse en persona. *La terapia rogersiana es Kierkegaard aplicado.*

Por supuesto, el enfoque de Rogers sobre la alienación difería de la versión existencial que prevalecía en su tiempo. Rogers estaba de acuerdo en que la alienación señala un problema, pero tenía esperanza de que ese problema pudiera ser disminuido. En eso, era razonablemente optimista.

¿Cuál es la relación entre alienación y melancolía? Tras *Escuchando al Prozac,* un eminente filósofo médico intentó concretar la incomodidad que sentía ante esa nueva medicación. A un imaginario psiquiatra en ejercicio, el filósofo le preguntaba: «¿Qué podría decirle a un enajenado Sísifo mientras éste empuja su roca montaña arriba? ¿Que la empujaría con más entusiasmo, más creatividad, más inteligentemente, si tomaba Prozac?»

La pregunta me hería en lo más vivo. El Sísifo de Camus ha sido mi alegre compañero desde que lo conocí, en mis solitarias horas de lectura en la biblioteca del instituto. Yo había sido un típico estudiante de los sesenta... si no un ardiente radical, poco me faltó. ¿Me había convertido ahora en un enemigo de la alienación, o de la resistencia a la autoridad arbitraria?

Como observador, quiero que Sísifo comprenda su apurada situación. Pero ¿cuál es el sentimiento apropiado al sometimiento? Los dioses quieren que Sísifo sufra. Su rebelión, su fidelidad al yo, se basa en la negativa a sentirse extenuado. Si Sísifo es un héroe, es porque se enfrenta a una interminable futilidad sin sucumbir a la desesperación.

En la fantasía tipo Prozac, de psicofarmacología cosmética, vamos a imaginar una medicación que confiera confianza y resistencia. ¿No es lo que Sísifo ha hecho, lo que él ejemplifica? Sísifo es creativo y perspicaz, y puede tener también cierta dosis de entusiasmo, una vez que él comprende los términos de su resistencia.

Ésa es la premisa del ensayo de Camus. Porque la vida le cautiva, Sísifo puede resistir. En su caso, el camino montaña abajo le sirve de intervalo de libertad. En esa momentánea autonomía reside su victoria sobre aquellos que lo esclavizan. «La felicidad y el absurdo son dos hijos de la misma tierra —escribe Camus—. Son inseparables.» No es que el descubrimiento del absurdo dé lugar a la felicidad, no. Es lo contrario. La conciencia de lo absurdo, según Camus, «surge de la felicidad». Que sintamos alegría a pesar de nuestras cargas, es lo que nos abre los ojos a nuestra condición. Nuevamente no, dice Camus, corrigiéndose a sí mismo en una memorable coda. No es solamente durante su bajada de la colina cuando Sísifo ejerce la libertad. «En sí mismo, el esfuerzo por llegar a las alturas es suficiente para llenar el corazón de un hombre. Debemos imaginar a Sísifo feliz.»

Sospecho que fue el automático emparejamiento de profundidad y depresión lo que hizo al filósofo médico proponer a Sísifo (si bien sarcásticamente) como un candidato a la mejora del ánimo. Olvidamos que los enajenados pueden experimentar júbilo, que la felicidad puede conducir a la conciencia de lo absurdo. Quiero reivindicar a Sísifo, poner su imagen en el cartel para la campaña contra la depresión. La tristeza podría ser la victoria del peñasco, o la de los opresores; la alegría es la de Sísifo y la nuestra.

Sísifo es el que nosotros (o mis pacientes) podríamos ser si pudiéramos conseguir la medicación correcta, o la psicoterapia o la búsqueda personal. Sísifo es quienes somos cuando no nos traba ningún hándicap genético o una atrofia de tal célula cerebral, cuando hemos resistido los traumas de la infancia y las tensiones de la vida adulta. Sísifo ejemplifica la capacidad para permanecer enteros frente a la adversidad. Autonomía y autenticidad, e incluso conciencia de lo absurdo, dice Camus, se basan en la felicidad.

Me pregunté si el filósofo médico suponía que mitigar la depresión o los rasgos depresivos es embotar la capacidad de conocimiento. Camus dice que es la felicidad lo que nos permite calibrar lo difícil de nuestra situación. Como la historia de Sísifo, el ejemplo de Rogers se alza en contradicción con la ecuación de tristeza y complejidad. Rogers es feliz y le gusta observar. Construye una psicoterapia, un modelo de matrimonio y una teoría de la educación en torno a la premisa de que nuestra sociedad aleja a los individuos de la experiencia del yo. Rogers dedica su vida al problema de la alienación, y sin embargo no muestra ningún signo de depresión. Es provocadoramente estable, tranquilo, risueño, tranquilizador, libre de neurosis.

Considerado bajo esta óptica, Carl Rogers es la respuesta a la pregunta ¿Y si el Prozac hubiera estado disponible en tiempos de Kierkegaard? (Igualmente, Sísifo es la respuesta.) Dada la resistencia, dada la libertad de la melancolía, un hombre aun puede seguir viendo el problema central de la alienación... puede construir una vida alrededor de ella, una vida de la mente. No tengo intención de poner a Rogers a nivel de Kierkegaard en términos de originalidad o humor... sólo decir qué no está claro en qué medida la depresión es un requisito para ser un creador o un visionario.

Eso es lo que yo escribí en mi prólogo a *On Becoming a Person*.

Un tipo sanguíneo originario de medio oeste puede aceptar la alienación como una situación difícil sin sucumbir al pesimismo. El entusiasmo no debería ser un impedimento absoluto para pasar a formar parte de la comunidad de los intelectuales.

III

Otra visita al museo.

Unos meses después del encuentro con Picasso, me hallo en Londres. Estoy allí para una conferencia sobre ética médica. La editora británica de *Should You Leave?* ha programado un horario aprovechando las previstas visitas con articulistas y editores de revista. En la hora libre que me queda, me dirijo a la Tate Gallery a ver una retrospectiva de Bonnard.

Antes de acudir a la exposición, hubiera dicho que Bonnard era un postimpresionista, y no muy importante. De eso se le acusaba. Que le gustaba demasiado el color brillante e incluso llamativo, demasiado soleado, demasiado decorativo. Su obra es lo contrario de profunda... una fiesta para los ojos, digamos.

En la Tate, la exposición temporal es de pago. En la cola me encuentro detrás de una locuaz mujer que está tratando de convencer a su pareja, un hombre de aspecto apagado, de que vale la pena verla. Es una de esas escenas con las que uno disfruta cuando visita el extranjero, los tipos locales en acción. La mujer es alta y pesada, el hombre delgado y dócil, pero al parecer tiene sus propias opiniones, silenciosas. La pareja parece como sacada de James Thurber.

La mujer dice: «Los cuadros no sólo son hermosos.»

Su compañero persiste en su tranquila duda.

La mujer prosigue: «Dicen que no todo es tal como uno piensa, todo bonito. Su mujer estaba enferma mentalmente. Eso no lo ves al principio, dicen, pero luego empiezas a darte cuenta de la presencia de la mujer. Él permaneció leal a ella, ¿no? En los cuadros, él se va haciendo más viejo, pero ella permanece joven. Todo ese turquesa es una reacción contra el terrible dolor interior.»

Puedo garantizar la satisfacción general. La mujer está defendiendo los cuadros sobre la base de que no son alegres simplemente, sino (lo cual es mejor) una respuesta al sufrimiento. O quizás no totalmente alegre. Teñidos de melancolía, una cualidad que conferiría mérito... que justifica el tiempo y el dinero gastados en asistir a la exposición.

El hombre, si entiendo correctamente a los británicos, está aún más desconcertado ante la perspectiva de acudir a una exposición cuya virtud surge de la lealtad del artista a una mujer en una situación difícil. Es algo que le horroriza. Sin embargo, compra las entradas.

No entonces, sino más tarde, se me ocurrió que el discurso de la mujer a favor de Bonnard reflejaba un contraste que William James analizó, al considerar la experiencia religiosa, entre los nacidos una vez y los nacidos dos veces. Los nacidos una vez son irreflexiblemente felices, creen de forma natural en la bondad de Dios y la belleza del mundo. Llegan a la religión sin esforzarse... sin tener que luchar contra el problema del mal. Tienen una mente sana. En la adolescencia, no se revolcaron en sus penas.

En contraste con ellos, los nacidos dos veces empiezan como almas enfermas. John Bunyan es uno de ellos. Lo mismo que León Tolstói, cuando llega a la religión a través de un ataque de melancolía. Si bien Bunyan y Tolstói encuentran fe y felicidad, se trata de una especie en la que la tristeza sigue siendo un ingrediente. «Su redención —dice James— es entrar en un universo de dos historias.»

Por lo que atañe a la religión, no debería haber mucha diferencia entre el modo como uno entra en armoniosa unión con el Eterno... James se siente obligado a decir eso. Pero resulta fácil ver a qué hijos de Dios prefiere. Llama «falsa» a santa Teresa de Ávila porque sus dudas parecen superficiales. El auténtico interés para James reside en aquellas almas que empiezan con desasosiego y terminan con celo moderado. James sugiere una jerarquía de temperamento, una jerarquía que denigra el gran optimismo.

Añadiré que James había sufrido depresión. En mis años de inmersión, empecé a preguntar qué quería decir que algunas de nuestras preferencias estéticas e intelectuales hubieran sido establecidas por aquellos que sufren —no hay otra manera de decirlo— profundamente. Si los no reconocidos legisladores de la humanidad (Bunyan, Tolstói, James) son depresivos, entonces quizás querríamos examinar la fuente de nuestros juicios de valor cuando se trata de los puntos de vista pesimistas de la condición humana.

En la galería, se pone de manifiesto que la mujer de la cola tenía razón. La selección de cuadros está concebida para lavar a Bonnard de la acusación de inocencia. Ausente de las paredes, cualquier exceso de rosa y púrpura. Hay muchas telas oscuras, y luego imágenes de la compañera, y finalmente esposa, de Bonnard, la misteriosa Marthe. Cuelgan también cuadros familiares, comedores que dan a jardines. Pero hay algo extraño en el conjunto.

Podría resultar difícil decir de dónde viene la sensación de que hay algo fuera de lugar. En las peculiares expresiones del rostro de Marthe, quizás. O en las repetidas interpretaciones de su cuerpo, la excesiva devoción a la esposa llevada al nivel del delirio o la desesperación. «Próxima al punto de la claustrofobia», es como el catálogo describe la relación. Simultáneamente, el texto se refiere a un «mutuo reconocimiento de separatividad», incluso una preocupación al respecto. El argumento de la exposición es que Bonnard —imaginador de paisajes paradisíacos, arreglador de naturalezas muertas, artista doméstico por excelencia, obsesivo retratista de su propia esposa— era un maestro de la alienación.

La imagen de la belleza rubia convencional, Renée Monchanty, invade el imperfecto Edén. Chanty (el nombre por el que se la conoció... El catálogo está lleno de detalles pertinentes como ésos) fue durante un breve período la amante de Bonnard. En una tela colgada ahí, Chanty, «rodeada de un brillo de cálido, dorado, color, está sentada en un jardín mirando al pintor, sonriendo, una mejilla apoyada en la palma de la mano, su redonda y rubia cabeza contrastando con la monotonía de un mantel complementado con una fuente de fruta madura». Desde el borde de la tela, Marthe la mira fijamente.

El catálogo señala que Chanty se suicidó poco después de que fuera pintado el retrato. Un ensayista aventura que Chanty podría haber muerto en su bañera. A la muerte de Chanty, Bonnard empieza a pintar a Marthe en su propio baño, obsesivamente... aunque podía tratarse de algo parecido a la hidroterapia, una mujer paranoica buscando reposo en el agua caliente. El catálogo sugiere una compulsión a lavarse.

Dicen que Bonnard afirmó que la obra de arte es una manera de congelar el tiempo. Pero la eterna juventud de Marthe, hasta el día de su muerte y después, parece excesiva, como si el pintor fuera indiferente a la tensión inherente a vivir con una solitaria que envejece, o estuviera empeñado en negarla. La aparentemente generosa actitud enmascara la ira, afirma el catálogo, y un lamento por la transitoriedad. En la celebración de Bonnard de la vida existe una lucha con el horror y luego con la muerte. «La contemplación de la pérdida —es, como dice el ensayista—, la aceptación de que todo en la naturaleza sucumbe al paso del tiempo.»

En este triste contexto, hasta las voluptuosas naturalezas muertas se vuelven inquietantes. El comisario de la exposición ha convertido a Bonnard en un estoico o (si esta atribución no es contradictoria) un epicúreo... una cosa u otra, a través de la abnegación o el hedonismo, fortalecido contra la pérdida.

Para ser más audaz: el comisario de la exposición ha convertido a Bonnard en Van Gogh.

Antes de pisar la exposición, yo pensaba en Bonnard como un optimista congénito, un hombre que vive bajo la luz del sol, en la Provenza, en Normandía, en la Riviera. Un hombre para el que el fruto siempre está maduro. Que nunca se harta de los más vibrantes colores que los químicos de la pintura pueden meter en un tubo.

En este punto de vista, no me encontraba solo. Un artículo sobre la exposición empieza así: «Aunque al público le gustaba sus paisajes alegremente coloreados [y] sus bien iluminadas escenas de vida doméstica... cuando murió en 1947, a la edad de 79 años, el pintor francés Pierre Bonnard estaba considerado por muchos críticos como un primitivo generador de color que pertenecía mucho más al siglo XIX que al XX.» Por supuesto, el ensayo ha sido escrito para familiarizar a los lectores con la revisión crítica, el argumento que presenta la exposición en la galería, de que Bonnard era oscuro y profundo.

Yo acepto el veredicto del comisario de la exposición. Bonnard nació dos veces. Tuvo que luchar para captar la última pizca de felicidad. Esta afirmación parece obvia. Los juicios en el arte pueden ser así. Una vez que se ponen de moda, nos sorprenden por su sencilla verdad.

Pero viendo las telas —y por otra parte profesionalmente inmerso en la depresión— a mí me importa menos la verdad que ese otro tema, el valor. ¿Por qué el decir que su mujer era paranoica *rescata* a Bonnard de su condición de artista menor? ¿O que estaba preocupado por la separación? ¿O que sus naturalezas muertas están impregnadas de una conciencia de decadencia? ¿Por qué esa pizca de biografía, o esa atribución de aura, hace que valga la pena pagar la entrada?

Me detengo ante un cuarteto de naturalezas (casi) muertas. Una cesta de fruta bañada en oro. Flores, metidas en un agua ocre, en un jarrón de vidrio provenzal. (Aquí, la mano de Marthe se alarga dentro del cuadro.) Una mesa que alberga una compotera y bandejas de fruta. (Ahora, las cabezas de un gato y un perro se hacen, apenas, visibles.) Otra mesa con un cuenco de naranjas en primer término, y a lo lejos uno de aquellos jardines paradisíacos.

Seguramente son estas imágenes las que una vez conformaron el punto de vista crítico. Ahora yo trato de evocar al viejo Bonnard... el doble de Bonnard en un universo paralelo.

Este Pierre (por llamarlo de alguna manera) es un hombre que elige sabiamente en el matrimonio. Su mujer, estable y dotada de gustos refinados, crea pequeñas escenas de beatitud familiar. Pierre la ama, así como a esas escenas, como cualquier marido afortunado. Él se descarría en una ocasión —tales cosas suceden— en una agradable aventura, con una atractiva amante. El asunto se desvanece, la amante se larga, y la mujer de Pierre tiene la madurez de perdonar a su marido esa travesura considerándolo como una libertad del artista. Por ello, él la adora aún más. Él absorbe las influencias de su época... el impresionismo, la obsesión por los estampados japoneses y esculturas primitivas, los experimentos de los innovadores novelistas contemporáneos con la perspectiva. Básicamente satisfecho, Pierre emplea su talento en la celebración de la luz, la forma y el color.

Sabemos que es posible imaginar este otro Bonnard —quiero decir, que es psicológicamente coherente—, porque durante décadas los expertos y el público imaginaban a Bonnard de esta manera. Pero los bodegones eran menos profundos. En conjunto, el arte de Bonnard era desechable.

No estoy capacitado para hablar de las dudas sobre la finalidad del arte, de si es mejor apreciado independientemente de la historia o la biografía o de toda una obra. Sólo digo que el arte raras veces es visto de esa manera, desarraigado. Me estoy preguntando algo más sencillo. Miramos las mismas telas dos veces. En la primera ocasión, creemos que ha sido pintada por un optimista que sólo ha nacido una vez; en la segunda, por un alma nacida dos veces que debe esforzarse por conseguir o preservar su visión de la belleza. ¿Por qué ha ganado en profundidad, en valor, la tela? ¿Por qué a la naturaleza muerta se le quita la etiqueta de *decoración* y es bien recibida en el reino del arte superior solamente cuando la (invisible, implícita) sombra de la decadencia cae sobre la (evidente, pintada) naranja o manzana o melocotón moteado por el sol?

La respuesta a estas preguntas es obvia. Pero entonces lo que estaba en juego para mí en la exposición Bonnard, como en la del Picasso de la primera época, era la naturaleza de lo obvio. ¿Cómo había llegado a ser lo evidente, y cómo podría cambiarlo?

Una idea más. Esta atribución de mérito o profundidad se aplica no solamente al objeto de arte, o a las ideas implícitas en el arte, sino también al artista, como persona. No tenemos tan buena opinión de Picasso hasta que ha tratado con el dolor del suicidio de su amigo, hasta que Picasso ha trasladado la conciencia de la pérdida al centro de su conciencia. No tenemos tan buena opinión de Bonnard hasta comprender que sus brillantes colores se aplican a pesar de la aflicción de su mujer y de la triste muerte de su amante.

Este «no tener tan buena opinión» se refiere a una incompletud. Podríamos decir que Picasso o Bonnard habrían sido superficiales, o formados a medias, o ignorantes de ciertos aspectos del yo, de no haberse enfrentado con la pérdida. Tampoco basta ese mero encuentro. Toda vida incluye desgracias. Es el efecto de la desgracia, el daño intenso, lo que importa. Uno tiene que ser herido, traído a la tierra; la herida debe dejar su cicatriz.

Pero esta afirmación es extraña. Acordándome del otro Bonnard, el ser paralelo que se casa sabiamente, el Pierre que creíamos conocer... Hay ocasiones en que nos sentiríamos satisfechos de decir que un hombre así es completamente humano. Seguramente, casarse con una solitaria no es un requisito para la realización personal, como tampoco lo es la pérdida de una amante por suicidio.

Para expresar de forma diferente la misma preocupación: la denigración del arte que surge solamente de la alegría y la satisfacción —es decir, la insistencia en la tristeza como algo profundo— me parecía un equivalente cultural de lo que estaba observando en la sala de consulta, la convicción, entre algunos pacientes deprimidos, de que la fuerza, psicológicamente hablando, debe estar de acuerdo con una distorsionada —ingenuamente optimista— visión de la realidad. Como analista, a menudo me pregunto si este desprecio por el optimismo surge de una incapacidad para ver más allá de la depresión o superarla... debido al penetrante efecto de la depresión en la mente. Como la erótica de Picasso, como Carl Rogers en su aceptación de Kierkegaard, la (burlada y) optimista esposa tendrá cierta dosis de complejidad, conocimiento de sí misma y pasión. Pero desde dentro de la depresión, esas cualidades son difíciles de apreciar. De manera similar, me parecía que la persistencia de la depresión —su frecuencia y carácter intratable, para el conjunto de la historia humana— podría haber dado lugar a las estéticas suposiciones que nos llevan a valorar a Bonnard por encima de la misma tela pintada por el doble de ciencia-ficción, Pierre, y, realmente, valorar a un hombre por encima del otro.

Nunca imaginé que Picasso o Bonnard sufrieran un trastorno del estado del ánimo. Si los biógrafos llegaron a la conclusión de que el suicidio de Casagemas provocó en Picasso un estado de depresión, la validez de esta afirmación, para mi propósito, no venía al caso. Mis ideas malhumoradas o negativas se limitaban a dudas sobre esa cuestión de la *profundidad*. La profundidad había llegado a adoptar una peculiar cualidad para mí... su significado había empezado a desvanecerse o desgastarse.

Esta duda o rechazo simplemente me había sobrevenido. No era una cuestión de pensar o meditar bien un problema. Mi incapacidad para aceptar lo obvio, en las dos visitas al museo, era más una premonición... una sugerencia de cómo sería ser más inmune a los encantos de la depresión. O una indicación de lo que podría estar en juego si realmente hubiera una oposición total al trastorno del estado de ánimo.

A mí me parecía que las consecuencias iban más allá de los terrenos de la medicina y la salud pública. Inmerso en la depresión, yo había llegado a cuestionar perspectivas que valoramos en el arte y en la vida... la trágica, la alienada, la de los renacidos. Me preguntaba si esas inclinaciones, u otros gustos y valores, estarían en riesgo, en una cultura que se alzaba francamente contra la depresión, como lo hacemos contra todas las enfermedades. Volver a pensar la depresión alteraría nuestras nociones de belleza, valor y el vivir bien... si no exactamente del modo como mi experiencia privada presagiaba, entonces de otros modos, igualmente importantes. Ésa fue la conclusión que saqué de mis repetidas dificultades ante la manera habitual de entender el arte y las biografías. Y hacerlo sin tener en cuenta la depresión... ¡era un tema de ciencia-ficción! Cuán totalmente extraños podrían parecer nuestros gustos y valores mirando desde el ventajoso punto de vista de una cultura en la que la gente fuera más resistente frente a la adversidad y estuviera protegida de la depresión que surge de repente.

Visto desde la psiquiatría, parecía inevitable que tuviera lugar la primera transición, hacia la rotunda oposición a los trastornos del ánimo. Según los estudios de investigadores de múltiples disciplinas —epidemiología, cardiología, oncología e inmunología—, la depresión se había revelado como una particular enfermedad, como la esclerosis múltiple o los eritemas, y no como un representante del sufrimiento en general o de la condición humana. Según algunos estudios, la depresión era una enfermedad paradigmática, una enfermedad que podría utilizarse para ilustrar el concepto de enfermedad. No había, me parecía a mí, vuelta atrás posible, y, sin embargo, podría haber un gran movimiento hacia delante, hacia una postura en la cual «la erradicación de la depresión» parecería corriente, a la vez como frase y como objetivo social.

LO QUE ES LA DEPRESIÓN

10

DE NUEVO EN CONJUNTO

Mi impresión es que son pocas las personas ajenas a la comunidad investigadora que aprecian el gran cambio que ha habido en el concepto científico de la depresión en la pasada década. Durante cuarenta años, los investigadores se han concentrado en el papel de los neurotransmisores como la serotonina y la norepinefrina para definir el ánimo. A medida que fueron apareciendo nuevas tecnologías —a medida que se hizo evidente que la depresión implica anormalidades en la anatomía cerebral—, empezaron a conocerse nuevas hipótesis, nuevos modelos explicativos de lo que es la depresión.

Al discutir el trabajo de Yvette Sheline y Grazyna Rajkowska, yo había empezado a describir a grandes rasgos uno de esos modelos, nuestro mito predominante. Éste empieza con la observación de las anormalidades asociadas a la depresión en el hipocampo y el córtex prefrontal del cerebro. Dichas regiones, junto con la amígdala y algunas más, forman un circuito que parece gobernar los síntomas fundamentales de la depresión: la tristeza, la desesperanza, la falta de energía y la dificultad con la memoria y la concentración.

El hipocampo puede ser de especial importancia. Es el área donde Fred Gage identificó nuevas formaciones celulares en el cerebro, una zona especialmente propensa al cambio, a la atrofia celular y al crecimiento celular. El hipocampo es desde hace tiempo conocido por ser un área clave de la regulación del estrés en el cerebro. La regulación del estrés es interesante por dos razones. El estrés está íntimamente vinculado a la depresión. Y el estrés es un elemento central en el modelo predominante de muerte de células cerebrales.

Ese modelo es el resultado de miles de experimentos realizados por generaciones de científicos. El más conocido de éstos es Robert Sapolsky. Sapolsky trabaja a todos los niveles de la biología, desde el gen hasta el grupo social. Hace mucho años que tiene repartido su tiempo profesional entre los laboratorios de la Universidad de Stanford y el territorio de los babuinos en Kenia. (Cuando le pregunté si sus desgreñados cabellos y barba ayudaban en el caso de los babuinos, Sapolsky dijo que no, pero que ayudaban con los compañeros humanos, pues simbolizaban una lealtad al inconformismo de los sesenta.) Uno de los papeles importantes de Sapolsky ha sido el de maestro de las profesiones... compilando y ordenando cincuenta años de enmarañados hallazgos sobre el estrés y el envejecimiento. Llevó a cabo esta función en su influyente libro *Stress, the Aging Brain, and the Mechanisms of Neuron Death* (1922), un esfuerzo repetidamente actualizado en artículos de revistas científicas.

La mayor parte de la investigación sobre el funcionamiento de las células nerviosas se lleva a cabo en roedores. La vida es estresante para las ratas... quizás la proverbial lucha por triunfar. La rata típica sufre encogimiento del hipocampo y pérdida de memoria con el envejecimiento. Visto en general, parece que el proceso de envejecimiento implica un círculo vicioso. El estrés crónico conduce a un exceso de producción de ciertas hormonas. Las hormonas dañan las células cerebrales e interfieren con el proceso de reparación celular, particularmente en el hipocampo. Generalmente, el hipocampo frena la producción de estas hormonas. Frente al daño del hipocampo, las hormonas continúan circulando, extendiendo el daño e impidiendo la recuperación.

En su intento de explicar exactamente cómo daña el envejecimiento el cerebro de la rata, los científicos dirigieron primero su atención a las otras afecciones que provocan el encogimiento del hipocampo y la pérdida de memoria. Una de estas dolencias es la enfermedad de Cushing, un exceso de hormonas producido por las suprarrenales, unas pequeñas glándulas que están situadas encima de los riñones (de ahí supra-renales). Normalmente, las suprarrenales ayudan a movilizar el cuerpo ante los desafíos. Realizan esta tarea produciendo «hormonas del estrés». Las hormonas dan la señal a diversos órganos de que pospongan funciones no esenciales, como almacenar energía, y en vez de ello actúen en respuesta a la amenaza, por medio de comportamientos de «lucha o huida». Para el animal acechado por depredadores, el sistema de respuesta al estrés es fundamental para la supervivencia. Pero cuando mejor funciona es frente a emergencias agudas. Cuando la movilización dura demasiado tiempo, este mecanismo protector puede causar daño (entre otras cosas), debilitando las células del hipocampo.

Hoy día, la aparición espontánea de la enfermedad de Cushing es mucho más rara que la de su imitador, el síndrome de Cushing, el resultado de tomar hormonas del estrés hechas artificialmente —la prednisona es un ejemplo—, administradas por los médicos para tratar diversas enfermedades. Al igual que la enfermedad que tiene lugar de forma natural, el síndrome de Cushing provoca encogimiento del hipocampo y problemas de memoria. Dado que las variedades del síndrome de Cushing tienen solamente un elemento en común, la exposición crónica a las hormonas del estrés, la causa del daño del cerebro es inequívoca.

De modo que tanto el envejecimiento (en las ratas) como la exposición crónica a las hormonas del estrés se traducen en una atrofia del hipocampo. Esta similaridad indujo a los investigadores a investigar si las hormonas del estrés son responsables de los cambios relacionados con la edad en la estructura y la función del cerebro.

La investigación con ratas indicaba que, cuando no matan las neuronas directamente, las hormonas pueden empujar a las células al borde de la muerte. En el cerebro envejecido, las apoplejías pueden causar más daño que en el cerebro joven, al igual que las infecciones, coágulos, inflamación, bajo azúcar en sangre... lo que quieran. La previa exposición al estrés (y a las hormonas del estrés) es el factor crítico en esta vulnerabilidad relacionada con la edad. Más estrés en el pasado hace más frágil a un animal en la vejez. Tanto las neuronas como sus protectores, las células gliales, están en peligro.

Gran parte del daño causado por las hormonas del estrés es el propio sistema de respuesta al estrés. El cerebro es una compleja red de comunicaciones, donde cada célula se conecta con sus vecinas. En presencia de las hormonas del estrés, las neuronas pierden la conectividad. En particular, las células del hipocampo pierden receptores para los mensajes entrantes sobre el estrés. Las células del hipocampo también pierden dendritas, las ramificaciones que conectan una neurona con las células vecinas y transmiten los mensajes salientes. Del mismo modo que las personas abrumadas se retiran del contacto social, las neuronas agobiadas del hipocampo se aíslan.

Normalmente, el hipocampo indica a las suprarrenales que pongan fin a la respuesta de estrés, pero un hipocampo dañado no envía este mensaje. De ello puede resultar un círculo vicioso, como cuando uno se aparta del teléfono y la fastidiosa persona que llama grita aún más. En las ratas estresadas, envejecidas, a medida que el hipocampo se encoge, las glándulas suprarrenales crecen más allá de su tamaño habitual, emitiendo mayores cantidades de hormonas.

El modelo de daño se calcula mejor en el caso de la apoplejía, producida por una breve restricción del flujo sanguíneo a una pequeña región del cerebro de la rata. Si la rata ha estado anteriormente expuesta al estrés crónico, morirán más células, al margen de la apoplejía. Los mecanismos de reparación dejan de funcionar completamente. No hay nuevo crecimiento celular. Una lesión que en otro caso sería manejable se convierte en catastrófica. El defecto clave aquí es una incapacidad para evitar la reacción de estrés... un problema de «interruptor atascado». El hipocampo dañado es un elemento fundamental del interruptor atascado.

Así que: el estrés crónico conduce a la producción de hormonas del estrés. Las hormonas del estrés lesionan las células del hipocampo (y otras células cerebrales) aislándolas y llevándolas al borde de la destrucción. Ulteriores agentes del estrés las hacen caer por el borde. A medida que progresa el daño, fallan los sistemas de realimentación. Incluso problemas pequeños causan entonces la superproducción de hormonas del estrés. Lo que de otro modo serían lesiones limitadas se extienden, en presencia de las hormonas del estrés, hasta convertirse en una lesión cerebral importante. Las hormonas también amortiguan las funciones de reparación y regeneración, de manera que unas lesiones temporales se convierten en permanentes.

El paradigma de Sapolsky había sido elegantemente elaborado, a través de una rigurosa investigación que elimina explicaciones rivales y aporta detalles de causalidad. Si el modelo parece familiar en su perfil, puede ser porque ha sido considerado como una explicación para muchas enfermedades mentales. Entre éstas, las afecciones que guardan evidente relación con el estrés, como el trastorno de estrés postraumático. Su correspondencia más exacta es con la depresión.

La relación entre estrés y depresión es particularmente estrecha: el estrés puede desencadenar depresión, y (fisiológicamente, vía liberación de las hormonas) la depresión se comporta como un agente estresador crónico. Muchos pacientes deprimidos tienen glándulas suprarrenales aumentadas. La mayor parte muestra respuestas hormonales superactivas a desafíos normales.

La excesiva producción de hormonas del estrés tiene consecuencias generalizadas. Por ejemplo, mujeres con depresión pasada o actual tienden a tener una disminuida densidad ósea, una afección que puede ser el resultado de una sobreexposición a las hormonas del estrés. (Los pacientes con síndrome de Cushing muestran fragilidad ósea.) En un estudio realizado sobre mujeres depresivas premenopáusicas, treinta y cuarenta años, un tercio de ellas mostraba unas densidades óseas (disminuidas) de una gravedad que generalmente sólo tiene lugar tras la menopausia. Los niveles de hormonas del estrés en las mujeres deprimidas eran un 40 por ciento superior al normal.

Los circuitos nerviosos gobernados por las hormonas del estrés parecen ser más resistentes en los humanos que en los roedores. Entre los humanos, solamente dos grupos muestran un daño similar al de las ratas envejecidas, estresadas: los «viejos muy viejos», que han vivido bastante más que el promedio de vida, y los hombres y mujeres mayores con un historial de depresión. El trastorno del ánimo envejece el cerebro prematuramente.

Los resultados de muchas investigaciones sugieren que los factores activos en el envejecimiento de las ratas moldean la biología cerebral de la depresión en los humanos. El hipocampo es pequeño. Las respuestas al estrés se vuelven excesivamente prolongadas. Actúan sobre neuronas que se han vuelto especialmente vulnerables. Los mecanismos de reparación son menos eficaces de lo que deberían.

El último problema —el fracaso de la resistencia— ha sido de especial interés para los investigadores. ¿Por qué no se recuperan los depresivos? En un sentido inmediato, la respuesta tiene que ver con el interruptor atascado... Cuando entran en un estado negativo, los depresivos tienen una excepcional dificultad para salir de él. Pero ¿por qué persiste con tanta frecuencia un elemento de depresión? ¿Por qué (como en los hallazgos de Yvette Sheline) permanece pequeño el hipocampo meses o años después del episodio de depresión?

Cuando termina un ataque del síndrome de Cushing, el paciente se recupera completamente. Caen los niveles de hormonas, y el cerebro entra en un período de reparación. Las dendritas de aspecto ramificado crecen (el proceso se llama «arborización»), y las neuronas establecen nuevas conexiones con otras células. Asimismo puede haber neurogénesis.

Pero si una investigación como la de Sheline es correcta, las secuelas de la depresión no se parecen a las secuelas del síndrome de Cushing. Los cerebros de los depresivos son menos resistentes de lo que deberían. ¿Cómo se convierte la depresión en una enfermedad crónica? ¿Por qué es progresiva, con episodios posteriores que duran más que los primeros? Los defectos en los mecanismos de reparación pueden ser tan importantes para la depresión como el daño inicial.

Las consideraciones en este sentido han sido la causa de que los investigadores examinen los mecanismos de reparación en el cerebro cuando se relacionan con la depresión. La plasticidad del cerebro —su capacidad de compensar la «poda» de dendritas y volver a arborizar— está influida por sustancias químicas estimuladoras del crecimiento que se filtran en las neuronas procedentes del medio circundante.

Uno de los estimuladores más frecuentes del crecimiento es el factor neurotrófico derivado del cerebro o BDNF (en inglés *brain-derived neurotrophic factor*). Para nuestro fin, es más fácil considerar el BDNF como lo opuesto a las hormonas del estrés, en sus efectos a largo plazo sobre las células cerebrales. El BDNF es un factor de resistencia para todo uso. En modelos animales, una abundancia de BDNF alienta la arborización y formación de nuevas células. La ausencia de BDNF lleva a la poda y a la atrofia celular. La infusión de BDNF en el hipocampo produce lo que parecen efectos antidepresivos tanto inmediatos como duraderos. En los modelos animales, donde los antidepresivos interrumpen una respuesta al estrés, la ausencia de BDNF hace que los antidepresivos pierdan su eficacia... quizás porque la arborización y el crecimiento de nuevas células son decisivos para la recuperación de la depresión.

Reducir en un animal el nivel de BDNF no conduce a la depresión inmediatamente. Pero los científicos sospechan que, con el tiempo, un animal con demasiado poco BDNF será propenso a un síndrome tipo depresión, debido a su incapacidad para proteger, reparar o reponer neuronas. Están en marcha los trabajos necesarios para comprobar esta hipótesis, utilizando ratones genéticamente manipulados cuya capacidad de crear BDNF puede ser bloqueada en el hipocampo en el momento que lo decida el investigador, digamos, en la adolescencia o la edad adulta del ratón.

Y parece haber una deficiencia de BDNF en los pacientes humanos deprimidos. Por ejemplo, en las muestras de tejido procedente del córtex prefrontal, donde Grazyna Rajkowska encontró la arquitectura celular alterada, dicha investigadora también halló un déficit de BDNF.

El nivel de los factores de crecimiento nervioso de una persona viene establecido por muchas causas... la genética, el trauma temprano, el estrés actual y la exposición a las hormonas del estrés. En última instancia, nadie conoce la importancia de los factores de crecimiento nervioso en la depresión. Pero, especulando al respecto, los hallazgos del BDNF sugieren otro mecanismo para el interruptor atascado. En una versión sencilla —y nadie piensa que el déficit capital en la depresión sea algo tan claro— la depresión (a nivel de las células cerebrales) *es* sólo un déficit de elevadores de la resistencia. Una persona podría haber nacido con una inferior capacidad para fabricar esos factores, o podría adquirir una deficiencia a causa de un trauma infantil o estrés crónico en su vida posterior. Sin suficientes factores de resistencia, las neuronas del hipocampo serían excesivamente vulnerables a la atrofia y la poda. El hipocampo se volvería menos competente para acabar con las respuestas al estrés cuando éstas surgen. Seguirían otras consecuencias, entre ellas una superproducción de hormonas del estrés y (en otro círculo vicioso) una posterior reducción de los factores neuroprotectores.

Esta nueva línea de investigación, que vincula la depresión con problemas en las respuestas al estrés y problemas en los mecanismos de reparación, encaja bien con la investigación más antigua sobre neurotransmisores como la serotonina y la norepinefrina. Los problemas con neurotransmisores conducen a disminuciones en los factores neuroprotectores, como el BDNF. Sea cual sea la línea de investigación, la forma del cuadro de depresión resultante es razonablemente coherente. La depresión se caracteriza por claras anormalidades en el sistema nervioso, como los cambios observados por Rajkowska y Sheline. Estos defectos tienen su origen en fallos en la protección y reparación de las células en regiones cerebrales decisivas. Estos modelos que se superponen son hipótesis de trabajo en el sentido más completo... son el decurso de la investigación, e influyen en la práctica clínica.

Como las primeras hipótesis que guiaron el enfoque de los psiquiatras sobre la depresión, el modelo de la depresión como un fracaso de la resistencia se las tiene que ver con datos confusos. Hay estudios que sugieren que los depresivos tienen hipocampos pequeños o de funcionamiento defectuoso en épocas tempranas de su vida. Quizás parte de la variación en el hipocampo es genética, un signo y una causa de la propensión a la depresión. El trauma temprano, como en el caso de un abuso infantil, puede inhibir el crecimiento del hipocampo, mucho antes del desencadenamiento de la depresión. Los primeros episodios de depresión parecen ser especialmente destructivos, de manera que quizás la relación entre días de depresión y pérdida del hipocampo sea menos complicada de lo que los hallazgos de Sheline sugieren. Los datos tienen en cuenta diferentes versiones de una historia de dos partes, donde una vulnerabilidad innata o temprana se amplía para convertirse en un deterioro progresivo.

El cuadro de conjunto, lo que yo he llamado el mito de la depresión, es relativamente estable. Uno podría valorar las pruebas de manera diferente —dudando de algunos resultados de la investigación y depositando más fe en otros— y, con todo, se llegaría a la conclusión de que los fallos en la modulación del estrés y los defectos en la neurorresistencia provocan, o incluso constituyen, la depresión.

En el nuevo modelo explicativo de la depresión, los defectos fisiológicos subyacentes (como un déficit en los factores de resistencia, o un hipocampo pequeño) empeoran ante la presencia del estrés. A este respecto, la depresión sería como otras enfermedades. Actualmente se piensa que la esclerosis múltiple funciona de esta manera, al igual que el eccema y el asma y el endurecimiento de las arterias... defectos que se expresan o se exacerban en presencia del estrés. La depresión es una dolencia en la que se combina un montón de agresiones para causar un común proceso de deterioro, que se vuelve autosostenible. Algunos cánceres son así... razonablemente uniformes, tanto si son iniciados por un virus, por radiación o por una exposición a toxinas. La depresión afecta a múltiples órganos. Hasta ahora, hemos hablado del cerebro, los huesos y las glándulas suprarrenales; más adelante sabremos de problemas con el corazón, elementos de la sangre y quizás vasos sanguíneos. Muchas de las enfermedades que tememos (pienso en la diabetes, con sus efectos sobre el páncreas, la vista, el corazón y los riñones) afectan a muchos sistemas de esta manera. En términos de la patología cerebral asociada, la depresión se parece mucho a los trastornos neurológicos, como las demencias, con daño celular en determinadas capas de determinadas regiones cerebrales. El modelo de depresión «de interruptor atascado» imagina que un sistema diseñado para proteger el cuerpo, en situación aguda, se pone en marcha de forma crónica y empieza a atacar a las células y órganos que supuestamente debía proteger. A este respecto, la depresión es como las enfermedades autoinmunes, como los eritemas. En conjunto, el nuevo mito hace que la depresión parezca una enfermedad corriente, que se ajusta a los modelos corrientes de causas y efectos.

Al mismo tiempo, la depresión mantiene sus propios rasgos como enfermedad, muy clara en su forma y expresión. Las alteraciones del córtex prefrontal, el hipocampo, las suprarrenales, los huesos, las glándulas, el corazón y la sangre... constituyen un trastorno particular.

Existe, si estamos dispuestos a verlo, una inquietante belleza en el modelo de depresión de «estrés y resistencia deteriorada». Durante siglos, los científicos y filósofos han anhelado poder echar un vistazo al aspecto corporal de la depresión. En la década de 1620, Robert Burton se refirió a las opiniones de los anteriores pensadores sobre «cómo el cuerpo, siendo material, influía en el alma inmaterial, por mediación de humores y espíritus que participan de los dos aspectos, y también de los órganos mal dispuestos». Burton imaginó que había correspondencia, entre lo mental y lo físico: «Las causas más importantes proceden del corazón, los humores, los espíritus: del mismo modo que son más puros, o más impuros, así es la mente, e igualmente sufre, como un laúd desafinado...»

Como en el modelo del Renacimiento, en nuestro mito contemporáneo, anatomía y fisiología reflejan —poéticamente— los síntomas y rasgos que caracterizan a la depresión. Hipersensibilidad a la adversidad, vulnerabilidad frente al estrés, renuncia a las relaciones íntimas, envejecimiento prematuro, lentitud en la recuperación, deterioro, cronicidad del daño, fallo en la resistencia... estas expresiones podrían igualmente aplicarse a los depresivos y sus neuronas. La belleza, la poesía, no disimulan la horrible cualidad de los hallazgos... una demostración en el cuerpo de la fragilidad, «atascamiento» y falta de recursos que arruinan la vida de los deprimidos.

11

ACERCÁNDONOS

La neurona desnudada, la arquitectura cerebral alterada... Pese a todo su poder metafórico, estas lesiones se encuentran en un nivel inadecuado. No son la experiencia de la enfermedad, no son las personas. Y la depresión es la afección médica más estrechamente vinculada a la historia vital de cada paciente. Incluso a los datos les exigimos textura, sombreado, detalles. ¿Qué hace a un depresivo? ¿Cuál es el escenario, el origen, la trama de la depresión?

Mi interpretación del curso de la depresión ha sido progresivamente moldeada por la obra de un colega íntimo, Kenneth Kendler. Ken y yo coincidimos en el período de residencia en la facultad de Psiquiatría de Yale, en 1977. Cada uno de nosotros optó por un internado médico completo, al viejo estilo, yo en Wisconsin, y Ken en Stanford. Los otros dieciséis residentes habían elegido un programa de primer año «integrado» en Connecticut. Ken y yo llegábamos como extraños.

Nuestras trayectorias no podrían haber sido más diferentes. Ken se encontraba en la «vía de la investigación», trabajando con ahínco en la química del cerebro. En la «vía social», estaba yo empeñado en adaptar el psicoanálisis a las realidades de las clínicas de los barrios deprimidos de la ciudad. Pero como recién llegados, acabamos juntos. Nos encontrábamos en la pista de *racquetball* o de tenis los domingos por la mañana, cuando estábamos libres. Esto duró todo el tiempo que estuvimos en New Haven.

Ken era el genio de nuestro grupo de residentes. Nunca competía con el resto de nosotros; solamente con los otros candidatos al Premio Nobel. Asimiló el método de Yale de atacar un problema a todos los niveles, desde el neurotransmisor a la célula, la persona, la familia y la cultura. Aunque el psicoanálisis era sólo una curiosidad para él, llegó a dominar sus detalles como yo jamás lo he conseguido.

La teoría principal, en nuestros años de residencia, era la hipótesis de la monoamina, la que sitúa la serotonina y la norepinefrina en el centro de la escena. En un momento crítico, a comienzos de su carrera, Ken desvió su atención a otra parte. Lo abandonó todo a favor de la genética del comportamiento... el estudio estadístico de la herencia de (en este caso) la enfermedad mental.

Aunque hubiera sido muy bien recibido en el caso de regresar a Yale o Stanford, Ken decidió aceptar un puesto en el Medical College de Virginia. Pese a que no era exactamente un centro prestigioso en psiquiatría, el MCV tenía unos magníficos antecedentes en genética médica. Además, poseía un registro de gemelos, un amplio grupo de pares de gemelos nacidos en Virginia (ese registro fue más tarde ampliado para incluir a las Carolinas) y dispuestos a ser investigados. Ken había publicado ya estudios diagnósticos que extraían datos familiares procedentes de Iowa y Dinamarca. Luego establecería o recurriría a registros amplios en Suecia e Irlanda. Utilizando estas poblaciones, Ken empezó a investigar trastornos psiquiátricos, de nuevo a todos los niveles, desde el marcador cromosómico al comportamiento social. El interés de Ken se centraba en la esquizofrenia. Pero la depresión era un poderoso interés secundario, y un segundo nivel de atención puede bastar para redefinir un campo.

Atender a los registros es una tarea administrativa y política muy exigente. Implica enviar equipos de colaboradores a una comunidad para contactar con los enfermos mentales y miembros de su familia, así como con grupos de control. Los investigadores necesitan permanecer en contacto con los sujetos durante décadas, manteniendo una relación que los conserve aptos para participar en estudios y exámenes biológicos. Para dar una idea de la magnitud de esta empresa: el Registro de Gemelos de Virginia, empezó con un listado de todos los gemelos nacidos en la Commonwealth desde 1918. La investigación llevada a cabo durante los últimos quince años se ha extendido a entrevistas con más de veinte mil parejas de gemelos y sus padres, en un esfuerzo por poner de relieve las influencias genéticas y ambientales de una gama de trastornos.

Los motivos para trazar estudios genéticos sobre gemelos son evidentes. Los gemelos idénticos comparten todos sus genes. Los gemelos falsos o bivitelinos son como cualesquiera hermanos; tienen aproximadamente la mitad de sus genes en común. Si una enfermedad es completamente hereditaria, todos los gemelos idénticos serán «concordantes» por lo que a ella se refiere... Cuando uno la tiene, el otro la tendrá. Un porcentaje inferior de gemelos bivitelinos será concordante en cuanto a esta dolencia. Si una enfermedad no es en absoluto hereditaria... si surge puramente a partir de factores ambientales, entonces la semejanza genética no tendrá nada que ver. O sea, cuando una tercera parte de los gemelos idénticos produce datos idénticos, así lo hará una tercera parte de los gemelos bivitelinos.

Si uno conoce las tasas de concordancia de una enfermedad en gemelos idénticos y bivitelinos, y si sabe cuán frecuentemente la dolencia se presenta en un determinado grupo de personas, entonces puede calcular las contribuciones relativas de genes y ambiente en la aparición de esa dolencia. Es decir, se podrá obtener una estimación del *carácter hereditario* de esta enfermedad para dicha población. Como los gemelos idénticos tienen todos sus genes en común, si se examina la historia de los pares de gemelos idénticos discordantes por lo que se refiere a la enfermedad, cabe identificar los factores ambientales que cuentan.

Hasta para los casos más sencillos las matemáticas de la condición hereditaria son complejas. Y los casos más sencillos no existen. Ninguna enfermedad mental común tiene un 0 por ciento de carácter hereditario. La depresión grave tiene un 35 o un 40 por ciento.

Carácter hereditario no es concordancia. En la mayoría de las poblaciones estudiadas, y por lo que atañe a la mayor parte de definiciones de la enfermedad, si uno de los gemelos idénticos ha sufrido depresión, las probabilidades son más altas (a veces mucho más altas) que cuatro entre diez de que su hermano también la haya sufrido. La condición hereditaria es un intento estadístico de considerar todos los factores que determinan si una persona sufrirá depresión y determinar qué proporción de esa influencia se debe a los genes. La cifra de un 38 por ciento (en cuanto al trastorno hereditario) se mantiene de forma razonable a través de varias décadas y diversas culturas. El factor que aumenta es la cronicidad... larga duración y frecuente reaparición. Si se considera sólo a personas que han permanecido depresivas a lo largo de períodos de meses o años, se descubre que esta depresión persistente tiene una condición hereditaria de más del 50 por ciento.

Algunas dolencias que los psiquiatras tratan, como la enfermedad maníaco-depresiva, la esquizofrenia y el trastorno por déficit de atención, son más heredables que la depresión. Pero muchas dolencias médicas corrientes, como el alto nivel de colesterol en sangre y la elevada tensión sanguínea, tienen un carácter hereditario de entre un 30 y un 40 por ciento, como algunos subtipos de diabetes. La mezcla 40-60 de condición hereditaria e influencia ambiental sitúa a la depresión entre las enfermedades más predominantes.

Para enfermedades moldeadas tanto por la naturaleza como por las circunstancias, las preguntas interesantes se refieren a detalles. Queremos saber qué tipos de genes crean una propensión a la enfermedad, y qué clase de ambiente.

El psicoanálisis sostiene que la mente se moldea en gran parte por acontecimientos psicológicos... experiencias importantes, emocionalmente provocadoras, que crean un conflicto interno. Pero cuando los psiquiatras hablan de medio ambiente, a menudo se están refiriendo a influencias mecánicas en el cerebro. Hace sólo quince años, genetistas entusiastas supusieron que la depresión llegaría a ser considerada altamente «biológica» en sus orígenes, tanto por lo que se refiere a la genética como a la experiencia.

Por ejemplo, en el útero, inmediatamente después de la concepción, cuando un cigoto en desarrollo, o huevo fertilizado, «se gemeliza», dividiéndose en dos grupos de células inmaduras, la división puede ser desigual. Un gemelo empieza con más células que el otro. Este suceso es «medioambiental», ya que no tiene su origen en los genes de los gemelos. Sin embargo, las consiguientes diferencias entre los gemelos difícilmente son psicológicas, en el sentido de estar causadas por una respuesta mental o emocional al mundo.

Muchos hechos fortuitos desempeñan un papel decisivo en el desarrollo. Trabajando con simples gusanos —nematodos constituidos por menos de un millar de células— y criándolos en cultivos que se mantienen lo más constantes posibles, los científicos han observado marcadas diferencias en rasgos importantes. Algunos gusanos viven tres veces más que otros. Procesos aleatorios a pequeña escala —movimiento impredecible de átomos, moléculas y células, juntamente con sutiles errores en la transcripción genética— son probablemente responsables de ello. La triple diferencia es extraordinaria. Como señaló un crítico de la investigación con gusanos: «Asombrosamente, el grado de variabilidad que muestran en cuanto a su longevidad no es muy inferior al de una población de seres humanos genéticamente mezclada, que ingiere varios tipos de dietas, cuida o abusa de su salud, y está sometida a todos los caprichos de las circunstancias —accidentes de automóvil, carne de buey contaminada, trabajadores de correos en huelga— de la industrializada vida moderna.» Imperceptibles hechos fortuitos evidentemente sirven de «ambientes» sumamente diversos para criaturas genéticamente parecidas.

Luego está la cuestión del crecimiento intrauterino. Al proceder al contaje de los ovocitos (las células a partir de las que crecen los «huevos») en crías de ratón hembras genéticamente idénticas procedentes de una sola madre, los investigadores hallan una triple gama... la misma gama observada en humanos no emparentados. En los ratones, parte de esta variación se debe a la situación dentro del útero... por ejemplo, si el vecino más próximo de una cría hembra es un macho. En general, sutiles variaciones en la experiencia prenatal —digamos, en su nutrición— puede causar una variación entre gemelos. Una vez que se producen pequeñas diferencias, entonces nuevas lesiones, como por ejemplo estrés psicológico en la madre, tendrán efectos desiguales en los fetos.

O sea, el vínculo entre estrés prenatal (en la madre) y depresión (en la descendencia) puede ser fuerte. En la investigación llevada a cabo con monos, cambios aparentemente modestos ocurridos en madres preñadas se traducen en un tamaño reducido del hipocampo y neurogénesis dañada en sus crías, acompañado de comportamientos que parecen ansiedad y depresión.

Las complicaciones en el parto también tienen riesgos. En un estudio llevado a cabo con pacientes enfermos de esquizofrenia o una mezcla de esquizofrenia y trastorno del ánimo, las dificultades sufridas en el parto parecían dar lugar a una reducción del tamaño del hipocampo y, con el tiempo, a la aparición de la enfermedad mental. La privación de oxígeno en el bebé es probable que sea el factor clave. Este estudio no se refiere directamente a la depresión; pero proporciona un modelo del efecto del medio ambiente durante el parto sobre la futura enfermedad mental, efecto que difícilmente puede decirse que surja de la experiencia emocional de la persona. Aunque los síntomas de la depresión (al igual que los de la esquizofrenia) generalmente se declaran en la adolescencia o posteriormente, los investigadores sospecharon, en los años ochenta, que ésta podía haberse establecido en época muy temprana y por causas completamente mecánicas.

Una «experiencia» de este tipo, no psicológica, juega casi con toda seguridad un papel decisivo en la depresión. A menudo los gemelos idénticos difieren temperamentalmente, desde la temprana infancia... y, desde luego, esta diferencia es «medioambiental», ya que el código genético de los gemelos es el mismo. Pero aquellos genetistas que pensaban que hechos psicológicamente significativos no mostrarían relación con las causas de la depresión estaban sencillamente equivocados. Incluso algunos de los factores genéticos que conducen a la depresión tienen un matiz psicológico.

Al hacer el análisis de los hombres que se casan con mujeres que contraen depresión, mencioné que la volubilidad del ánimo es un temprano indicador de la vulnerabilidad a la depresión. Si eres ansioso o emotivo, corres el riesgo de sufrir depresión. La prueba de estas correlaciones procede del grupo de Ken Kendler.

Los investigadores de Kendler estudiaron las respuestas de los gemelos a las preguntas de los protocolos normales de evaluación de la personalidad. Los investigadores consideraron factores como la baja autoestima, el pesimismo, la dependencia de los demás y la sensación de perder el control sobre el propio destino. Luego miraron si estas tendencias preceden o siguen al desencadenamiento de episodios depresivos. Todos los rasgos esperados guardaban cierta relación con la depresión. El único que *predice* la depresión es la neurosis.

La neurosis, en este uso circunscrito, es una tendencia a los cambios de ánimo. El neurótico responde «sí» a preguntas del test como: «Me siento desgraciado sin motivo alguno» y «sufro de los nervios». Da estas respuestas incluso si nunca ha estado deprimido. Los neuróticos son irritables. Son propensos a sentirse ofendidos y a preocuparse durante mucho tiempo después por experiencias molestas. La neurosis es muy fuerte. Dura toda la vida. Se obtiene el mismo tipo de resultados si, en vez de preguntar a los sujetos, se hacen las preguntas del test (sobre los sujetos) a sus amigos.

Kendler investigó luego la naturaleza de la interacción. Los episodios de depresión, ¿intensifican la neurosis? Una mala experiencia, ¿conduce simultáneamente a la neurosis y a la depresión? Resulta que una historia de estado de ánimo deprimido hace subir el baremo de la neurosis. Y unos hechos negativos conducen tanto a rasgos neuróticos como a la depresión. Pero estas influencias son menores. Resulta ser más importante una correlación diferente. Aproximadamente un 60 por ciento de la vulnerabilidad genética a la depresión es compartida por la neurosis, de manera que las dos enfermedades se desarrollan en paralelo, a partir de una causa biológica común. Un gen, o una serie de genes, provoca tanto cambios de humor como propensión a la depresión. En algunas personas (como Betty, quizás, pero no como Margaret), la neurosis y la depresión son dos troncos de la misma cepa.

A mediados de los noventa, los científicos habían identificado unos genes que podían conducir a ambas dolencias, la neurosis y la depresión. Por ejemplo, grupos de investigación separados habían descubierto formas distintas de un gen que afecta a la forma en que el cerebro usa la serotonina, una de las sustancias químicas mensajeras que ayuda a regular los estados de ánimo. Este gen permite la formación de una proteína, llamada el transportador de la serotonina, que afina la utilización de la serotonina por parte de las células. (La forma abreviada científica para designar el gen en cuestión es 5-HTT; 5-hidroxi-triptamina es el nombre químico de la serotonina; la segunda T se refiere al transportador.) El gen transportador de la serotonina, o 5-HTT, aparece en dos formas, larga y corta. Menos de la tercera parte de los humanos tienen dos variantes largas del gen transportador. Menos del 20 por ciento tiene dos genes cortos. La mayoría tiene uno largo y uno corto.

Estudios realizados a mediados de los noventa que analizaron familias extensas hallaron que los parientes con dos genes cortos eran más propensos a sufrir neurosis. Este resultado era muy estimulante... el descubrimiento de un gen correspondiente a un rasgo personal. La prensa apodó al 5-HTT el «gen Woody Allen». Algunas investigaciones sugerían que el gen corto estaba también correlacionado con la depresión. Pero incluso la asociación con la neurosis era tenue. El gen corto confería solamente un pequeño aumento del riesgo. Y algunos estudios posteriores no consiguieron obtener esos hallazgos originales.

La investigación señala a otros genes que podrían causar tanto neurosis como depresión. Pero la historia del 5-HTT es particularmente interesante porque contiene sugerencias sobre la interacción de la naturaleza y el entorno.

En 2003, un equipo internacional de científicos echó un segundo vistazo al 5-HTT, usando un modelo de depresión derivado en parte del trabajo de Ken Kendler. Los investigadores eran un equipo formado por marido y mujer, del Kings College, de Londres, Avshalom Caspi y Terry Moffitt. Otrora estudiantes de los aspectos sociales del trastorno del humor, Caspi y Moffitt habían cambiado de objetivo, interesándose por la genética del comportamiento, y consiguieron tener acceso a una extraordinaria base de datos. En Nueva Zelanda, una muestra representativa de 837 niños blancos había sido seguida desde la edad de tres años hasta los inicios de su edad adulta. Cada dos, tres, o cinco años, los sujetos y sus parientes habían sido entrevistados en detalle, de manera que había una enorme cantidad de información sobre los desafíos vitales con que los niños se habían encontrado. Los investigadores analizaron a los hombres y mujeres jóvenes (ahora todos de veintiséis años) en busca del gen 5-HTT y les hicieron preguntas sobre el trastorno del estado de ánimo.

Los resultados fueron asombrosamente inequívocos. En los sujetos donde ambos genes 5-HTT eran largos, el estrés no causaba depresión. No cambiaba nada el hecho de que los sujetos hubieran sido maltratados en su temprana infancia; y tampoco parecía influir el que más tarde hubieran sufrido fallecimientos en la familia, o mala salud o pérdidas económicas. Algunos de estos jóvenes, de ambos sexos, habían sufrido depresión (probablemente por causas no relacionadas con el estrés)... pero entre los que tenían dos genes largos, el número de estresados y no estresados parecía casi idéntico.

Entre los sujetos con uno o dos genes cortos, la adversidad conducía a un aumento de la depresión a la edad de veintiséis años, es decir, la depresión más normal en la época en que fue llevada a cabo la última investigación. Aquellos que habían sufrido más claramente abusos en la infancia eran más propensos a sufrir depresión. Al igual que los que se habían enfrentado con un número mayor de hechos estresantes en la veintena. Y para cada tipo de infortunio examinado, los sujetos con dos genes cortos eran aún más propensos a la depresión que los que tenían un gen corto y uno largo. Más desgracias conducían a más trastorno del ánimo, y en cada nivel de estrés, los síntomas eran más severos para aquellos que poseían dos versiones cortas del gen 5-HTT.

Recordemos la metáfora de la serotonina como policía. Efectivamente, el gen 5-HTT largo puede significar más protección del estrés. Quizás una transmisión de serotonina relativamente débil (en personas con la variante corta del gen) desempeña un papel permisivo cuando se trata de la depresión, confiriendo menos resistencia y permitiendo más daño. Si el mismo gen hace un papel más directo en la formación de la personalidad —si conduce a la neurosis—, entonces las personas con la versión corta del gen tendrán una probabilidad ligeramente mayor de sufrir cambios de humor, desde una época temprana de su vida, así como una mayor tendencia a contraer depresión.

Constituye casi una regla en la genética del comportamiento el que unos estudios posteriores debiliten o compliquen los primeros hallazgos. Los estudios de Nueva Zelanda habían provocado estupor por diversas razones. Otros estudios rivales habían hallado un nivel menos espectacular de inmunidad al estrés en personas con la variante protectora del gen. Pero incluso aunque su efecto resulte menos absoluto de lo que el estudio de Caspi y Moffitt sugiere, el 5-HTT sería interesante como ejemplo de una clase de gen que contribuye al carácter hereditario de la depresión. El gen tiene efectos sobre la personalidad (hasta tal punto que causa la neurosis) y conduce a la depresión vía vulnerabilidad a los agentes psicológicos del estrés, como sufrir unas pérdidas económicas o la muerte de familiares íntimos.

Los hallazgos de Caspi y Moffitt, y otros parecidos, apuntan a una clase particular de propensión a la depresión... extrema sensibilidad al trastorno psicológico. Esta tendencia ha sido largo tiempo señalada por observadores de la enfermedad. Tal como Burton escribe en *The Anatomy of Melancholy*: «Lo que para uno es sólo una picadura de pulga, a otro le causa un insufrible tormento; y lo que uno, por su singular moderación y bien regulada conducta, puede superar fácilmente, otro no es capaz de soportarlo ni una pizca.»

Pero la parte heredable de la depresión es casi con toda seguridad transmitida por varios mecanismos dependientes de varios genes... y muy probablemente por diferentes combinaciones de genes en diferentes personas. El análisis estadístico de Kendler indica que debe de haber genes que influyen en la depresión y no dan lugar a la personalidad neurótica. Los efectos primarios de estos (supuestos) genes adicionales se desconocen. Algunos investigadores han sugerido que debe de haber genes de la estabilidad o la variabilidad de un puñado de funciones que incluyen tanto ciclos corporales (tales como vaivenes hormonales diarios y, para las mujeres, mensuales) como del ánimo; personas que son menos «estables» fisiológicamente pueden ser más vulnerables emocionalmente. Puede haber genes que contribuyen a la protección de las neuronas cerebrales. Los defectos en (o formas menos activas de) un gen que produce crecimiento neuronal y factores de reparación, como el BDNF, podrían predecir depresión. Genes que influyen en la frecuencia de las células gliales o el tamaño del hipocampo podrían desempeñar un papel.

Pero la neurosis es un indicador de conducta para algunos de los genes que predisponen a la depresión. Gran parte del atractivo de la genética del comportamiento reside en estas detalladas, aparentemente incidentales, revelaciones que surgen de la reunión de datos. No es (como sostiene la teoría psicoanalítica) que tus conflictos neuróticos no resueltos conduzcan a la depresión; es que los genes que te predisponen a los conflictos resultan ser también los genes de la depresión.

Gran parte del trabajo de Kendler sobre la depresión nos lleva a un modelo comprensivo de cómo se desarrolla la enfermedad. La investigación ofrece puntos de interés del principio al fin. Volviendo a las causas medioambientales, ¿qué clase de agentes creadores de estrés conducen a un trastorno del ánimo?

En los estudios con gemelos, los genetistas dividen los acontecimientos entre «compartidos» y «no compartidos». Estos adjetivos parecen explicarse por sí mismos. Sin duda los «compartidos» lo hacen. Mucho de lo que los gemelos encuentran lo encuentran juntos. Pero un ambiente «no compartido» no es un concepto tan claro.

Algunas experiencias evidentemente le ocurren sólo a una persona. Un ladrillo golpea a uno de los gemelos (y no al otro) en la cabeza; el consiguiente daño al cerebro conduce a la depresión. Pero «no compartido» es una categoría más amplia, definida por los *efectos* de los acontecimientos. Un medio ambiente no compartido es cualquier ambiente que simplemente influye en dos personas de manera diferente, incluso aunque, desde el exterior, parezca como si ambas se hubieran enfrentado a las mismas experiencias y vivido en el mismo medio.

La religión nos proporciona una ilustración. Los sociólogos han estudiado el efecto del medio ambiente en la infancia sobre la identificación religiosa. Si tus dos padres son católicos practicantes, y si, en tu infancia, todos tus compañeros y vecinos son católicos, existen unas probabilidades extremadamente elevadas de que, de adulto, tú y tus hermanos os identifiquéis como católicos. Ese resultado es fiable y es independiente de lo que cada niño aporte como dote temperamental o trauma temprano. En cuanto a los factores que afectan a la identificación religiosa, tú y tus hermanos habéis experimentado un medio ambiente compartido.

Pero por lo que se refiere a la mayor parte de las consecuencias, el efecto de la experiencia sobre el pensamiento y la conducta es más variable. Si miramos más allá de la identificación y preguntamos sobre la asistencia a la iglesia, surgen diferencias. En el período final de la adolescencia, algunos de tus hermanos serán practicantes y otros no. Los factores de la personalidad pueden desempeñar un papel. Un hermano será rebelde, otro sentirá angustia en medio de la multitud y un tercero se mostrará frío en cuestiones de fe o afecto, mientras que, desde tu más temprana vida, tú te has sentido especialmente ansioso por agradar y también especialmente movido por sentimientos religiosos. Incluso aunque, visto desde fuera, el ambiente parezca uniforme, para cada uno de vosotros internamente habrá sido distinto... ofensivo para uno, inspirador para otro, represivo para un tercero, acogedor para un cuarto, simplemente carente de interés para un quinto, y así sucesivamente. En la práctica religiosa, si estudiamos a adultos, el aparentemente uniforme entorno de padres y vecinos católicos practicantes se registrará como medio ambiente no compartido, una influencia que será diferente para cada niño.

La medida de si un ambiente es compartido, para un determinado resultado, es si los gemelos idénticos responden a él idénticamente... es decir, si son concordantes en el resultado. En muchos casos, resultados discordantes señalan las evidentes diferencias en aquello con que se encuentran los gemelos. Los padres aceptan quizás a una hija y rechazan a otra, de manera que el núcleo familiar proporciona medios ambientes no compartidos. Pero el mismo trato da lugar a sutiles diferencias dentro de los gemelos. Por un montón de razones, desde incidentes intrauterinos hasta los caprichos de la fortuna en el patio de recreo, a la edad de cinco años, incluso con un par compartido de 5-HTT y todos los demás genes, uno de los gemelos idénticos puede mostrarse seguro de sí mismo y el otro, inseguro. Entonces, un determinado nivel de apoyo paterno será adecuado para el primero e insuficiente para el segundo. Tanto en el sentido empírico como estadístico, el ambiente hogareño no es compartido. Esa categoría se aplica incluso por más que los padres juren una y otra vez que han tratado a sus hijos de forma idéntica.

En los estudios realizados a gran escala de Kendler, resulta que casi todo el medio ambiente que cuenta para la depresión no es compartido.

Este resultado es inesperado. Cabría pensar que los gemelos criados por padres negligentes se volverían vulnerables a la depresión, en tanto que los criados por unos padres considerados y capaces de sintonizar obtendrían protección frente al trastorno del ánimo. La depresión sería como la identificación religiosa: si procedes de una familia maltratadora o tal vez depresiva, serás depresivo. Si has sido criado en el seno de una familia comprensiva u optimista, podrás evitar la depresión. O cabría imaginar también que criarse en la pobreza, o en un barrio peligroso, o en un mal ambiente escolar, predispondrá a la depresión.

Pero la influencia de la experiencia no sigue estas pautas. Los estudios con adultos no hallan apenas efectos directos persistentes del ambiente compartido. Para la depresión, el ambiente que importa es aquel que afecta a diferentes personas de manera diferente. Probablemente es cierto que padres poco comprensivos, maestros de escuela indiferentes y pobreza provocan depresión... Pero sólo en algunas personas. Cuando la depresión es el resultado que se halla bajo estudio, el efecto de ambientes globales, aparentemente uniformes, está siempre, siempre, influido por la mente que percibe y el cerebro ya predispuesto.

Grupos de investigación por todo el mundo han conseguido obtener este mismo resultado. La experiencia que causa, o protege de, la depresión es no compartida. Este resultado tiene considerable importancia. Un particular corolario es que, cuando la depresión es cosa de familia, el motivo generalmente tendrá más que ver con la genética que con sólo la cultura familiar. De una manera más general, este hallazgo —el que solamente los hechos «no compartidos» provocan depresión— destaca el papel del yo en la interpretación de la experiencia. Incluso los malos ambientes provocan depresión únicamente en las personas vulnerables. Que el entorno compartido raras veces aparezca entre las causas de la depresión empuja a buena parte de lo que llamamos «ambiente» a un segundo plano.

Por supuesto, los ambientes familiares no son uniformes. Con frecuencia, un niño es blanco del abandono mientras otros son mimados... como Cenicienta y sus dos hermanastras. Pero incluso ahí, los genes y tempranos hechos aleatorios pueden ejercer su impacto.

Yo siento un especial afecto por un hallazgo menor en el trabajo de Kendler realizado con dos niñas discordantes en cuanto a la depresión. Al entrevistar a estas gemelas y a los miembros de su familia, los investigadores tropezaron con un inesperado resultado: en la infancia de las gemelas, el padre se mostraba más protector hacia la hija que posteriormente acabaría sufriendo un trastorno del ánimo. No eran unos malos padres... la parte principal de la investigación examinó esta cuestión. Más bien, parecía tratarse de unos padres que habían percibido una necesidad emocional en una de las hijas, y no en su gemela. Las tempranas diferencias ambientales habían dado lugar a sutiles contrastes en la estructura emocional de las niñas: los padres fueron unos observadores lo bastante sutiles para responder a esta variación. Aquí aparece un rasgo que algunas personas (como estos padres) tienen: la capacidad de identificar los indicadores muy tempranos de la vulnerabilidad y el impulso a mimar a aquellos que los muestran. Quizás este hallazgo apunte a uno de los orígenes del «encanto» de la depresión.

Por supuesto, signos tempranos de ánimo inestable a menudo provocarán respuestas menos favorables. Maestros y compañeros de clase muestran tal vez más afecto por los chicos y las chicas risueños. Desde una edad temprana, los niños resistentes pueden desplegar redes de apoyo más extensas, crecer con confianza en sí mismos, y llegar a sentir que llevan realmente las riendas de lo que les pasa en la vida. (Con gemelos idénticos, la diferencia inicial en los rasgos de la personalidad habría emergido a partir de una experiencia no compartida, quizás incluso en el útero.) De estas y otras maneras, el medio ambiente es más benigno para un niño más afortunado y menos depresivo; signos tempranos de fortaleza emocional suscitan aliento y otras recompensas sociales. Y, comparado con su gemelo no depresivo, el optimista también experimenta ese ambiente como cada vez más benigno, acumulando un éxito tras otro.

Cambiemos de enfoque. Un informe sobre la interacción gen-medio ambiente ayuda a definir qué significa que la depresión es en un 38 por ciento hereditaria. Los genes actúan dentro del cuerpo. Sobre una base genética, una persona puede desarrollar una pequeña anomalía en la estructura cerebral, como una insuficiencia del tipo de receptores que ayudan al cerebro a bloquear una respuesta al estrés. Esas variaciones podrían conducir más o menos directamente a la depresión, a través de un potencial (negativo) que se desarrollará en casi todos los entornos. En la esquizofrenia, la investigación señala esta clase de efecto directo: los hermanos sanos de pacientes con una esquizofrenia desencadenada en época temprana tienen anomalías cerebrales, y en un grado lo bastante grande para ser identificable en una resonancia magnética. Las anomalías cerebrales vienen de familia. Quizás el poseer una dosis mayor de esas anomalías —o una combinación de anomalías y desencadenantes de importancia claramente menor, como una enfermedad infecciosa— conduzca a una enfermedad mental.

Una parte de la contribución genética a la depresión puede ser de esta especie: los estudios de Kendler encuentran alguna relación directa entre predisposición genética y episodios de depresión. Pero los genes también operan «fuera del cuerpo». Si tu herencia te lleva a parecer poco atractivo o a comportarte poco atractivamente, según las normas de la sociedad en que vives, y si eres luego retraído y te quedas sin amigos, puedes perder la confianza en ti mismo, deslizarte hacia el estrés y acabar desarrollando una depresión. El modelo estadístico interpretaría gran parte de esta causalidad como genética aunque cuando cuentes tu historia la narración esté repleta de recuerdos que sugieren una depresión basada en experiencias desmoralizadoras.

Esta genética-fuera-del-cuerpo es corriente en medicina. Supongamos que calculamos que un tipo de cáncer, el adenocarcinoma de pulmón, es en un 40 por ciento hereditario. Quizás descubramos que parte de la propensión genética se debe a defectos en el sistema inmunitario. Podríamos encontrar asimismo (como Ken Kendler ha hecho) una predisposición genética a la adicción, y más específicamente a la adicción a la nicotina. Esa herencia conduce al cáncer, y lo hace a través de un probable comportamiento en el medio social predominante, en el cual los cigarrillos están disponibles y comercializados, y en el que existen subculturas que acogen bien a los fumadores.

En *Escuchando al Prozac*, estudié la hipótesis de que se origina una depresión porque la sociedad no recompensa a las personas que son pasivas, tímidas y enemigas del riesgo. Esa teoría es compatible con el punto de vista de que la depresión es en parte heredable. Los genes de los rasgos temperamentales que no son vistos con buenos ojos conducen a comportamientos de fracasos que con el tiempo provocan un medio ambiente desalentador... menos amigos, menos espacio vital, y todo lo demás. Aquellos que poseen genes de (o tempranas experiencias que conducen a) rasgos que son rechazados socialmente provocan un conjunto de experiencias peores que la media en lo que se refiere a sí mismos. Y entonces entra en juego un posterior efecto interactivo. Si las personas que sufren aislamiento son las que más necesitan la protección que la integración social proporciona —y si incluso los contratiempos cotidianos que cabe esperar son más duros para ellos que para los demás—, entonces el ambiente los tratará de forma especialmente hostil. Este entorno hostil no es peor, desde un punto de vista objetivo y experimental, para los vulnerables que para los resistentes.

Cuando las personas dicen que una determinada característica o enfermedad es el resultado de «una interacción de genes y medio ambiente», a veces quieren decir sencillamente que tanto la naturaleza como la experiencia desempeñan un papel. Si por tu genética, desarrollas unas articulaciones malformadas, y si el único empleo al que puedes aspirar es un trabajo físico, contraerás artritis de desgaste debido a dos influencias distintas. Tus articulaciones no determinaron tu empleo, y tu empleo no creó tu vulnerabilidad inicial.

Pero la depresión es una de esas enfermedades en que la interacción es completa. Los genes crean entornos adversos, como cuando inducen un temperamento que la sociedad no recompensa. Ambientes que son corrientes se vuelven adversos cuando son interpretados a través de la personalidad moldeada por los genes, como cuando alguien necesita más estabilidad y predictibilidad sociales de las que la cultura tiende a proporcionar. Las preguntas que surgen a partir de esta combinación de factores son qué transmisores están, o no, expresados en el cerebro, qué receptores de esos transmisores están protegidos y qué células prosperan y cuáles se atrofian. Genes y entorno interaccionan a todos los niveles... comportamiento, sentimiento, química y anatomía.

Y, con todo, sabemos que unos hechos psicológicamente importantes simplemente provocan depresión. Después de unas pérdidas terribles, muchas personas se deprimen. Ningún modelo que deje de reconocer esta relación es probable que nos convenza.

Una parte del trabajo de Kendler considera la pregunta: ¿qué predice un *episodio* de depresión grave? Aquí el resultado que está en estudio no es una historia de trastorno del estado de ánimo, sino más bien un hecho distinto, la depresión vista desde el año anterior. Este enfoque permite la investigación del daño inmediato. Sólo entonces los investigadores examinan lo que ha pasado y localizan una cadena de causas.

Los desencadenantes son los esperados. Hechos vitales estresantes incrementan el riesgo de depresión. Entre éstos figura el tipo de infortunios personales generalmente considerados deprimentes. Los que aparecen en los datos de Kendler son: ser robado o atracado; sufrir problemas domésticos o económicos; perder un empleo o enfrentarse a serios problemas del trabajo; sufrir problemas matrimoniales de carácter grave, o divorcio, o separación; y perder a un confidente íntimo. Los factores de estrés de una red social también pueden causar depresión: la enfermedad, o la muerte; o una crisis grave en la vida de un hijo, un padre, un hermano; o entrar en un conflicto importante con uno de esos familiares. Muchos de esos efectos son inmediatos. El factor de estrés precede al desencadenamiento de un nuevo episodio de depresión en un mes o menos.

También cuenta el tipo de hecho vital estresante, y la dirección esperada. Acontecimientos que implican un ataque contra la autoestima tienden a inducir la depresión, y ese resultado vale tanto para hombres como para mujeres. Ser abandonado o rechazado por la persona amada es uno de esos hechos. También lleva a la depresión otro tipo de pérdidas... la muerte de un ser querido, o una separación que inicia uno mismo. Pero la «pérdida humillante» es especialmente perjudicial, peor aún que la pérdida por fallecimiento. Estos efectos son moderadamente específicos. Cuando un daño temido no ha ocurrido todavía, la enfermedad mental que tiene tendencia a surgir es, la mayor parte de las veces, un trastorno de ansiedad, más que una depresión. No la anticipación, sino la realidad de una pérdida humillante, es lo que desencadena la depresión.

Esta correlación —entre hechos estresantes y un episodio depresivo— es sólo la última etapa de una historia. Contemplando el cuadro en su conjunto, vemos que los genes y la experiencia están completamente mezclados. Sabemos, por ejemplo, que las personas que sufren una propensión genética a la depresión tienden a «implicarse en entornos de alto riesgo». Dejan la universidad, se casan con mal criterio, se divorcian a menudo, consumen drogas y abusan del alcohol, y se exponen a catástrofes emocionales. Los genes pueden operar a través del temperamento, o predisponiendo a formas suaves de depresión que luego determinan malas elecciones... cuyos perjudiciales resultados se traducen entonces en un empeoramiento del trastorno del ánimo y ulteriores agentes estresantes. La senda de la depresión es peligrosa.

En un estudio sobre parejas de gemelas, los evaluadores del equipo de Kendler estudiaron las transcripciones y escucharon las cintas de las biografías recientes, valorando la probabilidad de que determinados hechos hubieran ocurrido independientemente de las propias acciones de los sujetos. Estas estimaciones eran comprobadas una y otra vez por medio de opiniones de unos segundos evaluadores y mediante nuevas entrevistas con las gemelas. Los resultados mostraron que «hechos independientes» desencadenan depresión. Pero que «hechos dependientes» —donde el depresivo desempeña un papel en su propia mala suerte— tenían un efecto aún mayor. Una persona puede tener un conflicto con un superior y ver luego cómo lo degradan en su trabajo... y sufrir depresión como resultado de ello. A menudo, lo que parece un agente externo que causa depresión no es más que una etapa intermedia en una interacción compleja. La conducta de los deprimidos crea un entorno rico en potenciales estresadores.

En términos generales, entre la mitad y las dos terceras partes de la asociación entre hechos estresantes y depresión es causal... aunque el estrés da origen a la depresión. Al menos una tercera parte de las causas discurre por otro camino, y la proporción aumenta en los episodios tardíos de depresión. Cuanto más frecuentemente has estado deprimido, más tiendes a contribuir a tu propia desgracia. Este resultado no surge de la depresión aguda... El hecho estresante casi siempre precede a un nuevo episodio. Son los aspectos ininterrumpidos, entre episodios, de la enfermedad los que llevan a los depresivos a complicarse la vida.

Parte de la adversidad puede rastrearse hasta hallar una raíz genética. Cuando una mujer experimenta cierto estrés —como un divorcio o un grave conflicto matrimonial, o incluso disputas con amigos íntimos o parientes— su gemela experimentará probablemente parecidas tensiones, y en una proporción que excede a la correlación entre mellizos. La misma relación se mantiene para las categorías «pérdida de empleo» y «graves problemas económicos». Los hechos estresantes tienen lugar en la vida de los depresivos a partir de una base no aleatoria, una base relacionada con su herencia genética.

Kendler ha reunido estas variedades de causas en un análisis estadístico global que constituye el mejor modelo actual del desarrollo de la depresión grave en mujeres. (A menudo la investigación sobre la depresión se concentra en las mujeres porque éstas tienen una probabilidad dos veces mayor que los hombres de sufrir depresión.) El modelo es notablemente convincente. En términos técnicos, explica más de la mitad de la divergencia en la propensión a la depresión en el año que se estudia. En efecto, el modelo consigue tomar en cuenta la mitad de las causas... una cifra muy elevada para las ciencias del comportamiento, y extraordinariamente elevada dado el estrecho objetivo, es decir, si una mujer estará deprimida un año en concreto.

Si nos detenemos un momento a pensar cuán enormes son las magnitudes en cualquier estudio estadístico de experiencias vitales, podemos quedarnos asombrados ante la capacidad de la genética del comportamiento para explicar alguna cosa. Algunos traumas aparentes no son especialmente traumáticos. Pensemos en un anciano que ha sufrido una grave demencia durante años y ahora sucumbe silenciosamente a la muerte; en cierto sentido, el acontecimiento será un alivio para los que lo rodean. Eso contrasta con una muerte brutal que acontezca a una persona muy dinámica; su efecto en aquellos que lo amaban será devastador. Y luego está la cuestión de la calidad de nuestra relación con el muerto. Freud creía que una pena sumamente corrosiva y persistente —tristeza patológica— sigue a la pérdida de alguien al que amamos de forma ambivalente. Freud puede haber dado con la asociación correcta y la causa errónea; quizás es sólo que las personas propensas a establecer vínculos emocionalmente complejos son también propensas a la depresión. Sin embargo, lo que una persona significa para nosotros en la vida influirá en nuestra respuesta frente a su muerte. Teniendo en cuenta la diversidad de la experiencia humana, no sería sorprendente que las investigaciones sobre la influencia de experiencias vitales distribuidas en categorías muy generales explicaran muy poco sobre la probabilidad de la depresión.

Que el modelo de Kendler explique la mitad de lo que ocurre podría llevarnos a la conclusión de que está en el camino adecuado. Si pudiera obtenerse un cuadro más detallado de la pérdida, descartando aquellos hechos que no llegan a afectarnos y subrayando los que nos sacuden profundamente, podríamos llegar a descubrir que la genética del comportamiento explica la depresión realmente muy bien.

En este informe de su modelo global, Kendler expresó sus hallazgos a través de una serie de gráficos donde las diferentes categorías de influencia aparecen unidas por flechas etiquetadas con números que representan grados de correlación. Un gráfico tipo parece el diagrama eléctrico de un ordenador mediocremente diseñado.

En la fila inferior está el resultado, un episodio de depresión en el año anterior. En la fila superior están los factores tempranos de riesgo. Hay cuatro: genes, ambiente familiar alterado, pérdida de los padres en la infancia y abuso sexual en la infancia. Éstas son las causas «fuente» que dan origen a las causas intermedias (como un mal matrimonio) que conducen luego a la depresión en el año que se estudia.

Ese abuso que aparece separadamente en los datos —aparte del trastorno familiar general— es un poderoso indicador de que entre las causas «medioambientales» de la depresión figuran hechos particulares, significativos. El abuso sexual en la infancia es tan destructivo como los investigadores sociales dicen que es. Independientemente de otras influencias, sufrir estos abusos induce ansiedad en la infancia, trauma futuro, hechos estresantes en la edad adulta e (indirectamente) depresión. Identificar la incidencia del abuso sexual en el modelo ayuda a explicar una parte de la cualidad no compartida del medio ambiente inicial; una hermana puede haber sufrido abuso y su gemela, no.

El resto del gráfico está lleno de influencias intermedias, muchas de las cuales ya conocemos. Los tempranos factores de riesgo conducen a una diversidad de rasgos de la personalidad y modelos de comportamiento (neurosis, baja autoestima, ansiedad de desencadenamiento temprano y trastorno de la conducta). Juntos, los factores de riesgo y los rasgos de la personalidad predicen luego una mayor probabilidad de mediocre educación, bajo apoyo social, abuso del alcohol, consumo de drogas y hechos traumáticos, tales como una agresión física. Esas tres categorías de factores —riesgo temprano, rasgos de la personalidad y los hechos negativos que se amontonan en la adolescencia y la edad adulta temprana— se correlacionan con un divorcio y depresión mediados los treinta años de los sujetos. Esas cuatro series de factores predicen luego la probabilidad de experiencias estresantes en el año que se estudia. Y, directa o indirectamente, estas cinco series de factores predicen el episodio de depresión.

Algunas de las correlaciones eran inesperadas. En este modelo, la pérdida de los padres en la infancia no ejerce ningún efecto directo en la aparición de una depresión. El efecto de la pérdida está mediado por los otros factores de riesgo básicos (entorno familiar alterado y abuso sexual en la infancia) y por una deficiente educación. En otras palabras, perder un padre (por fallecimiento, divorcio o separación antes de los diecisiete años) no ejerce un efecto perceptible en la depresión, si el niño ingresa luego en un entorno protector, con una familia comprensiva, y si consigue mantenerse en la escuela.

De los cuatro factores de riesgo tempranos, sólo la genética tiene un vínculo causal directo con la depresión. El ambiente familiar alterado, así como el abuso sexual en la infancia y la pérdida de un padre en la infancia, causan depresión a través de factores «de desarrollo», como la baja autoestima, hechos estresantes ulteriores y problemas matrimoniales en la edad adulta. Esta secuencia deja lugar a la esperanza: si podemos prevenir la baja autoestima y el resto, podremos ser capaces de minimizar los efectos de hechos tempranos como la pérdida de un padre y los abusos sexuales.

Para el clínico, el lioso diagrama de Kendler produce una impresión familiar. Muestra lo que aparece en la consulta, un flujo de consecuencias. En efecto, el episodio actual de depresión está precedido, bastante a menudo, por un hecho desencadenante. Pero está también precedido por una depresión pasada y dificultades sociales pasadas. Y esto se produce en un entorno social nada comprensivo. Algunos de estos hechos, y ese entorno, parecen derivarse del propio comportamiento del paciente, originándose en antiguos rasgos de la personalidad. En su raíz hay variada serie de predisposiciones —«Siempre he sido así»—, o desastres tempranos.

A partir de esta complejidad, Kendler ha marcado tres caminos hacia la depresión.

El primero, lo llama «interiorizar». Aquí, los efectos genéticos son el riesgo principal, activo incluso cuando las circunstancias sociales son benignas. La neurosis acompaña a la depresión en un buen número de estos gemelos «que interiorizan», aquellos sujetos en que los genes crean una notable propensión al trastorno del estado de ánimo.

Un segundo camino, «extrema adversidad», se inicia con un medio ambiente familiar alterado, aderezado con abuso sexual en la infancia y pérdida de un padre (y las posteriores desgracias que exacerban su efecto). Este mal comienzo lleva a una educación deficiente, escaso apoyo social, trauma recurrente y divorcio, y luego, vía cualquier tipo de hecho vital estresante, a la depresión. Aquí, los genes desempeñan un papel más pequeño.

Un tercer camino, «exteriorizar», conduce desde el trastorno de conducta en la infancia hasta el consumo de drogas y la depresión.

Estos «tipos» abarcan gran parte del territorio clínico.

El tercer grupo, las «niñas malas», que llegan a la depresión a través de un comportamiento revoltoso y consumo de drogas, son visitantes poco corrientes en la consulta privada de los psiquiatras. De vez en cuando, veo a «exteriorizadoras» en la fase inicial de la enfermedad. «¿Por qué no puedo tomar drogas?», pregunta una joven. Sus amigos fuman marihuana o ingieren pastillas todas las noches.

—Sencillamente no puedes —le digo—. Mala suerte. Algunas personas pueden tolerar las drogas... pero tú no.

La joven sonríe con esa tímida sonrisa que la ayudó a sobrevivir en sus años más jóvenes. Prefiere no enterarse de las desagradables noticias. Lo cierto es que, en su caso, las drogas provocan en ella una dudosa capacidad de juicio social, pérdida de motivación en tareas importantes, maltrato por parte de amigos poco fiables y una tendencia a derrumbarse cuando las cosas van mal.

—Deja las drogas durante un mes —le digo.

Ella asiente, con la mirada perdida.

Le pregunto entonces:

—¿Y qué me dices de un día?

Si se hubiera tomado sólo dos combinados y tres cervezas, me diría que llevaba sin alcohol desde la noche anterior, o casi.

Como médico (o padre, o maestro), puedes ver la enfermedad que se despliega ante ti, y toda esa mala suerte en perspectiva.

He trabajado con pacientes, tanto hombres como mujeres, cuya historia gira en torno a una mezcla de alcoholismo y depresión. A todo psiquiatra le pasa. El alcoholismo acompaña a la depresión en las familias. La combinación es devastadora. En los estudios de Grazyna Rajkowska, los alcohólicos deprimidos muestran las peores pérdidas gliales, como si las dos afecciones crearan daño sinérgico, quizás aportando el alcohol un daño tóxico al vulnerable cerebro del depresivo.

En cuanto a otras sustancias, bien podría ocurrir que las drogas causen una lesión concreta... que la depresión asociada con la adicción implique sus propios y diferentes desafíos a la salud del cerebro. Tal vez las toxinas provocan patología cerebral de forma directa, independientemente del estrés y la vulnerabilidad emocional. Tengo poca experiencia con depresivos que consumen drogas. En su mayor parte, más adelante, ya en plena edad adulta, acuden a alguna parte en busca de cuidados, en el sector público, si es que lo buscan.

Los dos primeros caminos, interiorización y adversidad, reflejan un cuadro clínico familiar. Muchos pacientes llegan a la depresión porque la vida los ha maltratado... trauma temprano reforzado por la mala suerte en la edad adulta, parte de ella provocada por ellos mismos. Otros llegan al mismo lugar por razones menos evidentes. Lo hacen con una larga historia familiar de trastornos del ánimo y una historia personal de sensibilidad emocional. Las condiciones combinadas, historia familiar y adversidad, son sumamente corrientes.

Kendler preguntaba cómo se cruzan los caminos.

Aparentemente, la depresión es una enfermedad que se origina como respuesta al choque con acontecimientos estresantes. Sin duda eso es lo que parece según los datos de Kendler, donde (como opuesto a lo que está implícito en los hallazgos de Nueva Zelanda) unos agentes estresadores graves y repetidos provocan depresión incluso en aquellas personas con una escasa predisposición genética. Los modelos con roedores ofrecen la misma imagen. Prodúcele estrés a un ratón normal al comienzo de su desarrollo, y luego vuelve a estresarlo cuando esté en una edad madura, y te encontrarás con lo que parece un síndrome depresivo. Si aceptamos el modelo del estrés, luego querremos saber cuáles son los genes que contribuyen, cuándo provocan una depresión razonablemente directa.

Abordando esta cuestión, Kendler empezó con la idea de que la depresión es una enfermedad «provocada». En las enfermedades provocadas, cada encuentro con hechos causales y cada episodio de la enfermedad determina con mayor probabilidad posteriores episodios. En el caso de la depresión, un agente estresador puede desencadenar un primer episodio de depresión. Ese episodio dejará a un paciente más vulnerable a posteriores hechos, de manera que un nivel no tan elevado de estrés provocará recurrencia, y así sucesivamente. Los episodios ulteriores tienden a ser más completamente elaborados, con síntomas que son más numerosos, más severos y responden peor al tratamiento. Después de algunos episodios desencadenados por el estrés, la enfermedad puede empezar a iniciarse espontáneamente, en ausencia de hechos que la inciten. La provocación o «encendido» incluye una fase temprana, no aparente. Aquí, el estrés afecta al cerebro sin causar un episodio de depresión, pero, a pesar de todo, cada acontecimiento incrementa la vulnerabilidad. Estos hechos y respuestas ocultos son el encendido que precede a las llamaradas.

Estudiando a mujeres que sufrían depresión recurrente, Kendler descubrió que cada episodio hacía aumentar las probabilidades de que el posterior ataque se originara independientemente de un hecho vital estresante. Riesgo y experiencia aparecían cada vez más disociados —propensión aumentada a episodios espontáneos— hasta el noveno ataque de depresión. Los primeros ataques son los más dañinos para la futura vulnerabilidad. Al llegar al noveno episodio, la pauta ya está establecida, y episodios posteriores no aumentan el ya elevado riesgo.

Kendler quiso saber luego cómo afectan los genes al proceso de encendido. Estudiando la herencia genética, los hechos vitales estresantes y los episodios de depresión, Kendler analizó tres hipótesis: *a*) Los genes podrían simplemente aumentar las probabilidades de depresión, sin afectar al curso posterior; aquellos que poseen un riesgo heredado serían más propensos a sufrir un primer episodio... Pero entonces su propensión a una futura depresión igualaría a la de las personas que llegan al primer episodio sólo por la adversidad. *b*) Los genes podrían acelerar el curso del deterioro de la depresión, aumentando la velocidad de encendido, de modo que cada acontecimiento estresante fuera más dañino de lo normal..., digamos, como dos acontecimientos, por el daño que causa. O, *c*) los genes podrían «pre-encender» a una persona, de manera que ésta inicie la vida (o entre en la edad adulta) habiendo recorrido ya un camino hacia la recurrencia... como si se hubiera ya topado con una serie de hechos estresantes.

Los datos de Kendler apoyan la alternativa «pre-encendido». Estudiando la asociación entre hechos vitales estresantes y el desencadenamiento de episodios depresivos, la curva de aquellos que muestran un elevado riesgo genético de depresión parece el extremo de la curva de aquellos que muestran un riesgo genético bajo. La naturaleza te sitúa ya en el camino hacia la depresión. En términos de ventaja social, esta herencia es lo contrario de «haber nacido con todos los privilegios», como le ocurre a la familia Bush; los pre-encendidos han nacido una vez iniciada la pendiente resbaladiza hacia la depresión. Tu primer episodio de depresión parece biológicamente como el tercero o el cuarto de algún otro.

Según este informe, la depresión genética no es una enfermedad distinta de la depresión postraumática o basada en la adversidad. Los diferentes caminos conducen, a diferentes velocidades, al mismo desdichado lugar.

El modelo encaja perfectamente con los resultados de un debate que ha durado decenios sobre el carácter distintivo de las depresiones. En repetidas ocasiones, los investigadores han tratado de perfilar depresiones que son más «biológicas». Éstos eran los trastornos del ánimo «endógenos»; procedían del interior, sobre la base de la herencia, sin visibles desencadenantes en hechos vitales perturbadores. Los psiquiatras imaginaron que los pacientes con depresión endógena responderían mejor a la medicación. Estarían libres de los rasgos de la personalidad neurótica (aquí estamos hablando, no de ánimo inestable solamente, sino de toda la gama de comportamientos al estilo Woody Allen) que hacen que el humor sombrío parezca un estilo de vida, no una enfermedad. La idea era que la «depresión no provocada» —el tipo hereditario, endógeno— podría ser el foco original, la entidad que «causaba depresiones» pero que sólo eran imitaciones.

Esa distinción fracasó. Las depresiones exógenas, con precipitantes externos evidentes, a menudo tenían el mismo curso (en términos de duración y recurrencia) que las endógenas. Las dos variantes respondían a las mismas medicaciones. Pacientes que experimentaban depresiones causadas pasaban a experimentar episodios no causados, y viceversa.

Los investigadores cambiaron de la causa a la forma. Quizás las depresiones que *parecían* endógenas eran las reales, fuera cual fuese su vínculo con hechos vitales estresantes. Si bien los pacientes endógenos a veces tenían depresiones relacionadas con el estrés, sin embargo los episodios podían ser claros. Se decía que las depresiones endógenas estaban caracterizadas por una constante e implacable negatividad, combinada con una incapacidad duradera para imaginar placeres futuros. Los depresivos neuróticos (propensos a responder a decepciones exógenas) eran más volubles, menos estables en su desesperanza.

Pero la constancia en el ánimo resultó ser un indicador de gravedad, no un tipo de depresión. Incluso los neuróticos graves parecían rotundamente desesperados (es decir, su trastorno tenía la forma endógena) si su depresión se volvía lo bastante grave o prolongada. Más tarde, se sumaron otros factores de diagnóstico. Una serie de indicadores —sueño y apetito aumentados, en vez de reducidos— se habían revelado modestamente proféticos del tipo de antidepresivos que es útil en el tratamiento de un episodio. Pero en su esfuerzo por definir la «depresión pura» —la depresión que es más que hereditaria, que responde mejor a la medicación, que está más fuertemente relacionada con anormalidades biológicas—, las descripciones formales fallaron repetidamente en la prueba crucial de toda investigación, a saber, la confirmación en posteriores estudios.

El esfuerzo por subdividir las depresiones ha continuado hasta hace pocos años. Siempre se están poniendo sobre la mesa hallazgos prometedores y diseminados. Pero en su mayor parte, el esfuerzo por establecer categorías en la depresión ha sido un fracaso. Uno de los grandes expertos en trazar los subtipos de las depresiones tituló una monografía de despedida «Todos los caminos llevan a la depresión: clínicamente homogénea, etiológicamente (es decir, causalmente) heterogénea». De hecho, no arrojaba del todo la toalla, pero estaba bastante claro que, a una edad avanzada, este investigador llegó a ver que las semejanzas entre las depresiones, una vez que están en curso, son más importantes que las diferencias.

Según mi forma de interpretarlo, el esfuerzo llevado a cabo durante decenios para dividir las depresiones (en tipos esenciales y periféricos) con frecuencia oculta y revela a la vez un desprecio por los rasgos neuróticos de la personalidad. La enfermedad *real* debería contener menos humor, menos drama... y menos de la vida diaria, con sus humillantes pérdidas. Los verdaderos profesionales deberían distanciarse de los elementos de la neurosis, los trucos y el teatro.

Pero en el modelo de Kendler, y en opinión general de la psiquiatría, todo esto es depresión. Puede haber distinciones, como las hay en otras enfermedades. Algunos cánceres de pecho tienen origen familiar, otros son más ambientales... pero ninguno es el tumor «central» o «esencial». El concepto suena como carente de sentido con relación al cáncer... y ahora también por lo que se refiere a la depresión.

Las investigaciones de Ken Kendler sobre la genética del comportamiento proporcionan un mapa de ruta en lo que concierne al territorio de la depresión. Los resultados muestran cómo llegar a la enfermedad grave desde diferentes puntos de partida. La imagen es la de una serie de carreteras secundarias que confluyen en una autopista. Al mapa no le falta detalle. Las paradas intermedias, las tempranas depresiones menores, son visibles. Como un antiguo cartógrafo que advirtiera «Aquí hay monstruos», el investigador genético ha incluido en sus esquemas fracasos en la escuela y el trabajo, drogas, amantes infieles, divorcios y duelos.

Para un estadístico, la forma de la enfermedad es el centro de la atención. La depresión tiene una firme base biológica. Está basada en los genes y en tempranas influencias ambientales que son distintas de las psicológicas. Es progresiva, con recurrencias que la llevan a una incrementada vulnerabilidad y finalmente separación del proceso causativo externo. Al mismo tiempo, la depresión arranca de la experiencia. Hechos vitales estresantes, como un abuso sexual en la infancia, preparan el terreno para el tipo de carencia y fracaso que conduce a la enfermedad. Pérdidas humillantes desencadenan episodios depresivos. Para muchos tipos de daño, lo que cuenta es la predisposición. El entorno que conduce a la depresión es no compartido. Cuando factores del medio, como la vida familiar, desempeñan un papel, lo hacen a través de la manera en que éstos son experimentados.

La depresión es la enfermedad modelo para las interacciones gen-medio ambiente. La depresión dispara en los que la sufren el riesgo de estrés, por la manera en que la sociedad trata al que sufre cambios acentuados en su ánimo, el lunático. Pero no toda la causalidad discurre en la dirección que al principio podríamos imaginar. Los sujetos vulnerables se exponen a hechos externos nocivos, haciendo malas elecciones en casa y en el lugar de trabajo. Provocan estos hechos «dependientes» incluso entre episodios, cuando no están deprimidos. Y lo que parece una asociación fácil de comprender —neurosis que conduce a depresión— es en parte un proceso causativo paralelo, donde tanto el resultado como su aparente precursor surgen de una predisposición común.

Los hallazgos genéticos encajan con la neuroanatomía. Algunos sujetos han nacido más vulnerables, otros han adquirido esa vulnerabilidad debido a tempranas experiencias. Posteriores hechos estresantes conducen a ambas clases de depresivos hacia la misma pendiente.

No mucho después, el cerebro es ya menos resistente frente a una diversidad de agresiones.

La genética del comportamiento adopta un enfoque mecánico, estadístico, respecto a la depresión, pero los resultados de esa investigación son sorprendentemente llamativos. Si sigues con la investigación el tiempo suficiente, sus incómodos contenidos resultan muy atractivos. Experiencia no compartida, genética fuera-del-cuerpo, pérdida humillante, hechos dependientes, adversidad general, interiorización, pre-encendido. Todos cuentan historias tristes, diferentes, que se superponen. Algunas implican fragilidad innata. Algunas se convierten en crueles heridas. Algunas implican drogas y comportamientos claramente autodestructivos. Este daño produce unas vulnerabilidades muy definidas. Los deprimidos se enfrentan a un cupo aumentado de pérdidas, y estas pérdidas impactan en ellos con dureza. En ocasiones, los depresivos generan su propia mala suerte. Eligen inadecuadamente y luego sufren las consecuencias de una manera que es desconocida para el resistente. Algunos episodios de depresión, complejos e intratables, surgen sin aparente causa externa.

Esta línea de investigación dista de satisfacer nuestro deseo de que la ciencia reconozca los detalles de las alteraciones del ánimo. Al mismo tiempo, la genética del comportamiento ve una enfermedad notablemente uniforme. Si las historias vitales de los depresivos varían, también hay que reconocer que se entrecruzan y solapan. La depresión implica una distintiva vulnerabilidad al daño. Pero una vez que empieza la depresión lleva a un estado en el que la menor adversidad acaba siendo catastrófica. Entre estas adversidades está la propia depresión.

12

LA MAGNITUD

Cuando hablo a los auditorios sobre trastornos del estado de ánimo —cuando resumo el modelo de Ken Kendler o la hipótesis del estrés y el fracaso de la resistencia—, tal vez me concedan que la depresión tiene forma de enfermedad. Pero inevitablemente, alguien expresará dudas sobre la gravedad de la depresión. Contemplando la gama de las enfermedades que afligen a los seres humanos, veamos ¿cuán mala es la depresión?

Esta pregunta ha sido respondida con cierta rotundidad durante los últimos quince años. Como los dólares destinados a la salud pública son escasos, los estadísticos han trabajado para cuantificar el daño que provoca la enfermedad. Lo que hallaron sorprendió incluso a los investigadores que diseñaban los estudios principales: la depresión es la enfermedad más devastadora conocida por la humanidad. Este resultado se mantiene de manera global... tanto en el mundo en vías de desarrollo como en los países industrializados, tanto en estudios actuales como en las proyecciones de las futuras necesidades de atención sanitaria.

Cabría imaginar que las enfermedades mortales causan la mayor parte del daño. Pero los investigadores tienden a catalogar las enfermedades haciendo preguntas como: ¿cuántos días buenos roba una determinada enfermedad? Aunque hay evidentes excepciones, como el sida, la mayor parte de las enfermedades terminales no llegan en la vejez. Y pueden representar solamente un año o dos de vida perdida. Como contraste, una enfermedad crónica que empieza en la infancia o adolescencia arruinará muchos decenios.

Desde finales de los ochenta, los investigadores han recurrido a una medida estándar para valorar el peso, o responsabilidad, de la enfermedad, llamada «años de vida (del paciente) adaptados a la discapacidad». La cifra tiene en cuenta una diversidad de cálculos. Se inicia con problemas en la movilidad, el propio cuidado y las actividades cotidianas, tales como el trabajo y el estudio. Valora la disfunción cognitiva, el dolor y la incomodidad, incluyendo la grave alteración del ánimo. Estos factores contribuyen a la realización de un sumario cálculo de la gravedad de un episodio típico de la enfermedad que está bajo estudio... en este caso, la gravedad de un episodio de depresión.

Los investigadores estudian luego los datos sobre la frecuencia... ¿Cuán a menudo se presenta la enfermedad, y cuánto tiempo dura? Combinando cálculos de gravedad con cálculos de frecuencia, es posible estimar el «peso» atribuible a una enfermedad, en términos de tiempo perdido a causa de la discapacidad. Luego se suma esta cifra a los años de vida perdidos por muerte prematura. Se incluyen varios ajustes. (Un año en los primeros años de la vida adulta es valorado ligeramente por encima de un año en el período final de esa edad.) La intención es dar un número que represente la diferencia entre el estado de salud resultante de la enfermedad y una situación ideal en la que la persona viva libre de enfermedad hasta una edad avanzada.

Supongamos que, en circunstancias favorables, las mujeres viven hasta los ochenta años. Luego, consideremos a una joven que a los veinte sucumbe a una grave artritis de desencadenamiento temprano y sufre un tercio de discapacidad durante los siguientes sesenta años. Su peso, o carga, de enfermedad es haber perdido veinte años buenos... aproximadamente lo mismo que la pérdida sufrida por una mujer que muere repentinamente a los sesenta, habiendo gozado de buena salud hasta entonces. Como valoramos más los primeros años, el cálculo final valorará la enfermedad incapacitante como ligeramente más invalidante, en el transcurso de una vida, que la muerte prematura. Los investigadores cotejan los resultados de esta clase con las preferencias reales de la persona: ¿qué destino preferiría usted? Los primeros datos sobre esta cuestión vinieron de los expertos de la atención sanitaria, casi ninguno de ellos psiquiatras; los estudios actuales plantean las preguntas a pacientes y al público en general.

Grupos de investigación repartidos por todo el mundo han emprendido la misma tarea utilizando diferentes suposiciones y métodos de ponderación. Los resultados de estos análisis son parecidos. Diferentes suposiciones conducen a una sola conclusión: ni el sida, ni el cáncer de pecho, sino la depresión es el mayor azote de la humanidad.

El más extenso estudio del peso global de la enfermedad es el llevado a cabo por la Organización Mundial de la Salud, el Banco Mundial y la Harvard School of Public Health. El estudio fue enorme. Sus resultados empezaron a aparecer en 1996, en volúmenes de casi un millar de páginas cada uno; seis de los diez proyectados han sido ya publicados. Los hallazgos son citados con frecuencia en el sentido de que, para el año 2020, la depresión será la segunda dolencia, sólo por detrás de las enfermedades isquémicas del corazón —estrechamiento de los vasos sanguíneos y problemas cardíacos relacionados—, en términos de discapacitación.

Por asombroso que resulte, el cálculo de 2020 sirve para enmascarar la actual realidad. A partir de 1990 (el año del que se analizaban los datos), las enfermedades que se situaban por delante de la depresión eran aquellas que roban años matando a niños... infecciones respiratorias, diarrea, y las enfermedades de la infancia temprana. Estas dolencias se agrupan —es decir, representan no una sola enfermedad, sino muchas— mientras que la depresión grave se alza sola, independiente del trastorno bipolar (psicosis maníaco depresiva), las depresiones menores y el alcoholismo.

Entre las enfermedades crónicas de la edad adulta, la depresión era (en 1990) ya la más onerosa, y no por un margen pequeño. La depresión grave constituía casi el 20 por ciento de todos los años de vida adaptada a la discapacidad perdidos para las mujeres en los países desarrollados... más de tres veces el peso impuesto por la siguiente enfermedad deteriorante. La historia era parecida en las regiones en desarrollo: la depresión seguía siendo la cuarta enfermedad más gravosa (después de las afecciones que afectan a los muy jóvenes) y la más discapacitante para ambos sexos en edades comprendidas entre los quince y los cuarenta y cuatro años. En las proyecciones para 2020, la depresión pasa a ser la única enfermedad más discapacitante por sí sola en las regiones desarrolladas.

Estos hallazgos pueden sorprender, pero resisten la prueba de las evidencias. De hecho, los datos del peso global de la enfermedad mental fueron calculados conservadoramente; tal vez infravaloran tanto la pérdida de vida debido al suicidio en la depresión como el daño indirecto que la depresión causa cuando se complica con otras enfermedades, tales como la diabetes o la apoplejía. El estudio consideraba sólo los episodios de depresión agudos declarados; quedaban excluidos los períodos de síntomas residuales. Un cálculo prudente establecerá probablemente en decenas de millones los años de vida perdidos anualmente debido a la depresión.

Hay motivos asimismo para la preocupación en el otro sentido. La medida de años de vida de adaptación a la discapacidad es necesariamente inexacta. Con todo, resulta impresionante cuando internistas, cirujanos y funcionarios de la sanidad pública llegan a la conclusión de que la depresión es la dolencia que más daño causa a los pacientes. Y los números son abrumadores. Aun reduciendo a la mitad los cálculos, la depresión sigue causando mucha más discapacidad que el asma y la diabetes combinadas. Se hagan los ajustes que se hagan, el resultado es el mismo. La depresión no tiene rival como enfermedad discapacitante.

El impacto de la depresión en estos estudios no sólo es una cuestión de frecuencia... de cuán corriente es la depresión. Los datos dan lugar a un cálculo aproximado de la discapacidad causada por un caso de enfermedad, en este caso, un episodio de depresión. Hay siete categorías de gravedad. El episodio depresivo se encuentra en el segundo grupo, cerca de la cima. La clasificación superior, el grupo más grave, incluye enfermedades como la demencia y la tetraplejia.

Un estudio en curso está actualizando los datos del peso global de la enfermedad mental. Mientras, medidas indirectas apoyan los hallazgos originales. En los estudios sobre los días perdidos en el trabajo, la depresión figura generalmente en cabeza, al igual que lo está en las estimaciones de los años de vida adaptados a la discapacidad. Y las observaciones de los trabajadores aquí y ahora, en la mitad de su vida laboral, subestiman el impacto del trastorno del ánimo. Sin la depresión, esos trabajadores estarían en empleos más productivos.

Las estimaciones sitúan el coste anual de la depresión en las empresas estadounidenses en más de cuarenta mil millones de dólares. Cuarenta mil millones de dólares es el 3 por ciento del producto nacional bruto. Si tenemos en cuenta las pérdidas de productividad, la depresión es mucho más cara que cualquier otra enfermedad. Resulta más onerosa que la enfermedad cardíaca considerada como una categoría simple. Lo es más que muchos cánceres, agrupados como una sola enfermedad.

Más allá del absentismo, la depresión juega un papel importante en lo que los especialistas del empleo llaman «presentismo», es decir, una participación inferior a la normal en el trabajo, como resultado del deterioro sufrido en la concentración, la memoria y la energía. Cuando se presentan, los trabajadores con depresión grave tienen una probabilidad seis veces superior de rendir por debajo de sus posibilidades que los trabajadores sin depresión. Muestreos detallados del rendimiento en la empresa sugieren que estar deprimido en el trabajo es equivalente a estar de baja por enfermedad un día o más cada semana; en comparación, la artritis, el asma y el dolor de cabeza no tenían semejante efecto.

La depresión provoca costes adicionales. Hace perder días no sólo a los pacientes sino también a los parientes que los cuidan.

Y en gran parte, los costes aparentes de otras enfermedades crónicas son en definitiva costes de la depresión. Si se mira qué pacientes artríticos están más discapacitados en el trabajo, no son aquellos que sufren el mayor deterioro físico en las articulaciones, sino los que tienen artritis complicada con una depresión. Se han encontrado resultados parecidos en varias enfermedades, desde la hipertensión a la migraña. La combinación de diabetes y depresión es especialmente corriente y especialmente incapacitante. Estos más sutiles o indirectos costes no están incluidos en las estimaciones estándar de los efectos económicos de la depresión y su tendencia a incapacitar... Son daños colaterales.

Por lo que se refiere al daño que causa, la depresión tiene una cualidad de «tormenta ideal». Es de lo más corriente. Los mejores estudios muestra que más de un 16 por ciento de los norteamericanos sufren depresión grave en el transcurso de su vida. En un año determinado, entre un 6 y un 7 por ciento de norteamericanos sufre depresión grave, aproximadamente el mismo porcentaje que sufre diabetes.

La mayor parte de dolencias crónicas, como la artritis y la hipertensión, se desencadenan en la madurez, a los cuarenta o comienzos de los cincuenta. Las enfermedades cardíacas y apoplejías aparecen normalmente más tarde. La depresión ejerce sus primeros efectos muy pronto... y luego persiste, o se vuelve recurrente. Entre la mitad y las dos terceras partes de personas que han estado alguna vez deprimidas estarán deprimidas cuando se las entreviste en el futuro. Y la depresión abarca todo el ciclo de vida.

La depresión a menudo se inicia en la adolescencia. Un estudio reciente se centró en niños entre los doce y los diecisiete años, una etapa de la vida en que las enfermedades son poco frecuentes. En los anteriores seis meses, más de un 7 por ciento de chicos y casi un 14 por ciento de muchachas habían cumplido plenamente los criterios de una depresión grave.

Parte del daño causado por la depresión en los adolescentes es inmediato. El suicidio es la tercera causa de muerte entre los adolescentes norteamericanos, después de los accidentes y los homicidios, y muchos de los suicidios tienen su origen en la depresión.

La depresión interfiere en todos los aspectos de la vida de un joven. Se vincula a un fracaso en los estudios superiores, con no llegar a la universidad, y con el fracaso tras acabar la carrera. Los adolescentes que han tenido depresión muestran deterioro en la expresión verbal y en el funcionamiento social, que persiste después de que el episodio remita. La depresión hace disminuir las probabilidades de usar anticonceptivos y, por tanto, incrementa las probabilidades de embarazo en las adolescentes. Y predice un matrimonio adolescente y un temprano divorcio.

La depresión en la adolescencia proyecta su sombra en el futuro. Un estudio halló que casi el 8 por ciento de los adolescentes deprimidos se suicidan en los primeros diez o quince años de su vida adulta. Los deprimidos en sus años adolescentes son más propensos a fracasar en su carrera profesional y a aparecer en las listas del paro. La depresión en los adolescentes guarda una relación con elevados índices de hospitalización en los años adultos, tanto por razones psiquiátricas como médicas. Un estudio (hasta ahora no publicado) descubrió que sólo un simple diagnóstico de depresión en la adolescencia confería un incremento del riesgo de enfermedad cardíaca durante la vida.

Estos datos relacionados con los costes de las enfermedades —a menudo basados en entrevistas únicas en el lugar de trabajo o en correlaciones entre nóminas y registros de seguros— confirman los hallazgos sobre genética del comportamiento, que surgen de la evaluación de individuos a lo largo de decenios. De cualquier manera que se enfoque el tema —estudios sobre gemelos, estudios del empleo, estudios de salud pública—, la depresión aparece como la causa de extraordinarios niveles de dolor y discapacidad.

¡La enfermedad más incapacitante! ¡La que cuesta más dinero! Los estudios de salud pública subrayan la brecha que hay entre lo que sabemos y lo que opinamos sobre la depresión. Al leer un espectacular titular en la prensa —un titular, digamos, en el sentido de que sólo el 15 por ciento de los pacientes depresivos reciben atención apropiada— podemos pensar, bueno, «depresivos», «apropiada», todo depende. Pero ¿en qué medida puede depender? La magnitud del daño que causa la depresión es inimaginable; descontemos el 50 por ciento, y la depresión sigue estando a la cabeza de la lista.

Los estudios que se concentran en el coste y la baja productividad cuentan sólo una parte de la historia. Estos enfoques ignoran o minimizan los efectos de la depresión en la última etapa de la vida, después de la edad convencional de jubilación. En la vejez, la depresión se convierte en un claro factor de riesgo para el acortamiento de la vida, no a través del suicidio, sino de la mala salud habitual.

El estudio más cuidadosamente controlado de muerte y depresión realizado en ancianos procede de los datos reunidos al investigar las enfermedades cardíacas. Los investigadores evaluaron a más de 5.000 hombres y mujeres de sesenta y cinco y más años de edad en cuatro comunidades a lo largo de un período de seis años. Aquellos que mostraban elevados índices de depresión resultaron ser un 40 por ciento más propensos a morir que los que tenían bajos niveles de depresión.

Los investigadores estudiaron luego los habituales factores determinantes de la mortalidad: clase social, factores de riesgo sanitario (como el fumar), y otras enfermedades simultáneas, así como indicadores leves de problemas cardíacos, por debajo del umbral de la enfermedad manifiesta. La pobreza puede actuar como un factor estresante; los problemas cardíacos pueden disminuir la energía o el ánimo. Pero después de controlar estas variables, la depresión seguía apareciendo independientemente como responsable del 24 por ciento de incremento en las muertes... de causas como ataque al corazón y neumonía. Este incremento sitúa la depresión como factor de riesgo para la muerte del anciano al mismo nivel que la tensión sanguínea elevada, el fumar, el derrame cerebral y la insuficiencia cardíaca congestiva.

Imagínense: ¡un estudio cardíaco que encuentra la depresión tan mortal como la insuficiencia cardíaca congestiva! Menciono esta investigación porque sus análisis estadísticos son muy meticulosos. Estudios no tan bien elaborados sugieren que, durante toda la vida, la depresión puede doblar o triplicar el índice de mortalidad. Sólo una pequeña minoría de estas muertes suplementarias son suicidios.

Nadie está seguro de cómo acorta la vida la depresión. La depresión induce a malas conductas sanitarias a través de la apatía... Ese problema puede ser el responsable de los elevados índices de mortalidad hallados en estudios llevados a cabo sin tanta minuciosidad. Los mejores estudios usan un control estadístico del comportamiento debido a la mala salud —lo dejan aparte— y sin embargo descubren que la depresión mata. Los depresivos muestran anomalías en la regulación de las hormonas, el funcionamiento de los vasos sanguíneos y el corazón, y las respuestas inmunológicas a la infección. La diabetes desencadenada en el adulto tiene lugar más frecuentemente en los deprimidos. Una parte de la investigación sugiere que los tumores pueden crecer más deprisa en presencia de una depresión, y que, en los pacientes de cáncer, la existencia de depresión en el momento del diagnóstico empeora el pronóstico de malignidad.

Aunque no acarreara ninguna de las consecuencias incapacitantes analizadas en los estudios internacionales sobre la salud pública, aunque no tuviera efectos en la educación y el trabajo y el matrimonio y el ser buenos padres, aunque nunca se tradujera en suicidio, ni causara sufrimiento diario, y fuera tan invisible como una elevada tensión sanguínea, no obstante la depresión seguiría ocupando su lugar entre un brutal y minoritario grupo de enfermedades crónicas, las que actúan en todo el cuerpo y a lo largo de todo el ciclo de vida, para llevar a una muerte temprana. Pero, por supuesto, la depresión provoca daño a todos los niveles. Los estudios de salud pública efectuados durante la última década han determinado otro cambio en nuestra interpretación de *lo que es* la depresión. La depresión es una enfermedad de extraordinaria magnitud... una de las más devastadoras dolencias que sufren los seres humanos.

13

EL ALCANCE

*Monstruosa en su caso extremo, sin duda. Pero todo el mundo tie-
ne una depre. La depresión está muy extendida; afecta a mucha gente.*

Hoy en día, a esta frase deberíamos darle la vuelta. En efecto,
hace un centenar de años, cuando el modelo psicoanalítico estaba en
ascenso, era posible decir que todos tenemos conflictos internos, y la
melancolía es solamente un signo de los especialmente intensos. Según este concepto, el trastorno del estado de ánimo es una exagera-
ción de una situación normal.

Una vez que la depresión está entre las enfermedades corrientes,
tenemos que interpretarla en el sentido contrario. Es como la tensión
sanguínea o el colesterol en sangre: como las lecturas elevadas se consideran peligrosas, la pregunta importante es a qué nivel (inferior)
hay riesgo. Consideradas solas, las versiones de bajo nivel de la mayor
parte de enfermedades del espectro —pensemos nuevamente en la artritis o el asma— podrían aparecer apenas merecedoras de nuestra
atención; es a la luz de los casos graves cuando las manifestaciones pequeñas se ganan su clasificación como patología.

En cualquier caso, me pregunto si la idea de su extensión no es
exagerada cuando se trata del trastorno del ánimo. El vacío, la parálisis y el terror de la depresión tienen sólo una modesta relación con la
tristeza de la vida cotidiana. Por eso un memorialista como William
Styron puede pasarse durante todo un libro maravillándose de la inefable cualidad de su sufrimiento, diferente en calidad de todo lo que
había encontrado en su vida.

Como el tema de la salud es distinto al de la depresión —porque el hecho está limitado en su extensión—, la manera más útil de explorar su extensión es empezar con la depresión grave y proceder hacia afecciones menos graves, prestando atención en cada fase al daño que la depresión menor represente o provoque.

La definición estándar de depresión se construye en torno al episodio de depresión grave. Los episodios se identifican por los síntomas. Hay nueve de ellos: ánimo deprimido, problemas para experimentar placer, bajo nivel de energía, sueño alterado, apetito disminuido o aumentado, agitación o ralentización mental y física, sentimientos de inutilidad o de culpa, dificultad para la concentración e impulsos suicidas. Para considerarlo un episodio de depresión grave, hace falta que se cumplan al menos cinco de esos síntomas, incluyendo uno de los dos primeros, tristeza o falta de energía. Los síntomas tienen que haber durado dos semanas. Deben ser lo bastante importantes para provocar angustia o deteriorar el funcionamiento... es decir, tienen que ser al menos de moderada gravedad. (Hay más matices: por ejemplo, la pérdida no circunstancialmente traumática de un ser querido no cuenta, incluso si la tristeza dura dos semanas e implica cinco síntomas.) En general, si uno tiene un episodio depresivo, satisface los requisitos para el diagnóstico de uno u otro subtipo de depresión.

Esta clase de definición operativa, progresivamente refinada, ha sido de uso general durante unos veinticinco años. Su efecto ha sido revolucionario.

A mediados del siglo pasado, la mayoría de las formas de depresión, grave y leve, fueron agrupadas en una categoría general, la «neurosis depresiva». En ella figuraban los pacientes inmovilizados por lo que hoy sería calificado de un episodio grave. Pero los pacientes en tratamiento psicoanalítico razonablemente sanos también eran incluidos si entre sus dolencias figuraba el humor inestable más que la ansiedad.

Esta variedad no era muy problemática en unos días en que, para una amplia gama de afecciones, había sólo un tratamiento: la psicoterapia. Pero para la investigación, la categoría era inútil. Como grupos de médicos discrepaban sobre la naturaleza y los límites de la enfermedad, los pacientes definidos como neuróticamente deprimidos de la ciudad de Nueva York, donde el psicoanálisis estaba de moda, guardaban escaso parecido con los pacientes neuróticamente deprimidos de St. Louis, donde prevalecía la psiquiatría modelo médico, con base hospitalaria. No podías, razonablemente, probar un remedio para la neurosis depresiva y esperar que el resultado fuera el mismo en ambos lugares.

Cuantificando la angustia, en función del tipo, número, gravedad y duración de los síntomas, los médicos fueron capaces de identificar un grupo suficientemente uniforme para los objetivos de la investigación. Los diagnósticos fueron mucho más fiables —es decir, más estables y reproducibles— que los diagnósticos basados en anteriores y más vagas definiciones. Una persona diagnosticada de depresiva *aquí* sería diagnosticada de depresiva *allí*. Alguien diagnosticado como deprimido *entonces* sería probablemente diagnosticado como deprimido *ahora* y en el futuro.

Es imposible exagerar la influencia o el éxito de la definición operativa. Ha sido un instrumento científico más importante que la tomografía por emisión de positrones. Casi todos los resultados de la investigación que estudia la depresión en los seres humanos se refiere a personas que llevan al menos dos semanas sufriendo cinco síntomas de moderada gravedad. La alteración de la neuroanatomía, el riesgo genético, el exceso de discapacidad... todo esto son riesgos de depresión grave, definida operativamente.

La definición operativa de depresión tuvo su éxito inicial por la correspondencia con las impresiones de los médicos, la impresión de si había «caso» o no. Los criterios establecidos se basaban en los rasgos que los psiquiatras habían decidido que correspondían a unos enfermos. La mayoría de las personas que cumplían los requisitos se encontraban dentro de los límites; habían quedado profundamente incapacitados en repetidas ocasiones, cada vez durante meses. Si les pides a los pacientes o a los médicos que clasifiquen los síntomas y el deterioro funcional de muy suave a muy severo, descubrirás que la mayor parte de los pacientes que satisfacen los criterios mínimos de la depresión son los situados en el extremo severo de la gama. En su mayor parte, la depresión, definida operativamente, es enfermedad grave.

Pero hay excepciones. Imaginemos que frente a unas pérdidas terribles te pasas dos semanas luchando con un sueño alterado, escaso apetito, baja energía, concentración alterada y ánimo sombrío. Pero la idea de suicidio nunca cruza por tu cabeza. Pese a tu desgracia, te mantienes optimista. Hallas consuelo en las atenciones de tu esposa. Conservas la curiosidad sobre los progresos de tus hijos, quieres vivir hasta una edad avanzada para ver cómo evoluciona su historia. Has pasado ya por crisis semejantes en el pasado. El hecho de que ésta sea más profunda y más duradera no te hace tambalear. ¿Por qué no va a abrumarte la tristeza? Hay motivos suficientes.

Estamos al alba del día decimoquinto. ¿Estás deprimido?

Aquí, la respuesta podría depender de cómo evolucionaras. Imagina que a la mañana siguiente te despiertas recuperado... Si no todavía lleno de vigor, sí al menos revivido y dispuesto a enfrentarte con el mundo. Y te sigues manteniendo optimista, pese a la persistencia de la adversidad. Quizás entonces no querríamos llamarte deprimido... Resistente, más bien. Si después no vuelves a experimentar jamás en tu vida otro día de ánimo alterado, nos sentiremos poco inclinados a decir que habías estado enfermo alguna vez.

En tu caso, cumplir los criterios del diagnóstico no sirvió. No tuviste la enfermedad.

Este problema tiene poca importancia clínica. Una persona temperamentalmente optimista enfrentada con un evidente desafío no es probable que vaya en busca de cuidado psiquiátrico dentro de las dos primeras semanas, incluso aunque sufra un moderado trastorno psíquico. En veinte años de consulta, nunca he visto a un paciente nuevo que se queje con tan sólo dos semanas de síntomas depresivos moderados. Si dicho paciente viniera a consultarme, yo podría aguardar acontecimientos, extender el período de evaluación. Si la desesperanza desaparecía, yo podría pensar que el episodio era de alcance limitado. Lo más probable es que me dijera a mí mismo: «Ese paciente nunca estuvo realmente deprimido.»

Este pequeño fallo —un ejemplo de cuando la persona cumple los criterios pero no es calificable como paciente— ayuda a revelar la naturaleza dual de la definición operativa. Una razón por la que el enfoque de «menú chino» del diagnóstico (uno de la columna uno, cuatro de la columna dos) suele funcionar es que el escenario que hemos considerado es poco corriente. La verdad, es poco probable que si estás deprimido durante dos semanas enteras, te despiertes recuperado el día quince, o vivas una vida libre de trastorno del ánimo. Dado un determinado nivel de trastorno psíquico, una persona se encuentra en peligro de pillar la enfermedad para toda la vida. Aquí, el término «depresión» se aplica desde el punto de vista del pronóstico. El diagnóstico tiene validez predictiva.

El período de depresión de dos semanas *es* enfermedad, porque, si no se trata, tiende a derivar en un trastorno del ánimo muy considerable... en el sentido de que una tensión sanguínea moderadamente elevada es una enfermedad porque predice ataques al corazón y apoplejías. Si tienes una tensión sanguínea elevada durante tres años y luego te pilla un coche y te mata, un amigo se sentiría justificado de decir que jamás habías estado enfermo un solo día en tu vida. ¿Tenías una «afección médica»? Ateniéndonos a lo que los médicos tratan, sí la tenías. Pero también tiene sentido decir que llamar enfermedad a la tensión sanguínea elevada es confundir la amenaza con la enfermedad en sí.

Muchas afecciones médicas tienen este segundo aspecto. El dolor de pecho, si tiene su origen en el corazón, es a la vez un síntoma —doloroso e incapacitante por sí mismo— y un indicador de grave enfermedad cardíaca. No puedes descartar siquiera la angina bastante leve, porque representa un riesgo.

Al igual que la angina, la depresión temprana es a la vez enfermedad y factor de riesgo. Si estás deprimido durante dos semanas, lo más probable es que sigas cumpliendo los criterios durante al menos cuatro meses, y seguramente nueve meses o un año. La mayoría de las personas que cumplen los criterios mínimos sufrirán entonces recaídas del síndrome completo o experimentarán síntomas continuamente.

En realidad, el episodio de dos semanas también «predice» el pasado. Predice que los investigadores descubrirán que tienes un historial familiar de depresión, y una predisposición genética (a juzgar por el estado de tu gemelo), y recuerdos de una infancia difícil. Predice que parecerás vulnerable de diversas maneras, que tienes un síndrome poco definido, que se extiende más allá de los cinco síntomas recientes y más allá del último episodio.

Nuestra interpretación del pronóstico deriva de la investigación diacrónica... o sea, la observación de los pacientes a lo largo del tiempo. Un estudio así, financiado por el Instituto Nacional de la Salud Mental, se inició a finales de los setenta. Estudió a más de 500 pacientes identificados como deprimidos cuando acudieron en busca de tratamiento a uno de entre cinco determinados centros médicos. El trabajo posterior fue «tarea de campo»... los investigadores siguieron a los pacientes mientras éstos recibían, o (en su mayor parte) dejaban de recibir, tratamiento.

La depresión es una afección tenaz. Dos años después del episodio inicial, el 20 por ciento de los pacientes aún no se había recuperado. Al cabo de diez años, el 7 por ciento seguía deprimido. A los quince años, el 6 por ciento. Y éstos no eran pacientes especialmente resistentes al tratamiento. Unos pocos habían recibido un adecuado tratamiento a base de medicación o psicoterapia antes de pasar a formar parte del estudio. La mitad de los que seguían estando deprimidos continuaban sin recibir casi ningún tratamiento.

Cuando se recuperaba, la inmensa mayoría de los pacientes experimentaba posteriores episodios: el 40 por ciento a los dos años, el 60 por ciento a los cinco años, el 75 por ciento a los diez años y un 87 por ciento a los quince años. En cada recaída, el tiempo de recuperación se alargaba y el tiempo hasta la siguiente recaída se acortaba. Después de un segundo episodio, la tasa de recaída a los dos años era de un 75 por ciento. Tras un quinto episodio, la tasa de recaída de seis meses era de un 30 por ciento. A cada reaparición, aproximadamente un 10 por ciento de los pacientes continuaban deprimidos permanentemente durante cinco años.

Estos hallazgos dan testimonio del escaso tratamiento que recibe la depresión. En los años ochenta, sólo un 3 por ciento de los deprimidos durante seis meses había recibido siquiera una dosis completa, un tratamiento de cuatro semanas de antidepresivos. Los resultados también indican las limitaciones del tratamiento y el carácter persistente de la enfermedad.

Diagnóstico es pronóstico. Los criterios habían identificado a pacientes con una afección grave, prolongada, recurrente. Si acaso, parecía como si los investigadores hubieran puesto el listón demasiado alto. Al reducir su atención a unos sujetos con cinco síntomas moderadamente severos, los médicos podrían estar pasando por alto a personas con niveles considerables de riesgo e incapacidad.

En función de cómo tratan los psiquiatras la depresión, el principal efecto de los hallazgos de la investigación fue subrayar la importancia de la remisión completa —o sea, la eliminación de todos los síntomas— como objetivo.

En el apogeo del psicoanálisis, los terapeutas se sentían satisfechos de acabar con un episodio de depresión... esto si concedían a esa tarea la más mínima importancia. La terapia tenía unos objetivos más fundamentales. El cambio de carácter era el patrón oro. Sin un cambio de carácter, una persona no es todavía dueño de sus demonios, y por tanto un resto de melancolía es perfectamente natural. Teorías bastante convencionales sostenían que algunos pacientes deprimidos no estaban bastante deprimidos... Este concepto de moderada depresión surgía de no saber comprender cuán profundamente discurría esa crisis moral. Pero incluso los psicoterapeutas pragmáticos se sentían satisfechos de ver a un paciente alzarse desde la abierta depresión hasta un pesimismo y una desconfianza en ellos mismos de tipo moderado.

Los farmacólogos tenían normas parecidas. De un paciente que, con la medicación, reducía a la mitad su carga de síntomas, se consideraba que había respondido al tratamiento. En general, tales pacientes ya no cumplían la definición de la depresión mayor como episódica. Técnicamente, se habían recuperado, con tal que tuvieran ahora, digamos, tres síntomas en vez de cinco.

Pero en la pasada década, se hizo evidente que los pacientes con síntomas residuales sufren recaídas más pronto y más a menudo que los pacientes que se convierten totalmente en «ellos mismos otra vez». Los hallazgos del estudio del Instituto Nacional de la Salud Mental fueron desoladores. Los investigadores estudiaban sujetos cuya depresión había remitido hasta el punto de que tenían sólo uno o dos síntomas leves. Incluso ese aparentemente trivial grado de depresión dejaba a los sujetos en situación de riesgo. Los pacientes con síntomas residuales mínimos eran un 30 por ciento más propensos a recaer en la depresión grave que los pacientes que, tras su recuperación, quedaban libres de síntomas. Los pacientes con síntomas residuales recaían en un episodio de depresión grave tres veces más deprisa que los pacientes sin síntomas residuales. Y en cuanto a los pacientes con uno o dos síntomas residuales, los síntomas adicionales empezaban a acumularse casi inmediatamente. Estos pacientes —a diferencia de los que se habían recuperado y estaban completamente libres de síntomas— se deslizaban nuevamente hacia la depresión en cuanto el episodio anterior se declaraba finalizado.

Estos hallazgos pillaron por sorpresa a los expertos en diagnósticos irrefutables. En 1991, unos años después de iniciarse el estudio del INSM, un grupo de consenso había propuesto una definición de recuperación de la depresión que tenía en cuenta la persistencia de un grado moderado de la sintomatología. Esa definición era errónea. Incluso una modesta alteración del sueño, y el apetito, por ejemplo, indica una verdadera probabilidad aumentada de futuros episodios y todo lo que éstos implican en términos de daño. A finales de los noventa, se había hecho evidente que la recuperación acompañada de liberación de síntomas es el objetivo en el tratamiento de la depresión.

En un intento de describir lo que ocurre en la naturaleza, la psiquiatría ha definido algunos trastornos depresivos como menos agudos, menos prolongados o más suaves. Regresaremos ahora a estas depresiones de bajo nivel; también ellas provocan considerable discapacidad. Una vez que se tomaron en cuenta las depresiones menores, se hacía inevitable otra conclusión: la depresión tiende a hacerse crónica. Incluso entre pacientes completamente recuperados, sólo una tercera parte de ellos se mantenía libre de depresión diez años después. Si tomabas un primer episodio de depresión y luego mirabas nueve años más adelante, el paciente típico habría sufrido una u otra forma de depresión durante la mitad de las semanas en ese intervalo. Empezando con un segundo episodio, los pacientes mostraban síntomas importantes más de la mitad de las semanas, en cualquier intervalo de tiempo que los investigadores decidieran estudiar.

Los pacientes que sufren episodios depresivos son propensos a las depresiones leves. Estos pacientes pueden experimentar síntomas crónicos, de bajo nivel, que moldean lo que parece un estilo de la personalidad mórbido. Los episodios depresivos sirven como indicadores de un curso creciente y a la vez menguante en su intensidad del trastorno del ánimo.

Incluso esta descripción del curso de la depresión topa con demasiados límites. Las biografías de los depresivos llevan a los investigadores a hacerse preguntas sobre los intervalos de los síntomas menores. ¿Cuán característico es realmente el episodio depresivo? ¿Cuán leves son las depresiones leves? ¿Cuál es el futuro de un paciente que ha soportado algo tan tremendo como el curso de una depresión sin manifestar cinco síntomas moderados durante dos semanas?

Ken Kendler, el genetista del comportamiento, estudió el episodio depresivo. Resulta que los criterios de depresión grave son arbitrarios en todos los sentidos. A pacientes que tienen sólo cuatro síntomas moderadamente severos de depresión durante dos semanas no les va muy bien más adelante. Sufrir cinco síntomas moderadamente incapacitantes durante diez días da un mal pronóstico. Y cinco síntomas suaves, soportados durante dos semanas, predicen también riesgo importante. Cada criterio —número, severidad y duración de los síntomas— forma parte de un continuo de riesgo. El suicidio, el trabajo y los problemas sociales, una futura depresión completa, la depresión de tu gemelo... todas estas desgracias son sólo algo menos frecuentes en las personas que pasan por estados episódicos que bordean la depresión. En realidad, según los datos de Kendler, la depresión grave (un episodio completo de cinco síntomas) es tan corriente en aquellos que un año antes habían informado de tres o cuatro síntomas como en los que habían comunicado un total de cinco.

Tampoco ayuda el ampliar los criterios. Los investigadores han tratado de hallar un núcleo sólido, la verdadera enfermedad, la depresión, añadiendo requisitos a aquellos que definen un episodio grave. Si se considera sólo a los pacientes que tienen también ideas suicidas activas, por ejemplo, se pasa por alto a muchos que progresan hasta desenlaces bastante graves, desde acciones autodestructivas hasta hospitalizaciones por enfermedad mental... y el grupo (aparentemente) suicida sigue albergando algunos pacientes que han seguido un curso posterior benigno.

Dentro de una amplia gama de gravedad, se puede expandir o contraer los criterios como a uno le guste, y aun así uno no conseguirá agrupar a todas, y sólo a aquellas, personas que según una razonable interpretación están gravemente deprimidas. La depresión es continua, a la manera de la tensión sanguínea elevada. Menos depresión es mejor, y más es peor, en función de la discapacidad y riesgo futuro; pero por todas partes aparecen mezclados casos de buen y mal desenlace.

Estos resultados dejan a los investigadores a la espera de un test que demuestre que hay indicadores biológicos que se correlacionen directamente con un daño progresivo al cerebro. Un test válido podría mostrar que un caso que sintomáticamente parece una depresión menor o residual forma parte de un proceso fisiológico que está erosionando el hipocampo, poniendo en peligro al corazón, y así sucesivamente. En otro caso, la prueba podía mostrar que lo que parece un episodio completo tendrá probables consecuencias residuales en una persona especialmente resistente. Con frecuencia, en medicina, esperamos estos indicadores más válidos... podríamos llegar a saber qué personas pueden vivir seguras con una elevada tensión sanguínea en ausencia de tratamiento.

Por ahora, todo enfoque práctico de la enfermedad depresiva se basará en definiciones operativas de afecciones aparentemente continuas. Dos semanas de cinco síntomas depresivos moderados se correlacionan con anomalías cerebrales, peligro para la salud en general y acentuada discapacidad. Lo que parece una depresión de bajo nivel es a menudo una fase de la depresión grave o un factor de riesgo de ella. Y la depresión de bajo nivel tiene sus propios riesgos.

Para los clínicos, tanto en la asistencia sanitaria mental como en la práctica médica general, la definición estándar de depresión ha sido problemática desde el principio. La mayor parte de las personas que se quejan de desesperanza y falta de energía no llega a ser diagnosticada, incluso aunque su malestar sea importante. Estos desesperados-pero-no-deprimidos pacientes son los que más gastos generan al sistema médico. Aparecen en las consultas de los médicos con quejas físicas que son caras de atender... y que resultan tener su origen en un trastorno leve del ánimo.

Por eso los profesionales decidieron, con algunas reticencias, poner a prueba los criterios para el diagnóstico de estos trastornos menos severos. La investigación identificó grupos de síntomas que forman un halo alrededor de la depresión. Los psiquiatras dieron a estos síndromes nombres como *distimia* (que se refiere a un ánimo abatido de larga duración), *depresión leve* (como la grave, pero con menos síntomas) y *depresión breve recurrente* (episodios repetidos de máxima intensidad, ninguno de ellos de dos semanas de duración).

Como incluso estos diagnósticos pasan por alto a un gran número de pacientes que preocupaban a sus médicos, los psiquiatras empezaron a investigar sujetos con afecciones bastante limitadas. Estas personas tenían dos síntomas durante (al menos) dos semanas pero no se quejaban de ánimo deprimido o de incapacidad para experimentar placer. Podrían, por ejemplo, hablar de ideas de muerte y expresar sentimientos de inutilidad en el transcurso de una entrevista: «No sé lo que ha ido mal estos dos últimos meses. He llegado a creer que nunca he servido para nada y nunca serviré. Pienso continuamente en tirarme bajo un coche. Desde luego, aún me gusta pasar un rato en el hipódromo. Si mi caballo gana, siento buenas sensaciones. Y sin embargo, ojalá me pasara algo a mí, algo que acabara con todo. Ya no soy útil para nadie.» Incluso aunque una persona así mantenga las pautas normales de sueño y comida, incluso aunque estén ausentes todos los demás signos y síntomas de la depresión, su afección es peligrosa y debilitante.

Esta variante depresiva menos sustancial —sólo dos síntomas— fue llamada depresión sintomática subsindromática. Esta difícil palabra, *subsindromática*, revela la convicción de los investigadores de que un deterioro tan limitado necesariamente carece de forma... pero ¿entonces qué está pintando la palabra *depresión* en esta frase? ¿Es enfermedad o no? Tanto el nombre como el concepto despertaron risitas disimuladas cuando fueron propuestos a mediados de los años noventa.

Cuando tiene lugar en el curso de una depresión profunda, la depresión de bajo nivel es evidentemente un elemento de una enfermedad crónica. La depresión de bajo nivel puede preceder a la depresión grave (en cuyo caso es llamada *prodrómica*), puede seguirla inmediatamente (como enfermedad residual), o puede aparecer tardíamente, como una recaída leve. Estos ejemplos de depresión forman parte de un único cuadro. Pero ¿qué importancia tienen por sí mismas las depresiones de bajo nivel? ¿Son simplemente accidentes, en el transcurso de una vida saludable? ¿O parecen trastornos del estado de ánimo por el daño que predicen?

Resulta que, en todos los sentidos, las depresiones de bajo nivel parecen formas atenuadas de depresión mayor. La biología de las depresiones graves y leves forma un continuo. Por ejemplo, al dormirse, el tiempo que se tarda en entrar en la fase de rápido movimiento de los ojos, o fase REM, se reduce sustancialmente en la depresión grave; se reduce sólo un poco en las depresiones de bajo nivel. Las depresiones de bajo nivel se agrupan en familias donde predomina la depresión grave. Las depresiones de bajo nivel pueden progresar hasta depresión grave, o pueden resultar peligrosas por sí mismas. En uno de los estudios, casi una cuarta parte de los pacientes que sufrían depresión breve recurrente había intentado suicidarse. Incluso el estado subsindrómico, la simple insinuación de depresión, confiere un riesgo de suicidio tres o cuatro veces superior al de la población en general.

Y la depresión de bajo nivel es incapacitante. Hemos mencionado ya el hallazgo de que, en la vejez, unos niveles bastante modestos de depresión predicen una temprana muerte. De hecho, toda discapacidad que sigue a la depresión también se agrupa con el estado subsindrómico: exceso de enfermedades físicas, excesivo gasto médico, excesivo absentismo laboral. Prestaciones sociales, subsidios de incapacidad, visitas a los servicios de urgencia... podemos citar cualquier coste social, y veremos que se correlaciona con la depresión de bajo nivel.

Aunque los criterios pueden parecer mínimos, las depresiones leves no son exactamente universales. Experimentar incluso dos síntomas de depresión durante dos semanas produciría una sensación de extrañeza en la mayor parte de las personas que por lo demás se encuentran bien de salud. Yo mismo me considero razonablemente depresivo en función de mi personalidad. Me altero fácilmente. Le doy vueltas a los fallos. Exijo soledad. Tengo un profundo sentido de la injusticia. Sospecho que, frente a la mala suerte, podría muy bien sucumbir a un trastorno del estado de ánimo. En términos medievales o del Renacimiento, soy melancólico, en lo que se refiere a mi humor preponderante. Y sin embargo, nunca he creído tener una depresión de bajo nivel. No me aferro siquiera a síntomas aislados, como el insomnio, durante días interminables. Pensando en los pacientes a los que veo para asesoramiento matrimonial, muchos son del mismo estilo... malhumorados, preocupados, en apuros, pero no deprimidos a ningún nivel, ni ahora ni nunca. La depresión, en un amplio espectro, sigue siendo una enfermedad definida, separada de los diversos estados de la personalidad que con frecuencia la acompañan.

En un estudio llevado a cabo con meticulosidad, la incidencia de las depresiones, en un momento dado, era de un 10 por ciento, con depresión grave y distimia en un porcentaje de un 2 a un 3, depresión leve entre un 1 y un 2 por ciento y depresión subsindromática en cerca del 4 por ciento.

Por supuesto, muchas de las personas identificadas en una categoría seguirán su curso hasta sufrir las otras formas de depresión, o las han sufrido ya. Los estudios a largo plazo de la depresión y los síntomas depresivos forjaron una particular interpretación de la depresión: es una enfermedad unitaria. La mayor parte de la depresión leve es depresión. Una buena dosis de depresión subsindromática es depresión.

Podría haber sido de otro modo. Los datos podrían haber mostrado que un subtipo de depresión se agrupa en determinadas familias, con exclusión de otros diagnósticos. Podría haber mostrado discontinuidades en el nivel de riesgo conferido, por lo que se refiere a trastornos en el trabajo, o intentos de suicidio o futuros episodios depresivos. Podría haber mostrado que los episodios conducen principalmente a futuros episodios y no a estados menores. Pero los estudios de la forma y el curso, y las consecuencias de la depresión, sugieren un solo trastorno.

A primera vista, este resultado puede parecer irreprochable. La depresión mayor se origina en personas que han estado moderadamente deprimidas. La depresión grave puede conducir a la depresión leve. Incluso la depresión leve es onerosa.

Sin embargo, mirándolo bien, la noción de una enfermedad unitaria puede resultar inquietante. ¿Vamos a llamar depresión a todo? ¿Incluso a un par de síntomas? Tristeza, culpabilidad, sentimientos de inutilidad... seguramente forman parte de lo que somos, mientras vivimos la vida. ¿No legitimar una gama de «depresiones» hace el juego a los laboratorios? O, alternativamente: ¿no saben los psiquiatras que vivimos en un sistema capitalista? Ampliemos la gama de lo que es depresión, y las aseguradoras dejarán completamente de ofrecer cobertura sanitaria mental.

Hay que abordar estas preocupaciones, pero quizás lo primero que hay que decir es que proceden de unos campos —moral, estético, político y económico— que, aunque tienen que ver con la medicina, guardan cierta distancia con las cuestiones de síntoma y pronóstico que los médicos tienen en cuenta cuando formulan un diagnóstico. La medicina pregunta, «¿qué es ese fenómeno?». Si la depresión es una enfermedad unitaria, y si incluso las variantes leves comportan riesgo, entonces aceptémoslo así.

Además, entre los pacientes, un buen número de depresiones leves se viven como depresión grave. La distimia puede ser una afección devastadora. Imaginemos que estamos tristes la mayoría de días, durante años. Hay casos leves de distimia... una distimia que se parece a la desdicha cotidiana, y que luego se soluciona lentamente, digamos, con psicoterapia. Pero la mayor parte de la distimia parece la representación conductual, vivida, del interruptor atascado... estrés incesante, fragilidad constante, sentimiento de ser apaleado desde dentro y desde fuera. Si alguien está atormentado por la tristeza, la desesperanza, el bloqueo mental y la baja autoestima, es poco consuelo el hecho de que coma bien. Frente a la distimia, no es difícil imaginar que uno se encuentra en el terreno de la depresión.

Durante la mayor parte del siglo XX, bajo la denominación de «neurosis», un gran número de estados depresivos menores podían ser etiquetados como enfermedad. Sospecho que lo que parece siniestro, en la reclamación de parte de este territorio, es el modo de tratamiento. Mirando retrospectivamente, tal vez hemos tolerado una interpretación muy amplia del trastorno del ánimo porque no imaginábamos que la psicoterapia pudiera mostrarse radicalmente efectiva. Sobre el psicoanálisis en particular, siempre había dudas... quizás era más autoexploración que intervención médica. Considerar el tratamiento con medios más agresivos —pensemos en la ingeniería genética, o en una campaña de erradicación— exige que tengamos nuestras opiniones respecto a la depresión leve y su categoría como enfermedad.

Pero de nuevo aquí, nuestra actitud quisquillosa parece revelar una inclinación a tratar la depresión de forma diferente... como si no fuera el equivalente de la diabetes o la epilepsia. Las enfermedades de espectro son corrientes en medicina, e interpretamos sus manifestaciones como patología. Toda la psoriasis es psoriasis. Descubre una mancha del tamaño de una moneda de sarpullido psoriático, y llevarás contigo el diagnóstico de psoriasis toda la vida, tanto si acabas sufriendo, como si no, el dolor articular o la potencialmente mortífera exfoliación de la piel que puede surgir en esa mal comprendida afección. Tampoco la incidencia y la frecuencia son factores en la delimitación de enfermedad. El ciento por ciento de la población tiene caries, y nadie niega que ésta constituye una patología. Siguiendo las normas corrientes de la medicina, una depresión de baja intensidad es exactamente eso, depresión de baja intensidad.

Algún día, nuestra inquietud puede verse aliviada por el descubrimiento de indicadores biológicos exactos. Podríamos descubrir que algunas depresiones de bajo nivel son benignas, junto con un pequeño porcentaje de casos que encajan con nuestra definición operativa del episodio mayor. Pero me atrevo a suponer que dicho resultado implicaría la misma reevaluación de la importancia de los estados de ánimo con que nos enfrentamos hoy. Descubriríamos que una buena parte de lo que antaño nos habíamos limitado a descartar como tipo de personalidad es, en términos biológicos, una enfermedad en marcha, que va ocasionando daño en todo el cuerpo. Podríamos llegar a convencernos de que nuestra anterior tolerancia a la depresión de bajo nivel había sido *faute de mieux*, o sea, una consecuencia de las limitaciones de nuestra capacidad para identificar, prevenir o curar trastornos del ánimo.

Por el momento, los psiquiatras trabajamos, como los médicos generalmente hacen, con probabilidades. Pronunciamos juicios, comparamos síntomas con posibles decisiones: intervenir, recomendar cambios de estilo de vida, no hacer nada. Teniendo en cuenta los datos sobre el daño y el riesgo vinculados a los síntomas residuales y la depresión de bajo nivel, nuestros esfuerzos en el tratamiento son razonablemente decididos. Aceptar la depresión como enfermedad es ver la patología o el riesgo en sus versiones menores.

14

A finales de los años ochenta, cuando era todavía una novedad, la Universidad Duke conseguía uno de los primeros aparatos de resonancia magnética, una máquina capaz de crear imágenes detalladas de la anatomía cerebral. Tal como dice K. Ranga Rama Krishnan, nadie sabía qué hacer con esa nueva tecnología, de modo que él les envió a algunos ancianos pacientes deprimidos para ver qué aparecía. Lo que los radiólogos encontraron fue unos «objetos brillantes no identificados», pequeñas manchas blancas agrupadas en áreas críticas del cerebro. Krishnan continuó pidiendo escáneres de pacientes con «depresión de desencadenamiento tardío»... o sea, aquellos que sufrían un primer episodio después de los sesenta y cinco años. Un 70 por ciento de dichos pacientes mostraban esas manchas blancas.

Krishnan, actualmente al frente de la cátedra de psiquiatría de la Universidad Duke, es un entusiasta que tiene una amplia gama de intereses. Fue a parar a la psiquiatría a través de la curiosidad que sentía por el funcionamiento del ojo. Un creciente conocimiento de cómo el sistema visual construye el mundo —inductivamente más que a través de una exacta reproducción de las señales de la luz— le llevó a preguntarse sobre cómo trabajan juntos la mente y el cerebro. Krishnan siempre ha sido un médico completo, consciente de los efectos de la enfermedad mental en todo el cuerpo, y que siente curiosidad por la influencia de la enfermedad periférica en los trastornos del pensamiento y el comportamiento. No debemos dar crédito a sus afirmaciones de que su descubrimiento fue por casualidad; Krishnan tiene una intuición muy bien informada.

En cuanto observó las manchas brillantes, Krishnan alentó a los patólogos a explorar cerebros en autopsias y luego diseccionarlos para definir las lesiones. Las manchas brillantes indicaban cambios en los vasos sanguíneos... espacios vacíos de un volumen que iba desde 1 milímetro cúbico (una «lesión como un punto») hasta 70 centímetros cúbicos (imaginemos una esfera de un diámetro de más de cinco centímetros). Los agujeros eran el resultado de «derrames cerebrales silenciosos»... daño en unas partes del cerebro que no gobiernan el movimiento o funciones sensoriales como la visión del ojo. Tales derrames pasaban invertidos porque no se traducían en cambios espectaculares o inmediatos en la experiencia o el comportamiento.

Estas apoplejías silenciosas son bastante frecuentes después de los sesenta y cinco años. Pero entre aquellos pacientes ancianos que habían sufrido derrames silenciosos, los que habían tenido depresiones tardías mostraban un daño más extenso. Cuando Krishnan comunicó por primera vez este hallazgo, encontró oposición. Los editores de las revistas científicas se mostraron reacios a permitir que la palabra «depresión» apareciera en el título de unos artículos que versaban sobre enfermedades de los vasos sanguíneos. Sugirieron que Krishnan se enrollaba con formulaciones tales como «síndrome semejante a la depresión». En su mayor parte, Krishnan se mantuvo firme. «La depresión vascular» (como él llamaba a este subtipo) *es* depresión... una depresión asociada con trastornos de los vasos sanguíneos.

Como muchos descubrimientos realizados en la psiquiatría contemporánea, la depresión vascular es un encuentro reciente con un concepto antiguo. Hace un centenar de años, un psiquiatra y (como lo llamaríamos ahora) geriatra alemán, llamado Robert Gaupp, propuso la categoría «depresión arterioesclerótica». En aquella época de predominio psicoanalítico, ese concepto se esfumó. Y ahora, nuestros psiquiatras se mostraron reticentes a considerar un trastorno de los vasos sanguíneos como enfermedad mental. Imaginaron que Krishnan estaba simplemente viendo ánimo deprimido en el cuadro más general de una enfermedad que causa demencia o un proceso de envejecimiento normal.

Como trastorno del ánimo, la depresión vascular tiene rasgos distintivos. La falta de vigor es especialmente frecuente... los pacientes tienden a mostrarse incapaces de contemplar con alegría los futuros acontecimientos. Comparados con los otros ancianos depresivos, los pacientes que sufren lesiones vasculares llegan a la enfermedad con menos antecedentes familiares de trastorno del ánimo o consumo de drogas o abuso del alcohol, y menos incidencia de la depresión en su vida temprana. Los depresivos de desencadenamiento tardío tienden a sufrir mayor deterioro y a ser más difíciles de tratar que aquellos que se encuentran por primera vez con la depresión en una época temprana de su vida. Pero estas diferencias son sutiles.

Los depresivos vasculares cumplen todos los criterios del síndrome depresivo: sueño y apetito alterados, excesivo sentimiento de culpabilidad, imagen de sí mismo deteriorada. A menudo su afección responde bien a los antidepresivos corrientes, y mejora de manera fiable con terapia de electrochoque, ECT. En general, en función del curso de la enfermedad y la probabilidad de recuperación, los pacientes ancianos deprimidos que han sufrido derrames silenciosos se parecen a los demás pacientes ancianos deprimidos que no tienen lesiones. Los episodios de depresión vascular tienden a aparecer o a empeorar frente a situaciones vitales estresantes. Los episodios tienen lugar con más frecuencia en los pacientes que reciben escaso apoyo social. La depresión vascular opera como la depresión, excepto que en el momento en que el síndrome emerge, sus víctimas han recorrido ya buena distancia por la senda común... Un primer episodio de depresión vascular podría parecerse a un segundo o tercer episodio del tipo de depresión que se inicia en la juventud o en la edad madura.

Y la depresión vascular es un trastorno de las mismas zonas del cerebro involucradas en la depresión en general. Recordaremos, por los estudios que hicieron a Rajkowska desviar su atención hacia la depresión, que la depresión corriente, no específica, tiene un aspecto vascular. A menudo, los pacientes deprimidos tienen un flujo sanguíneo reducido en el córtex prefrontal. En sus estudios *postmortem*, Rajkowska descubrió daño anatómico —alteración celular— en esta región. Con el tiempo, Krishnan fue capaz de reunir a una serie de pacientes ancianos que habían sufrido derrames silenciosos, algunos con depresión mayor y algunos exentos de depresión. Consiguió entonces estudiar con ordenador sus exploraciones cerebrales y «restarles» las lesiones incidentales... aquellas que ocurren en el grupo de control y no provocan trastorno del estado de ánimo. Probablemente, las otras lesiones, las que aparecen solamente en los depresivos, constituyen el daño específico en la depresión tardía. Las manchas brillantes aparecían en regiones limitadas. La más destacada era el córtex prefrontal.

Anatómicamente, la depresión vascular se parece a las depresiones que tienen lugar en una época temprana de la vida; sólo difiere la causa de la lesión en las zonas afectadas... derrames, más que la genética y el efecto acumulativo del estrés. El resultado del experimento de «resta» de Krishnan —el descubrimiento de que, entre todos los pacientes que habían sufrido apoplejías silenciosas, aquellos que mostraban lesión en el córtex prefrontal eran los que tenían un síndrome depresivo— sugiere un papel causal para las anomalías que Rajkowska identificó en pacientes más jóvenes en la autopsia. La investigación de la apoplejía silenciosa proporciona un sólido apoyo a la visión ahora dominante de la depresión, la hipótesis de que, desde un punto de vista neuroanatómico, la depresión es una alteración de un definido circuito de regiones del cerebro.

Gracias a su trabajo con las personas mayores, Krishnan fue capaz de aportar información sobre la función (y el mal funcionamiento) del córtex prefrontal. Una parte de éste está especialmente involucrado en la depresión, tanto en el trabajo de Krishnan con los ancianos como en los estudios *postmortem* de Rajkowska de las glía. Este sector, que está situado exactamente detrás y encima de las órbitas de los ojos, se llama córtex orbitofrontal. El córtex orbitofrontal integra información entrante entre la que figura la «información sobre el rendimiento»... la conciencia de que uno está triunfando o fracasando en una tarea.

El grupo de Krishnan practicó un test que consistía en «seguir la pista» a sujetos ancianos, la mitad de los cuales sí, y la mitad no, sufría depresión vascular... y ninguno de ellos mostró signos de demencia. El test era una variante del juego infantil de unir puntos. El objetivo es conectar secuencialmente (1 con A, A con 2, 2 con B, y así sucesivamente) una serie de círculos numerados y marcados con letras diseminados en una página.

Ésta no es una tarea que los pacientes deprimidos realicen bien. Aún peor que el índice de errores inicial es la respuesta de los depresivos a la corrección. En el test, si un sujeto comete un error, el supervisor amablemente le indica el problema y le sugiere cómo proceder. Después de la corrección, casi ninguno de los sujetos del grupo de control comete un error posterior («persistente»). Pero los pacientes deprimidos, sí... mucho más que los que comete el grupo de control, incluso cuando se tiene en cuenta el índice de errores habitual. Algunos depresivos tienen reacciones catastróficas; después de una corrección siguen conectando un punto con otro de manera aleatoria, como si hubieran perdido toda esperanza de tener éxito en la tarea.

Krishnan repitió el test uno y dos años después. Aun habiendo envejecido, los mayores no deprimidos resolvían cada vez mejor el rompecabezas inicial. En cambio, los pacientes deprimidos no mejoraban, y su índice de errores seguía empeorando. Estos problemas persistían tanto si los pacientes seguían deprimidos como si no... De hecho, los errores no se correlacionaban con el nivel activo de depresión, sino que parecían señalar un problema con las respuestas a desafíos poco severos. («Ver si se procesa información con una valencia negativa» es lo que analizaba en el fondo el ejercicio.) Krishnan usó entonces un escáner... del tipo que señala la utilización de la energía en las diferentes partes del cerebro. Cuando los supervisores del test sugerían correcciones, los córtices orbitofrontales de los sujetos se encendían.

Este resultado —errores persistentes— es interesante a la luz de la corriente afirmación de que los depresivos son realistas. Es cierto que la capacidad de adaptación de los seres humanos implica cierto grado de optimismo no realista. En tests donde se les pide a los sujetos que evalúen las probabilidades de ganar a un determinado juego con un determinado nivel de riesgo, los no deprimidos tienden a proporcionar cálculos optimistas, incluso frente a unas pérdidas crecientes. Los deprimidos son más exactos... bueno, ¿qué iban a ser, si no? Pero en estas mismas pruebas de selección los depresivos continuaban haciendo malas apuestas. Incluso aunque perciben con precisión, los depresivos carecen de motivación para hacer caso de su propio juicio y modificar su comportamiento.

En entrevistas realizadas con depresivos, incluidos aquellos en los que la enfermedad había remitido, Krishnan descubrió que un problema similar explicaba el rendimiento en el test de los puntos. Los depresivos comprendían la corrección pero prestaban más atención a su visión de su propia capacidad... es decir, que estaban de todos modos destinados a fracasar, que eran unos negados. En términos cognitivos, la depresión vascular se parecía mucho a una depresión corriente, como la ve un terapeuta cognitivo. Los depresivos tenían opiniones fijas, negativas, sobre ellos mismos. Estas atribuciones gobernaban su comportamiento y conducían al fracaso, frente a tareas razonablemente fáciles.

Los depresivos vasculares se parecían a Betty, con su anomalía de la voluntad, que le impedía intentar el más pequeño proyecto artístico. Se sentían abrumados, inhibidos ante la posibilidad de ponerse a prueba. Y aquí, había indicios de la base física de dicha inhibición. La falta de resistencia mental de los depresivos vasculares parecía tener su origen directamente en el daño sufrido en el córtex orbitofrontal del cerebro. Dándole la vuelta a ese resultado, y mirándolo bien, muchos de los depresivos corrientes se parecen a depresivos ancianos con pequeñas lesiones en el córtex orbitofrontal.

La noción de depresión vascular influye en el debate sobre si la depresión es una enfermedad de verdad, y cuál es el grado que merece tal categoría. Consideremos a una persona que, a causa de apoplejías silenciosas, sufre daños en zonas del cerebro implicadas en la valoración del mundo y del sí mismo. En un escáner el córtex orbitofrontal revela manchas brillantes, como el hipocampo y la amígdala. Si un nuevo, aunque minúsculo, derrame precipita un episodio de depresión mayor, ¿es ese episodio un caso de enfermedad? ¿Y si el episodio consecutivo no es depresión grave, sino leve?... ¿Hay enfermedad ahí?

Yo he planteado estas cuestiones en charlas mantenidas con varios grupos de profesionales, incluyendo a filósofos. Todo nivel de daño cerebral provocado por un derrame constituye enfermedad, en opinión de casi todo el mundo, cuando ese daño produce síntomas. Realmente, la mayor parte de las personas se siente inclinada a conceder la categoría de enfermedad plena a dicha afección aun en presencia de lesiones bastante limitadas y alteraciones superficiales del ánimo o del juicio. Nuestra atención hacia lo físico es tal que la prueba de unos agujeros en el cerebro resulta decisiva. Todo es enfermedad; el tratamiento, tanto de la enfermedad de los vasos sanguíneos como del resultante estado de ánimo, parecía justificado, urgente incluso.

Ahora bien (he preguntado a diversos grupos de profesionales), imaginemos que el daño al córtex y la reducción en el flujo sanguíneo de una zona están causados no por una apoplejía, sino por una combinación de factores... genes, estrés, depresión anterior. ¿Tiene una categoría diferente el consiguiente trastorno del ánimo? Cuando enfocan el problema de esta manera, la mayor parte de los auditorios se muestra inclinada a clasificar incluso la depresión menor como enfermedad.

Si no en términos lógicos, sí al menos en los prácticos, la depresión vascular refuerza la idea de que la depresión corriente es una patología. Y llegados a este punto, qué provoca qué no parece importar. Tanto si la depresión se traduce en daño cerebral como si es el resultado de dicho daño, tanto si la lesión es permanente como si es reversible, dado este sorprendente modelo, la depresión vascular, el trastorno del ánimo, en todas las formas imaginables, adquiere legitimidad como enfermedad.

Hasta ahora hemos supuesto que los derrames cerebrales preparan el escenario para la depresión, pero el cuadro es más complejo. Las observaciones de Krishnan revitalizaron un campo cuyos resultados han sido un tormento durante años... la superposición de depresión y enfermedad cardiovascular. Parte del proceso causal discurre en la dirección contraria. Los síntomas depresivos, al parecer, aumentan el peligro de apoplejía y enfermedades cardíacas.

Numerosos estudios confirman el vínculo de la depresión con una deficiente salud cardíaca. En la edad madura, la depresión pasa a ser uno de los más potentes —según algunos indicadores, el más potente— factores de riesgos independientes de la enfermedad cardíaca. La depresión menor aumenta en un 50 por ciento el riesgo de muerte cardíaca. La depresión mayor triplica o cuadriplica ese riesgo. Estas tendencias se aplican tanto a las personas con enfermedad cardíaca como a aquellas que no tienen ninguna enfermedad (al comienzo de un estudio de cuatro años). Aunque sólo consideremos la enfermedad de la arteria coronaria —anomalías asociadas con reducciones en el flujo de los vasos que nutren el músculo cardíaco—, la depresión quintuplica el peligro de muerte.

Quizás merezca la pena repetir este dato estadístico: los hombres y mujeres en edad madura con depresión son cinco veces más propensos que los que no la sufren a morir de una enfermedad coronaria. Estas tasas de riesgo han sido corregidas para tener en cuenta el hábito de fumar, de beber, la elevada tensión sanguínea, la diabetes y otros factores. Los índices no corregidos —que tienen en cuenta tanto el daño directo como el indirecto de la depresión— son aún más altos. Existe un elevado nivel de riesgo en toda la gama de la enfermedad cardíaca. En otros estudios, se ha demostrado que la depresión duplica, triplica o cuadruplica el riesgo de muerte por angina inestable, cirugía *bypass* de las arterias coronarias e insuficiencia cardíaca congestiva.

Tal vez el fenómeno mejor estudiado es el exceso de riesgo que confiere la depresión mayor (que va desde el doble hasta el cuádruple) en aquellos que han sufrido ataques al corazón. Incluso algunos síntomas diseminados de depresión pueden aumentar la mortalidad. Y tales síntomas no son raros. Los estudios han mostrado que nada menos que un 60 por ciento de pacientes con ataques al corazón tienen al menos un nivel modesto de depresión. La depresión mayor se sitúa entre el 10 y el 20 por ciento.

El descubrimiento del nexo con la enfermedad cardíaca hizo que se dirigiera la atención sobre la depresión hasta unos niveles que por sí sola nunca había despertado. El mayor estudio de psicoterapia emprendido jamás —se inscribió a 1.700 sujetos— abordó el efecto de la psicoterapia sobre la depresión en pacientes que habían sufrido un ataque al corazón. Realmente, el estudio involucró a casi 2.500 sujetos; los otros 800 recibieron una preparación encaminada a ayudarles a enfrentarse con la soledad o el aislamiento... un «bajo apoyo social percibido». La mayor parte de este grupo también recibió psicoterapia para la depresión. El estudio fue financiado por el Instituto Nacional del Corazón, los Pulmones y la Sangre. Curiosamente, el prestigioso programa de investigación colaboradora del tratamiento de la depresión, del Instituto Nacional de la Salud Mental, fue considerado ambicioso cuando estudió a 250 pacientes.

Por lo que se refiere al estudio cardíaco, los pacientes fueron inscritos antes de transcurrir un mes de su ataque al corazón. La muestra fue dividida en dos. Los sujetos de control recibieron atenciones médicas rutinarias de su cardiólogo; los sujetos a los que se administró intervención activa recibieron seis meses de psicoterapia tanto individual como de grupo y hasta una terapia de grupo adicional de tres meses de duración. De hecho, la terapia (se utilizó un modelo conductista-cognitivo) disminuyó un tanto el nivel de depresión de los pacientes durante los primeros seis meses. Transcurridos treinta meses, las tasas de depresión en los grupos de control y de tratamiento eran idénticas. Y la terapia no había ejercido ningún efecto sobre la tasa de fallecimientos o de ataques al corazón.

Quizás este resultado no debería sorprender. Las intervenciones con pacientes cardíacos son tremendamente delicadas. Un anterior estudio de atención sanitaria mejorada llevado a cabo en Canadá había sido un desastre. Las enfermeras habían contactado con los pacientes en sus hogares y trabajado sobre la base de que se enfrentaban con emociones negativas. Las enfermeras también ayudaron a los pacientes a establecer buenas conductas de salud cardíaca, como una dieta adecuada. Fueron inscritos más de 1.300 pacientes... en cuyo momento el estudio hubo de ser interrumpido porque estaban muriendo demasiados pacientes en el «grupo de intervención activa», el grupo que estaba recibiendo una atención sanitaria adicional por parte de las enfermeras. En particular, eran las mujeres mayores, analfabetas, ansiosas y que vivían solas las que presentaban un excesivo número de fallecimientos.

El resultado sorprendió a los investigadores. Llegaron a creer que las mujeres mayores no podían soportar el exceso de atención. Ser informadas y puestas en contacto con sus sentimientos era algo que provocaba pánico en estas pacientes. De manera involuntaria, el estudio demostraba que unos enfoques psicosociales podían afectar a las tasas de mortalidad en los supervivientes de un ataque al corazón; dejar en paz a mujeres deprimidas, ansiosas, aisladas, era una estrategia efectiva... al menos frente a una atención excesiva por parte de las enfermeras. Los resultados del estudio canadiense sugería que seleccionar el adecuado enfoque psicológico para los pacientes cardíacos deprimidos no sería sencillo.

Las pruebas de psicoterapia del Instituto del Corazón, los Pulmones y la Sangre pueden haber sufrido un problema similar; quizás el enfoque cognitivo era equivocado para algunos pacientes. Pero en aquella investigación, una nueva complicación contribuyó a enturbiar los hallazgos. Una serie de pacientes había recibido medicaciones antidepresivas.

Un estudio piloto realizado en la Universidad de Columbia había sugerido que algunos antidepresivos —los que afectan a las vías de la serotonina— podían reducir la frecuencia de los trastornos cardíacos en los pacientes que sufrían depresión, tras un ataque al corazón. La investigación se realizó sobre 389 pacientes, a 186 de los cuales se les administró Zoloft. Los investigadores comunicaron que los efectos de la medicación eran «muy superiores a los del placebo» en el tratamiento de la depresión, un resultado que era evidente en los pacientes deprimidos de forma grave y recurrente. Pero los efectos sobre la enfermedad cardíaca eran más impresionantes. Al cabo de seis meses, 7 pacientes habían muerto; 5 de ellos figuraban en el grupo de los que no habían recibido Zoloft. Los resultados estaban en la misma línea por lo que se refería a ataques de corazón repetidos, insuficiencia cardíaca y angina grave de pecho. Ninguno de estos hallazgos era estadísticamente significativo —el estudio había sido demasiado pequeño—, pero había sólo una posibilidad entre nueve de que la tendencia fuera una casualidad. El Zoloft parecía impedir entre una cuarta y una tercera parte de malos desenlaces cardíacos.

Como resultado del estudio de Columbia y otros, los moralistas decretaron que el Estudio del Corazón, los Pulmones y la Sangre no podía excluir el tratamiento con antidepresivos. El protocolo exigía que los pacientes gravemente deprimidos y cualesquiera otros pacientes que dejaran de responder a cinco semanas de psicoterapia fueran remitidos para evaluación psicofarmacológica. De nuevo, el Zoloft fue el medicamento más usado. Al terminar el estudio, el 28 por ciento del grupo de intervención había tomado antidepresivos durante un promedio de doce meses. Y lo mismo había sucedido con el 20 por ciento del grupo de control.

Los pacientes medicados mostraban entre un 30 y un 40 por ciento de reducción en cuanto a fallecimientos, y en los ataques al corazón recurrentes. Los antidepresivos serotonérgicos en particular parecían reducir la tasa de mortalidad en un 40 por ciento. Los investigadores quitaron importancia al nexo entre antidepresivos y supervivencia, porque el estudio no había sido concebido para examinar esta relación. Lo ideal habría sido asignar los pacientes al azar para recibir medicación o placebo. Sin embargo, fueron los pacientes gravemente deprimidos y los pacientes refractarios (los que no respondían al tratamiento inicial) los que habían recibido la medicación. Cabría haber esperado que tuvieran un desenlace especialmente malo... pero lo tuvieron especialmente bueno.

La explicación más sencilla de la existencia de un nexo entre depresión y enfermedad cardíaca —y de los malos desenlaces en pacientes cardíacos deprimidos— guarda bastante relación con el comportamiento. Los depresivos tenían menos cuidado personal de sí mismos que los no depresivos. En particular, los depresivos hacían menos ejercicio. Pero en el caso de los que han tenido ataques de corazón, el cuidado personal no es probablemente la cuestión, dado que la atención suplementaria de las enfermeras no proporciona ningún beneficio.

Otras de las hipótesis destacadas guarda relación con los coágulos sanguíneos. La depresión es una enfermedad que afecta a muchos órganos. Los depresivos tienen huesos más delgados y glándulas suprarrenales aumentadas de tamaño. Resulta que los depresivos también tienen anomalías en las plaquetas (unos pequeños corpúsculos que ayudan a la coagulación de la sangre). Las plaquetas de los depresivos tienden a ser demasiado pegajosas, adhesivas..., a activarse con más facilidad, a formar más fácilmente coágulos a lo largo de las paredes de los vasos sanguíneos, los trombos que bloquean dichos vasos. Parte de esta adherencia corpuscular parece tener su origen en el estrés. Cuando crean un estado de alerta —anticipando una situación de lucha o huida—, las hormonas se preparan para posibles pérdidas de sangre haciendo que las plaquetas coagulen mejor. La serotonina desempeña un papel clave en este proceso. En la depresión, las neuronas del cerebro muestran anomalías en la densidad de los receptores de la serotonina. Lo mismo hacen las plaquetas en la corriente sanguínea.

En conjunto, el sistema de coagulación, al igual que los demás aspectos del sistema de respuesta al estrés, es crónicamente hiperactivo en los pacientes con depresión. Este exceso de capacidad de respuesta parece tener lugar a tres o cuatro niveles diferentes, involucrando tanto a las plaquetas como a las sustancias químicas circulantes que sirven de factores coagulantes. Aquí completamos un círculo (vicioso) en la historia de la depresión vascular. No se trata sólo de que las pequeñas embolias provoquen depresión y una pérdida de resistencia frente al estrés; la depresión y el estrés pueden operar a través del sistema de coagulación para causar pequeños derrames en regiones vulnerables del cerebro.

Una segunda serie de observaciones puede ayudar a explicar la asociación entre depresión y problemas cardíacos. Los depresivos muestran menos aceleración y ralentización momentáneas en el latido cardíaco, en respuesta a estímulos menores como inhalar y exhalar. Esta «frecuencia cardíaca constante» se considera el resultado de una estimulación nerviosa demasiado persistente del marcapasos cardíaco natural. Pero esa regularidad es problemática. Según un principio general de ingeniería, los sistemas que muestran respuestas proporcionadas o incluso aleatorias a pequeñas perturbaciones son menos propensos a sufrir respuestas catastróficas ante grandes perturbaciones. Más flexible equivale a más estable. Una frecuencia cardíaca demasiado constante te pone en peligro de sufrir serias arritmias. Una frecuencia cardíaca invariable, al nivel que es corriente en los pacientes cardíacos con depresión, hace aumentar en más de un 50 por ciento el riesgo de muerte durante las dos o tres semanas posteriores a un ataque de corazón inicial. La investigación sugiere que una frecuencia cardíaca constante puede ser un signo y un resultado de la alteración de la regulación ante el estrés. Los problemas en el ritmo cardíaco pueden conducir a problemas en el flujo sanguíneo del cerebro.

Estos problemas no son accesorios. La depresión no es una enfermedad cerebral solamente. Es una enfermedad neurológica, hematológica y cardiovascular. La hiperactivación de las respuestas ante el estrés provocan una propensión a coágulos y arritmias... y, solos o agrupados, éstos predisponen a ataques al corazón, apoplejías silenciosas, estados de ánimo alterados y muerte repentina.

Ocurre que los antidepresivos serotonérgicos, como el Zoloft, actúan tanto sobre la coagulación como sobre la frecuencia cardíaca. El Zoloft (y el Prozac, el Paxil, el Celexa y el Luvox) hacen menos pegajosas a las plaquetas. Quizás el beneficio para las víctimas del ataque al corazón no tenga nada que ver con la capacidad de estas medicaciones para reducir la depresión. Los antidepresivos pueden estar operando simplemente como diluyentes de la sangre... igual que las aspirinas dispensadas de forma rutinaria tras los ataques al corazón. (Los antidepresivos funcionan a través de un mecanismo diferente y pueden ser administrados juntamente con la aspirina.) El mismo grupo de antidepresivos puede también mejorar la variabilidad de la frecuencia cardíaca. En los pacientes cardíacos, el Zoloft y los demás medicamentos pueden funcionar, no tratando la depresión en tanto que enfermedad de la mente y el cerebro, sino tratando la depresión como enfermedad del corazón y la sangre. O pueden actuar más específicamente (como diluyentes de la sangre solamente), de manera que mejorarían las tasas de mortalidad y recurrencia en todas las víctimas de un ataque al corazón, no solamente en aquellas que están deprimidas.

Pero hay motivos para pensar que los efectos básicos de los antidepresivos tienen su importancia. Por un lado, en los estudios mayores, la recuperación de la depresión, de cualquier modo, se traduce en un mejor pronóstico cardíaco. Por otro, hasta los más antiguos, y menos serotonérgicos, antidepresivos (como el Elavil) aportan cierto beneficio. En un estudio realizado entre fumadores de la ciudad y los alrededores de Filadelfia, los antidepresivos antiguos redujeron a la mitad el riesgo de ataques al corazón. Estos antidepresivos no diluyen la sangre, y sólo pueden realmente *empeorar* las arritmias. Su efecto positivo sobre la salud cardíaca, casi sin duda, procede de su acción sobre el cerebro, probablemente tratando el trastorno del ánimo y amortiguando las posibles respuestas excesivas al estrés. Es decir, los antidepresivos probablemente protegen el corazón gracias a su efecto principal: combatir la depresión.

Las víctimas de la apoplejía también se benefician de los antidepresivos. En un estudio de cierta importancia realizado en dos hospitales universitarios de Dinamarca, los investigadores distribuyeron a pacientes que habían sufrido recientes derrames tanto Zoloft como un placebo. Para formar parte del estudio, los pacientes tenían que estar libres de depresión y enfermedad cardíaca. Por lo demás, los investigadores solamente estudiaron a pacientes con 137 admisiones consecutivas por apoplejía. La depresión es frecuente tras un derrame cerebral. Un año después, aproximadamente la cuarta parte del grupo de placebo y un 10 por ciento del grupo de Zoloft estaban deprimidos. Las diferencias eran parecidas en cuanto a los desenlaces neurológicos y cardíacos. El grupo del placebo era tres veces más propenso a ser rehospitalizado y de dos a tres veces más propenso a sufrir episodios cardiovasculares mayores. Los números eran muy reducidos (una vez más), pero el grupo del placebo también sufría el doble o el triple de ataques recurrentes.

En reproducciones de este estudio en Iowa y Argentina, se administró antidepresivos o placebos durante doce semanas a más de un centenar de pacientes que se estaban recuperando de derrames. Dos años más tarde, más de las dos terceras partes de los pacientes que habían tomado antidepresivos estaban vivos, pero sólo lo estaban un 35 por ciento de los pacientes que habían tomado un placebo. Los mejores resultados fueron los de los pacientes que más pronto habían iniciado el tratamiento con antidepresivos. En conjunto, parecía como si la pronta administración de antidepresivos pudiera reducir a la mitad la mortalidad de las apoplejías. La importancia de estos hallazgos queda enturbiada por la naturaleza «todo terreno» de los nuevos antidepresivos. Dan la impresión de tratarlo todo. Pero está bastante claro que, además de sus efectos sobre los huesos y las glándulas endocrinas, la depresión constituye un riesgo para el corazón y la enfermedad de los vasos sanguíneos.

La depresión es un desbaratamiento de funciones. La regulación de la frecuencia cardíaca se ve un poco afectada. Las plaquetas quedan fuera de control. Aumenta la probabilidad de apoplejías y ataques al corazón. Estos resultados demuestran la naturaleza *patológica* de la depresión. No se parece en nada a un estado normal. Imaginemos una cultura que no tenga ningún concepto de la enfermedad mental, una sociedad en la que la desesperanza y la parálisis psíquica no cuenten para nada, y la profesión médica atienda solamente el daño a los órganos, como un ataque al corazón o un derrame cerebral. Si tuvieran acceso a lo que nosotros sabemos, los médicos de esa cultura seguirían tratando enérgicamente la depresión como una enfermedad multisistema.

Pero, por supuesto, dicha cultura es inimaginable. El dolor físico se entromete continuamente en la labor de la medicina. Cardiólogos y neurólogos no son los únicos médicos que se topan con la depresión. En años recientes, la depresión ha añadido nueva complejidad a la labor de los médicos que tratan cánceres y enfermedades infecciosas. Aquí el problema es un trastorno del estado de ánimo que surge como respuesta a unas medicaciones de uso corriente. El primer delincuente es el interferón.

El interferón es el pilar fundamental del tratamiento en una diversidad de enfermedades graves, desde la esclerosis múltiple (una enfermedad del sistema nervioso) al mieloma múltiple y el melanoma maligno (cánceres), pasando por la hepatitis C (una inflamación viral del hígado). Este medicamento —hay en la actualidad siete o más variantes— es una forma producida artificialmente de una sustancia que se presenta naturalmente liberada por los glóbulos blancos frente a infecciones virales. En el tratamiento de cánceres e infecciones, el interferón puede salvar la vida. Pero para ser efectivo, el interferón ha de ser tomado durante meses. El interferón puede provocar una depresión insoportable, y lo hace con mucha frecuencia. En consecuencia, los pacientes abandonan el tratamiento.

La depresión inducida por el interferón es un factor de riesgo de recaída, e incluso de muerte. En un estudio, un 45 por ciento de los pacientes con melanoma sufrió episodios completos de depresión mayor durante las doce semanas de tratamiento con interferón. En otro estudio, por lo menos a una tercera parte de los pacientes con hepatitis hubo que retirarle el tratamiento de interferón debido a la insoportable depresión que sufría... y esta cifra no incluía a los pacientes a los que no se les pudo hacer el seguimiento, algunos porque la depresión les hizo abandonar el tratamiento.

Las cifras de hepatitis representan una crisis de la salud pública. La hepatitis C, una infección viral del hígado que se extiende por vía sexual y a través del uso de jeringuillas, es epidémica. En el mundo desarrollado, morirán probablemente más personas por hepatitis C durante la próxima década que de sida. El interferón es el tratamiento principal de la hepatitis C. Los facultativos se remiten a la regla 80/80. Si un paciente puede tolerar el interferón durante el 80 por ciento de la duración óptima, tomando el 80 por ciento de la dosis óptima tiene buenas posibilidades de experimentar una remisión. Menos del 80/80 equivale a fracaso. La población que abusa de los medicamentos es impulsiva e intolerante con el malestar, y por tanto no es probable que mantenga un tratamiento que provoca trastorno del estado de ánimo.

Éste es un ejemplo donde el riesgo de depresión es elevado; el desencadenamiento, previsible; y la prevención, una cuestión de vida o muerte. Por su urgencia e interés, los investigadores se dispusieron a describir la depresión inducida por el interferón.

Los resultados de esta investigación parecen familiares. En respuesta al interferón, la depresión tiende a presentarse como un síndrome completo... cambios en el humor, en el sueño, sentimientos de culpabilidad y todo lo demás. La depresión es más corriente en aquellos que inician el tratamiento sufriendo síntomas dispersos de depresión. El historial individual y el historial familiar de depresión son también indicadores en algunos estudios, como lo son los factores sociales de estrés y la falta de apoyo social. Niveles elevados de hormonas del estrés previos al tratamiento predicen depresión durante este tratamiento. En las tomografías por emisión de positrones, que miden el uso de la energía por parte del cerebro, los pacientes con hepatitis C medicados con interferón mostraban acentuadas reducciones de la actividad en el córtex prefrontal. Este cambio tiene lugar en proporción al nivel de depresión de los sujetos, y los más deprimidos muestran la mayor supresión prefrontal. Esa ralentización prefrontal parece estar relacionada con los efectos del interferón sobre la manera en que las células manejan la serotonina.

El tratamiento con interferón también incrementa la actividad en las vías de la hormona del estrés. Los investigadores midieron los niveles de hormona del estrés en los pacientes con melanoma durante un tratamiento completo de doce semanas con interferón. Los pacientes que sufrían depresión fueron aquellos que mostraron elevadas respuestas de hormona del estrés ante el interferón. Dado que el síndrome resultante parece tan típico, en los estudios del trastorno del humor con animales, el interferón es empleado a veces para crear síndromes depresivos de libro.

Tanto la depresión como muchos de los cambios cerebrales intermedios pueden ser prevenidos medicando previamente a los pacientes con antidepresivos (a menudo el Paxil) que operan a través de la serotonina. En un estudio con pacientes de melanoma, el Paxil redujo el riesgo de depresión desde un 45 por ciento, en el grupo del placebo, a un 11 por ciento, en el grupo al que se le administró el antidepresivo dos semanas antes de la primera dosis de interferón. Los índices de abandono relacionados con la depresión fueron de un 35 por ciento en el grupo de placebo y un 5 por ciento en el grupo de Paxil.

Algunos teóricos han sugerido que el interferón desempeña un doble papel infame. Primero, crea vulnerabilidad alterando el funcionamiento del córtex prefrontal, y en particular dañando las vías de transmisión de la serotonina; luego, el interferón empuja a las desprotegidas células del cerebro al abismo gracias a los efectos de las hormonas del estrés. El resultado es un típico trastorno del estado de ánimo... que aflige a aquellos que tienen factores de riesgo típicos, y responden a tratamientos típicos. La depresión inducida por el interferón *es* depresión. Y, aquí nuevamente, la depresión no es una variante del comportamiento normal o un tipo de personalidad; es una clara anomalía del cerebro y del comportamiento causada probablemente por una toxina.

Hay depresiones que surgen de forma natural, en el curso de otras enfermedades, que se parecen a la versión inducida por el interferón. El interferón es una citocina. Las citocinas son moléculas portadoras de señales del sistema inmunitario. Los glóbulos blancos, nuestra protección contra la infección y otras intrusiones en el cuerpo, producen citocinas en respuesta a varias amenazas. Gran parte de la actividad de las citocinas es de célula a célula, coordinando respuestas a la infección y la inflamación. Pero las citocinas también afectan a los receptores del cerebro y al sistema de la hormona del estrés... la supuesta ruta para su efecto sobre el estado de ánimo.

Los pacientes de cáncer a menudo sufren depresión. Pero algunos tipos de cánceres —el caso del cáncer de páncreas es notorio— están asociados con tasas especialmente elevadas de depresión cuando se comparan con otros cánceres parecidos en su pronóstico y su tendencia a provocar dolor físico. Los cánceres que suscitan depresión son los que estimulan la liberación de elevados niveles de citocinas. Y, en concreto, los pacientes de cáncer que se tornan depresivos tienden de manera desproporcionada a ser los que poseen elevados niveles de citocina plasmática. Bioquímicamente, la depresión inducida por el interferón y la depresión que acompaña a estos cánceres son probablemente imposibles de distinguir.

Empíricamente, las depresiones inducidas por la citocina parecen idénticas a la depresión corriente; pero algunos podrían afirmar que constituyen, en expresión de Poe, un «velo» que se levanta entre los humanos y la realidad de la vida. ¿Son las víctimas del cáncer pancreático más sabias que las que sufren de cáncer de pulmón? ¿Obtienen los pacientes médicamente deprimidos algún beneficio notable en términos de una visión madura del mundo, cuando se comparan con otras víctimas, aquellas cuyas enfermedades no dan origen a un trastorno del ánimo? Si bien conservan alguna pizca de legitimidad, estas preguntas pueden, sin embargo, provocar incomodidad.

Las depresiones médicas clarifican completamente la naturaleza de la depresión. En efecto, estar deprimido es hallarse en la misma situación que una persona que ha sufrido pequeños derrames cerebrales o ha sido sometida a altas dosis de interferón. Estar deprimido es correr el riesgo de sufrir un ataque al corazón y una apoplejía. Estar deprimido es sufrir un deterioro que cabría calificar de enfermedad aunque no tuviera ningún efecto sobre el estado de ánimo.

Al igual que el modelo de estrés y envejecimiento, la idea que se desprende de las depresiones médicas hace que la enfermedad parezca deberse a una resistencia fallida. A fin de cuentas, la mitad de los pacientes que tienen cáncer de páncreas no sufren depresión. Incluso sin antidepresivos, una mayoría de pacientes con melanoma o hepatitis consiguen tomar dosis adecuadas de interferón durante un intervalo adecuado. El 40 por ciento de pacientes con ataques al corazón no muestran ningún síntoma de depresión. Frente a un daño totalmente abrumador, estos pacientes pueden (probablemente) seguir creando neuronas y estableciendo conexiones neuronales en el hipocampo.

Los mitos dan origen —provechosa, productivamente— a fantasías. La fantasía que entraña nuestro mito es la resistencia. Lo contrario de la depresión no es la indiferencia a la condición humana. Lo contrario de la depresión es una mente resistente, sostenida por un cerebro y un cuerpo resistentes. La resistencia implica una capacidad de enfrentarse a las amenazas y perseverar. Cuando hay resistencia, el corazón y los vasos sanguíneos funcionan de manera fiable frente a los desafíos físicos y psicológicos. Cuando hay resistencia, las neuronas se encuentran lejos de la destrucción, y crecen y brotan nuevas conexiones, permitiendo nuevos aprendizajes y mayor vigor frente a futuros factores estresantes.

15

LA RESISTENCIA

¿Qué hay que hacer para cumplir esa fantasía de la resistencia? La respuesta parecería simple: todo. Los programas que apuntan al abuso sexual infantil tienen el potencial de proteger mente y cerebro. Al igual que las iniciativas para prevenir la enfermedad de los vasos sanguíneos. Podríamos adoptar un punto de vista utópico según el cual las mejoras en la organización social se traducirán en ambientes menos estresantes para los niños, o para los humanos en general. Según este concepto, deberíamos reclamar una acción política, fuera cual fuese, que implicara una campaña contra el trastorno del estado de ánimo.

Pero los intentos para prevenir la depresión a través de intervenciones médicas sociales o generales tienen sus limitaciones. Algunas personas han nacido con una marcada predisposición a la depresión. En ellas, los niveles corrientes de estrés resultarán excesivos. Incluso para aquellas personas que no son especialmente frágiles, hay ciertamente demasiados caminos que conducen a los trastornos del humor. A menudo, el cambio social es lento; y el balanceo del péndulo no siempre va en la dirección correcta... Podemos fácilmente imaginar que la vida se está volviendo bastante más estresante.

Si hubiera que concretar una respuesta directa a la moderna interpretación de la depresión, ésta sería un esfuerzo por concebir instrumentos *generales* que bloquearan el camino que conduce del estrés a la lesión cerebral. Las intervenciones proporcionarían protección a las neuronas en riesgo, incluso en aquellas personas que viven en ambientes sociales adversos. Los tratamientos ideales ayudarían a la reparación y el crecimiento de nuevas células.

Este objetivo, de hecho, ha sido el motor de la investigación psiquiátrica durante la pasada década.

Durante los últimos cincuenta años, los farmacólogos han estado trabajando en modular la manera en que el cerebro procesa la norepinefrina y la serotonina. Los resultados han sido decepcionantes. Las nuevas medicaciones como el Prozac y el Paxil y los demás tienen sus ventajas... operan especialmente bien, por ejemplo, con la angustia social, y han mejorado el tratamiento de la depresión de bajo nivel. Pero los antiguos antidepresivos, desarrollados en los años cincuenta, son igualmente eficaces para acabar con los episodios depresivos.

Además, a lo largo de todo este medio siglo, los científicos han comprendido que la serotonina y la norepinefrina desempeñan como mucho un papel de apoyo en la biología y el trastorno del ánimo. La investigación sobre las hormonas del estrés ha constituido una alternativa muy ilusionante. Parte de una base de conocimiento sustancial... décadas de estudios de enfermedades endocrinas, apoplejías y envejecimiento. Y cumple con la promesa de prevención, aun en ausencia de un conocimiento completo sobre la naturaleza de la depresión.

La depresión puede estar influida por una serie de genes. La sensibilidad social podría causar depresión, y lo mismo podría hacer la insensibilidad social, si conduce a la soledad. Pero si corta el nexo entre las tensiones de la vida y la resultante fragilidad neuronal, se estará minimizando la traslación de ese potencial genético a la enfermedad. Si es verdad que algunas depresiones «médicas» —como la depresión causada por citocinas— actúan a través de la hormona del estrés, entonces un tratamiento que bloquee esta vía también podría proteger contra ellas.

Una manera de proteger al cerebro de las hormonas del estrés es impedir a las células que las produzcan. Las medicaciones que hacen ese trabajo se llaman antiglucocorticoides. (La primera hormona del estrés descubierta lo fue en el córtex suprarrenal, y su primera función conocida era modular la forma en que las células usan la *glucosa*; de modo que, desde el principio, las hormonas del estrés recibieron el nombre de *glucocorticoides*.) Los médicos tienen ya acceso a una serie de antiglucocorticoides, desarrollados para tratar cánceres, infecciones y trastornos hormonales. Pero los antiglucocorticoides suelen tener peligrosos efectos secundarios. Incluso su efecto principal, sofocar la respuesta de lucha-o-huida, es bastante inquietante: porque ¿durante cuánto tiempo aceptaríamos perjudicar al cuerpo en su capacidad para reaccionar a desafíos agudos? Con todo, resultaba difícil no preguntarse cómo podrían estas medicinas de fácil alcance afectar al curso de la depresión.

Los investigadores psiquiátricos comenzaron administrando breves tratamientos de antiglucocorticoides a pacientes cuyas depresiones no habían respondido a regímenes convencionales. En la mayor parte de los ensayos con los antiglucocorticoides, entre el 50 y el 60 por ciento de pacientes experimenta una notable disminución de su grado de depresión; otros pacientes muestran respuestas parciales. Este resultado es asombroso. Se considera que los antidepresivos convencionales tienen una tasa de respuesta del 60 al 70 por ciento, pero esta cifra se aplica a una gama amplia de pacientes. Los sujetos investigados en los estudios con antiglucocorticoides tienen una enfermedad que es refractaria a otros tratamientos. Lo que hace más notables los resultados es que no es muy evidente que los antiglucocorticoides hayan de resolver depresión alguna.

Algunos antiglucocorticoides bloquean la producción de hormonas esteroídicas. Generalmente, los pacientes se sienten mejor con las hormonas esteroídicas. Los pacientes que han recibido cortisona, para malestares como los producidos por la hiedra venenosa, a menudo dicen sentir una sensación de euforia, o incluso un poco de manía acompañada de irritabilidad. Esta respuesta puede ser especialmente notable en personas propensas a los trastornos del estado de ánimo. Y una pequeña infusión de glucocorticoides es capaz de inducir una sensación de bienestar en pacientes deprimidos que puede durar días. En teoría, el beneficio de las medicaciones que bloquean la producción de hormona del estrés debería limitarse a la prevención de mayor deterioro en las neuronas vulnerables. En términos de efectos corporales inmediatos, los antiglucocorticoides deberían hacerse sentir agotadas a las personas.

Pero los pacientes depresivos refractarios no experimentan ningún empeoramiento con los antiglucocorticoides. Los pacientes progresan y el cambio puede ser rápido. Aparentemente, el alivio de los efectos de las hormonas del estrés es tan importante que el efecto supera con creces cualquier malestar que los antiglucocorticoides pudieran provocar. La inesperada mejora en el estado de ánimo como respuesta a los antiglucocorticoides sugiere que las anomalías en la hormona del estrés pudieran ser un aspecto central en la depresión.

El enfoque no muy sofisticado de los problemas provocados por el sistema hormonal del estrés —a saber, pararlo— puede conducir a tratamientos útiles de los trastornos del estado de ánimo. Pero los investigadores confiaban en realizar intervenciones más sutiles. Quizás sería posible alterar las respuestas del cerebro a las hormonas del estrés sin dañar la capacidad general del cuerpo para responder a desafíos graves. En 1990, la vanguardia de la investigación se había trasladado de la modulación de la serotonina al bloqueo selectivo de los efectos en el cerebro de las hormonas del estrés. El objetivo principal era el factor liberador de la corticotropina, el CRF.

El factor liberador de la corticotropina fue descrito hace un siglo como una hormona que actúa sobre la glándula suprarrenal. Pero el CRF tiene una segunda serie de funciones... Activa directamente el sistema nervioso. En muchos animales, si se introduce CRF en el cerebro, o si se crea un individuo genéticamente modificado que produzca un exceso de CRF, se ven comportamientos parecidos a la depresión. Una serie de estudios señalan al CRF como un objetivo adecuado para la intervención en seres humanos. Los pacientes (humanos) deprimidos a menudo muestran elevados niveles de CRF en el líquido cefalorraquídeo, lo que es un indicador de exceso de CRF en el cerebro. Estudios en la autopsia de pacientes deprimidos no tratados descubrieron tres veces más neuronas secretadoras de CRF de lo esperado, según un patrón que sugería que neuronas que normalmente no producen CRF habían sido transformadas para hacerlo así. Muchos de los efectos (nocivos) en el cerebro que hemos atribuido a las hormonas del estrés son desencadenados por el CRF.

La investigación para bloquear los efectos del CRF empezó con ratas. En los roedores, el modelo de depresión provocado por estrés ha sido elaborado con detalle. La privación del cuidado materno en crías de rata, en momentos críticos de su desarrollo, se traduce en cambios crónicos en los sistemas de la hormona del estrés. Los efectos del estrés temprano en la conducta aparecen en la madurez. Si a esa edad el animal anteriormente estresado sufre un desafío, emerge un síndrome conductual que se parece a la depresión. Las ratas estresadas se muestran apáticas, socialmente reservadas, faltas de interés en estímulos generalmente atractivos para ellas, como el agua azucarada, y propensas (cosa que las ratas no estresadas no son) a consumir soluciones alcohólicas cuando se les ofrece. Exponer a ratas adultas a un estrés suave crónico tiene efectos similares. Cuando envejecen, las ratas estresadas manifiestan una pobre capacidad cognitiva en los tests laberínticos. Este síndrome parecido a la depresión puede ser invertido o prevenido por la administración de antidepresivos. Y con todas estas medidas, algunas ratas demuestran, sobre una base genética, ser relativamente inmunes a los desafíos que generalmente provocan síntomas.

En las ratas, el síndrome parecido a la depresión viene acompañado de la activación de unos genes que provocan la sobreproducción de CRF. Las ratas desarrollan receptores del CRF en partes del cerebro donde tales receptores estarían ausentes. Estas mismas ratas muestran una regulación alterada de su manejo de las sustancias químicas transmisoras implicadas en la depresión, es decir, la serotonina y la norepinefrina.

Y éste es un punto en que el daño al hipocampo quizás desempeña un papel. El hipocampo puede actuar como un freno en el sistema de la hormona del estrés. Si los niveles de hormona son elevados, el hipocampo envía «reacción negativa», desalentando a otras partes del cerebro a que produzcan CRF. Cuando el hipocampo está dañado, pierde esta capacidad de afinar las respuestas al estrés. Entonces otras partes del cerebro producen CRF y receptores del CRF, incluso en presencia de elevados niveles de hormonas del estrés. Los modelos con animales proporcionan argumentos en favor de la hipótesis de que el hipocampo dañado es un elemento en el interruptor atascado, la anomalía que expone al cerebro y al cuerpo a un exceso de hormonas del estrés.

Los científicos identificaron —y secuenciaron y clonaron— receptores del CRF en aquellas partes del cerebro de la rata implicadas en el mantenimiento del ánimo. Los investigadores trabajaron luego para crear «antagonistas» destinados a agregarse a un receptor específico del CRF e interferir su funcionamiento. La teoría era que, con un antagonista en su sitio, incluso si el cerebro producía exceso de CRF, encontraría pocos receptores abiertos. Las células no captarían el mensaje para producir un exceso de hormona del estrés. La producción de hormona disminuiría. Si el antagonismo fuera bastante específico, el medicamento produciría este efecto supresor de la hormona localmente en el cerebro, sin suspender las respuestas al estrés en todo el cuerpo. La rata se volvería relativamente inmune al estrés psíquico, a la vez que seguirá siendo capaz de desencadenar una respuesta a una infección o una herida.

En los modelos con ratas, el intento tuvo éxito en cada una de las fases. Los antagonistas del CRF interrumpen el círculo vicioso de estrés y daño. Cuando se administran estas sustancias químicas, los animales previa y doblemente estresados no muestran ni los síntomas de la depresión ni los indicadores de daño neuronal progresivo. Y sin embargo, las ratas pueden seguir produciendo la respuesta general de lucha-o-huida. Estas ratas reaccionan adecuadamente al estrés agudo, pero no muestran ningún síndrome semejante a la depresión.

Los laboratorios competían para crear bloqueadores del CRF que previnieran la depresión en los seres humanos. Gran parte de esta investigación se llevaba en secreto. Pero en la primavera del año 2000, un grupo del Instituto Max Planck de Munich comunicó los resultados de un experimento «prueba de concepto».

Habían administrado a veinte pacientes depresivos una medicación diseñada para bloquear un particular receptor del CRF, el CRF-1. Los receptores del CRF-1 no son un blanco tan específico como a los investigadores les gustaría... Están ampliamente distribuidos por el cerebro y el cuerpo. Pero el ensayo con el medicamento tuvo un éxito razonable. Aunque uno de los sujetos sufrió un dramático desenlace: mostró tendencias suicidas y abandonó el estudio. Casi todos los demás pacientes toleraron la medicación durante todo el ensayo: treinta días. Conservaron su capacidad (frente a un desafío químico estándar) de crear una respuesta normal al estrés. Y su depresión mejoró, a veces espectacularmente. En posteriores ensayos de control, el medicamento empleado en el experimento del Instituto Planck pareció causar daño al hígado. Pero en principio, el bloqueo selectivo del receptor de CRF funcionaba. Se podía interrumpir la transmisión del CRF en el cerebro, mantener la respuesta al estrés agudo en otras partes y disminuir los síntomas depresivos o acabar completamente con un episodio de depresión.

De haber causado el medicamento menos efectos secundarios, bien podríamos encontrarnos en la década del bloqueo de la hormona del estrés. En teoría, los antagonistas del CRF deberían funcionar para prevenir un trastorno de estrés postraumático, un trastorno del sueño relacionado con el estrés y una multitud de síndromes de angustia. Y, por supuesto, deberían impedir el proceso de la depresión, interrumpiendo los efectos de las hormonas del estrés sobre partes vulnerables del cerebro.

Seis laboratorios farmacéuticos han patentado compuestos que bloquean los efectos del CRF. En los mamíferos inferiores, estas sustancias penetran en el cerebro y bloquean los efectos de los agentes estresantes que, de lo contrario, producen síndromes parecidos a la depresión. Salvo posible desastre —y los desastres (como las tendencias suicidas, el daño al hígado) han sido corrientes en la investigación sobre los antagonistas del CRF—, llegará el día en que conseguiremos ver a estas sustancias en acción, en el tratamiento o la prevención de la depresión en los seres humanos.

Mientras tanto, algunos grupos de investigación se proponen metas imposibles. Robert Sapolsky, en particular, está llevando la ciencia a sus límites. Utiliza ingeniería genética para moderar los efectos de las hormonas del estrés sobre el cerebro.

El objetivo esencial de Sapolsky es el derrame cerebral. Recordemos que en la rata que está envejeciendo el daño causado por el derrame tiene lugar en dos oleadas. Primero, aparece la lesión aguda, provocada por una interrupción del flujo sanguíneo hacia una zona del cerebro. Después, llega el daño secundario, causado por la efusión de las hormonas del estrés. La labor de Sapolsky se centra en impedir esa complicación. La acción preventiva ideal se produciría lo más cerca posible de las células vulnerables. Las hormonas del estrés producirán los efectos que estuvieran destinados a tener en todo el cerebro y el cuerpo, pero las neuronas no morirían.

El trabajo de Sapolsky implica alterar las neuronas de manera que, cuando están estresadas, produzcan sustancias que impidan la muerte de las células. Sapolsky empieza con genes que fabrican neuroprotectores. Agrega estos genes a los virus y permite que los virus transporten los genes a la neurona. Los virus han sido modificados para que no puedan apoderarse de la célula y causar ulteriores infecciones. Pero Sapolsky se asegura de que el virus conserve alguna de sus especiales propiedades.

En su mayor parte, Sapolsky trabaja con el herpes simple, el tipo de virus que produce úlceras. Los virus del herpes invaden las neuronas... un requisito esencial para la tarea que Sapolsky quiere que realicen. Generalmente, los virus se multiplican luego para provocar una infección aguda... Ésta es la capacidad que la ingeniería genética elimina. Y entonces los virus permanecen latentes en la neurona, hasta que el organismo es estresado... en cuyo momento se ponen bruscamente en acción. Por ese motivo sufres una úlcera de herpes justo cuando todo lo demás de tu vida está yendo mal. ¿Y cómo saben los virus cuándo deben ponerse en marcha? Pues controlando los niveles de tus hormonas del estrés.

En el modelo de Sapolsky, el virus del herpes, despojado de su poder infeccioso, se instala en las neuronas hasta que su interruptor se ha disparado por su exposición a elevadas dosis de la hormona del estrés. Entonces el virus hace que la célula fabrique y libere, no virus, sino neuroprotectores. El sistema es bello y perfecto. En condiciones normales, la rata no sufre cambios... el virus sigue latente. Si se estresa levemente a la rata, sigue sin suceder nada. La activación del virus está sujeta a una demora en el tiempo. Pero si se comprime una arteria y se priva de oxígeno al cerebro de la rata, entonces, al cabo de unas horas, las neuronas de la rata están produciendo en profusión sustancias químicas protectoras. La apoplejía en el cerebro de la rata sigue siendo local. Frente a la misma agresión inicial, una rata de control (no protegida por el virus reconfigurado) sufre muchos daños cerebrales.

Estos inventos funcionan realmente. Frente a una diversidad de agentes estresantes, que simulan apoplejías, ataques al corazón y convulsiones, las ratas protegidas sufren sólo la mitad de las esperadas pérdidas celulares. En algunos modelos, donde las ratas desprotegidas pierden casi el 40 por ciento de las neuronas en una determinada región del cerebro, los animales a los que se había administrado la terapia de genes casi no pierden células.

Sapolsky está tramando medios cada vez más complejos para combatir el daño cerebral. Por ejemplo, ha creado una molécula que parece un receptor de la hormona del estrés por un extremo y un estrógeno por el otro. En el modelo de la rata en estudio, el estrógeno «repara» gracias al crecimiento de neuronas nuevas y a través de la arborización. Ahora, cuando se presenta un agente estresante, el cerebro de la rata produce esta molécula de doble objetivo. El «extremo posterior» de la molécula se impregna de la hormona del estrés. Y entonces «el extremo anterior» pone en marcha procesos de reparación. Cuanto más se topa con estrés (al menos, ésta es la teoría), más resistente se vuelve la rata.

Sapolsky es perfectamente consciente de que su modelo también podría usarse para proteger al cerebro de los mamíferos contra las causas y las consecuencias de la depresión. Y está ampliando su investigación para estudiar la neuroprotección en la enfermedad mental. Por razones técnicas, ha comenzado con aquellos síndromes en los que predomina la ansiedad. Pero ha producido ya genes portadores de virus que pueden descomponer los glucocorticoides o interferir con la acción de los receptores de los glucocorticoides en el cerebro. Esto es, ha establecido un principio en la terapia de genes antiglucocorticoides. Si cortamos en rodajas el hipocampo de los roedores, vemos que estos genes insertados protegen contra el daño de las hormonas del estrés sin interferir con la capacidad de las células para formar nuevas conexiones. Y los virus que transportan estos genes son aquellos que entran en acción sólo después de una exposición al estrés crónico.

Hay una gran distancia entre la teoría y la práctica. Tardará en llegar el momento en que alguien inyecte virus genéticamente manipulados en pacientes vulnerables a la depresión. Hay demasiados obstáculos... cuestiones de seguridad, problemas técnicos. Algunos virus genéticamente modificados, aunque sus efectos principales son beneficiosos, conllevan un riesgo de cáncer. Los virus no siempre se dirigen allí donde esperas que lo hagan. Por el momento, Sapolsky recurre al sistema de practicar un agujero en el cráneo de la rata e introducir virus localmente en las regiones pertinentes del cerebro.

Con todo, y por un concepto que parece de ciencia ficción, el proyecto de protección cerebral de Sapolsky es notablemente avanzado. Y como aborda un problema nada discutible —reducir el daño que causan los derrames—, esta especie de ingeniería genética es lo que tiene más probabilidad de avanzar sin impedimentos.

El trabajo de Sapolsky nos permite imaginar un futuro en el cual los pacientes depresivos, o las personas con una acentuada propensión a la depresión, podrían quedar protegidos por medio de la inserción de genes que, en un momento crítico, se pondrían en marcha para prevenir daño celular o fomentar la resistencia. El resultado podría ser, si no la extirpación de la depresión, sí al menos una espectacular interrupción de su progreso. Al llegar a la edad adulta, uno podría decidir adoptar genes neuroprotectores o genes inductores de resistencia. A partir de ahí, el grado de depresión no empeoraría, incluso frente a importantes pérdidas de seres queridos o quebrantos económicos humillantes. La depresión vascular de la vejez podría retrasarse. La depresión se haría menos corriente; frente a un único episodio grave, se emplearían medidas preventivas para impedir la reaparición de los síntomas.

En un determinado aspecto, los modelos preventivos que estamos empleando aquí y ahora son especialmente invasivos. Se me ocurre en primer lugar la psicoterapia, pero las medicaciones antidepresivas, en el sentido que modulan la personalidad, presentan un problema similar. Nos piden que cambiemos lo que somos, de una manera fundamental, a fin de atajar una particular enfermedad. Si nos paramos a pensar en ello, podemos encontrar bastante raro este enfoque. Al margen de la típica admonición de que hay que ser moderado en todas las cosas de la vida, característica de la medicina occidental, en su mayor parte los médicos no les piden a sus pacientes que modifiquen su personalidad para prevenir enfermedades. La función de la medicina es mantener a los pacientes libres de enfermedades, para que puedan vivir su vida de la manera como decidan, expresando libremente su personalidad. El ideal de la neuroprotección o la neurorresistencia permite a la psiquiatría unirse al resto de la medicina en esta postura moderada.

La belleza de esta fantasía, la fantasía de la resistencia, es que se da en la patología anatómica, en las células vulnerables de regiones escogidas del cerebro. Se inserta un gen que permanece latente la mayor parte del tiempo y sólo se activa frente al estrés... y, aun entonces, transcurrido un tiempo. La reacción del cerebro frente a agentes estresantes transitorios permanece invariable; el «interruptor» de respuesta al estrés funciona como siempre lo ha hecho, generando energía frente a los desafíos. Sólo cuando el estrés amenaza con superar y dañar a las neuronas, las células alteradas producen factores neuroprotectores. El punto en que la medicina «ataca» es cuando hay un mal funcionamiento del interruptor, su tendencia (en los genéticamente vulnerables, en los traumatizados) a permanecer demasiado tiempo en la posición de «encendido».

En este modelo, uno es quien es la mayor parte del tiempo... melancólico o animado, sintonizado o desorientado. Uno puede sentir inquietud, angustia, alienación y desesperación. Pero incluso tras unas pérdidas humillantes, el interruptor del estrés no se quedará atascado en la posición de «encendido». A su debido tiempo —y antes de que se encoja el hipocampo o se altere el córtex prefrontal— las hormonas del estrés se reducirán. No harán avanzar al sujeto hacia la depresión crónica.

La ingeniería genética de Sapolsky es especialmente atractiva porque opera cerca de la neurona que está en situación de riesgo. Pero hasta los menos elegantes intentos de investigación, aquellos dirigidos a bloquear la producción o recepción de los glucocorticoides, responden estupendamente a nuestra descripción de lo que es la depresión. Los inhibidores específicos del CRF están destinados a conservar intacto buena parte del sistema de respuesta al estrés, y, a pesar de todo, proteger al cerebro de los efectos de las hormonas del estrés. El objetivo es mantener el hipocampo en forma, lubrificar el interruptor de la respuesta al estrés, e, indirectamente, permitir que las neuronas crezcan y establezcan nuevas conexiones en respuesta a los acontecimientos del mundo.

16

El futurible de modular los efectos de las hormonas del estrés es o bien una visión utópica, o distópica, según la valoración que se haga de la depresión. En cualquier caso, es una fantasía científica. Pero es igualmente exacto decir que las capacidades imaginadas —proteger a las neuronas y fomentar su capacidad de formar conexiones— ya las tenemos de una manera rudimentaria.

Hoy en día, en su mayor parte los médicos tratan a los pacientes deprimidos con medicación o psicoterapia. O ambas. Y usamos los mismos recursos para prevenir recidivas. Nuestras intervenciones tienen graves limitaciones. Fracasan en algunos pacientes. Producen daño en otros. A menudo funcionan a medias, haciendo que los pacientes se sientan mejor, pero no bien del todo. Pero cuando tienen éxito, los antidepresivos y (de forma más especulativa) la psicoterapia pueden ser agentes que provoquen los mismos cambios que los científicos buscan en las investigaciones de vanguardia. Esta teoría, el hecho de que los tratamientos psiquiátricos funcionan porque confieren neurorresistencias, representa un cambio en la ortodoxia científica.

Desde principios de los años cincuenta hasta principios de los noventa, el modelo predominante de depresión y de tratamiento antidepresivo involucraba a los neurotransmisores como la serotonina y la norepinefrina. Aunque evidentemente contenía parte de la verdad, ese modelo era cada vez más problemático.

A finales de los años ochenta, una sustancia química llamada tianeptina se había convertido en una pequeña pega para los farmacólogos. Estructuralmente, la tianeptina es una variante de los tricíclidos, los medicamentos, como el Elavil, que figuran entre los primeros antidepresivos modernos. Desarrollada como un agente antiansiedad, la tianeptina resultó ser útil también para la depresión. (En Europa y Suramérica, se utiliza para tratar tanto la ansiedad como la depresión, con el nombre comercial de Stablon.) Lo que se sabía sobre la tianeptina ponía en entredicho la doctrina del neurotransmisor, que dice que más es mejor. El Prozac y sus primos son inhibidores de la recaptación de la serotonina... fabrican más serotonina disponible disminuyendo el ritmo al que las neuronas la absorben para volver a guardarla. La tianeptina era un intensificador de la recaptación de la serotonina... un fármaco que debería frenar la comunicación basada en la serotonina del cerebro. En mi conferencia de Copenhague, sobre cómo unas teorías del trastorno del estado de ánimo prosperan frente a pruebas contradictorias, incluí la eficacia de la tianeptina en la lista de ejemplos.

Posteriores estudios descubrieron que la tianeptina no interfiere en la transmisión de la serotonina en regiones críticas del cerebro. Pero antes de que estuviera probado, los investigadores habían tratado de localizar el mecanismo de acción de este «antidepresivo atípico». Usando una rata, descubrieron que la medicación fomenta la neurorresistencia. La tianeptina protege a las neuronas frente al estrés. En algunos estudios, roedores estresados tratados previamente con tianeptina mostraban realmente un crecimiento del hipocampo, en vez de una reducción. El tratamiento previo con tianeptina también prevenía los deterioros producidos por el estrés durante el proceso de aprendizaje para moverse por laberintos. El volumen aumentado del hipocampo (en ratas y musarañas a las que se había administrado tianeptina) se debe a dos factores, la aparición de conexiones entre células y la proliferación de células nuevas: neuroplasticidad y neurogénesis.

Un grupo del departamento de Psiquiatría de la Universidad de Yale, dirigido por Ronald Duman, un biólogo molecular, quiso averiguar si la tianeptina era atípica a fin de cuentas. Quizás muchos antidepresivos incrementan el crecimiento de las neuronas. Trabajando con ratas adultas, y empleando el mismo marcador de la proliferación celular, el BrdU que Fred Gage había utilizado en su demostración de neurogénesis en el cerebro adulto, el grupo de Yale estudió los antidepresivos convencionales. Seleccionaron un fármaco de cada clase estándar... uno que principalmente afecta a las vías de la serotonina, uno que afecta a las vías de la norepinefrina y, por último, uno que afecta a múltiples neurotransmisores. Estas distintas medicaciones, actuando inicialmente en diferentes circuitos del cerebro, tenían un efecto en común: todas aumentaban la neurogénesis. Las nuevas células eran a la vez neuronas y glía, en proporciones normales.

Una investigación posterior estudió en detalle los antidepresivos, como el Prozac, que aumentan la serotonina en el cerebro. En los modelos animales, estas medicaciones estimulan el crecimiento del hipocampo, bloqueando los efectos de las hormonas del estrés y aumentando los niveles de los factores de crecimiento celular.

Un científico (René Hen, de la Universidad de Columbia) trató de aislar la función de neurogénesis. Administró a unos ratones irradiación en el hipocampo a una dosis baja, que bloquea la formación de células nuevas pero no daña las células o altera el comportamiento. Los experimentos clave incluían un baremo para medir la ansiedad... la cantidad de tiempo que pierde un ratón antes de aventurarse a comer en un área extraña (es decir, nueva para ellos) brillantemente iluminada. En los ratones que no han sido irradiados, el Prozac estimula la neurogénesis y reduce el tiempo que el animal tarda en decidir alimentarse... hace menos ansiosos a los ratones. En los ratones irradiados, la neurogénesis es imposible... y el Prozac no funciona. Incluso bajo medicación, los ratones irradiados se contenían. La diferencia nada tiene que ver con el apetito; en una zona oscura, familiar, los ratones irradiados comen normalmente. Y el hipocampo es el sector crucial; irradiar otras partes del cerebro deja intacta la acción del Prozac. Diversos tests de alteraciones del humor en el ratón proporcionan similares resultados: el Prozac ofrece protección solamente cuando puede estimular formación de células nuevas en el hipocampo.

Los resultados de Hen sugieren que la acción de los antidepresivos puede depender del crecimiento de nuevas neuronas. Sus hallazgos pueden llevarnos a preguntar si la neurogénesis es crucial para recuperarse completamente de la depresión.

Podemos también preguntarnos si estos mecanismos de protección, reparación y crecimiento de nuevas células se aplican a los humanos... a pacientes que tratamos actualmente, con métodos actuales. Un indicio de que podría ser así surge de un reanálisis del estudio de Yvette Sheline sobre la duración de la depresión y la atrofia del hipocampo. Sheline volvió a sus registros, y del número total de días en que las mujeres se encontraban deprimidas, restó los días en que estaban en tratamiento con antidepresivos. Esa modificación condujo a un mejor «encaje» de los datos. La pérdida del volumen del hipocampo se correlaciona con el número de días en que una mujer se halla en un episodio depresivo. Y se correlaciona más todavía con el número de días en que está deprimida y sin tomar medicación.

Si esta línea de la investigación se mantiene —es decir, si los antidepresivos amortiguan los efectos del estrés, protegen el hipocampo y estimulan la neuroplasticidad y la neurogénesis—, entonces, pese a todas sus imperfecciones, las medicaciones que usamos hoy en día guardan una sorprendente semejanza con los tratamientos que los investigadores están buscando. En efecto, los antidepresivos son factores de neurorresistencia (muy defectuosos).

Entre paréntesis, este modelo de cómo funciona la medicación ha sido empleado para explicar por qué los antidepresivos son relativamente ineficaces para los adolescentes. Tradicionalmente, esta diferencia se atribuía a las incertidumbres del diagnóstico. En los jóvenes, la depresión no tiene la misma forma predecible que en los adultos; el síndrome se construye en torno a una densa tristeza, alteración del sueño y todo lo demás. Pero esa variación sintomática puede reflejar aspectos químicos y anatómicos; los depresivos muy jóvenes a menudo no muestran el reducido volumen del hipocampo, organización prefrontal alterada, elevados niveles de hormona del estrés y freno de la neurogénesis, que son comunes en los adultos deprimidos. En consecuencia, el cerebro requiere tal vez una forma diferente de reparación. Este hilo de pensamiento es altamente especulativo; a fin de cuentas, los estudios muestran que el Prozac puede usarse para tratar la depresión en los adolescentes, y, en algunos estudios, las diferencias en el hipocampo son evidentes desde una temprana edad. Pero el interés de los investigadores en esta discusión indica cuán seriamente se toman la hipótesis de que los antidepresivos funcionan incrementando la neuroprotección y la neurorresistencia.

Que la psicoterapia pueda reclamar estos beneficios queda aún menos claro. Y aquí yo debería tal vez admitir algunos prejuicios. Soy un psicoterapeuta entusiasta. Mi primer libro, *Moments of Engagement*, es el elogio de unas terapias elaboradas individualmente en una era en que los tratamientos se han producido en serie. El tercero, *Should You Leave?*, alardea de terapias pasadas de moda, que he coleccionado y sigo utilizando. Durante quince años, impartí un seminario obligatorio que presentaba la psicoterapia individual a los residentes de psiquiatría de la Universidad Brown. Aun con pacientes como Margaret, que se quejaba de que yo había negociado con un extraño, incluso cuando temo que estoy metiendo la pata, considero que la psicoterapia es un elemento esencial en el tratamiento de la depresión. Parece limitada... ni de lejos tan creativa como la investigación sobre medicación, ni tan importante en sus contribuciones a nuestro concepto de lo que es la depresión.

La mayor parte de la investigación en psicoterapia durante la pasada década se ha centrado en la eficacia. El estudio típico demostrará que un breve tratamiento con una terapia conceptualmente simple puede acortar un episodio de depresión. En conjunto, la investigación sugiere que, en la depresión moderada, la psicoterapia funciona aproximadamente tan bien como la medicación. En los pacientes traumatizados en su temprana infancia, las psicoterapias pueden desempeñar un papel importante. En la depresión mayor —más síntomas, mayor duración, más riesgo de suicidio—, las psicoterapias no funcionan tan bien como la medicación, aunque pueden contribuir. La combinación de antidepresivos y psicoterapia es muy efectiva. Al igual que los de la medicación, los beneficios de la psicoterapia pueden desvanecerse una vez que el tratamiento termina; una psicoterapia de seguimiento o de continuación —una serie de sesiones de refresco— ayuda a prevenir la recaída o la reaparición.

Pero los hallazgos no son uniformes. En algunos de los estudios mayores —el financiado por el Instituto Nacional del Corazón, los Pulmones y la Sangre es un buen ejemplo—, la psicoterapia sólo ha generado mediocres resultados.

Y, conceptualmente, la investigación de la pasada década ha sido vulgar. A finales de los años ochenta, ya se había determinado que la psicoterapia ayuda a los pacientes moderadamente deprimidos. Gran parte de la reciente investigación parecía ser más bien la respuesta a una necesidad política... la necesidad de convencer a las compañías de seguros sanitarios de la importancia de una modalidad por la que no les agrada pagar.

Sólo recientemente han tratado los investigadores de integrar la psicoterapia en el modelo de depresión de resistencia fallida. El estudio más importante descubrió que, tras quince o veinte sesiones de una terapia centrada en modificar modos de pensamiento autocríticos, aquellos pacientes deprimidos que mejoran muestran un incremento de la utilización de la energía en el hipocampo. Los cambios ocurridos en otras partes del cerebro son diferentes de los que se ven en el tratamiento antidepresivo... lo que indica quizás una secuencia distinta de recuperación, y sugiere la razón por la que la medicación y la psicoterapia se complementan mutuamente en el restablecimiento de la salud. Estos y parecidos estudios se centran en la función cerebral más que en los cambios físicos.

Por supuesto, la investigación en psicoterapia se ve limitada por la ausencia de un buen modelo animal. ¿Qué se corresponde, en ratones y monos, con una adecuada interpretación? Elizabeth Gould, la investigadora que descubrió la neurogénesis en los primates, ha estudiado los efectos de «ambientes enriquecidos» muy recientemente en titís, monos del tamaño de una pelota de *softball*, adecuados para la investigación de laboratorio.

El sistema corriente de enjaulado de los animales de investigación es aislado, insulso, constreñido y muy poco estimulante. Gould les da a sus monos más espacio, más juegos y más individuos iguales con los que jugar; esconde la comida, de manera que los monitos sientan el placer de la búsqueda. El modelo de investigación implica traumatizar a una madre preñada con ruidos que sobresaltan. La descendencia enjaulada de forma convencional muestra deterioros en la neuroplasticidad y la neurogénesis... y el ambiente enriquecido ayuda a prevenir o corregir estos déficits.

Como la propia Gould declara, resulta difícil saber si deberíamos pensar en un enriquecimiento como la psicoterapia, o si (como es razonablemente probable) deberíamos suponer que el enjaulado corriente constituye un estrés ulterior impuesto a los monos vulnerables *in utero*. Pero el trabajo de Gould es muy sugestivo. Parece apoyar lo que esperamos que sea cierto, que unos ambientes benignos aceleran la recuperación. La psicoterapia podría constituir, o ayudar a los pacientes a crear, dicho ambiente.

Saber algo de lo que desearíamos saber sobre psicoterapia podría requerir nueva tecnología... Imaginemos un dispositivo de imágenes que pudiera seguir cambios detallados en el cerebro en tiempo real. Pero líneas de investigación aparentemente sencillas sólo recientemente han pasado a formar parte del orden del día en la agenda de los investigadores. Por ejemplo, cuando la psicoterapia ayuda a prevenir recidivas en la depresión, ¿es porque los pacientes se comportan de manera diferente y por tanto buscan menos adversidades? ¿O la terapia hace que un determinado agente estresador haga menos probable una recaída? Un cuidadoso estudio sugiere que la terapia puede «reducir la potencia de las experiencias para provocar recidivas». Pero en su mayor parte, la investigación en psicoterapia ha descuidado las cuestiones del mecanismo. Si la terapia hace resistentes a las personas, ignoramos por qué.

En relación con nuestro mito de la depresión, quizás la pregunta importante pendiente de respuesta es mecánica: ¿afecta la psicoterapia a la estructura del cerebro?, y ¿cómo?

Reconozco cierto despecho en mi actitud hacia los estudios de psicoterapia. La terapia merecedora de ese nombre, he pensado siempre, debería conducir a desvanecer mentiras y defensas, a un enriquecimiento de la vida emocional y un nuevo descubrimiento del yo. Las técnicas necesarias para dichas tareas serían difíciles de reflejar en manuales operativos. Los tratamientos realmente íntimos podrían requerir que el terapeuta asumiera una actitud de desconocimiento activo; la aptitud crucial podría ser una capacidad de modular la distancia interpersonal. De manera que el terapeuta pudiera, en un momento dado, suministrar empatía y, al siguiente, retirarse y dejar espacio para la exploración privada del paciente. Siempre he sido partidario de la investigación naturalista, como si fuera un proceso, sobre los mecanismos de acción de la psicoterapia tal como generalmente se practica. Pero la profesión ha dedicado sus energías a unos tests de tratamientos que son fáciles de enseñar y evaluar.

Me preocupa la idoneidad de la investigación en psicoterapia para los pacientes que veo. Muchos de ellos viven ya en ambientes comprensivos y estimulantes; buscan ayuda porque su estado de ánimo no se corresponde con sus circunstancias. Estos mismos pacientes pueden estar familiarizados con las interpretaciones y los ejercicios de las terapias sencillas. De hecho, estos pacientes pueden haber fracasado en un programa de tratamiento —terapia cognitiva— destinado a prepararlos para evitar unos hábitos de pensamiento que socavan la propia confianza. ¿Proporcionan nuestros esfuerzos adicionales —la larga y detallada investigación, la atención a los aspectos de sentimiento y memoria difíciles de reconocer— más ayuda o una ayuda diferente? Hay muchas cosas que nos gustaría saber.

En la práctica, en el tratamiento de la depresión mayor, casi siempre combino medicación con psicoterapia. Imagino que aflojando el interruptor atascado, y permitiendo la arborización dendrítica y nuevo crecimiento celular, los antidepresivos facilitan el aprendizaje que la psicoterapia orienta. Los teóricos que trabajan en la neurogénesis han sugerido que la terapia puede ayudar a dirigir la colocación de nuevas neuronas, y con ello hacer más útil el desarrollo celular estimulado por la medicación para la persona que se está recuperando de la depresión.

En cuanto a los depresivos, supongo que la psicoterapia tiene diversos beneficios. Utiliza una modalidad que muchos de ellos conocen bien, el autoexamen, para ayudarlos a moderar ideas y sentimientos autodestructivos. Ofrece habilidades y preparación que permite a los pacientes deprimidos crear un entorno social más fiable y por tanto sufrir menos pérdidas. Proporciona un escenario en el que el deprimido puede bajar la guardia y desmoronarse... para poder «aguantar el tipo» en casa y en el trabajo. Los cínicos han sugerido que la psicoterapia es el equivalente humano de las conductas de acicalamiento de los monos, una oportunidad de que los primates se sienten juntos pacíficamente y experimenten los beneficios de la integración social. No descarto esa posibilidad.

En general, los futuros científicos, al echar una mirada retrospectiva a nuestros tratamientos contemporáneos de la depresión, quizás los consideren como «inventos del tebeo». Un paciente entra en una relación psicoterapéutica. El tratamiento le hace sentirse más seguro y más competente socialmente. En términos animales, su cerebro interpreta ese resultado como una mejora en su situación o jerarquía sociales. Ese desafío facilita la liberación de serotonina, una sustancia química que es elevada en los primates socialmente dominantes. La serotonina favorece a su vez la producción de factores neurotróficos como el BDNF. Esos factores protegen a las neuronas del hipocampo de los efectos de las hormonas del estrés. Los mismos factores fomentan un brote dendrítico y formación de nuevas células. El hipocampo y las otras áreas cerebrales del circuito del humor empiezan a recuperarse. Entran en juego mecanismos de retroalimentación. Descienden los niveles de hormona del estrés, se alcanza un nuevo equilibrio y el episodio de depresión termina. La medicación antidepresiva —por ejemplo, el tipo que permite un uso más eficiente de la serotonina en el cerebro— empieza solamente medio escalón más cerca del requisito para el tratamiento eficaz: la neurogénesis.

Esta extraña descripción (de la psicoterapia en particular) sitúa a la neurogénesis en el centro del proceso de recuperación. Podría ser. En un atrevido trabajo teórico, Fred Gage y sus colegas han sugerido que «los altibajos de la neurogénesis en la formación del hipocampo son factores causales importantes, respectivamente, en la precipitación y la recuperación de los episodios de depresión clínica».

Esta especulación puede poner un límite a nuestras fantasías sobre progresos en la psicoterapia. Si bien las curas a base de charlar son efectivas, es, sin embargo, improbable que imaginemos un enfoque que sea mucho más útil que aquellos ya desarrollados, en términos de su poder para inducir neurogénesis. Teniendo en cuenta las múltiples causas de la depresión, un proceso más sustancial puede requerir una intervención biológica que ejerza un efecto protector directo cerca de la neurona vulnerable. Con todo, es interesante pensar que nuestras actuales medicaciones y psicoterapias pueden funcionar —si bien indirectamente— aumentando la neurorresistencia. El proyecto utópico, erradicar la depresión protegiendo las partes vulnerables del cerebro, puede ser sólo una extensión de lo que hacemos ahora, cuando lo hacemos bien.

En esta descripción de lo que es la depresión, he presentado un solo mito, que conduce del estrés al daño celular, vía problemas con los mecanismos de retroalimentación y los factores de neurorresistencia. En verdad, este modelo coexiste con otros rivales. Otras regiones del cerebro pueden ser tan importantes como el hipocampo en la historia de la depresión. Hay una diversidad de neurotransmisores que están siendo objeto de atención. Pero pienso que es justo decir que alguna versión de las hipótesis que proceden de los estudios que hemos revisado —el trabajo de Rajkowska, Sheline, Sapolsky, Kendler, Gage y otros— influye en la mayor parte de los conceptos de depresión que están seriamente considerados hoy, así como en la mayor parte de la investigación que está en marcha. Toda descripción viable incluirá una atención a la predisposición genética, los traumas en la vida temprana, las posteriores adversidades, las agresiones diversas a las neuronas, el daño anatómico, la poda y el nuevo brote neuronal y el crecimiento de nuevas células.

Calificar de mito el modelo de depresión de estrés-y-resistencia es conceder por anticipado que hay un montón de detalles que requerirán revisión. El modo en que tratamos o prevenimos la depresión cambiará a medida que lo hagan las evidencias y nuestros instrumentos. Pero para muchos fines, es la *forma* de la historia lo que cuenta. Solamente una revisión muy extensa de nuestro mito cambiaría las implicaciones prácticas de las políticas públicas... los protocolos de una temprana identificación, una vigorosa intervención y cosas así. Estos temas (y otros más abiertamente políticos como la flexibilidad en el trabajo y la paridad con otras enfermedades en la cobertura del seguro) se debatirán en el contexto de una versión de *lo que es* que se parece a la que tenemos ante nosotros.

Lo mismo ocurre por lo que se refiere al tema que nos interesa aquí: el papel social de la depresión. Si la depresión tiene su origen, o causa anormalidades en el cerebro, si conlleva previsibles sufrimientos, si se traduce en un progresivo deterioro de la función mental, si produce enormes costes económicos, si conduce a enfermedades importantes en lo que la psiquiatría llama órganos periféricos, como el corazón, si la depresión acorta la vida, si tiene importantes apoyos genéticos, si es un trastorno de resistencia fallida, si es tratable o prevenible... entonces la depresión adquirirá, como creo que está logrando ya, completamente la categoría de enfermedad. No solamente en la medicina sino también en la vida diaria, entender la depresión como una patología se convertirá en un hábito mental.

LO QUE SERÁ LA DEPRESIÓN

17

EL FIN DE LA MELANCOLÍA

Una manera de señalar la importancia de los recientes hallazgos de la investigación es decir que resuelven una polémica tan antigua como la medicina occidental. En el siglo V o IV antes de Cristo, Hipócrates intentó definir como médicas una serie de dolencias que podrían ser entendidas como espirituales. Entre ellas figuraba un trastorno de los estados de ánimo, un exceso de bilis negra (o melancolía), que cuando afectaba al cuerpo provocaba ataques epilépticos, y cuando lo hacía a la mente causaba abatimiento. Hipócrates sostenía que la melancolía es una enfermedad.

Las categorías de diagnóstico de Hipócrates no son las nuestras. La melancolía iba más allá de la depresión. La melancolía era responsable de las hemorroides, las úlceras, la disentería, algunas erupciones de la piel y enfermedades de los pulmones y del pecho. La melancolía incluía el frenesí de la manía y la esquizofrenia.

Una por una, cada una de las dolencias que Hipócrates incluía bajo la etiqueta de «melancolía» resultó ser tan absolutamente médica como cualquier otra enfermedad que pudiera haber mencionado, o que pudiéramos indicar nosotros hoy. La última pieza, la depresión, ha ocupado su lugar.

La postura contraria, la creencia de que Hipócrates se estaba contradiciendo, ha adoptado muchas formas, religiosas y seculares. Su más influyente expresión se halla en un documento que es en sí mismo ampliamente científico, los *Problemata Physica*. Los *Problemas* es una discusión, en forma de preguntas y respuestas, de enigmas de matemáticas, biología, astronomía y física. Fue durante mucho tiempo atribuida a Aristóteles, pero la versión superviviente, que procede del siglo II antes de Cristo, se considera actualmente que fue escrita por sus seguidores, que incorporaron tal vez parte de los escritos del maestro. Los *Problemas* incluyen preguntas insuficientemente respondidas hasta el día de hoy: «¿Por qué los jóvenes, cuando comienzan a tener relaciones sexuales, aborrecen a aquellas con quienes han estado, después de terminar el acto?»

En el tercer libro de los *Problemas,* el autor pregunta por qué los hombres excepcionales —filósofos, hombres de estado, poetas, artistas, educadores y héroes— se muestran tan a menudo melancólicos, algunos hasta el extremo de la enfermedad. Entre los antiguos, los caudillos como Hércules, Ayax y Belerofonte eran melancólicos; más recientes ejemplos citados en los *Problemas* son Sócrates y Platón y el general espartano Lisandro. La respuesta es que demasiada bilis negra conduce a la locura, pero una moderada dosis crea hombres «superiores al resto del mundo en muchos sentidos». El argumento global en esta sección de los *Problemas* tiene una forma estándar, aludiendo al término medio donde está la virtud. Pero el retorcido esfuerzo necesario para hacer que la teoría (de la moderación) encaje con la observación (de grandes hombres) sugiere que la melancolía era molesta para la filosofía griega; la respuesta es una de las más largas en la colección de respuestas al problema. Vista sencillamente, la melancolía es un extremo, no un punto medio. Un buen número de los «hombres excepcionales» enumerados como ejemplos estaban locos; una bilis, no moderada, sino *excesiva* puede conferir superioridad.

Así nació la tradición de la melancolía heroica. Seguramente existía ya alguna versión de esta idea. Hipócrates parecía estar respondiendo a la idea de que la melancolía es inspiración o posesión. Pero la formulación específica en los *Problemas,* lo melancólico como algo excepcional —espléndido e imaginativo—, ha tenido un largo alcance. Cuando los maridos atribuyen refinamiento a sus esposas deprimidas, y cuando estas mujeres deprimidas se atribuyen un juicio superior que está íntimamente relacionado con su trastorno del estado de ánimo... esa familiar secuencia evoca a los *Problemas.* La pregunta «¿Y si?» se remonta a hace dos milenios. Si la melancolía era evitable —si las estrellas hubieran estado alineadas de manera diferente— ¿habría desafiado Ayax a Héctor en singular combate?

Tras la publicación de *Escuchando al Prozac*, imaginé que si volvía a escribir sobre el trastorno del estado de ánimo sería para seguir la pista de las nociones clásicas de la melancolía... y en particular la creencia de que la melancolía es más, o es menos, que una enfermedad. Este proyecto me atraía porque con frecuencia tenía la impresión de que, cuando hablaba de tratar la depresión, estaba hablando de dos mil años de elaboración de la melancolía heroica.

Los griegos, y las culturas que los sucedieron, se enfrentaban a la depresión desarmados. Desmenuzar la enfermedad mental, localizar sus distintas patologías y documentar su daño... Estas tareas requieren una compleja tecnología. Incluso hoy día, apenas poseemos los medios. El tratamiento siempre ha sido difícil. La depresión es común y abarca el ciclo de la vida. Cuando añades a ello la manía y la esquizofrenia y la epilepsia, por no mencionar las hemorroides, incluyes una buena parte de lo que la humanidad sufre en conjunto. El *impasse* reclama la elaboración del mito. Algo hay que hacer con la melancolía. Y luego ese algo adquiere una vida propia. Los poetas se llaman a sí mismos melancólicos. Escriben sobre sus depresiones. Elogian los poemas escritos desde el estado melancólico. Y dos mil años es mucho tiempo.

La depresión se convierte en una metáfora universal, que sustituye al sufrimiento culpable y al inocente, al desenfreno y al sacrificio, a la inferioridad y al refinamiento. El rostro y el hábito de la depresión se convierten en posturas estándar en el retrato, conformando imágenes de belleza, sabiduría y madurez. Se construyen estructuras narrativas en torno al descenso en la depresión y sobre su recuperación. Poesía romántica, biografía religiosa, opúsculos inspirados, la novela del autodesarrollo juvenil, la gran ópera, el blues... la depresión es una aflicción que inspira no sólo arte, sino formas artísticas.

Nos encontramos dentro de la tradición de la melancolía heroica. Somos peces juzgando al océano. Por eso es tan difícil saber cómo interpretar las afirmaciones a favor de la depresión. Tal vez la pregunta «¿Y si?» debería hacerse más ampliamente. ¿En qué medida hemos considerado el arte según su éxito como un talismán contra, o consuelo frente a, este temido estado, la melancolía? ¿En qué medida se han visto influidos nuestros gustos por dos mil años de impotencia terapéutica? ¿Cómo sería el arte si la depresión hubiera sido más fácil de tratar o de prevenir?

La historia cultural de la depresión es la historia de la cultura. Los académicos han abordado la tarea repetidamente, a sus meticulosas maneras. El resultado ha sido muchos libros voluminosos, cada uno de ellos sobre un tema diminuto. Solamente un mosaico de grandes libros, sólo una biblioteca, abarcaría todo el territorio.

En 1964, los historiadores de arte Raymond Klibansky, Erwin Panofsky y Franz Saxl publicaron una obra que se convirtió en modelo para la redacción de la historia intelectual. Su *Saturno y la melancolía* es una extensión de una primera monografía (1923) escrita por Panofsky y Saxl sobre una sola imagen, un grabado de 1517 de Alberto Durero titulado *Melancolía I*. La longitud del texto ampliado, más de 400 páginas de gran tamaño sobre el significado de esta sola imagen de Durero, habla de la densidad de los motivos simbólicos que prevalecían en el siglo XVI: bolsa, llaves, cabeza caída, puño apretado, tez oscura, perro, brújula, cuadrado mágico, cepillos para desbastar, poliedro, campana, reloj de arena, balanzas, ángel. Ocultas y visibles son las referencias a los nexos de la melancolía con la pereza, la avaricia, la riqueza, el poder, la fatiga, la arrogancia, la ira, el engaño, el intelecto, la imaginación, el juicio, la literatura, la geometría, la astrología, la artesanía, el aislamiento, la constancia, el mal de amores, la dilación, el éxito, el envejecimiento, la cristiandad y el genio. Aunque el retrato es de una mujer, se traslucen indicios de una autorreferencia. Durero es un melancólico heroico. El grabado es una autopatografía.

Cuatrocientas páginas, entonces, para explicar una descripción de la melancolía. Y luego están los grandes actos de síntesis erudita. El gran sociólogo alemán Wolf Lepenies estudió detenidamente escritos médicos y políticos del Renacimiento y la Ilustración para demostrar que las nociones de utopía proceden, vía negación, de las teorías de la depresión.

Robert Burton escribió su *The Anatomy of Melancholy* en una Inglaterra de comienzos del siglo XVII, cuando la monarquía estaba en transición. Para Burton, la depresión es un trastorno de la mente vinculado con un trastorno del yo y del ser: vicio, impiedad e inseguridad. Burton defiende una solución utópica: «menos leyes, pero éstas mantenidas con firmeza, expuestas claramente, para que todo hombre pueda comprender». Cuando la vida política esté bien organizada, la melancolía no florecerá. Pero en la Francia de mediados del siglo XVII, cuando la monarquía usaba la tediosa rutina del salón para mantener a la aristocracia en una jaula dorada, las ideas utópicas se dirigieron hacia la vuelta a la naturaleza, o hacia la soledad, la contemplación, el individualismo y la resistencia política. En los escritos del duque François de la Rochefoucauld y otros, el orden ofende al espíritu, y el desorden estimula la curación. Éstos son los dos polos de las soluciones sociales a la melancolía... trabajo u ocio, obediencia o rebelión, integración o alienación, credulidad o cinismo, calma o turbulencia.

El mensaje de estos eruditos es: que crecen formas fantásticas en este irritante grano de arena. Los ideales de la educación cívica, la belleza, la sabiduría, la religión y la moralidad cobran forma en torno a las teorías del ánimo y del trastorno del ánimo.

El gran florecimiento de la melancolía tuvo lugar en el Renacimiento, cuando los humanistas redescubrieron los *Problemas*. A finales del siglo XV, en Florencia, prospera un culto de la melancolía entre los seguidores del humanista Marsilio Ficino. Su tratado sobre la salud, *Los tres libros sobre la vida*, vincula la melancolía con el intelecto. Las personas cultas tienden a ser melancólicas por naturaleza; en caso contrario, se vuelven melancólicas como un gaje del oficio, a través de la inactividad, la soledad, el estudio y la agitación de la mente.

La melancolía a la que se refería Ficino era el primer nivel de una enfermedad médica, bien descrita por los antiguos. La enfermedad concreta a la que llamamos depresión era un elemento primordial. Rufo de Éfeso y Galeno de Pérgamo, que escribieron en el siglo II, produjeron impresionantes obras de observación, describiendo a pacientes deprimidos que hoy podríamos reconocer. Por supuesto, la melancolía iba acompañada de flatulencia y venas hinchadas y frialdad de las extremidades en el extremo inferior, como síntomas menos graves y, en el otro extremo, coma y parálisis. La hipocondría (el trastorno de órganos, como el bazo y el hígado, que se asientan bajo el *condrium*, o diafragma) era melancolía. La histeria, una aflicción del útero, empezó como una enfermedad separada, pero pronto se fusionó con la melancolía. En el Renacimiento, casi todas las formas de locura eran melancolía.

Las descripciones de la mente y el cerebro seguían basadas en los humores, los fluidos corporales producidos por los órganos digestivos y circulatorios en respuesta tanto a la dieta como a los movimientos de los planetas. Una sola teoría abarcaba patología, psicología normal, fisiología, astrología, economía política y espiritualidad, de modo que en cada época, las nociones de jerarquía civil, pecado e influencia planetaria inpregnaban las descripciones de la melancolía mórbida.

Pero el curso y el síndrome de la depresión estaban muy presentes. Los médicos comprendían que los episodios de melancolía se repiten y empeoran con el tiempo. Sabían que la melancolía provoca envejecimiento prematuro, que formas distintivas de melancolía emergen en la vejez, y que la melancolía conduce a enfermedades del corazón. Si lo buscamos, y desde luego podemos buscar en exceso, ahí en los confusos relatos de melancolía, está la depresión moderna, junto con unos sólidos y sabios consejos sobre la manera de manejarla.

Hay un detalle de esta literatura que me atrae especialmente. Mientras estaba preparando un ensayo sobre las regulaciones federales que requieren que las empresas traten la depresión como cualquier otra discapacidad médica, me tropecé con un pasaje de las obras de Santa Teresa de Ávila. Se trata de la misma Santa Teresa, la monja carmelita española del siglo XVI, cuyo sentido práctico ofendería más tarde a William James. Escribiendo sobre la administración de los conventos de monjas, Santa Teresa se ve inducida a examinar la depresión. En las versiones menores, donde las hermanas desobedecen, ella recomienda castigo, para restaurar la conformidad. Pero Santa Teresa considera la melancolía una enfermedad gravísima. Como las que están gravemente afectadas no lo están por culpa suya, ella sugiere algo así como mostrar flexibilidad en el lugar de trabajo:

> Mas puede la priora no las mandar lo que ve han de resistir, pues no tienen en sí fuerza para hacerse fuerza; sino llevarlas por maña y amor todo lo que fuere menester, para que, si fuese posible, por amor se sujetasen, que sería muy mejor y suele acaecer, mostrando que las ama mucho, y dárselo a entender por obras y palabras. Y han de advertir que el mayor remedio que tienen es ocuparlas mucho en oficios para que no tengan lugar de estar imaginando, que aquí está todo su mal, y aunque no los hagan tan bien, súfranlas algunas faltas, [...] y procurar que no tengan muchos ratos de oración, aun de lo ordinario; que, por la mayor parte, tienen la imaginación flaca.

La disciplina espiritual es suprema, pero un líder hábil puede evitar crisis merced a una previa y simultánea modificación de las exigencias. Teresa de Ávila explica que ella dedica mucho tiempo a esta enfermedad porque es crónica y progresiva. Ella contempla la terminación del episodio actual como una medida preventiva, para alejar un futuro deterioro.

Los enfoques humanos al trastorno del estado de ánimo aparecen y se desvanecen. Pero la otra tradición, la melancolía heroica, se torna aún más elaborada, aún más un elemento de lo obvio... lo que sabemos exactamente sobre la naturaleza humana. Desde Florencia (y la escuela de Ficino), el culto a la melancolía penetra en Inglaterra a través de los «viajeros italianizados», aristócratas presumidos que se llamaban a sí mismos artistas y eruditos y afectaban la actitud y la vestimenta melancólica.

En ocasiones, éstos están enfermos de amor. Hace un siglo, un detective literario llamó la atención de los académicos hacia una maravillosa confusión, desde los tiempos medievales en adelante, que implica el término *hereos*. Deriva de Eros, el dios griego del amor, pero *hereos* se lee erróneamente como *heros,* de manera que la enfermedad de Eros se confunde con la enfermedad de los héroes, para crear una forma de melancolía que abarca a la vez la enfermedad del amor y la nobleza. Afligido por el amor-melancolía, el hombre ve, en su superficie, la vanidad de la condición humana. «La bilis —señala un comentarista— es una sustancia corrosiva que quita el velo de la pretensión humana y permite a la víctima ver el mundo tal como es realmente.» La melancolía es un don divino que confiere conciencia de superficie y profundidad.

Una segunda tradición clásica se funde con la melancolía heroica. Adeptos de las antiguas escuelas griegas de filosofía moral —estoicos, cínicos, escépticos, epicúreos y aristotélicos— buscaban maneras de evitar el dolor que sigue a las pérdidas. Los filósofos fueron primeramente psicoterapeutas, y su prescripción preventiva para la depresión era la *ataraxia*, el sereno desapego. El hombre reflexivo evita las pasiones perjudiciales limitando sus compromisos emocionales. La ataraxia es un estado de satisfacción, pero justo lo indispensable. Se trata de una serena desconfianza hacia los compromisos íntimos y una conciencia constante de los sufrimientos de la vida. Estar preparados contra la desgracia es ser conscientes de las injusticias, malentendidos e imposibilidades que corrompen nuestras relaciones entre nosotros, así como con la naturaleza y con el yo. Esta profilaxis contra la descompensación del Renacimiento se parece mucho a la depresión. El melancólico se funde con el filósofo, dueño de sí mismo, de modo que la depresión se convierte en la imagen misma de la sabiduría.

En verdad, los textos del Renacimiento se contradicen a sí mismos. Lawrence Babb, la gran autoridad sobre la melancolía en la Inglaterra de Shakespeare, afirma en *The Elizabethan Malady* que esta confusión no es algo que, mirando retrospectivamente, impongamos a la obra. La dificultad de los isabelinos es una extensión de la de los griegos. Los argumentos a favor de moderadas dosis de bilis negra coexisten con ejemplos en donde un exceso de bilis negra conduce a la grandeza.

Según la moda de los tiempos, la melancolía reflexiva cede su lugar preferente a una irritante variable. La moda de la melancolía exige amargura. Londres es testigo de una plaga de «insatisfechos melancólicos». Son tan numerosos que Thomas Nashe, el escritor de sátiras del siglo XVI, recurre al diablo para «poner un poco de orden, de manera que las calles no estén tan plagadas de ellos». Los jóvenes estudian la melancolía «tal como uno aprende un juego o un baile».

Según Babb, el «insatisfecho viste generalmente de negro y va desaliñado, es poco sociable, áspero, malhumorado y meditativo, taciturno aunque propenso a la ocasional protesta encolerizada». Puede ser rebelde y sedicioso, con tendencia a la intriga política. Y puede haber aprendido un buen número de vicios sociales en el extranjero. A menudo su descontento tiene su origen en el fallo de la sociedad para recompensar sus excepcionales talentos. Hay muchas variantes: el cínico, el erudito, el melancólico religioso (o bien pecaminosamente perezoso, o divinamente inspirado), el avaro, el astuto político y el bellaco o criminal. La vileza es un componente destacado, dominante incluso, de la melancolía. *The Revenger's Tragedy* [La tragedia del vengador] es un drama de melancolía; al igual que *Lust's Dominion* [El dominio de la lujuria]. Y, si vamos al caso, también lo es *Hamlet*.

Hamlet es mucho más, por supuesto. Hasta los críticos que analizan la obra a través de su empleo de los convencionalismos de la melancolía están de acuerdo en que Shakespeare trasciende el género, en particular yuxtaponiendo apariencia y esencia, gesto e interioridad.

(«En mí no hay "parecer"... Lo que yo llevo dentro no se expresa.»)
Pero el drama se enfrenta al estereotipo.

Antes de que abra la boca el personaje, la «capa negra» de Hamlet nos dice que es un insatisfecho. La broma de Hamlet de que está «demasiado tiempo al sol» es un rechazo, a base de un juego de palabras («*sun*», sol, y «*son*», hijo, suenan parecido en inglés), de la pretensión de paternidad de Claudio, pero también hace referencia a la preferencia de los melancólicos por los oscuros retiros. (Robert Burton, en su muy influyente *The Anatomy of Melancholy*, en parte un resumen de una anterior opinión, escribe que el melancólico «*ama la oscuridad como la vida, y no puede soportar la luz*, o sentarse en lugares luminosos».) La lucidez de Hamlet es en sí misma un símbolo de melancolía, como lo es su oposición al rey.

En cuanto el personaje que da nombre al título se apodera del escenario, un auditorio isabelino comprendería que está contemplando una tragedia, el defecto característico de cuyo héroe será un rasgo melancólico, en este caso una parálisis de la acción. De la misma manera, el auditorio aceptaría rápidamente la superioridad espiritual de Hamlet, sus impulsos suicidas, su hostilidad hacia el orden establecido, su prolongada pena, apasionados odios y amores, habla juiciosa, amargura, paseos solitarios, erudición, razón deteriorada, instinto homicida, dramatización, pasividad, impetuosidad, actitud grotesca, «aspecto desalentado del rostro» y visitas a cementerios y visiones. Los eruditos encuentran referencias botánicas, zoológicas, mitológicas, astrológicas y médicas a la melancolía en toda obra. Para el espectador del Globe, estas alusiones serían evidentes, incluso insistentes. La convención social y teatral prestaba a Hamlet una coherencia de la que, como personaje psicológicamente motivado, podría carecer para unos auditorios modernos.

Hamlet, probablemente el texto fundamental de nuestra cultura moderna, es el producto de una era plagada de descontento melancólico, en tanto que postura afectada. Ver a Hamlet en su marco social podría hacernos desconfiar de la tradición literaria de la melancolía tal como se desarrolla. ¿Cuánto de la asociación entre la melancolía y sus múltiples atributos —desde la sabiduría introspectiva hasta el genio artístico— tiene su origen en la naturaleza de la enfermedad? ¿Cuánto es vanidad artística? *Hamlet* proporciona un poderoso patrón para la narrativa de la melancolía; el mensaje explícito es que la melancolía es un defecto del carácter. Pero la melancolía confiere profundidad y un fascinante, y complejo, sentido del yo. Implícitamente, la melancolía es atractiva.

Hay, quizás, en nuestra aceptación de *Hamlet* un acostumbrarse a la forma fija de lo que, de otro modo, podría ser fluido o efímero. La virtud de la melancolía se hace evidente. Hamlet es el hombre moderno, preocupado y contemplativo, paralizado y alienado.

En lo que yo he llamado mis años de inmersión en la depresión, me preguntaba qué era lo que impedía una reconciliación entre el punto de vista médico y el popular de la depresión... qué impedía una resolución de la dialéctica que lleva con nosotros dos milenios, ahora que sabemos tanto sobre *lo que es* la depresión. Particularmente cuando me dirigía a auditorios universitarios me chocaba que lo que estaba en juego fuera alguna versión de la melancolía heroica. Seguramente, me preguntarían los estudiantes, podrá usted ver el valor de la *alienación*. Y la veo, es decir, veo el valor de mantenerse apartado de las instituciones sociales y de criticarlas. Veo el valor de preguntarnos cuál es nuestro lugar en el cosmos, o de sentirse desplazado frente a lo absurdo de la vida. Pero no me preocupa la posibilidad de que la alienación desaparezca si mejoramos en el tratamiento o la prevención de la depresión. La idea contraria, que la alienación pudiera desvanecerse, parece proceder de un mito cultural, en el sentido más completo... una leyenda creada para tener en cuenta lo que la ciencia no podía explicar todavía.

Y por tanto me pareció importante considerar esa leyenda, para definir lo que tememos perder, mientras profundizamos en nuestro concepto de la depresión. Yo soy ese aficionado modélico (y tonto), el médico al que le gusta leer; aun así, pensé que podía ver una pauta de desarrollo en el mito de la melancolía. Cada vez más, la porción admirable quedaba limitada a los rasgos depresivos. Frenesí y hemorroides habían sido dejadas aparte, de manera que la melancolía heroica era meramente alienada, apática, meditabunda y triste.

El Renacimiento apoyó diversas tradiciones simultáneas de melancolía. Cervantes empezó su carrera literaria con un largo poema pastoril, lleno de ansiosos y lacrimosos pastores que sufrían de amor no correspondido. *Don Quijote* utiliza una diferente versión de la melancolía, la cómica inspiración del demente. Estas tradiciones florecieron durante siglos, pero no han tenido la fuerza duradera del descontento melancólico, o más bien han sido englobados por él. Jean Canavaggio, biógrafo de Cervantes, escribe:

> ... la locura —Michel Foucault lo ha demostrado brillantemente— es para nosotros una fuente de inquietud: es incongruo, indecente incluso, burlarse del loco como gustaban hacer nuestros antepasados, y sentimos como trágica la soledad de un héroe que Cervantes nos muestra incomprendido por todos. En resumen, la distancia que separa nuestra visión del *Don Quijote* de la que se formó la Europa clásica refleja, sin duda alguna, una profunda evolución de las costumbres y las sensibilidades.

En el caso de la locura, *lo que es para nosotros* se modificó para enlazar con la interpretación médica. Y entonces lo que emergió en nuestra lectura del *Don Quijote* fue la soledad del héroe y la alienación de sus iguales.

Los siglos XVIII y XIX han ejercido el efecto más notable en nuestra actual selección de rasgos que admirar en el universo de la melancolía. Recuerdo que en la universidad estuve leyendo la queja de T. S. Eliot de que, como crítico, Goethe «hizo de Hamlet un Werther», refiriéndose a ese decadente, enfermo de amor y depresivo héroe de Goethe. Goethe había descrito a Hamlet como una maceta donde, por error, se había plantado un roble. «Persona admirable, pura, noble y excelsamente moral», Hamlet es demasiado bueno para la tarea que el destino le impone.

Supongo que hoy no podría tragar *Los sufrimientos del joven Werther*. La disputa sobre Hamlet me llevó a él en una edad en que yo estaba más abierto a la novela sublime. Aun entonces, Werther me pareció soñador e inmaduro. Le falta la audacia y el gusto por la intriga que podría generar grandeza en un soldado o un hombre de estado. Carece incluso de la energía y la astucia de Hamlet. La melancolía ha perdido su vigor, se ha vuelto frágil. Pero está bastante claro que, en términos de genealogía literaria, el depresivo sensible es un descendiente en línea directa del insatisfecho del Renacimiento.

Werther se parece a *Hamlet* también formalmente. El trastorno de Werther se presenta como una patología. Pero el atractivo del enfermo es evidente. A finales del siglo XVIII, los jóvenes manifestaban su identificación llevando la vestimenta del héroe de ficción: frac azul, chaleco amarillo y botas altas. Algunos se suicidaban completamente ataviados con ese atuendo, y a la manera de Werther... una bala encima del ojo.

La curiosa transformación iniciada en el Renacimiento alcanza su conclusión en Goethe. Ya no es que la melancolía conduzca al heroísmo. La melancolía *es* heroísmo. El desafío no es el viaje, o la batalla, sino la lucha interior. La actitud meditabunda del depresivo, por más que solipsista, se considera admirable. Y este valor se aplica incluso en casos donde el examen interior fracasa debido a una carencia de coraje moral. Poco importa que el protagonista siga siendo inmaduro e iluso. La sensibilidad melancólica es noble por definición. Al igual que la impresión que tiene el melancólico de ser un extraño. Con Goethe, los aspectos de la depresión que continuamos valorando han pasado a un primer plano: sensibilidad, alienación y genio creativo. Implícitamente, esta grandeza de alma también se le atribuye al autor.

A partir de Werther, se inicia una marcha directa hacia el romanticismo sublime y luego la modernidad. Estoy pensando ahora en la autobiografía espiritual novelada de Thomas Carlyle, *Sartor Resartus*, un libro que me causó un especial impacto. Un amigo de la universidad me lo recomendó en un momento en que yo estaba vacilando entre especializarme en ciencias sociales o en humanidades. Carlyle me dio el impulso final, con su demostración de que la literatura es un compromiso moral, totalmente «pertinente» (el criterio decisivo en mis años de estudiante) en el desempeño de la vida.

Carlyle escribe en una prosa deliberadamente ampulosa, pero su dolor se trasluce en unas maneras que son encantadoras. Se describe a sí mismo como un seguidor de Goethe: la biografía fingida pide prestados motivos a Werther y a los posteriores escritos de Goethe. Tras una relación amorosa fracasada, el doble de ficción de Carlyle entra en un estado que él llama el «Perpetuo No». («Vivía en un continuo, indefinido, miedo ansioso; trémulo, pusilánime, aprensivo de no sabía qué...») A diferencia de Werther, el héroe de Carlyle rechaza el suicidio y abraza el «Perpetuo Sí». La elección es existencial, aceptar los limitados consuelos del trabajo, la fe y los vínculos comunales. Sin embargo, el atractivo del sufrimiento habla a favor de los nacidos dos veces.

Sartor Resartus fue muy influyente durante la mayor parte del siglo XIX. La novela era muy conocida por Dickens y Tennyson, y por los muchos escritores de la rebelde biografía antivictoriana de finales del siglo. Era muy apreciada por Wilhelm Dilthey, el filósofo y erudito literario que ayudó a popularizar y definir el término *bildungsroman* (novela de formación). Junto con *Los sufrimientos del joven Werther*, el libro de Carlyle establece una fórmula que es casi invariable: romance fracasado, noche oscura del alma, introspección trascendente, reconciliación con las limitaciones de la vida. Esta trayectoria continúa para influir en nuestra noción de la forma de la historia de una vida.

Para el poeta especialmente, la recuperación puede ser menos impresionante que la aflicción inicial. Kierkegaard no hace más que establecer lo obvio cuando inicia *La alternativa* con la ecuación de dolor depresivo y poesía:

> ¿Qué es un poeta? Un hombre infeliz que en su corazón alberga una profunda angustia, pero cuyos labios están moldeados de tal manera que los gemidos y los gritos que pasan por ellos se transforman en cautivadora música. Su destino es como el de las desgraciadas víctimas a las que el tirano Falaris aprisionaba en un toro de bronce, y lentamente torturaba bajo un fuego constante; sus gritos no podían llegar a los oídos del tirano para no infundir terror en su corazón. Cuando lo hacían, sonaban como dulce música. Y los hombres se apiñan en torno del poeta y le dicen: «Canta para nosotros otra vez»... que es tanto como decir: «Muchos sufrimientos nuevos atormentan tu alma, pero que tus labios se moldeen como antes: porque los gritos no harían más que angustiarnos, pero la música, la música es deliciosa.»

La poesía es la protesta angustiada del melancólico... Kierkegaard no podía ser más claro. Implícitamente, Kierkegaard se identifica como el enfermo-poeta. Tal vez incluso esté refiriéndose a *The Anatomy of Melancholy*, donde Burton describe el dolor de la depresión: «¡No hay tortura del cuerpo que se le parezca! Los tiranos de Sicilia no han concebido mayor tormento, ni mancuerdas, ni hierros al rojo, ni los toros de Falaris...» Y, desde luego, Kierkegaard también está heroicamente enfermo de amores.

Por supuesto, hay una *Alternativa* en donde la depresión es un signo de debilidad espiritual y desenfreno. Pero ¿quién puede olvidar el aullido inicial?

He mencionado mi temprana afinidad con Kierkegaard. Quizás estoy jugando a los favoritos, pero sus escritos me parecen el punto de confluencia entre la melancolía y el sentido contemporáneo de la identidad personal. Kierkegaard se sitúa en la tradición clásica, el hombre excepcional que traduce su sufrimiento en arte. Pero resalta un elemento de la melancolía que ha tenido especial importancia desde entonces, la conciencia alienada, que siempre se da cuenta de su distancia de la autenticidad, de la inmediatez y de la determinación.

El sociólogo Harvie Ferguson sitúa a Kierkegaard en el centro de su reflexiva crítica del tema, *Melancholy and the Critique of Modernity*. En la época de Kierkegaard, Ferguson escribió: «Se espera que el individuo moderno, desencantado, desilusionado, totalmente secular, sea melancólico.» Si bien los filósofos antiguos consideraban la ausencia de toda pasión como el objetivo del hombre sabio, sus descendientes —Pascal, Descartes, Kant y Hegel— contemplan la melancolía algo así como un hecho, la coloración de la vida bajo la que todos nos movemos. La melancolía ya no es un temperamento entre otros cuatro o cinco, sino una condición universal. Al mismo tiempo, la melancolía es una señal de sabiduría... un signo de que una persona está en contacto con su entorno. El aislamiento que uno siente en la depresión es el aislamiento que las personas deberían sentir en un universo mecánico, caótico e incomprensible.

Donde antaño la melancolía provocaba rebelión, hoy la melancolía *es* rebelión, una forma de resistencia a la seducción de las satisfacciones burguesas. La depresión total, en su constancia e intensidad, se alza como un reproche a la era moderna. La melancolía es conciencia de nuestra distancia de Dios, de nuestro significado y propósito. La melancolía es un pecado, o muchos pecados —pereza, indiferencia—; pero como todos somos pecadores, es también un signo útil de nuestra condición. La melancolía es, por añadidura, un don intelectual, un acicate para escribir e imaginar. Estas creencias conducen a la formulación de que la melancolía es la profundidad de la modernidad.

Desde el período romántico en adelante, esta melancolía rebelde y alienada se convierte en tema central de la literatura. No hay un gran avance desde *La alternativa*, en 1843, a *Las flores del mal* de Baudelaire, en 1857, y las *Memorias del subsuelo* de Dostoievski, en 1864. La reseña histórica de fin de siglo es Carlyle actualizado, en su celebración del ánimo depresivo. Los bohemios parisienses son melancólicos. He mencionado las novelas de Jean Rhys, de las que emerge un ideal femenino pasivo, vulnerable, solitario, apático, alienado. Las heroínas de Rhys viven y comen y se encuentran con hombres groseros en los *bistros* y hoteles de la orilla izquierda y el Montmartre de la preguerra. Simultáneamente, los héroes de Sartre se complacen en su náusea, y luego *El extranjero* de Camus reclama simpatía para los emocionalmente mermados. Los temas implícitos en Kierkegaard se convierten en lugares comunes. La sensibilidad emocional intensa y la alienación social son un requisito de autenticidad para toda una concepción de la ficción y la poesía, y a veces de la vida también. ¿Nos sorprende cuando leemos, como yo acabo de hacer en la biografía, escrita por Diane Middlebrook, de Ted Hughes y Sylvia Plath, que cuando los dos se conocieron, él llevaba unas ropas informes y desastradas? Se teñía la ropa él mismo, sí, el jaguar de Plath, su «negro merodeador».

En la reciente novela de Joseph Skibell, *The English Disease* (el título se refiere a la melancolía), el narrador lo expone así:

> ... en Occidente, tras la Ilustración, hemos tomado lo que esencialmente es un estado de patología psicológica —el ego alienado, aislado— combinándolo con el arquetipo del héroe, de manera que se espera de cada uno de nosotros que, como si fuéramos Ulises o el Llanero Solitario, viva heroicamente divorciado de una cultura definidora, sin una historia o una comunidad, o una jerarquía de valores compartidos, y hacer de este solitario y confuso vagar una vida llena de significado y ejemplar.

Cuán notable resulta que una confusa y antigua especulación se mantenga durante dos mil años y sirva para que cada generación actualice, readapte, lo que antecede. Cuán extraño, podríamos decir (con nuestro modificado hábito mental), haber dado tanta importancia a una enfermedad. Tanta y tan poca.

Con el tiempo, las pretensiones de melancolía se expanden y disminuyen. Hablemos primero de la disminución: como la definición de melancolía se ha estrechado, se han atribuido beneficios más modestos a la aflicción. El resultado es monotonía. Decir que la fobia predispone al éxito en el campo de batalla, o que la vida contemplativa tiene vínculos con la sedición, la codicia y la vileza... son correspondencias notables. Nos encanta saber que la habilidad del hombre de estado tiene las mismas raíces que el estar enfermo de amor. Los viejos elementos de la melancolía heroica tenían su atractivo... la astrología, la calidez y la frialdad de la sangre, los vínculos duales con el pecado y la inspiración religiosa, la repetida relación entre la vida interior y la economía política. Buena parte de lo que hacía que el tema mereciera ser comentado, durante siglos, ha desaparecido.

Esta disminución es en parte el resultado de la fragmentación de la melancolía. Las hemorroides, las úlceras, la flebitis, la disentería y las enfermedades de la piel han perdido sus funciones sintomáticas. Lo mismo ocurre con las fobias, la paranoia, el alcoholismo, la manía, la epilepsia, el trastorno obsesivo-compulsivo y la esquizofrenia. Para nosotros, ninguna de estas cosas es melancolía. Cada una tiene su propia explicación, sus propios efectos, ninguno místico o admirable. En las últimas décadas, al considerar la melancolía, hemos tenido que vérnoslas con la depresión y sus variantes menores.

Una vez que limpias a la melancolía de la manía y la paranoia y todo lo demás, tienes que descartar a un buen número de individuos impulsivos, creativos, frenéticos, sarcásticos, villanos e insatisfechos. En conjunto, teniendo en cuenta la diversidad de los trastornos que antaño se englobaban en la melancolía, así como el número de desenlaces que se asociaban con ellos, podemos llegar a ver el vínculo con el heroísmo como un engaño. El sufrimiento inexplicable era tan sustancial, y estaba tan ampliamente extendido, que necesariamente la categoría *portmanteau*, la melancolía, tenía que ser entendida como santidad o pecado mortal, ecuanimidad o agitación, timidez o valor, inspiración o aturdimiento, virtud o vicio. La melancolía era la condición de los humanos *in extremis*; tenía que ser algo.

La progresiva eliminación de las causas ha conducido a una reducción de los efectos esperados. El coraje en el campo de batalla ya no forma parte de la ecuación. La versión moderna de la melancolía heroica, si vamos a ser sinceros, conlleva un intenso autoexamen que conduce a escribir o a las bellas artes. Si queremos ser más concretos, y un poco malintencionados, podemos decir que los depresivos tienen éxito en la composición de versos depresivos, o memorias depresivas, u obras filosóficas que tratan de la depresión. Esta pequeña hipótesis tiene cierto interés, pero es un pálido descendiente del argumento de los aristotélicos: que la melancolía conduce a la superioridad en diversas empresas, tanto proezas de fortaleza física como poéticas.

E incluso esta pequeña hipótesis puede tener un efecto relacionado, que ha surgido de la casualidad histórica. Las culturas mantienen y elaboran costumbres, a través de lo que el crítico Harold Bloom llama la ansiedad de la influencia. Qué maravilloso detalle... que cuando iba de taberna en taberna, Ted Hughes solía vestirse como un insatisfecho del Renacimiento... ¡como Hamlet! En cuanto la moda de la melancolía es consagrada en la literatura, en el momento en que la perspectiva depresiva es identificada como lo poético, así que se establece el modelo de narraciones de autodesarrollo... el arte acepta y juega con estas formas. Cuando la depresión, como la disentería y la epilepsia y las demás, se declara enfermedad, nuestra valoración del arte depresivo podría parecer un anacronismo, el residuo de una tradición requerida para mitigar y justificar lo que, de lo contrario, sería un sufrimiento inexplicable.

Es decir, podría parecer un anacronismo, excepto por el hecho de que la melancolía abarca la condición humana. Cuando estamos en contacto con nosotros mismos, todos somos melancólicos. Alienación e hipersensibilidad son estados de conciencia. Ésta es la gran hipótesis de la melancolía... No que crea arte, sino que describe nuestro lugar en el universo. Y aquí, nuestro concepto de la depresión nos da motivos para dudar.

Los ejemplos de hombre alienado en la literatura moderna son, en su mayor parte, depresivos auténticos. Werther es un suicida; el *alter ego* de Carlyle, Teufelsdröckh, escapa por poco. Los dobles de ficción de Kierkegaard encajarían con cualquier definición razonable de depresión mayor crónica, al igual que lo haría el propio Kierkegaard. Si dirigimos nuestra mirada hacia finales del siglo xx, al novelista Walker Percy y sus múltiples héroes, que ejemplifican al hombre alienado, admirables rebeldes, son deprimidos, certificados como tales por sus médicos de ficción. Percy utiliza la palabra: «Está usted deprimido porque debería estarlo. Tiene todo el derecho a su depresión.»

Pero seguramente, teniendo en cuenta lo que sabemos ahora de la depresión, sabiendo *lo que es*, ese estado no es el que nos gustaría vivir. Una manera de considerar este problema consiste en mirar más allá de las formas de la melancolía, hacia las formas de la depresión.

La profundidad ante la modernidad no viene del tipo de depresión que es resultado de los múltiples achaques de la vejez. Pérdida de la memoria, déficit de aprendizaje y exasperación frente a fallos triviales... esos defectos no son sabiduría. Las depresiones estimuladas por el interferón, o por diversos cánceres o infecciones, parecen ser demasiado mecánicas para suscitar admiración. Cuando vemos a las personas que, a partir de una depresión inducida por citocina, deciden dejar de tomar la medicación, a aquellos que pierden toda esperanza frente a la enfermedad... nosotros consideramos que les han robado algo fundamental, el *élan vital*. Su punto de vista es desolador, pero parece menos un problema de profundidad que de disminución... sería como decir que la pérdida de sangre o las deficiencias vitamínicas dan profundidad.

Aunque no es que uno *no pueda* aprender de un episodio de depresión médica. A veces el sufrimiento, el miedo y el dolor nos enriquecen. Pero —para responder a una temprana pregunta retórica—, en su mayor parte, no atribuimos sabiduría a unos pacientes basándonos en la enfermedad que han contraído, prefiriendo los cánceres que están asociados con la depresión a los que no lo están.

No, cuando insistimos en la opinión de que la melancolía es un estado especial, nos estamos refiriendo a depresiones corrientes y molientes, las que surgen en las personas predispuestas cuando son sometidas (o se someten ellas mismas) al trauma y la adversidad. E incluso aquí hay distinciones.

Podemos tener nuestras dudas sobre si la melancolía, la fuente de conciencia y autoconciencia, es la depresión tal como se presenta en personas francas, sin conflictos. Acordémonos de Margaret, la administradora de la empresa de seguros, cuando se topó con la depresión como una presencia invasora, una enfermedad surgida de la nada. Lo que la enfurecía es la insinuación de que la depresión era un camino real hacia la verdad sobre su yo o sobre el mundo. Si bien ella aprendió de su sufrimiento, ese aprendizaje no surgió de la especial textura de la depresión; para ella, la depresión tenía la calidad de cualquier desgracia, como cualquier lesión de la mente y el cuerpo. Muchos pacientes con antecedentes familiares de depresión están como Margaret, repetidamente deprimidos sin ser «depresivos» en su personalidad. Se ven arrastrados por ella sin volverse reflexivos. Nunca adoptan el pesimismo; siguen siendo unos optimistas privados de esperanza y de salud.

Si atribuimos un talento especial a las «chicas malas», que llegan a su depresión a través de un comportamiento antisocial y el consumo de drogas —y no estoy seguro de que lo hagamos—, lo que tenemos *in mente* será menos un trastorno del estado de ánimo que una rebeldía. En una sociedad conformista, podemos admirar la marginalidad o el descontento de cualquier tipo como una expresión de la individualidad.

Sólo nos resta hacer nuestras afirmaciones sobre la melancolía con relación a un grupo más pequeño: los depresivos neuróticos. E incluso aquí, son sólo algunas fases de la enfermedad las que cumplen nuestras normas. El hipocampo reducido y el córtex prefrontal privado de glía no cumplen los requisitos; sentimos poco interés por la pérdida de memoria verbal y las respuestas catastróficas al estrés menor. Cuando decimos que la melancolía confiere profundidad, podemos referirnos solamente a las fases iniciales del deterioro, los primeros dos o tres episodios, digamos, en una persona que no ha nacido muy predispuesta al trastorno. O —si pensamos en Kierkegaard— ¿es un estado crónico, entre episodios posteriores, lo que atrae?

¿Y si nos imaginamos que es la *experiencia* de la depresión lo que cuenta? Pero entonces la depresión en la vejez debería ser suficiente. Las apoplejías silenciosas proporcionan todos los síntomas requeridos. Si la depresión en edades avanzadas no es la melancolía heroica, ¿por qué nos sentimos atraídos hacia depresiones a edades más recientes? La fisiología de las depresiones más nuevas —el flujo sanguíneo regional disminuido— se parece a los efectos de las apoplejías silenciosas. Parece preocupante que la modernidad deba residir en algunas subespecies altamente delimitadas, digamos: la depresión en neuróticos jóvenes, educados, pesimistas, de clase media.

En algún lugar de esta línea de investigación, puede surgir nuestra propia náusea. Yo llegué a mi límite personal en una conferencia sobre la depresión existente en las mujeres de barrios céntricos socialmente deprimidos. Éstas son pacientes del grupo principal que tratan los especialistas, mujeres que han llegado al trastorno del ánimo a través de una combinación de herencia, traumas, adversidades y decisiones erróneas. Sufrieron abusos en la temprana infancia, recibieron una educación deficiente, quedaron embarazadas muy jóvenes y se casaron precipitada y erróneamente.

Los investigadores de la reunión estaban evaluando las intervenciones destinadas a ayudar a prevenir «la transmisión intergeneracional» del trastorno del ánimo, de madre a hija. Las historias de fondo eran todo lo tristes que cabía esperar, relatos de fracaso social y profesional, familias desestructuradas, abusos y abandonos, apatía y de-sesperación.

Yo estaba peleando con esta cuestión de la melancolía... ¿Confie-re, o no, una excepcional visión del mundo? Les pregunté a mis co-legas si habían observado algún beneficio oculto de la depresión... creatividad, o profundidad, o una exquisita empatía. Ante unas ma-dres deprimidas, ¿se sienten ustedes en presencia de una autenticidad especial? ¿Se les abre una ventana sobre nuestra condición como hombres y mujeres modernos? Yo preparaba el terreno para estas pre-guntas, llegaba a mi tema lentamente. Aun así, los investigadores me miraban como si hubiera venido de otro planeta. Quizás sería más exacto decir, de otro siglo.

Podemos suponer que una manera de salvar la melancolía heroica es hacerla metafórica. La alienación que una persona siente en la enfer-medad mental *se parece* a la alienación que una persona reflexiva po-dría sentir en una sociedad corrupta. La desesperación que es sínto-ma de la depresión *imita* a la desesperación que podría acompañar a una conciencia completa de lo absurdo de nuestra vida. Pero incluso ese uso limitado de la melancolía heroica puede llegar a sonar extra-ño. ¿Por qué es la depresión, en particular, la metáfora apropiada? Los esquizofrénicos son alienados... la alienación, en el sentido de distan-cia de la experiencia inmediata, es un síntoma clásico de la esquizo-frenia. Casi toda persona críticamente enferma es probable que sien-ta desesperación. Si reconocemos la depresión como una enfermedad particular, ya no la trataremos como esa dolencia todo terreno, el sus-tituto del sufrimiento en general.

A medida que la melancolía es reducida poco a poco, los ele-mentos descartados tienden a perder su importancia simbólica. Pue-de haber lugar para un estado que se corresponda con la ebriedad... con la ciega autosatisfacción acompañada de camaradería y teñida de tristeza paralizante. Pero el alcoholismo no es la elevación mística del alma moderna. El trastorno de pánico no es la *angst* existencial del si-glo xx. El trastorno por estrés postraumático no es la herida univer-sal que la historia nos impone. La migraña no es *weltschmertz*; es una especie concreta de dolor de cabeza que en la mala poesía podría *pre-sentarse como* dolor espiritual. No nos referimos exactamente a las do-lencias neurológicas en ese sentido... O, si lo hacemos, comprendemos que estamos acuñando una metáfora en la que la distancia entre la enfermedad significativa y la idea significada es grande. Para mi oído, expresiones como *la melancolía es la profundidad de la modernidad* suenan a pacotilla.

Cuando oigo elogiar la melancolía, o, para el caso, la depresión, a menudo descubro que lo que se pretende es hacer una afirmación sobre política o sobre la condición humana. Creemos, junto con Kierkegaard y los demás, que la vida es absurda, caótica y breve. Sabemos que la satisfacción burguesa puede ser superficial. La complacencia es una barrera a la autenticidad o la realización personal. La búsqueda moral nos ennoblece. El dolor o la rareza o la condición de marginado puede ser un acicate para la búsqueda. Pero ninguno de esos sermones puede reivindicar la depresión. El dolor de la sífilis podría haber sido suficiente para Isak Dinesen. Hasta que yo di ese paseo por Rungstedlund, suponía que así había sido.

La melancolía es un saco que ha sido vaciado. La melancolía ya no es. Y sin embargo, sin embargo... uno no se libera tan fácilmente de dos mil años de tradición. En nuestra vida, la profundidad parece estar tan en peligro y la felicidad ser tan exagerada, tan comercial, tan aturdidora, que podríamos sentirnos inclinados a aferrarnos a algún tipo de melancolía, sin importarnos lo que digan los médicos sobre la depresión.

18

EL ARTE

Quizás la creencia favorable más corriente sobre la depresión es que inspira grandes esfuerzos creativos. La melancolía heroica tal vez esté muerta, pero el artista depresivo sigue con nosotros, en la imaginación. Por eso el Prozac lleva directamente a Van Gogh.

Pero resulta que las pruebas que vinculan la depresión con la creatividad son poco sólidas. Y una vez que hemos descubierto que la depresión es especialmente peligrosa, podríamos exigir pruebas sólidas... Podríamos decir que se ha elevado el listón respecto de la prueba que nos satisfaría.

Parte del problema se refiere a la melancolía, ese saco donde todo cabe. Los primeros estudios modernos sobre la locura y el genio examinaban en su mayor parte los trastornos psicóticos, especialmente la esquizofrenia. Más recientemente, el trabajo se ha centrado en la depresión maníaca, también llamada trastorno afectivo bipolar, y sus variantes. La mayor parte de la investigación que vinculaba arte y melancolía tenía sólo una relación tangencial con la depresión.

Hasta ahora he estado eludiendo el tema del trastorno bipolar. Se trata de una enfermedad que comprende secuencias de episodios maníacos y depresivos. La depresión maníaca tiene su propia, y vasta, literatura científica; hacer justicia al tema requeriría otro libro. Pero si vamos a examinar el genio, no es posible evitar una toma de postura.

La manía se caracteriza por la rapidez de pensamiento, actividad frenética, impulsividad, irritabilidad y poco juicio. Los maníacos pueden mostrarse eufóricos, pero a veces ese estado es doloroso... las lágrimas y la intensa angustia pueden ser signos de manía. En su fase maníaca, los maníaco-depresivos son a menudo delirantes, excesivos y paranoicos. Pese a la existencia de puntos de superposición, la depresión maníaca parece ser una enfermedad distinta de la depresión mayor, y difiere en su genética, la distribución por sexos, el tipo de respuesta a la medicación y los marcadores biológicos. Para poner un ejemplo: cuando la depresión maníaca afecta al hipocampo, las anomalías parecen localizarse en un tipo diferente de neurona que aquellas que están más afectas en la depresión. En los pacientes bipolares, el hipocampo puede ser *hiperactivo*, con células que funcionan más que de costumbre, aunque de una manera desorganizada.

En la literatura sobre creatividad, gran parte de la atención se dedica a la hipomanía, un estado de agitación —puede presentarse como un rasgo de la personalidad— que bordea la manía. Los hipomaníacos son expansivos, llenos de energía y están encantados consigo mismos. Recientes estudios sobre la creatividad subrayan la importancia de la confianza y el humor positivo, junto con una moderada disposición a cuestionar la sabiduría convencional. Una imagen actual del pensador creativo —y también del ejecutivo, el vendedor, el predicador o el publicista— es el hipomaníaco.

El trastorno afectivo bipolar, la enfermedad completamente desarrollada, puede tener vínculos con la producción literaria. El más citado, y mejor diseñado, estudio moderno sobre la creatividad y la enfermedad mental es un proyecto piloto, llevado a cabo en los años setenta y nunca repetido. Nancy Andreasen, una eminente investigadora psiquiátrica, estudió a treinta miembros de la facultad del Taller de Escritores de Iowa, el programa en el que Philip Roth, Kurt Vonnegut y John Cheever antaño enseñaron. Comparó a los treinta maestros con treinta sujetos de control de la misma edad y clase social. Los escritores mostraban un notable exceso de trastorno del ánimo (usando ahora la expresión en su sentido amplio), especialmente depresión maníaca y alcoholismo.

Los hallazgos de Andreasen eran convincentes... Los profesores eran bipolares o alcohólicos en una proporción que resultaba improbable que se debiera al azar. El pequeño estudio contribuyó a desviar la atención hacia la manía como un rasgo propio de los escritores.

Más ampliamente leída que la investigación de Andreasen, la cual cita, es el trabajo, extenso como un libro, de Kay Redfield Jamison sobre el ánimo y la creatividad, *Touched with Fire* [Tocado por el fuego]. Este estudio se hizo con todo el mimo del mundo, y se basa en docenas de entrevistas llevadas a cabo personalmente y centenares de obras de referencia. Jamison es bipolar; sólo la bibliografía de su libro constituiría ya un discreto argumento a favor de los beneficios de un elevado nivel de energía. Jamison llega a la conclusión de que la depresión maníaca *es* el temperamento artístico. Fantasías, humor cambiante, genialidad atormentada, imaginación visionaria, actitud apesadumbrada, pesimismo, desesperación, sensualidad, inconstancia... todo eso son aspectos de la bipolaridad. Jamison afirma rotundamente que éste es el caso de los poetas, notablemente los poetas nacidos en el siglo XVIII. Blake, Wordsworth, Coleridge, Byron, Shelley y Keats figuran en el grupo. En efecto, el libro de Jamison analiza la versión más estrecha de la melancolía heroica —que conduce al verso lírico— y centra la patología pertinente en el trastorno afectivo bipolar, no en la depresión mayor.

Al hablar con los investigadores de la depresión, les he preguntado también su opinión del estado de nuestro conocimiento sobre el trastorno del estado de ánimo y la creatividad. Las respuestas han sido razonablemente uniformes: que no hay suficientes datos fiables sobre la hipótesis de la melancolía heroica en ninguna de sus versiones... pero que, en lo que se refiere a la manía y la poesía especialmente, bien podría haber algo.

Los expertos mencionan una serie de problemas técnicos. El material biográfico puede no proporcionar diagnósticos precisos. (¿Contamos a Van Gogh como maníaco o como epiléptico? ¿Cómo contabilizamos el alcoholismo y los síntomas epilépticos de Poe?) Como el éxito artístico depende de los gustos predominantes, los criterios de inclusión se vuelven poco fiables; si un estudio se centra en poetas cuya obra está compilada en antologías estándar, entra en juego la secuencia de acontecimientos que conducen a la elección de poemas y autores. ¿Valoran los antologistas los poemas depresivos, o basan su criterio en el juicio de las generaciones pasadas? Resulta difícil escapar del peso de la cultura, influida como ha estado por siglos de fascinación por la melancolía heroica.

Si bien la asociación entre bipolaridad y creatividad es real, el cómo funciona sigue estando poco claro. ¿Es la depresión maníaca una perspectiva original? ¿Está la enfermedad asociada con unos genes que producen talentos compensatorios? ¿O se trata solamente de una cuestión de energía? ¿O de exagerada autoestima? Como incluye vigor y confianza, la hipomanía, que puede persistir durante largos intervalos en pacientes maníaco-depresivos, parece resultar útil en un gran número de profesiones.

La investigación de Jamison lo sugiere así. Ella encuentra relaciones entre bipolaridad y liderazgo en la ciencia, los negocios, la religión, la política y los asuntos militares. Es decir, ha revisado también la teoría amplia de la melancolía heroica, centrándose nuevamente en el trastorno afectivo bipolar, no en la depresión mayor.

Si la depresión maníaca da algún beneficio, puede que lo haga a través de una productividad aumentada en general. Olvídense del corazón partido y el aturdimiento paralizador; si no estás bastante ocupado y seguro de ti mismo, no puedes morirte joven de tuberculosis, como hizo Keats, y a la vez dejar una colección de poemas. Quizás para un poeta romántico, la combinación sea ideal... suficiente depresión para familiarizarse con los mórbidos temas que la convención literaria valora, y luego el ímpetu maníaco que hace que se realice el trabajo. Por contraste, la densa y constante depresión de pacientes como Betty, Margaret y Mariana carece del «fuego» compensatorio, el vigor, la contundencia y los sorprendentes saltos mentales que caracterizan cierta clase de fertilidad creativa.

En este campo, la psicobiografía, la progresiva pérdida de interés por la depresión unipolar ha sido sorprendente. Recientes investigaciones efectuadas sobre las pautas de escritura de Emily Dickinson, antaño un ejemplo clásico del poeta depresivo, ha revelado períodos de intensa producción, los cuales sugieren bipolaridad. Si hablamos de diagnósticos, un extraordinario número de escritores y artistas han sido desplazados en estos últimos años desde la depresión o la esquizofrenia hacia el trastorno bipolar. Jamison incluye en esta categoría a Edgar Allan Poe, Ezra Pound y Virginia Woolf. Contemplando su propia obra, Jamison me dijo en una ocasión: «Escribo cuando soy maníaca, y edito cuando estoy deprimida», lo que no es una mala fórmula para un autor.

Dada esta reubicación de la melancolía heroica y poética, cabría esperar que se descubra una extensa literatura filosófica que debata el aspecto ético de tratar o prevenir el trastorno afectivo bipolar o la manía. Pero la verdad es que ni siquiera se acerca al volumen de escritos que abordan la depresión. Pero entonces, aun antes de que surgieran las pruebas —como ha ocurrido recientemente— de que el trastorno bipolar está asociado con anomalías cerebrales, hemos aceptado que la bipolaridad es una patología. La depresión maníaca parece ser muy hereditaria. Los episodios maníacos provocan trastornos que no guardan proporción con ninguna causa psicológica. La manía arruina a las familias rápida y brutalmente, debido a actos destructivos que incluyen el suicidio, la violencia y el derroche. La manía parece antinatural. Interrumpir la agitación es restablecer la normalidad.

O quizás es que se ha perdido la tradición metafórica, la manía en tanto que profundidad. Es cierto que el frenesí de los héroes griegos parece manía en su mayor parte. Ayax degolló a un rebaño de carneros —botín de guerra de sus colegas— creyendo que eran sus enemigos; luego volvió la espada contra sí mismo. Pero la novela melancólica —Goethe, Keats, Carlyle— gira en torno a la desesperación. La depresión maníaca puede producir poesía; puede incluso producir almas poéticas cuyas biografías nos conmuevan... pensemos en Anne Sexton o Robert Lowell. Pero considerada en sí misma, la manía es probable que tenga que ver con nuestra sociedad de consumo. La hipomanía es la aflicción que nuestra sociedad demanda e induce. Es la disposición de comerciantes y vendedores. A pesar de las pruebas de que hay productividad creativa, connotativamente, la manía es falta de autenticidad y no saber comportarse.

Con frecuencia he pensado que esta diferencia en la connotación contribuye a nuestras diferentes percepciones de las medicaciones para las distintas enfermedades. El litio y otros fármacos estabilizadores del estado de ánimo usados en la depresión maníaca pueden ser peligrosos por sus efectos secundarios. Y en principio, las medicinas que rebajan la manía —de nuevo, el litio es el mejor estudiado— deberían resultar sospechosas, pues coartan la creatividad. En la práctica, los pacientes bipolares a menudo se quejan de que son menos imaginativos cuando toman litio. En un estudio de artistas bipolares estabilizados con litio, una cuarta parte indicó que la medicación interfería con su creatividad. (La mitad dijo que ayudaba, porque «el litio prevenía sus estériles depresiones y sus manías hiperactivas, que se traducían en obras artísticamente carentes de valor».) Pero, metafóricamente, el litio previene la acción frenética e induce ese estado sereno, contemplativo, valorado por los antiguos griegos. De modo que hay pocos informes nuevos sobre los efectos secundarios de los compuestos antimaníacos.

Cuando la depresión alcanza su categoría completa de enfermedad, toda aprensión sobre el hecho de tratarla efectivamente debería desaparecer, como ha desaparecido en el caso del trastorno afectivo bipolar. En todo caso, las pruebas objetivas que asocian la creatividad con la depresión son débiles. En el estudio Andreasen, la depresión aparece el doble de veces en los escritores de Iowa que en el grupo de control. Pero (tal como no ocurre en el caso de la bipolaridad) los números son demasiado pequeños para que la comparación sea significativa. Asimismo, hay tanto alcoholismo en la muestra —mucho más que entre los depresivos en general— que resulta difícil decir qué papel desempeña la depresión. ¿Se invitaban los depresivos alcohólicos mutuamente en ese taller de escritura, creando así una sociedad tolerante con la bebida? En cuanto a Jamison, ella se refiere a la depresión, pero, en su mayoría, los hallazgos de su investigación y su pasión conciernen a la bipolaridad. Cuando volvemos atrás y observamos los estudios que creíamos que establecían el nexo entre la creatividad y la depresión, a menudo descubrimos que tratan de otras enfermedades que antaño fueron agrupadas con la depresión.

Como no existen pruebas objetivas, sólo nos queda consultar nuestra experiencia sobre la relación que existe entre el trastorno del estado de ánimo y la creatividad. Sin duda en el día a día, la depresión parece un hándicap claro. Los pacientes tienden a informar de que trabajaban más y mejor antes de estar deprimidos, y que trabajan más y mejor una vez que se recuperan.

Es cierto que la *diferencia* ayuda en el proceso creativo, y la depresión es una forma de diferencia. Y, por supuesto, las personas creativas hacen uso de lo que la vida les ofrece. Algunos de los escritores que he conocido, como amigos y como pacientes, son bastante raros. Pero la rareza difícilmente es de un solo tipo.

Algunos escritores tienen una variante menor de autismo; son torpes socialmente, y su conversación se parece más a una conferencia que a un diálogo. Algunos de ellos pelean con una sensación crónica de irrealidad; la experiencia queda como alejada de ellos, de una manera que recuerda la sensibilidad de algunos epilépticos, entre ataque y ataque. Otros escritores viven de forma casi demasiado insistente el instante, los *bon vivants* y *raconteurs*. Son vivarachos y divertidos, todo resplandeciente superficie, a la manera de los maníacos o incluso los sociópatas con mucha labia. Son escritores paranoicos. El narcisismo forma parte del oficio. Depresión, sí... Pacientes que están deprimidos y son creativos tienden a venir en mi busca, como médico-escritor que siente interés por el trastorno del estado de ánimo. Pero la depresión es una dolencia entre otras muchas. El escribir se nutre de la particularidad, la originalidad, la voz y el punto de vista distintivos.

Manía, epilepsia, abuso del alcohol... Si hubiéramos de reconstruir el concepto de genio alterado, necesitaríamos darle otra vez una dosis completa de melancolía. ¿Acaso no se abren camino algunos escritores por la vía de la obsesión, reflexionando sobre las mismas ideas de manera repetida? Pero no estamos convencidos de que los escritores necesitan ser excéntricos; los escritores pueden ser corrientes, en la medida en que lo es todo el mundo.

Cuando reflexionamos sobre la relación entre la depresión y escribir, prefiero imaginar un proceso complejo de adaptación mutua, entre la enfermedad y el medio. Pensar en el momento en que el viaje de aventura se vuelve interno. Quizás hay muchos momentos así... en Bunyan, Shakespeare, Carlyle. Mucho antes de que James Joyce reelaborara la *Odisea* convirtiéndola en un monólogo interior, el hombre contemplativo se modeló a sí mismo como alguien que vive de su ingenio, el pícaro, enfrentándose a demonios y explorando extraños territorios sin salir de su estudio.

Si los relatos de interioridad son arte, entonces los narradores naturales son aquellos que han viajado más lejos y vivido para contarlo. Manía y depresión son las antípodas. Y quizás la depresión tiene una reputación especial. Es espantosa, desorientadora y alarmante, e implica por su propia naturaleza una pérdida de fe en el yo. Si la falta de naturalidad es el tema del arte, los depresivos son los cronistas ideales.

Lo cual es una suerte, ya que escribir ha sido durante mucho tiempo considerado como un tratamiento para la depresión. Si bien el aislamiento engendra melancolía, sin embargo, el escribir, lo dicen los autores del Renacimiento, es un remedio contra la desesperación. Además (en nuestra época) escribir es algo que los depresivos pueden hacer. Reunir la capacidad de resistencia para un trabajo regular puede ser difícil, al igual que adaptarse al horario establecido, y «armarse del valor» necesario para realizar una venta o dirigir a un equipo. Las relaciones sociales pueden ser dolorosas. Pero el papel es paciente. Está disponible de madrugada, cuando rige el insomnio. El escrito puede ser dejado aparte y luego reanudado. Las palabras están sujetas a revisión. Los depresivos, se dice, tienen poca energía, pero esa poca la aplican tenazmente. Quizás este rasgo guarda relación con la escrupulosidad que han registrado los investigadores alemanes. No lleva mucho tiempo producir arte si uno tiene el talento. Graham Greene se ponía un objetivo y un límite de 500 palabras al día. Y se detenía a mitad de una frase. Las tardes las pasaba entregado a su hastío. Pensemos en cuán prolífico era Greene. Avanzada su vida, bajó el límite a 300 palabras. Escribir quizás tenga el mismo atractivo para los deprimidos que tiene para los tartamudos, otro grupo bien representado.

En cuanto a la grandeza, parece un concepto controvertido. Han transcurrido algunos años desde que imaginamos, a la manera del siglo XIX, que el espíritu de los tiempos se transparenta en una sola alma creativa. ¿Quién es nuestro gran artista, después de Picasso? ¿A qué escritores están reemplazando Updike, Bellow y Roth? ¿Pueden sustituir a Joyce, Woolf, Faulkner, por no hablar de Dickens y Tolstói? Hoy en día, cada uno de nosotros es libre de componer su propia lista, sin hacer referencia a una noción canónica de la figura sobresaliente o una imagen universal del *zeitgeist*, el espíritu de la época.

Si nos sintiéramos cómodos con la grandeza, ¿sería una necesidad la depresión? Nuestra falta de convicción, relativa al nexo del arte con la depresión, queda de manifiesto tras nuestra larga mirada hacia atrás, al siglo XIX, por ejemplo. Nunca me han preguntado: «¿De qué manera afectaría la disponibilidad del Prozac a la obra de John Updike?»

«No mucho», sería la respuesta... quiero decir, me figuro por lo que sé e imagino. No tengo manera de saber si John Updike ha tomado antidepresivos. Pero nuestra noción de melancolía ya no se extiende hasta abarcar a un hombre como Updike, un escritor que parece, a primera vista, divertido y afable, encantado con los placeres e ironías de la vida cotidiana.

Menciono a Updike con espíritu de narrador. Juntamente con Saul Bellow, representó el arte contemporáneo, la parte a la que yo aspiraba a unirme durante todos mis años de formación. Particularmente me gustaba una temprana narración breve de Updike, «The Alligators», sobre un muchacho de quinto curso que sueña con salvar a una chica nueva de la clase que está siendo maltratada por otros compañeros. Y consigue acercarse a ella, pero demasiado tarde: «Se le ocurrió que lo que él había tomado por crueldad había sido amor, que, lejos de odiar su cuerpo, la había amado desde el comienzo, y que incluso los más estúpidos lo sabían semanas antes de que él lo supiera. Que ella era la reina de la clase y bien podría no existir, considerando lo poco que podía beneficiarse de ello.» La alusión a Kierkegaard en la narración de Updike, la maravillosa confusión de altruismo y egoísmo, simpatía y autocompasión, eso era lo mío. El argumento habla de las ofensas de la vida diaria, las humillaciones universalmente soportadas... pero sin necesidad de referirse a la depresión.

Updike es el diarista de ficción de una generación, el archivero de una época y un lugar, la América de la posguerra. Su predominio durante toda la segunda mitad del siglo XX nos recuerda el atractivo del arte que no se basa ni en la tristeza ni tampoco en la profunda y determinada alienación. En Updike, las limitaciones del carácter se cobran su peaje, ocurren terribles acontecimientos, las perspectivas convencionales se demuestran vacilantes, hasta que no queda ningún punto fijo de referencia al que agarrarse... y sin embargo, la capacidad de maravillarse ante las maravillas del mundo nunca está ausente. Incluso la catástrofe es redimida por la fe y el humor. Updike es uno de los múltiples escritores cuya obra sugiere que la melancolía heroica es más una convención literaria que una realidad médica.

Updike escribe dentro de la tradición sin formar parte de ella. Estoy pensando especialmente en su obra más antigua, *The Centaur*. Fue la novela que escogí para el estudiante del que era tutor en el primer año de mi llegada a la facultad... mi primera ojeada de lo que la universidad entendía por literatura. El libro juega con el mito de Quirón, el centauro que da título al libro. Quirón era el maestro de los héroes: Jasón, Aquiles y Hércules. Como sufría una herida que nunca se curaba, infligida por una de las flechas de Hércules, Quirón cedió su inmortalidad a Prometeo, portador del fuego, quien fue más tarde condenado a un tormento eterno. Tanto Quirón como Prometeo son iconos de creatividad.

Updike construye una novela contemporánea en torno al mito clásico. Su Quirón es George Caldwell, un quemado maestro de escuela herido en el pie por la flecha de un estudiante. Una herida igualmente simbólica la sufre el hijo de quince años de edad de George, Peter, la figura de Prometeo, que se preocupa por las consecuencias sociales de su psoriasis. El trabajo, el envejecimiento, la suerte y los inevitables fallos de valor o de juicio... todas estas cosas son suficientes para desgastar a un hombre. La fortuna, el amor y los lances sexuales proporcionan compensaciones. El argumento del libro nos lleva hacia la maduración de Peter, hacia su toma de conciencia de las alegrías y cargas de la creación. *The Centaur* es *Portrait of de Artist* de Updike. Entendemos que el de Updike será el arte de la persona socialmente consciente y socialmente integrada, arte que puede hallar inspiración en las modestas victorias de la vida diaria.

La psoriasis, reveló Updike más tarde en un ensayo autobiográfico, es su propia aflicción. (Escribió sobre su tartamudeo, también, así como de su asma. ¿Vamos a decir qué más es mejor?) En ocasiones, Updike impondrá la psoriasis a un personaje de ficción, como una continua pérdida humillante. «El nombre de la enfermedad, hablando espiritualmente, es Humillación», concluye el personaje de Updike. Es un alfarero, y cuando su piel mejora, la cualidad de sus vasijas, y de su vida amorosa, declina. Pero la maravilla ante la obra de la naturaleza nunca está ausente en Updike. En *The Centaur*, Peter Caldwell confiesa: «El placer de sentir que una gran escama cede y se separa del cuerpo bajo la insistencia de una uña debe ser experimentado para ser entendido y perdonado.»

Las erupciones de la piel constituyeron quizás antaño melancolía, pero ya no es así. Permiten, en la ficción de Updike, la adhesión a las convenciones narrativas. Tenemos la forma de la melancolía heroica, pero con los elementos clave adormecidos. Esta base puede moldear una historia que no implica ni anomalía mental ni (en los personajes contemporáneos humanos) el gran genio.

Cabe, tal vez, cierta vergüenza por confesar devoción hacia la obra de Updike. Tal como opinan recientes críticos, él no es lo bastante melancólico; de haber sufrido Updike personalmente más, según dicen, su obra podría ser más profunda y hubiera despertado mayores simpatías. Cynthia Ozick se queja de que «el mundo de ficción de Updike es pobre en sufrimientos». Sufrimiento es el término operativo. Los acontecimientos políticos y los descubrimientos científicos sirven de estructura y metáfora en las novelas mayores de Updike. Sus escritos rezuman historia. Pero su uso es moderadamente optimista y americano (consideremos el aterrizaje en la luna como trasfondo en *Rabbit Redux*), más que desolado y europeo.

No es así el terreno de ese otro héroe de mi juventud, Saul Bellow. Su protagonista más conocido, Moses Herzog, vive la pesadilla de la historia. Viaja a Polonia, se ve conmocionado por recuerdos del Holocausto. Famosísimo por haber mantenido correspondencia, en su mente y sobre el papel, con escritores y filósofos muertos hace tiempo. Sus afinidades están bien situadas: «Hegel comprendía que la esencia de la vida humana derivaba de la historia. La historia, la memoria... es lo que nos hace humanos, eso y nuestra conciencia de la muerte.»

Aunque Herzog tiene cuarenta años, su biografía de ficción adopta el arco de la novela juvenil de autoformación. Un fracaso romántico conduce a la desesperación, luego a las tentaciones de la alienación y, finalmente, a una más o (como sospechamos en el caso de Herzog) menos estable felicidad arraigada en la aceptación de las normas culturales.

Herzog anuncia ya su trastorno en la primera frase: «Si estoy fuera de mi mente, todo va bien en mí.» Su búsqueda es más interna y espiritual, pero tiene también un pronunciado movimiento físico, geográfico. Hace locas escapadas desde los Berkshires hacia la isla de la Viña de Martha, luego a Manhattan y Chicago, y vuelta a los Berkshires. Herzog es el melancólico angustiado, egocéntrico, escrupuloso, voluble, irritable, impulsivo y enfurecido. Como lectores, aceptamos la convención; reconocemos a Herzog su brillo y (harapienta) nobleza. Los rasgos del espectro maníaco sirven bien de indicadores del heroísmo.

En la reciente biografía de Bellow, de James Atlas, el novelista parece tener mucho en común con su protagonista. Bellow es ensimismado, con tendencia a la autocompasión cuando es abandonado, y ocasionalmente hipocondríaco. Es enérgico, seductor, vanidoso, vengativo y desconfiado. Y es un genio. Bellow es un melancólico insatisfecho, esa categoría que se diferencia de la depresión.

Como el arte comenta lo que ha sucedido antes, como las historias dependen de, y contradicen, las expectativas de los lectores, como la depresión y la recuperación de la depresión influyen en nuestra noción del argumento, la melancolía heroica persiste en el arte... incluso en la obra de escritores que no están deprimidos. Quizás el emparejamiento continuará indefinidamente; quizás desaparecerá ante las mejoras que se produzcan en los tratamientos. Con la llegada de los antibióticos, la enfermedad infecciosa perdió su importancia como fuente de argumentos y emociones. No hubo una segunda *Bohème*, ni una segunda *Magic Mountain*, hasta la era de *Rent* y *Angels in America*, respuestas a un nuevo e intratable contagio, el sida.

Pero la depresión es más grande que la tuberculosis en sus efectos culturales. Escribir seriamente es dialogar con *Hamlet* y *Don Quijote*. Una vez que se establece la tradición, arrastra las energías de escritores de todas las tendencias... una verdad de la que *Hamlet* y *Don Quijote* pueden ser ejemplos.

No me imagino que Shakespeare estuviera deprimido, ni tampoco Cervantes, pese a que todos sus grandes protagonistas son melancólicos. Cervantes era un héroe militar al que le quedó tullida su mano izquierda en una de las gloriosas batallas de su época. En la madurez, imaginó a un lector dirigiéndose a él como «el manco sano, el famoso todo, el escritor alegre, y finalmente el regocijo de las musas». Nadie sabe cómo eran Shakespeare y Cervantes. Pero somos libres de imaginarlos vigorosos, cordiales, productivos... resistentes.

Por el momento, no sólo los depresivos, sino todos los escritores querrán ocasionalmente ponerse la máscara del esteta herido o del insatisfecho frenético, bien sea como narrador o como protagonista. Pero en la vida, si el sufrimiento enriquece el arte, parece que cualquier forma lo hará: tartamudez, asma, hipocondría... Sin embargo, nadie propondría preservar la bipolaridad, o el alcoholismo, o la epilepsia, a fin de mantener un suministro de artistas angustiados del tipo que Kierkegaard ensalzaba. La depresión no puede pretender tanto. La depresión puede estar relacionada con la creatividad sólo a la manera de las enfermedades y discapacidades completamente plebeyas, como la psoriasis o el frágil ego del narcisista.

19

LO NATURAL

Y, no obstante, tal vez nos sintamos protectores ante la depresión, que la veamos como una enfermedad que no querríamos erradicar. Una manera de expresar esta reticencia es decir que la depresión es natural. Los eruditos han estado afirmando esto durante siglos. Es natural, en una economía política no regulada (o regulada en exceso), sentirse deprimido. Es natural sentirse deprimido frente la adversidad o la pérdida de un ser querido.

Por supuesto, una vez que la depresión se encuentra cómodamente instalada en el reino de las enfermedades, cambia la índole de lo natural. Si tienes un tipo de predisposición personal (la hostilidad y la impaciencia parecen ser ahora los rasgos clave), así como una tendencia familiar a los lípidos en sangre, y si vives en una cultura donde el estrés y la comida rápida son predominantes, es natural que sufras un ataque al corazón. Esa previsible consecuencia es lo que la medicina aborda rutinariamente, la patología cuyas causas conocemos. Todas las enfermedades son naturales en este sentido.

Si continuamos hablando de la depresión como algo natural, tal vez queramos decir que, aunque es una patología, también genera una capacidad de adaptación, o lo hizo en el pasado. Las funciones adaptativas pueden a veces incluirse dentro de las enfermedades devastadoras. La anemia por células falciformes es el gran ejemplo. Un defecto heredado en los glóbulos rojos (que adoptan una forma de semiluna) produce dolor, fatiga, infección, derrames, ceguera y daño orgánico en general. Una expresión parcial de la enfermedad, el rasgo falciforme, protege contra la malaria. Cuando esta tendencia falciforme se limitaba a partes del mundo donde la malaria era una causa corriente de mortalidad en los niños, el rasgo heredado era un rasgo posible de adaptación.

Este ejemplo muestra las limitaciones prácticas de la información sobre el valor adaptativo. Si vives en Norteamérica, donde la malaria ha sido erradicada, y si tu enfermedad te pone en peligro de sufrir ceguera y apoplejía, no te importará mucho que una forma más suave de anemia falciforme cumpla un papel en otro país. Tu dolor y discapacidad son suficientes para generar una respuesta. Nos sentiríamos dichosos de encontrar una cura eficaz contra la anemia por células falciformes.

Y hay que decir que los argumentos a favor de la depresión, en tanto que una útil adaptación, son muy débiles.

Que la emoción puede ser adaptativa está fuera de discusión. El miedo es una señal interior de que el peligro está cerca. La tristeza llama nuestra atención hacia la ruptura de preciosos lazos sociales. La emoción canaliza el pensamiento, y asigna prioridad, indicando intensidad y urgencia. La emoción es un tipo de pensamiento, un aspecto del pensamiento, una nota del pensamiento,

Por supuesto, la emoción puede ser errónea... Todos estamos sujetos a una aprensión carente de base. Aun en ausencia de depresión, podemos sufrir innecesariamente. Y por supuesto, podemos también ser propensos al insensato optimismo y a la inexplicable alegría.

Cómo valorar la emoción es una cuestión harto difícil. Al igual que la melancolía, la emoción tiene sus modas. Estas designaciones son inexactas, pero la «Era de la Razón», como una etiqueta para el siglo XVIII, se refiere a los intentos de reprimir las (engañosas) pasiones, que luego recuperaron legitimidad en la era romántica, en el siglo XIX. Para Freud, el mensaje directo de la emoción es poco fiable, pero ese engaño apunta a verdades inconscientes. Para el psicoanalista y su paciente, el sentimiento fuerte es una «X» en el mapa... Dice: «Excavar aquí.» Cuanto *menos* evidentemente explicable es el afecto, más valioso es el tesoro escondido.

La tendencia reciente ha consistido en interpretar la emoción no como una ilusión o un misterio, sino más bien como un aspecto o una variedad de la razón. La emoción es una manera de interpretar el mundo social, de manera que podemos hablar de inteligencia emocional como una potencialidad que debe ser cultivada. La emoción es también una forma de placer y un billete para otros placeres, tales como la intimidad en la vida privada y las relaciones sociales en la esfera pública. La emoción implica estar vivo. Las personas que parecen máquinas calculadoras se pierden algo en la experiencia personal y el juicio social. La perceptividad emocional enriquece la vida cotidiana y lleva a hacer buenas elecciones. Sobre estos puntos, los escritores populares y los filósofos están de acuerdo.

En esta era, en que la emoción es aceptada como un preciso modo de percepción, se convierte en un desafío explicar por qué el trastorno del ánimo es beneficioso. Humor triste, vale. Pero necesitamos ser conscientes de los hechos que nos perjudican o de los que nos gustan. Pero no la depresión. La depresión representa una pérdida de capacidad de la respuesta emocional. Si un afecto bien sintonizado constituye inteligencia, ¿qué podemos decir de bueno de una mente que se siente abrumada y pierde el contacto con los estímulos externos? ¿Cómo definimos un cerebro que responde ahora a los desafíos que se produjeron hace cinco meses? En cuanto admitimos que las partes del cerebro que integran el aporte emocional pueden depender de una patología, en cuanto indicamos un motivo para la pérdida de concentración y el humor negativo constante, podríamos querer negar cualquier afirmación de que la depresión es una respuesta adecuada a las circunstancias. ¿En qué sentido es adaptativa la depresión?

Las respuestas más rotundas a esta pregunta han venido de la joven disciplina de la psicología evolutiva, la aplicación de los principios darwinianos al estado de ánimo y el comportamiento. Los psicólogos evolutivos defienden que la depresión contiene cierta dosis de precisión a fin de cuentas... como señal y como fuerza coercitiva, que intimida al animal llevándolo a la pasividad. La depresión puede hacer que un animal desista de hacer un esfuerzo inútil y conserve su energía... digamos, para no buscar pastos en una época de sequía. La depresión puede indicar una necesidad de sumisión en una lucha fracasada por ocupar la jerarquía dominante. Y en ambos casos, los signos externos de depresión pueden servir para provocar el cuidado de los demás.

Pero estas teorías pierden parte de su fuerza ante nuestra nueva interpretación de lo que es la depresión. Por una parte, no está claro que la depresión ayude a conservar energías. Cierto, podemos imaginar a un animal derrotado limitándose a su territorio. Pero la depresión difícilmente es un estado tranquilo. El sistema de estrés se acelera. Las hormonas de lucha-o-huida se producen en exceso y se responde a ellas de forma extravagante, incluso en relación con su tasa de producción. Cualquiera que haya visto a un paciente deprimido dar vueltas arriba y abajo y retorcerse las manos dudará de que la depresión ahorre energía. Y cualquiera que haya visto a un paciente deprimido por culpa de un negocio o un asunto amoroso dudará de que el trastorno del ánimo sea una manera efectiva de que un animal modifique su conducta frente a una lucha perdida de antemano. Además, existen demasiados costes adicionales en la depresión. Por ejemplo, el riesgo de infección y de enfermedad cardíaca aumenta. Nuestro cálculo de conservación de la energía e incremento de la supervivencia necesita tener en cuenta estas consecuencias, por no hablar de la posibilidad de suicidio, la forma final de entropía.

En cuanto a la sumisión, su valor económico (para los primates) se ha demostrado difícil de estimar. La muerte es corriente entre los monos machos adolescentes expulsados de la manada en la que han nacido. La dominación resulta ser extremadamente importante para la reproducción y la cría exitosa de descendencia, tanto para las madres como para los padres. El sistema jerárquico puede beneficiar a una manada. Pero la teoría más evolutiva se refiere a la supervivencia y reproducción de los individuos; y para el primate individual, los beneficios de la sumisión prolongada son inciertos. Lo que está en juego en la depresión no es una respuesta corriente a la adversidad, sino una respuesta exagerada. ¿Cuán adaptativo es ser *especialmente* propenso a la sumisión? ¿Y luego ser incapaz de terminar la respuesta, una vez que ésta se inicia? ¿Y sufrir un elevado riesgo del daño interno que provoca la humillación? Frente a esto, podría ser preferible la resistencia... la capacidad, después de la retirada, de volver a luchar.

Luego están los problemas de traumas tempranos y el cuidado paterno negligente. En todos los modelos animales, el daño en la infancia provoca extremas respuestas de estrés en la edad adulta, incluyendo la apatía, el retraimiento social, la timidez frente a estímulos novedosos, y la dificultad ante los desafíos cognitivos, como los test de los laberintos. Si el trauma y el abandono produjeran monos más sanos, más aptos, ¿no procurarían todas las madres que su descendencia los experimentara? Si la postura depresiva fuera valiosa, ¿no se comportaría la mayoría de monos como animales traumatizados? Pues no lo hacen. Cuando los recursos son escasos, la mayoría de los animales siguen buscando comida. En conjunto, la falta de uniformidad en la respuesta desconcierta a la psicología evolutiva... Destacados darwinianos ya han llegado a reconocerlo. La noción de que los animales que sufrieron daño en época temprana de su vida son más adaptativos parece extraña. ¿Por qué no es la depresión exactamente lo que parece, un deterioro progresivo?

¿Y qué podemos decir de bueno de la depresión no provocada, los episodios que pueden surgir en ausencia de todo desencadenante ambiental? Sencillamente es difícil defender que estas catástrofes son adaptativas. No se ha propuesto el esquema que justifique el interruptor atascado. Las depresiones crónicas y antiguas solamente crean víctimas.

Estas consideraciones han desviado el foco de atención entre los psicólogos evolutivos. Tal vez, la depresión es adaptativa no tanto porque hace que los animales abandonen los esfuerzos vanos como porque los hace perseverar. El preeminente psiquiatra evolutivo Randolph Nesse es partidario de esta conjetura. De acuerdo, los rasgos depresivos son «exactamente lo contrario del optimismo, la energía y la disposición a efectuar cambios que ayudarían a una persona a escapar de una situación difícil». Pero el pesimismo, argumenta Nesse, impide a los animales cambiar de dirección demasiado rápidamente:

> La búsqueda de grandes objetivos exige construir costosas empresas sociales que son difíciles de reemplazar... matrimonios, amistades, carreras, reputación, categoría social y pertenencia al grupo. Los contratiempos importantes en estas empresas desencadenan crisis vitales. En tales situaciones, con frecuencia resulta útil inhibir toda tendencia a cambiar rápidamente a una nueva actitud... [P]esimismo, falta de energía, baja autoestima, falta de iniciativa y miedo pueden impedir la calamidad incluso mientras prolongan la desgracia.

Esta nueva descripción de la depresión es elegante... lejos de convencer a los animales de que abandonen sus proyectos, el síndrome les obliga a preservar. Tal como señala el propio Nesse, esta justificación de la mentalidad negativa deja a los teóricos situados en una posición ambigua en un punto crítico. La depresión sirve para alentar a las personas lo mismo a mantener el rumbo que a cambiarlo. A veces, la depresión sirve «tanto para disminuir la inversión en la actual e insatisfactoria empresa vital como para impedir la prematura búsqueda de alternativas».

Pero incluso esta hermosa resolución resta importancia a los tipos de desencadenantes que habitualmente conducen a la depresión, el equivalente humano de la expulsión de una manada primate. Nos despiden, o nuestra esposa nos deja, somos humillados y expulsados. Nuestros mayores contratiempos tienden a ser aquellos que ponen en peligro grandes inversiones, como son la carrera profesional y el matrimonio, y la pertenencia al grupo. No podemos soltar estas cosas y aferrarnos a algo más básico... No hay nada más básico.

Tampoco, en medio de una depresión, toman las personas decisiones especialmente prudentes sobre dónde mantenerse y de dónde irse. Los depresivos se aferran a relaciones amorosas frustrantes; persisten en perseguir proyectos de doctorado supervisados por tutores prepotentes. Nesse señala que «el no conseguir desconectarse puede provocar depresión, y la depresión puede hacer difícil desconectarse». En la práctica, los depresivos cometen errores de todo tipo. Abandonarán impulsivamente una estrategia ganadora justo cuando están a punto de lograr el éxito, y luego doblarán su apuesta perdedora.

He dicho que no me siento cómodo con el enfoque darwiniano de la psicología. A menudo, como el impenitente optimista de Voltaire, el Dr. Pangloss, elogia todo lo que se le presenta. Una refinada justificación para una devastadora enfermedad me parece arriesgada. ¿Cómo sabríamos si la depresión antaño hizo que los hombres y las mujeres tomaran precisamente las buenas decisiones en nuestra época de cazadores-recolectores?

Cuanto más pensamos sobre lo que es la depresión, menos inclinados nos sentimos a imaginar que se trata de una dolencia que ha sido concebida para producir una aptitud evolutiva. Si concedemos, como hipótesis, que un episodio breve de depresión en la adolescencia cumple alguna función, ¿qué beneficio vemos en un segundo episodio, más largo y más complejo, en los comienzos de la edad adulta? ¿Deberían todos los episodios tener aproximadamente la misma duración... dando lugar un determinado grado de escasez de comida o rechazo social a un correspondiente período de retraimiento? En términos generales, la naturaleza crónica y recurrente de la depresión es preocupante. ¿Qué sentido tienen las depresiones que se inician en la infancia y se instalan permanentemente, incluso en tiempos de abundancia? Si tuviéramos que diseñar una enfermedad pensada para ayudar a las personas a abrirse camino en ambientes hostiles, entre empresas que merecen perseverancia y otras que deberían ser abandonadas, ¿acaso no incorporaríamos al paquete una memoria aumentada y una agudización de la concentración? ¿Por qué fomentar la pasividad que tiende, incluso en los episodios tempranos, a durar seis o nueve meses? Poseer un interruptor tiene sentido, pero ¿por qué un interruptor atascado? ¿Por qué debería la evolución favorecer una dolencia que tiene, hablando en un sentido amplio, los mismos efectos que los pequeños derrames en las partes del cerebro que afinan las emociones?

Al igual que los intentos por delimitar subtipos de depresión, los esfuerzos por definir los beneficios adaptativos de la depresión se han demostrado frustrantes. Siempre hay un guión sobre la mesa, pero el suelo está atestado de previos esfuerzos descartados. A medida que vamos aprendiendo más de la depresión, la teoría imperante tiene que ser revisada.

¡La depresión es tan debilitadora! Hace años, yo era el coordinador psiquiátrico de una sala de cirugía. La solicitud de consulta más frecuente tenía que ver con pacientes que no seguían las instrucciones rutinarias después de una operación: pasear, toser, comer, respirar profundamente. Los pacientes deprimidos sencillamente abandonaban. Carecían de estrategia alguna; ni siquiera obedecían a aquellos en quienes confiaban. Retirarse a la madriguera para lamerse las heridas, vale... Pero lame. En unas circunstancias exigentes, ¿cuán frecuentemente es adaptativo el perder completamente la capacidad de acción, quiero decir de esta manera, en que la muerte parece preferible al esfuerzo, en que las señales de una comunidad de apoyo —enfermeras, amigos, familia— son ignoradas?

Contemplar cómo el deprimido fracasa regularmente, frente a unos desafíos a los que los demás responden, podría predisponer a cualquiera a ver la posibilidad alternativa, que la depresión no aporta ningún beneficio. Algunas enfermedades, y algunos rasgos normales, representan casualidad en la evolución.

En un famoso ensayo, el difunto Stephen Jay Gould comparó estos accidentes evolutivos con unos «tímpanos». Los tímpanos, llamados también enjutas, son unos espacios triangulares que hay bajo las cúpulas de las iglesias góticas. (El correcto término artístico para semejante espacio es «pechina», pero «tímpano» sigue siendo la palabra usada en el debate de la evolución.) Aunque durante mucho tiempo se supuso que esos tímpanos cumplían una función —albergaban imágenes de los apóstoles—, de hecho resultan ser no decoraciones planificadas, sino formas incidentales que surgen de las limitaciones de los métodos arquitectónicos medievales. Si montas una cúpula sobre pares de arcos torales, tienes que apechugar con los tímpanos. Los apóstoles son añadidos posteriores... un uso que fue concebido siglos después de la construcción de la catedral de San Marcos en Venecia y otras.

Los tímpanos son subproductos; representan las limitaciones de la ingeniería, una consecuencia no deseada. Es el proyecto principal el que es moldeado y optimizado por la selección natural, no el tímpano, que viene por añadidura. A veces los tímpanos son posteriormente utilizados, como en la adición de retratos mosaico de los santos. Gould inventó el término *exaptación* para describir este proceso, una modificación tardía que consigue sacar el mejor partido de un tímpano. La depresión puede ser un tímpano... algo natural que no ha contribuido con ninguna ventaja evolutiva. Y entonces no hay motivo para que la depresión sea decorada *exaptivamente*... por ejemplo, suscitando una mitología relativa a su valor, o adquiriendo un papel en la poesía y la historia.

Por supuesto, el proceso evolutivo es invisible. Lo que hoy parece destructivo, antaño quizás tenía su utilidad. Pero la posibilidad de especulación desde una óptica evolutiva sobre la depresión es limitada.

Las «depresiones médicas» —aquellas que provienen de derrames, anomalías hormonales y cánceres— son claramente «tímpanos». Resulta difícil explicar por qué las víctimas del cáncer de páncreas tendrían que estar adaptadas para mantener (o retirarse de) sus actividades habituales en mayor medida que las víctimas del cáncer de pulmón. Llamar natural a la depresión sólo es decir que la naturaleza puede ser cruel. La resistencia corriente también le serviría al paciente.

Los genéticamente predispuestos, que empiezan a cierta distancia pendiente abajo en la depresión «no provocada», parecen sorprendentemente estar en desventaja. La temprana adversidad que conduce a la deficiente educación, escaso apoyo social, traumas recurrentes y divorcio no es muy recomendable. Llegar a la depresión por la vía del consumo de drogas es un fenómeno peculiarmente humano; es reblandecerse el seso de una manera que los demás primates no pueden hacer. Y, dentro de este cóctel, las rutas que llevan a la aptitud reproductiva son demasiado variadas. Las chicas malas pueden quedar embarazadas muy temprano, mientras que las depresivas tímidas y sensibles ingresan tarde en el grupo marital. Los resultados de la depresión documentados por investigadores interesados por la antropología en nuestra cultura —menos descendencia, menos espacio vital, muerte temprana— difícilmente afirman que se trate de una respuesta inteligente a la circunstancia.

Y luego está la variedad de síntomas dentro de la depresión. Algunos depresivos se matan de hambre; otros comen en exceso. Algunos sufren insomnio, y otros duermen demasiado. Algunos depresivos se vuelven irritables; otros, dóciles. El conjunto de síntomas varía de una manera que no parece estar relacionada con las circunstancias o la historia médica: un paciente puede matarse de hambre en una depresión, e irse de juerga en la siguiente. Podemos imaginar un desafío, en los monos o los cazadores-recolectores, por el cual un subconjunto de estas respuestas conferiría una ventaja adaptativa. Pero la constelación de síntomas asociada con la siguiente depresión, en parecidas circunstancias, empeoraría las cosas.

En términos generales, la variedad de la depresión sugiere un fallo en la función. Depresión es lo que sufres cuando las partes del cerebro que integran la entrada emocional se ven superadas. Para decir las cosas en los términos preferidos por Robert Sapolsky, tienes un sistema concebido para tratar con el estrés agudo —una cebra enfrentada con un león— que tropieza con sus limitaciones de diseño cuando los agentes estresantes se vuelven crónicos. La huida es la adaptación; la depresión es el «tímpano».

Las funciones adaptativas de la depresión, de parecerme algo, me parecen incognoscibles... En todo caso, desconocidas. Si las formulaciones de la psicología evolutiva llegaron a tentarme en los años en que estaba centrado en el trastorno del estado de ánimo, lo hicieron en mi trabajo con hombres razonablemente estables atraídos por mujeres deprimidas. El tipo de deseo en aquellos hombres —compulsión sin insinuaciones de perversión— me hizo pensar en impulsos instintivos.

Sólo hipotéticamente, supongamos que las hembras deprimidas casaban bien con el gasto de energía que suponía cazar en la sabana. En condiciones adversas, las mujeres con esa tendencia tendrían más posibilidades de sobrevivir con sus crías. Entonces sería ventajoso para un macho haberse apareado con una hembra depresiva. Los machos atraídos por depresivas verían que su descendencia vivía hasta la edad adulta, se reproducían y transmitían una parte de los genes paternos. Desde un punto de vista natural, evolutivo, la depresión se volvería sexualmente atractiva, al igual que lo harían los tempranos indicadores de una tendencia a la depresión.

Una conclusión similar surgiría de casi toda explicación de los beneficios de la depresión. Rasgos (como caderas anchas, en tanto que indicadores de un ancho canal del parto) que conllevan ventaja adaptativa son tenidos en cuenta en la selección sexual. La aptitud se vuelve atractiva.

Esta descripción, si aceptamos su premisa, se acerca bastante a la explicación del hecho que la depresión tiene una posición social preferente... Cuán protectores podemos sentirnos hacia ella. Si la depresión era adaptativa en la era en que nuestros instintos fueron establecidos, entonces el atractivo de la depresión debería notarse —y ser— natural. Otras tendencias —como la depresión idealizada en la literatura y el arte— tendrían también un invisible apoyo.

Desgraciadamente, no tenemos ningún motivo claro para suponer que la depresión lo es todo menos un «tímpano». Pero podemos volver a contar la historia de la selección sexual de una manera que acepte la depresión, la enfermedad, simplemente como un defecto.

Hay una línea de investigación que trata de explicar por qué las mujeres sufren un elevado índice de depresión. Como enfermedad, la depresión (una vez que está en curso) se comporta de manera similar en ambos géneros. Tras un primer o segundo episodio de depresión, un hombre se enfrentará a un segundo o tercer episodio aproximadamente tan a menudo como una mujer. La diferencia en la tendencia tiene mucho que ver con el comienzo de una enfermedad recurrente. Las mujeres son más propensas a estar deprimidas... es decir, a sufrir un primer episodio.

Parte de esa diferencia puede ser genética, relacionada con las amplias diferencias en la manera en que están constituidos hombres y mujeres. Por ejemplo, la variación hormonal en el ciclo mensual puede conferir una vulnerabilidad incidental a perturbaciones en las hormonas del estrés. Pero los investigadores que estudian la base social de la depresión hallaron una diferencia de sexo que relaciona los desencadenantes que dan lugar a un primer episodio depresivo.

Resulta que la adversidad muy grave afecta de manera similar a hombres y mujeres. Si su mujer muere o cae enferma, o le abandona, el hombre es aproximadamente tan propenso a sufrir depresión como la mujer en circunstancias similares. Lo mismo ocurre con los trastornos provocados por la pérdida de un hijo o un padre. Pero si arrojas la red un poco más lejos, y preguntas sobre las desgracias que acontecen a tíos y tías, vecinos y amigos, o conocidos más lejanos del tipo que sea... los hombres y las mujeres ya no parecen lo mismo.

Perder a alguien por quien sientes afecto puede desencadenar depresión; esto es universal. Pero ese «sentir afecto» abarca un territorio más amplio en el caso de las mujeres. Y una red más amplia de vínculos supone más pérdidas. Una parte de la diferencia en las tasas de depresión puede atribuirse a las diferencias en las inversiones sociales. Los estudios sugieren que no son sólo las pérdidas mayores las que importan; debido a sus múltiples vínculos, las mujeres también sufren más estrés menor, cotidiano, que los hombres. Dentro de los géneros, también —comparando mujeres con hombres, u hombres con mujeres— aquellos individuos que tienen un abanico más amplio de afectos son más propensos a la depresión.

La investigación de esta clase ha llevado a la hipótesis «coste del afecto». La depresión es, en parte, el inconveniente de la asociación. Los estudios «coste del afecto» arrojan una duda sobre el valor de las «redes de apoyo social» como defensa contra el estrés. Para las mujeres, estas redes son también potenciales *fuentes* de estrés. Comparando riesgo con beneficio, resulta que el apoyo adicional que las mujeres pueden usar no compensa la adicional exposición a la tristeza.

De modo que el afecto, que es un bien social, resulta ser un factor de riesgo para la depresión. Esta teoría es compatible con la creencia de que la depresión es claramente una enfermedad. Mostrar afecto puede ser, o puede haber sido, adaptativo, en el sentido que le ayuda a uno a transmitir sus genes con seguridad. La vulnerabilidad a la depresión sigue siendo un tímpano, y la depresión sigue siendo una enfermedad. Uno contrae la depresión cuando las lesiones dañan al sistema de respuesta al estrés. Pero ocurre que, en algunos depresivos, su incrementada propensión al trastorno del estado de ánimo se debe en parte a unos rasgos que por sí mismos son útiles y atractivos: la sintonía y el afecto.

Ahora bien, hay todo tipo de depresivos. A estas alturas, no quiero socavar la importante verdad de que los inadaptados y solitarios, los crueles y los malvados son víctimas de la depresión. El «afecto» supone un porcentaje muy pequeño de la propensión al trastorno del ánimo.

Pero la disposición a vincularse y a cuidar a los demás es un rasgo crucial en términos evolutivos. Hasta una modesta, probabilista, relación entre depresión y cuidado de los demás podría tener consecuencias sociales. Supongamos que, cuando ves depresión, puedes inferir una propensión al vínculo social. Tal vez la depresión en una mujer señala su capacidad como madre adecuada y comprometida. No es que la depresión le haga ningún bien a ella o a su descendencia, pero el hecho de su depresión indica que, cuando está sana, crea fuertes vínculos. En ese caso, la capacidad de detectar y responder a ese indicador sería una ventaja evolutiva para eventuales machos. Los jóvenes atraídos por las jóvenes depresivas se verían recompensados con compañeras fiables, y con una descendencia que estaría bien cuidada. Los genes de esos hombres serían seleccionados, lo que equivale a decir que la atracción hacia algunos aspectos de la depresión podría quedar bien establecida (cultural o, quizás, genéticamente) en las siguientes generaciones.

Si la depresión y la vulnerabilidad a la depresión confieren atractivo, quizás sea porque se correlacionan, modestamente, con unos rasgos que te convierten en buen cónyuge y buen progenitor. Somos tan conscientes (cuando lo somos) del aspecto negativo de la depresión que nos puede parecer difícil aceptar la afirmación de que la enfermedad esconde una ventaja evolutiva. ¿Qué hay de la psicosis posparto, en que una madre mata a sus recién nacidos? ¿Y del suicidio? ¿Y de una intensa apatía, cuando la madre abandona a sus crías? En la medida que estos desenlaces son raros, el coste evolutivo probabilístico será leve. Los depresivos son unos malos padres. Pero esta verdad se mantiene sólo en los intervalos en los que la enfermedad está activa. Muchas mujeres que son volubles durante el noviazgo se convierten en estupendas esposas y madres.

Y, por supuesto, la probabilidad de desenlaces diversos puede haber sido diferente en el pasado. Aunque la vida era corta, aunque las comunidades mostraban su apoyo, y el estrés crónico era un aspecto menos común de la vida diaria, ¿quién sabe con cuánta frecuencia los episodios de depresión en fase posterior entraban en juego? Este modelo no requiere que la depresión produzca a nadie ningún bien. Puede ser deterioro simplemente. Si planeas establecer algún vínculo, es posible que obtengas una enfermedad extra. Pero la enfermedad puede llegar a comportar cierto atractivo, como un signo visible de buena ingeniería en alguna otra parte.

Desde luego, la depresión tiene un terrible inconveniente... todas las consecuencias de una enfermedad. Frecuentemente, en la naturaleza, el mimetismo otorga una ventaja especial. Quizás mejor que la tendencia a la depresión, sería la apariencia de ella, el simulacro, en ausencia de enfermedad real o incluso cálido sentimiento. En esta fantasía, unos síntomas depresivos aparentes (como los de Marlene Dietrich en la pantalla) podrían continuar seduciendo incluso allí donde carecen de toda conexión con la capacidad de ser leal o de cuidar.

Realmente, el mimetismo podría tener éxito incluso cuando es detectado. En una descripción de lo perverso, Andre Codrescu escribe: «En Venecia las mujeres llevan su tristeza con tanta gracia que los hombres se sienten embargados por la lujuria sólo observándolas en la iglesia.» Codrescu está evocando a Casanova. La tristeza sincera señala la capacidad de formar vínculos; la tristeza fingida indica un carácter travieso y resistencia. Ambas cosas pueden ser atractivas. No tendremos problema alguno en imaginar un montón de maneras complicadas en las que el trastorno del ánimo queda entretejido en la tela del deseo.

Bien, me doy cuenta de que he ido demasiado lejos en mi especulación. La depresión quizás no tenga ninguna función positiva, ni siquiera como exaptación. Pero la depresión está muy extendida. Es corriente en los jóvenes, y a menudo leve o pasajera en los episodios tempranos. Confiere una notable perspectiva... una diferencia, especialmente a una edad (la tardía adolescencia) en que luchar con la diferencia es una tarea obligada en el desarrollo. Resiste al tratamiento. Quizás a cualquier enfermedad con estas características se le atribuiría valor.

Pensemos nuevamente en la tuberculosis. Esta enfermedad no confiere ventaja alguna. Pero en su momento álgido tuvo una extraordinario peso. Sus síntomas tienen altibajos. El letargo y la excitación que la tuberculosis provoca imita los estados de la personalidad normal. En sus fases suaves, e incluso más allá, la tuberculosis es compatible con la producción creativa. Chopin fue tuberculoso durante toda su vida adulta, y mostró una extraordinaria productividad en sus treinta, cuando la enfermedad era más visible. Anton Chéjov estuvo probablemente afectado por la enfermedad durante veintidós años; y escribió sus obras más famosas —*El jardín de los cerezos*, *Las tres hermanas*, «La dama del perrito»— en los siete años en que su tuberculosis estuvo bajo tratamiento. Si la tuberculosis fue romántica, si la tuberculosis tuvo sus partidarios, ¿por qué no la depresión?

Mi opinión es que los atractivos de la depresión pueden ser atenuados por cambios en nuestras creencias... un signo, quizás, de que nuestra susceptibilidad a sus encantos no está firmemente codificada.

Yo tengo mi consultorio en una ciudad donde hay media docena de colegas más. Mi despacho siempre ha estado en, o cerca de la universidad.

Resulta difícil sobreestimar la frecuencia de los síntomas depresivos en un campus. Un estudio ha descubierto que el 90 por ciento de los adolescentes dice haber experimentado períodos de marcados sentimientos de tristeza. La mayor parte de esos estudiantes no son, y nunca serán, deprimidos. Aun así, tratar con el ánimo deprimido es una exigencia del funcionamiento social en el campus. Los estudiantes a menudo encontrarán un toque de depresión tranquilizador en una potencial pareja. Uno puede mostrarse comprensivo, estar ahí, ofrecer un hombro sobre el que llorar. En el juego de las citas amorosas, pillar a alguien de rebote es una habilidad, que tiene sus raíces en la sensibilidad a los estados depresivos. Jóvenes y muchachas sin ninguna otra ventaja social pueden volverse especialistas en identificar y cuidar el ánimo trastornado.

Cabría pensar que si el tirón de la depresión fuera natural, el campus es el lugar donde ese efecto sería más evidente. Pero tengo la impresión de que el atractivo de la depresión, para los estudiantes universitarios, va menguando.

Poner nombre al trastorno ha sido suficiente para marcarlo. Cuando yo era universitario, hace treinta o cuarenta años, los estudiantes tenían sólo una muy difusa noción de la depresión. Ciertamente entonces, los jóvenes pasaban por alto completamente la inestabilidad en el caso de las chicas que eran bonitas o cariñosas o inteligentes. Hace veinte años, cuando abrí mi consulta en Providence, los estudiantes seguían mostrándose alegremente inconscientes. Para esta reducida población —los estudiantes universitarios— los esfuerzos de la salud pública para desestigmatizar la depresión habían tenido un efecto paradójico. Hoy en día, los estudiantes reconocen la depresión y la consideran una enfermedad.

Resulta difícil decir si las campañas de concienciación pública se han traducido en un aumento del uso de los servicios de la salud pública. Mi impresión es que las visitas tuvieron un punto máximo en los años sesenta, cuando la psicoterapia estaba de moda. En las universidades selectivas, aproximadamente la mitad de los estudiantes visitaban los «servicios psico». Luego el interés menguó, y los psicoterapeutas desaparecieron. Ahora, los hospitales están saturados ante los nuevos tratamientos para, y la nueva ansiedad por, una amplia gama de enfermedades mentales. (En las universidades selectivas, para cuando se gradúa, aproximadamente una cuarta parte de los estudiantes ha sido medicada con un antidepresivo en la clínica del campus: esta cifra no tiene en cuenta a aquellos que reciben medicación de un médico en el hogar.) De manera que el resultado directo de la «desestigmatización» puede ser el deseado, a saber, más tratamiento de los trastornos del estado de ánimo.

Las campañas pueden haber tenido éxito en este sentido también: la mayor parte de los estudiantes reconocería que una persona no es moralmente responsable de su depresión, no más que de una artritis de desencadenamiento juvenil. Pero las dolencias difícilmente prestan un atractivo. Nadie quiere casarse con la depresión. De hecho, los padres podrían (y lo hacen) advertir contra ella: «Es muy dulce, cierto, pero a tu padre le parece depresiva.»

En una cultura que valora la constante minuciosidad en la crianza de los niños, y una en la que los adultos tienen hijos a una edad superior, la depresión señala que en el futuro hay riesgo de una relativa falta de aptitud. Sabemos que la depresión conlleva problemas que empeoran con el tiempo. El resultado es convertir los rasgos depresivos en impedimentos sociales, o al menos empañar su (natural o histórico) lustre. La depresión ha perdido su estigma social, pero sólo hasta el punto en que ha ganado un estigma médico razonablemente exacto. En este sentido es como el alcoholismo.

No es que el estigma social de la depresión sea muy marcado en el campus. Durante cuarenta años, ha tenido mérito «crecer de un modo absurdo»... alienado, indolente, rebelde, dejado, diferente. El insatisfecho melancólico nunca pasaba de moda. Recuerdo que en mis años de facultad sentía una envidiosa admiración por hombres y mujeres que vivían vidas de intenso drama emocional, una categoría que se extendía hasta enfermedades que requerían hospitalización.

Desestigmatizar la depresión es quitarle romanticismo. Tengo la impresión de que en los campus, hoy, los estudiantes deprimidos apenas despiertan la atracción de las pasadas décadas. Si esta observación tiene alguna validez —y está basada sólo en mi impresión de las dificultades de los pacientes que acuden a mi consulta—, entonces el atractivo de la depresión es maleable, responde a las presiones y percepciones sociales.

A corto plazo, como alguien que atiende a los deprimidos, encuentro nociva la reestigmatización. No quiero que mis pacientes deprimidos se enfrenten a la objetividad. Me siento encantado cuando encuentran a compañeros devotos, sin importar las ilusiones (o instintos evolucionados) que les ayudan durante el camino. Pero sí comprendo que, a largo plazo, hay algo que decir en favor de la lucidez una aproximación entre *lo que es* y *lo que es para nosotros*.

Cada vez menos, veo algún beneficio oculto en la depresión. La medicina conoce un gran número de enfermedades tipo «interruptor atascado», donde el sistema inmunológico, digamos, ataca a un patógeno y luego continúa funcionando a toda marcha mucho tiempo después de que el enemigo ha sido expulsado del campo. La esclerosis múltiple es probablemente así, al igual que la sífilis terciaria y las enfermedades autoinmunes, la eritematosis, la esclerodermia y otras. Un mecanismo que habitualmente es protector acaba destruyendo las propias células del cuerpo. Que esa enfermedad tenga lugar en un sistema necesario, adaptativo, no dice nada en su favor. La enfermedad es un fallo en el sistema. La sensibilidad interpersonal y el vínculo leal son admirables; las respuestas de estrés son defensas adecuadas a ciertas amenazas. Pero el trastorno del estado de ánimo es lo que el nombre implica, una disfunción... de los mismos sistemas que valoramos cuando llamamos adaptativa a la emoción.

La cuestión, supongo, es si podemos hacer distinciones... si podemos valorar el afecto y a pesar de todo combatir la depresión. Si examinamos las líneas de investigación en el tratamiento y la prevención de la depresión, vemos que todas están de acuerdo en eso. Bien sea modulando las citocinas o las hormonas del estrés, trabajando con genes o fármacos, tratando de impedir la muerte de las células o alentando el crecimiento celular, lo que intentamos es interrumpir el deterioro y catalizar la reparación... proteger al cerebro de las consecuencias de la decepción y la adversidad.

Una forma de considerar la resistencia es verla como una fuerza que hace que el mundo sea seguro para mostrar afecto. Si hay más resistencia, aquellos que se exponen, a través de los vínculos, al riesgo de pérdida ya no sufrirán deterioros. Haz tus relaciones sociales tan amplias como quieras. Si los que amas sufren daño, puedes experimentar una tristeza intensa y matizada, moldeada por la memoria. Pero las células de tu córtex prefrontal no se verán privadas de protección, las células de tu hipocampo no morirán, tus conexiones neurales permanecerán intactas y se formarán nuevas vías para tus neuronas. El interruptor no se atascará. No sufrirás mayor riesgo de depresión que el que tenías antes de la pérdida. Como mínimo, tu camino hacia el trastorno del ánimo no será más rápido que el de alguien nacido con más capacidad de recuperación o víctima de menos trauma infantil. Tus funciones naturales, adaptativas, sean cuales sean, seguirán intactas. En una sociedad que pudiera ofrecer una neurorresistencia fiable, la depresión temprana no supondría ningún estigma, porque las depresiones profundas serían raras; las depresiones serían detenidas en seco.

El gran objetivo de la psicoterapia es despertar la capacidad para sentir lo que sentimos; el gran impedimento a la conciencia emocional es el temor de verse abrumado, de manera que nuestra identidad se escinda. La psicoterapia procura que recordemos las heridas del pasado, pero sin que éstas distorsionen automáticamente los vínculos actuales. El seguro contra la depresión nos liberaría para conocernos, franca, radicalmente, sin riesgo de descompensación. Podríamos soportar el afecto. Robert Frost escribe: «La felicidad suple en altura lo que le falta en longitud.» Algo parecido sería cierto en el caso de la tristeza; podríamos sondear las profundidades, sabiendo que volveríamos a salir a la superficie.

Eso sería una fantasía de todos modos, una utopía. Supone que atenuar la depresión es premiar la emoción. Si la sensibilidad y la afinidad son rasgos evolucionados y la depresión es un «tímpano», entonces respetar la adaptación es favorecer algún nivel sustancial de resistencia emocional en aquellos que sienten con intensidad y establecen fuertes vínculos.

20

LA ALIENACIÓN

Quizás hay algo demasiado limpio, demasiado higiénico, en esta fantasía utópica, la erradicación de la depresión, la enfermedad. Sí, podemos imaginarlo... proteger al cerebro contra el daño, sin, por lo demás, sofocar los estados de ánimo o las emociones. Pero ¿llegaría a funcionar así? Toda esta charla sobre patología, ¿no es abrir un poco la puerta a la gran campaña norteamericana para la autoayuda, el consumismo y la felicidad mediocre?

En el período que siguió a *Escuchando al Prozac*, tuve que enfrentarme con este tipo de pregunta repetidamente, en especial en mis encuentros con moralistas de la medicina. Un filósofo escribió: «Supongamos que usted es psiquiatra y tiene un paciente... digamos, un contable que vive en Downers Grove, Illinois. Que un día vuelve en sí y dice: "Jesucristo, ¿qué es esto? ¿Un cortacéspedes Snapper y una casa en la zona residencial?" ¿Debería usted, su psiquiatra, liberarle de su alienación prescribiéndole Prozac?»

Este desafío estaba bastante claramente dirigido a mí, aunque en cierto sentido no hacía más que confirmar lo que yo había dicho en mi libro. Me había preocupado de la «psicofarmacología cosmética», y, con ella, de la posibilidad de que, al desarrollar medicaciones para la depresión, pudiéramos crear presiones sociales implícitas que alteraran unos tipos de personalidad que no son suficientemente optimistas.

Ahora, imaginando al recién descolocado contable, me encontré inclinándome hacia el otro lado. Mi primera respuesta fue: «Dígame algo más. ¿Ha observado el contable otros cambios... en el sueño, en el apetito, en la capacidad de disfrutar de lo que habitualmente disfruta? ¿Tiene un historial propio, o una historia familiar, de depresión? ¿Ha sufrido recientes pérdidas familiares? ¿Las hubo tempranas?» Estas preguntas médicas rutinarias no estarían al servicio de ninguna intervención particular. Yo estaría abierto a probar con la psicoterapia, si hacía falta. Pero no querría pasar por alto un episodio depresivo si se estaba gestando uno.

¿A qué tipo de sensación se refería el contable? ¿Qué significa que «vuelve en sí un día»? ¿Parece surgir de la nada ese trastorno? Podría haber simplemente experimentado un cambio en sus gustos; quizás no le agradaba tanto su vecindario, pero seguía siendo un optimista, al que le gusta planear y hacer cosas, un hombre que empezaría a conformar su vida según sus nuevos ideales. Sin embargo, no parecía eso... al menos si se trataba de un paciente psiquiátrico que estaba considerando medicarse. Yo sospechaba que la alienación podría ser de un tipo particular: alienación depresiva. Quizás la palabra «alienación» estaba siendo usada en un sentido aproximado, de modo que, en este contexto, «alienación» significaba «depresión». Ahora, inmerso en la depresión, mi primera preocupación era no pasar por alto un trastorno del ánimo.

Era Carl Elliott el que había hecho la pregunta sobre el contable de Illinois. Elliott es un estudiante destacado de la ética de la superación personal. Es un hombre joven amable, divertido, con un calmoso acento sureño. Elliott se formó como médico y luego se desvió hacia la filosofía. Nos caímos bien inmediatamente cuando nos conocimos. Ambos compartíamos una afición por el novelista Walker Percy. Percy nos había alentado a los dos, al comienzo de nuestra carrera. Pero fue en torno a las ideas de Percy donde entramos en conflicto.

Los héroes de Percy tienden a ser hombres de mediana edad, corteses, que no se sienten muy cómodos en su piel. Percy dice que tienen razón al sentirse así, ya que la alienación es una respuesta de autoconciencia a nuestro lugar en esta cultura comercial y este cosmos divino. Elliott escribió que los pacientes que yo describo en *Escuchando al Prozac* «se parecen sorprendentemente a los héroes sureños alienados de las novelas de Walker Percy». Elliott indicó las protestas que los pacientes hacen, antes del tratamiento: «El mundo entero parece estar enterado de algo que yo no capto», y «No sé quién soy». Si se examinan a sí mismos, estos confusos marginados descubrirán que, en su caso, como en el de los protagonistas de Percy, el diagnóstico más próximo es «alienación existencial», una justificable impresión de no sentirse a gusto en el mundo.

Para apreciar mi respuesta a las críticas de Elliott, hay que comprender que yo, en la consulta, sólo había prescrito medicación a los pacientes que cumplían los criterios estándar. Los pacientes cuyas protestas Elliott identificaba como indicadores de alienación existencial estaban activamente deprimidos.

Hillary es el nombre que le di a la mujer que se quejaba de que parecía no comprender algo que todo el mundo comprendía. Una serie de doctores había diagnosticado a Hillary como depresiva, y prescrito medicaciones convencionales, además de psicoterapia. Cuando acudió a mí en busca de tratamiento, el síntoma más destacado de Hillary era su incapacidad para disfrutar de, o anhelar, algo, lo que fuera. Se quejaba también de humor triste, problemas de concentración y constante somnolencia. Los psiquiatras de Hillary discrepaban en cuanto a qué dolencia era la primaria; uno de los doctores había identificado un posible trastorno del sueño. Pero ninguno de ellos dudaba de que Hillary sufría una depresión recurrente.

La queja de Hillary era que su estado de ánimo resultaba inexplicable. Y que persistía frente a unas circunstancias vitales razonables. Cuando, brevemente, la apatía remitía, Hillary se sentía aliviada. Cuando volvía, se sentía terriblemente mal. Como experimentaba durante unos meses la dicha común, Hillary conservaba una conciencia cognitiva reciente de lo que los demás eran capaces de disfrutar. Ese conocimiento personal —de sensaciones vitales de las que ella se veía privada— hacía más frustrante todavía su vacío interior. Su queja no era que nuestra sociedad es alienante, sino más bien que ella carecía de la capacidad de conectarse, incluso con aquello que deberían haber sido unas experiencias irresistibles.

Sally es la paciente que se preocupaba por su identidad diciendo: «No sé quién soy.» Sally, también, estaba deprimida. De niña, había sufrido abusos sexuales. En su edad adulta, Sally padecía agotamiento, tendencia al llanto y escasa capacidad de concentración, acompañado todo de un sentido de inminente desastre. Era tímida, y cuando su depresión se disipaba, su retraimiento disminuía también.

Dejen que hable claro. El comentario de Elliott difícilmente resultaba ofensivo. En su mayor parte, era un refinamiento de lo que yo mismo había escrito. Yo había utilizado la respuesta de Hillary y de

Sally a los antidepresivos a fin de plantear una pregunta hipotética: en el caso de alguien que no estaba, y nunca había estado, deprimido, ¿nos sentiríamos (o se sentiría un médico) cómodos administrando medicación para mejorar una timidez o para aumentar la capacidad de una persona para experimentar placer?

Elliott había dejado de lado la cuestión del temperamento e identificado la condición existencial de una persona como la verdadera preocupación. Hillary y Sally no eran apáticas o tímidas. Estaban alienadas. Y aquí Elliott no estaba fabricando un vecino de un barrio residencial con cortacéspedes caros, sino haciendo observaciones sobre estas mujeres, mis pacientes.

Para mí, su interpretación sencillamente me parecía equivocada. Ni Hillary ni Sally tenían queja alguna sobre su sociedad. Sólo se quejaban de que su depresión o su personalidad les habían impedido formar parte de ella con placer. Ni yo ni mis pacientes habíamos creído nunca que sus desesperadas protestas debieran entenderse como señales del alejamiento de su yo, de la sociedad o del cosmos. En mi opinión, las observaciones de Elliott produjeron un efecto no deseado. Demostraron que unas quejas aparentemente «existenciales» —unas quejas tan típicas y convincentes que resultaban ilustrativas de la categoría— a menudo surgen como meros síntomas en el curso de unos trastornos mentales dolorosos.

Se me ocurrió que el comentario de Elliott era una traslación a la vida de la tradición literaria del insatisfecho melancólico. Si bien se piensa, la mayor parte de las figuras literarias que conforman nuestra imagen de la alienación están mentalmente enfermas, y de forma destructiva. El Meursault de Camus, emocionalmente anestesiado ante la muerte de su madre, estalla en una violencia no justificada contra los extranjeros. El Holden Caulfield de J. D. Salinger, el Randle McMurphy de Ken Kesey y el Dean Moriarty de Jack Kerouac se ven arrastrados al suicidio. Virtualmente, cada uno de los protagonistas de Walker Percy tiene una enfermedad real, psiquiátrica o neurológica, diagnosticada (en el texto de la novela) por un médico.

Por supuesto, la enfermedad mental puede usarse metafóricamente en la ficción: el impulso suicida del drogadicto deprimido puede servir de dramática metáfora de la desesperación y sentido de desconexión social que cualquier ciudadano sano podría, y tal vez debería, sentir en un día determinado. Pero no nos gustaría confundir las dos enfermedades en la vida cotidiana.

Para Walker Percy, este problema —confundir alienación existencial con enfermedad mental— no existía. Percy valoraba la enfermedad. Había contraído la tuberculosis durante su período como interno médico y la consideraba lo mejor que jamás le había ocurrido en la vida. El obligado reposo le había convertido en filósofo y novelista. En su obra de ficción, Percy escribe sobre personajes que sufren epilepsia y manifiesta psicosis. En cada caso, la dolencia es una indicación de una categoría especial. (Por lo que se refiere a la epilepsia, uno podría decir caída especial... Percy juguetea con el derrumbe físico y la caída moral de Adán.) Para Percy, los síntomas son misterios divinos que deben ser saboreados. Sí, Percy pone objeciones a la medicalización de los rasgos personales, como la tendencia a la obsesión. Pero ha ido más lejos. En efecto, cuestiona la medicalización de enfermedades médicas estándar, como la epilepsia y la tuberculosis. Primero y ante todo, el sufrimiento es una noticia espiritual.

Esta postura es perfectamente sostenible. Podemos atribuir un significado divino a la enfermedad. Los psiquiatras se sienten bastante contentos de que la depresión esté en el mismo barco que la epilepsia y la tuberculosis, sea cual sea este barco. Pero la postura de Percy desdibuja las distinciones que podríamos querer hacer. Exageramos sólo ligeramente cuando decimos que, para Percy, no hay diferencia entre tratar la epilepsia y tratar la alienación. La mejor manera de abarcar ambas enfermedades es por la vía de la fe y la revelación, no por la de la ciencia.

Para Elliott, la enfermedad existe como entidad distinta. Escribe: «No quiero poner en tela de juicio el uso de los inhibidores de la recaptación de la serotonina para la depresión mayor.» Sin embargo, dice Elliott, en el caso del contable, abordar su alienación como un síntoma, en vez de hacerlo como un indicador de malestar, es cometer un error de clasificación. Dice sarcásticamente que ver la alienación como un tema psiquiátrico es igual que ver la Sagrada Comunión como un tema dietético.

Pero, naturalmente, la alienación a veces es un tema psiquiátrico, o un indicador de él. En mis años de inmersión en la depresión, yo estaba obsesionado por los errores de clasificación, pero en el sentido contrario. Había visto a demasiados pacientes que llegaban quejándose de una repentina pérdida de interés en el matrimonio o en la pro fesión, que, al ser examinados, resultaban encontrarse en mitad de un episodio depresivo. Los errores de clasificación tienen lugar generalmente en ese sentido... un estudio tras otro demuestra que la mayor parte de la depresión se queda sin diagnosticar.

Y luego, en el caso del hombre de Downers Grove, estaba la cuestión de los múltiples identificadores... Medio oeste, contable, zona residencial, cortacéspedes caro. Parecían señalar aspectos de la cultura que nos vemos en la obligación de despreciar... conformismo, contaminación, consumismo. Me acordé del desprecio mostrado hacia Carl Rogers. ¿Hemos de suponer que los contables de Illinois son en su mayor parte insensibles al vacío de sus vidas, hasta que son rescatados por un repentino e intenso malestar?

El contable de Illinois me impactó como una figura de ficción existencialista, una creación literaria... y son muchos de ellos los que están destinados al suicidio. No sería muy tranquilizador que Elliott hubiera empezado seleccionando a unos pacientes con enfermedad diagnosticable, Sally y Hillary, como modelos de alienadas. En el caso del contable de Downers Grove, descubrí que yo quería la seguridad de que su malestar no era un tema psiquiátrico.

Hablando en público al lado de Elliott, como hice una o dos veces en aquellos años, aprendí algo sobre mí mismo y sobre el modelo médico. Es cierto, cuando enfocas la depresión enteramente como una enfermedad, te vuelves más suspicaz con la alienación. No la alienación contemplativa, no la alienación gozosa, no la alienación que conduce a la enérgica acción política, sino la variedad ansiosa o depresiva, del tipo que lleva a una persona al psiquiatra.

Esta actitud, lo sé, me hará parecer hostil a un rasgo que es un elemento en toda vida reflexiva. Para contrarrestar, o al menos moderar esta sospecha, quiero cambiar de rumbo por un momento y presentar mis credenciales como una persona que puede apreciar la alienación, en sus dos variantes, la social y la existencial. Este proyecto implica una excursión al recuerdo. Trataré de hacer que el rodeo sea breve... justo lo bastante largo, espero, para clarificar mi relación personal con los estados alienados

Nací en la ciudad de Nueva York poco después de la Segunda Guerra Mundial, y crecí a la sombra del Holocausto. Todos mis parientes eran judíos alemanes. Los pocos que habían logrado escapar —eso incluía a mis padres, mis abuelos y una bisabuela— lo habían hecho en el último momento posible. La mayor parte de los otros miembros de mi familia fueron asesinados o murieron por abandono médico.

Ambas ramas de mi familia comenzaron pobres. El padre de mi padre (mi *Opa*) era el hijo de un campesino sin tierra; cuando el padre de *Opa* murió, su madre tenía tan pocos recursos que llevó al resto de sus hijos a un orfanato. El padre de mi madre (mi otro *Opa*) fue el duodécimo de trece hijos. Dejó la escuela a la edad de doce años para ganarse la vida. Los dos abuelos lucharon en la Primera Guerra Mundial y sufrieron en los meses finales, cuando el ejército se retiraba con bajas raciones. Luego se produjo el derrumbe económico alemán y el ascenso del nazismo, seguido de la emigración, la inmigración y, por supuesto, la siguiente guerra.

Mientras estaba en el ejército norteamericano, mi padre contrajo la tuberculosis. En mis primeros cuatro años de vida, estuvo hospitalizado dos veces durante largos períodos. Mi madre se convirtió en un progenitor solo, y yo fui, al decir de todos, un niño difícil. Ella y yo nos mudamos al pequeño apartamento donde vivían sus padres con la madre de su padre, mi *Grossmutti*. Todos mis parientes se las arreglaban bien, pero yo pasé mis primeros años entre personas que vivían bajo tensión.

Mi padre se reincorporó a la familia, y, cuando yo tenía cinco años, mis padres y yo nos mudamos a las afueras. Para entonces, mi sensibilidad era enteramente europea. Veía la rutina de la infancia norteamericana desde fuera. Iba al campamento de verano. En el instituto (para dar un salto hacia delante) practiqué deportes universitarios. Pero era sobre todo un intelectual, lo cual seguía manteniéndome al margen. En mi penúltimo año en el instituto, salía de la clase tres días por semana para trabajar independientemente en la biblioteca, en matemáticas, inglés y francés.

Un verano, en un programa de la Fundación de Ciencia Nacional en Cornell, hice amistad con un chico que se parecía bastante a mí. Resultó que David estaba también inscrito en el programa de fin de semana de la Fundación al que yo asistí durante el año escolar en la Universidad de Columbia. Me aficioné a pasar los sábados por la noche con él y su familia en Manhattan.

Lo que ninguno de nosotros sabía era que, poco después del nacimiento de David, a su madre le habían diagnosticado un linfoma de Hodgkin. (Ella es la mujer a cuya actitud reservada me referí anteriormente, como algo propio de Kierkegaard.) De modo que David, también, había sufrido una separación de uno de sus padres en una época muy temprana de su vida. Y también se pasó su infancia a la sombra de la muerte... aunque sin saberlo. David prefería a Mozart, como alguien que comprendía la nostalgia que matiza la alegría.

David y yo fuimos admitidos en Harvard, y pedimos alojarnos juntos. Al principio de nuestro segundo año, la madre de David sufrió una recidiva de su linfoma. David no se enteró de su enfermedad hasta que ella se encontraba en fase terminal. Parecerá extraño que fuera así, pero cuando murió la madre de David, no tuvo lugar ninguna reacción especial por parte de ningún adulto. David sufría solo, en nuestro dormitorio. Nos sumergimos más profundamente en lo absurdo, la alienación y la angustia existencial. Yo no me sentía nada alejado de estos temas. Describían la vida tal como yo la experimentaba.

Yo era un europeo nacido en Norteamérica. Por su afán de acumular y su superficialidad, por su aparente insensibilidad a los peligros de la vida, mi tierra natal me resultaba extraña. Y sin embargo, yo me sentía alejado de Europa, como algo hostil... el lugar del Holocausto.

Yo era judío, pero nunca había estado en el templo, excepto para asistir a las *bar mitzvahs* de otros niños. No creía en Dios. Quizás el ateísmo debiera aparecer como un artículo separado en esta lista. Me sentía alejado de los creyentes y sus creencias. Si existía un espíritu omnipotente, tenía que responder de muchas cosas.

Me había situado en una postura adolescente de conflicto con mis padres.

Yo fui el primer chico de mi escuela en ingresar en Harvard. No había conocido anteriormente a muchachos procedentes de las escuelas privadas preparatorias de la universidad. Esos chicos parecían pertenecer a una cultura extranjera entre la cual yo estaba destinado a vivir.

Mis sentimientos políticos eran un poco raros. Me opuse a la guerra del Vietnam en época muy temprana, en 1966. Pero una organización antibelicista en ciernes que yo había ayudado a fundar vio cómo su presupuesto era absorbido por Students for a Democratic Society, en un golpe democrático. Dimití. Me preocupaban los métodos.

Encontré camaradas en el periódico estudiantil, pero yo era demasiado blando en mi radicalismo, demasiado agradecido a la universidad. Me convertí en el moderado simbólico, aprovechado para escribir reportajes sobre disturbios en las calles cuando hacía falta una voz fidedigna. Abandoné la sala de redacción y me dediqué a escribir artículos en mi dormitorio.

David y yo escuchábamos la música clásica que podíamos permitirnos, del sello discográfico Nonesuch. Mozart seguía siendo un alimento básico, así como los más sombríos *lieder* de Schubert. Estudiábamos los aspectos menos admirados de la literatura inglesa: correspondencia doméstica medieval, los tempranos escritos de Milton, ensayos del siglo XVIII, la poesía de Jonathan Swift.

Los políticos belicistas y sus hombres de negocios aliados, los inflexibles administradores universitarios, los maestros políticamente no comprometidos, la masa de compañeros de clase exaltados, así como nuestros padres... todos sospechaban de nosotros a sus diferentes maneras. Adoptábamos a excéntricos como amigos. No éramos los típicos estudiantes que le caen bien a todo el mundo.

Yo era consciente de la muerte, como una constante posibilidad. La arbitrariedad de la vida no era ninguna construcción teórica. La historia familiar daba prueba de ello, como realidad de base. Al igual que la pérdida de su madre sufrida por David. Y la guerra del Vietnam.

Durante el último curso, me pasé horas en mi habitación, sentado en un sillón tapizado de terciopelo verde desteñido, un objeto rescatado de un montón de desechos de un estudiante saliente. Escribí mi tesis de último año acerca de la muerte en la obra de Charles Dickens.

No me hablen de alienación. Viví donde ésta prosperaba, en el Harvard de los años sesenta, e incluso allí yo era un marginado melancólico.

Cuando escribo sobre el extrañamiento social, lo hago desde una posición de simpatía. Pero me parece que es justo decir que mi identificación con la oposición y la resistencia sólo alguna vez llegaba tan lejos. Si bien la alienación era un valor para mí, también constituía un problema. Yo tenía intención de hacer de Norteamérica mi hogar. Aunque me enorgullecía de mi condición de marginado, ésta era también una situación que esperaba superar.

No estaba deprimido. En el comedor, ingería tres y cuatro platos. Podía dormir a cualquier hora. Tenía citas cada semana; adoraba a mis novias, un poco indiscriminadamente. Siempre estaba optimista.

Pero los adultos se preocupaban por mí. En mi último años, el tutor de la residencia me llevó aparte. Me sugirió que si continuaba comportándome de esa manera, quizás tendría que ir a ver a un terapeuta.

¿A qué manera se refería? Apenas entendí lo que quería decir.

Aunque era cierto: me había pasado horas enteras en aquel sillón verde.

Ciertamente envidiaba a mis amigos, tanto hombres como mujeres, que vivían al filo de la navaja. Parecían valientes, estar en contacto con el mundo tal como era. Yo tenía miedo de ser demasiado lógico, demasiado sociable, demasiado agradecido por cada nuevo día para querer ser escritor. A pesar de la alienación, podía sentirme toscamente feliz, el optimista descolocado.

Admiraba a un reciente compañero de clase que procedía de una familia opulenta y podía permitirse fracasar. Escribía narraciones breves sobre un joven noble ruso, un nihilista que vagaba por Harvard Square, cometiendo actos absurdos. En nuestro segundo curso, este compañero de clase se ahorcó. Suicidio filosófico, pensé. Más tarde, se supo que había sido adicto a la heroína y se había matado cuando se encontraba con el síndrome de abstinencia. Aquellas noticias me decepcionaron, pero también constituyeron un alivio. El papel de suicida nunca había tenido sentido para mí. Vivir es tan bueno...

Tal como mi tutor me había recomendado, fui en busca de terapia. Después de la facultad, con una beca de graduado en Londres, me sometí al psicoanálisis. Mi analista desconfiaba de mi cautela, de mi manera de ahuyentar el mal de ojo a través de la humildad, de ocultarme de aquellos que me rodeaban. En mi desprecio de la cultura popular, él veía una actitud remilgada. Pensaba que yo podía permitirme perseguir el placer directamente. Tenía miedo de que yo fuera potencialmente depresivo, y no quería nada de eso. Aquella parte de mí que podía disfrutar de mi éxito era la parte que él esperaba cultivar.

Cuando anuncié que quería ingresar en la facultad de Medicina y llegar a ser psiquiatra, mi analista no me desalentó. Nunca me había visto (así era como yo había considerado mi futuro) como un escritor melancólico, aislado. Pero mis primeros y agitados años habían sido un tema constante en la terapia. Mi analista quería que comprendiera que el deseo, que yo tenía desde la infancia, de proteger a mis parientes —la necesidad de prevenir la depresión y conquistar la enfermedad—

estaba influyendo en mi elección de la profesión. Tenía razón, por supuesto..., y también la tendría de hacer un comentario parecido sobre este libro. He escrito en algún sitio que la mayor parte de la teoría psicológica es autobiografía disimulada. No niego que mis actitudes hacia el trastorno del estado de ánimo tienen raíces profundas.

En el transcurso del análisis, empecé a escribir. Empecé a encontrar placer en los fáciles entretenimientos que la cultura ofrece, las películas y los deportes populares. Me inscribí en los cursos de ciencia que me prepararían para la facultad de Medicina. Estaba saliendo del ostracismo.

Para mí, el paso del tiempo no ha disminuido el atractivo de la alienación. Norteamérica es una nación muy curiosa, en su carácter político y en su cultura de masas. Durante los años de mi diálogo con Carl Elliott, escribí una novela sobre un buen marido y padre que hace estallar hogares ejemplares, por lealtad a un modelo francés de radicalismo que era popular en los años sesenta. Reivindico sin reservas mi categoría como miembro de mi generación.

Pero a medida que envejecía, la alienación que experimentaba se vio despojada de parte de su dolor. Todos los humanos tienen que enfrentarse al absurdo, como la condición de nuestra vida. Estamos solos en un universo indiferente. El cómo responder a esta realidad es el rompecabezas que nunca resolveremos. Pero seguramente la alienación, social o existencial, no es tanto un rasgo como un desafío... un desafío que se aborda mejor con flexibilidad, energía y un sentido del humor, capacidades estas tan frecuentemente ausentes en la depresión.

En cuanto a eso, me considero un depresivo frustrado. Tengo una capacidad potencial para la depresión, algo que probablemente alcanzó su nivel máximo en mis años de universidad y poco después. Sigo agradecido con mi analista por haberme alejado del abismo y llevado hacia un terreno más elevado, más seguro. Éste podría ser el tema de mi progreso, dejando atrás la melancolía.

En cuanto a la noción de que podría haber sido más creativo de haber estado más deprimido... tras haber visto a la depresión en acción, no me la trago. Comencé a trabajar en mi primer libro sólo después de haberme casado; lo terminé cuando mi esposa y yo tuvimos nuestro primer hijo. Abandonar un trabajo que me disgustaba parecía útil... Escribía mejor cuando no estaba situado dentro de una jerarquía opresiva.

Me gustaba cuidar a los pacientes. Una vida ocupada parecía sentarme bien. Tuvimos dos hijos más. Escribía en casa, por las mañanas, rodeado de bebés.

Robert Coles me habló una vez de una conversación que había tenido con Walker Percy, después de que a éste le hubieran diagnosticado un cáncer terminal. El padre y el abuelo de Percy se habían suicidado, y Percy se preguntaba si su madre, que había muerto en un accidente de coche, no se habría matado quizás también intencionadamente. Vivir lo suficiente para morir de cáncer, había dicho Percy, eso es una victoria.

De manera similar, evitar la depresión durante la edad adulta, como he hecho yo, me parece un buen desenlace, aunque sea uno que no ha requerido valentía. Han transcurrido generaciones desde que algún miembro de mi familia fuera tan bendecido como yo, viviendo una vida íntima sin verse interrumpida por la guerra, el hambre, la enfermedad, la pobreza, el exilio o la persecución.

En cuanto a preguntarse *¿Qué es esto?*, no creo que nadie que se haya hecho esta pregunta alguna vez deje de hacérsela. Los maridos blandos, faltos de sentido crítico, arrastrados a una terapia de pareja por sus insatisfechas mujeres, «lo soportan». Los hombres dicen: bueno, si piensas que divorciarte de mí resolverá *eso*... Salvo en síndromes extáticos y de irrealidad, no hay ninguna enfermedad que la psiquiatría trate —incluyendo la buena salud— en la que estén ausentes las preocupaciones existenciales. Los contables que viven en las zonas residenciales se preocupan por el significado de su vida, incluso en los buenos tiempos; al menos los de New England parecen preocuparse, también, en sus conversaciones conmigo. Yo espero ver alienación. Pero quiero saber qué está en juego cuando la relación de una persona con su ser cambia repentinamente para empeorar... cuando las meditaciones se vuelven paralizantes y el horizonte se ennegrece. No quiero pasar por alto una posibilidad de cumplir una función que los psiquiatras ejercen: identificar la enfermedad precozmente y atajarla.

Ésta es la línea que yo tracé. Admiro la alienación, pero exijo que demuestre su *bona fides*, como un estado que está separado de la depresión. Y no la alienación sola. Algunas clases de sensibilidad —como el tipo en la que los pequeños rechazos te hacen entrar en barrena— son sospechosas. Exceso de culpa, inseguridad y falta de confianza en uno mismo, todas estas cosas admiten un examen.

El público de los auditorios que me hacía preguntas, y los filósofos, cuando escribían sobre mi trabajo, desafiaban mi tendencia a ver estos aparentes signos de refinamiento ante todo como síntomas. Al analizar un historial, señalaban un trauma en el pasado del paciente y decían: «¿No está *justificada* la hipersensibilidad?» Lo cual quería decir que, como estaba arraigado en la historia, el rasgo, pese a ser gravoso, constituía una parte auténtica de la persona, que sólo podía modificarse a través de la autocomprensión.

Yo entendía la objeción. Ese supuesto rasgo de refinamiento (falta de confianza en sí mismo, sensibilidad emocional) era siempre del tipo con el que nos sentimos cómodos, una forma de dolor que nos hace sentirnos protectores, un dolor que es soportable en los demás. Al igual que la alienación, el rasgo que está en discusión podría ser uno que yo admirase. Pero eso formaba parte del problema. Cuando trabajas con la depresión, una manera de ser atractiva se vuelve sospechosa.

Yo solía volver a explicar el historial típico al interpelante... infancia problemática, adversidades en la vida adulta. Sólo que ahora haría que nos imagináramos que el síntoma discutido es diferente: irritabilidad, rabia y violencia de baja intensidad contra miembros de la familia. ¿Decimos que el mal genio está justificado? Lo está, en el sentido que tiene raíces históricas; podríamos esperar que la víctima llegará a comprender esas fuentes. Pero está también injustificado... es desproporcionado en extensión y duración.

Bien, así es la sensibilidad, si es del tipo por el que los médicos se preocupan, la interminable vulnerabilidad a las pequeñas decepciones. Tampoco es inocua la sensibilidad. Una madre que se muere del susto en respuesta a pequeños contratiempos quizás no sea capaz de darle a su hijo los cuidados maternos que éste necesita. Ese niño irá con cuidado, como podría hacerlo un niño cuyo padre tiene mal carácter. Los humores y comportamientos erráticos de la madre hipersensible pueden poner a su hijo en peligro, de acentuados sentimientos de culpa e inseguridad, así como de episodios de depresión.

Lo cual puede ser lo que la madre sensible o malhumorada está sufriendo también. Si el rasgo exagerado persiste, a pesar de un razonable esfuerzo de comprensión, entonces nos sentiremos aún más incómodos. Tal vez en la respuesta haya un indicio de interruptor atascado... el fenómeno que los psiquiatras llaman «autonomía funcional», cuando una pauta de comportamiento·sobrevive a sus causas. Nos preguntamos si lo que está en juego es un síntoma prodrómico o residual de un trastorno del ánimo, particularmente si hay otros motivos.

Si te topas con la suficiente depresión, llegarás a ver negativamente unos extremos que, en otro caso, serían rasgos posiblemente atractivos: apatía, falta de energía, ambivalencia, escrupulosidad y demás.

Esta mirada suspicaz no es necesariamente una consecuencia de abarcar *lo que es.* Pero la depresión y sus síntomas están tan cargados de valor, y nuestra visión de ellos está tan arraigada, que parecería insincero sugerir que los nuevos descubrimientos sobre el trastorno del estado de ánimo no provocarán más amplias repercusiones.

La valoración de las emociones varía con el tiempo. Me pregunto si, en cualquier caso, no estaremos entrando en un período de cambio. Philip Fisher, un influyente crítico, ha contribuido recientemente con un libro, *The Vehement Passions*, en el que defiende unos sentimientos que son menos ambivalentes que los preferidos por los intelectuales modernos. Se centra sobre todo en las emociones que se exteriorizan: ira, obstinación, deseo, celos y admiración. Los griegos estaban a favor de estas pasiones... cuando no advertían en contra de ellas como parte de la campaña por la ecuanimidad. La ira en particular tuvo antaño un matiz noble. Aristóteles sostenía que no sentir ira, en respuesta a los agravios, era ser un esclavo. La ciudadanía, el amor y la amistad correctos dependían de la fogosidad y la capacidad para sentir rabia; tenemos que responder con fiereza cuando sufrimos un agravio a manos de un amigo.

Durante siglos, los filósofos han despotricado contra la ironía y la ambigüedad, y sólo consiguieron hacerlas más atractivas. Partidarios bastante inverosímiles, como Walter Benjamin, exigían menos ambivalencia, menos indecisión, menos parálisis, y más rotunda asunción de responsabilidad. Si pudiéramos mitigar la depresión, quizás seríamos menos renuentes a adoptar ese ideal. Tal vez valoremos ya una emoción completa, atrevida, más de lo que lo hicimos antaño.

Fisher presenta incluso la tristeza como una emoción potencialmente vigorosa, a menudo aderezada con ira. Hoy en día, muchas personas piensan en la tristeza como un corolario de la depresión. Por supuesto, puede serlo. La nomenclatura psiquiátrica estándar separa tristeza de depresión, pero, en su investigación genética, Ken Kendler contabiliza los episodios de tristeza como episodios de trastornos del estado de ánimo si surgen los síntomas de la depresión. Su lógica es inatacable. Si a la muerte de tu marido te sientes afligida durante más de dos semanas por la pena, el sentimiento de culpa, la baja autoestima, el insomnio y tendencias suicidas, ¿en qué se diferencia de una respuesta parecida cuando tu marido es encarcelado? Un acontecimiento es estresante para nosotros si nos afecta así.

En la práctica, los elementos de la tristeza a menudo difieren de los de la depresión. Atentos observadores han hallado que la reducción del ritmo del pensamiento y de la acción que constituye un síntoma de la depresión —retraso psicomotor— está casi totalmente ausente en la pérdida de un ser querido. Las ideas suicidas, la desesperanza, los sentimientos de inutilidad, la pérdida de interés por los amigos y el insomnio de madrugada son mucho más corrientes en la depresión que en la tristeza. (Para señalar la distinción entre tristeza y trastorno del humor, llorar es más frecuente en la tristeza que incluso en la más severa de las depresiones, donde las emociones tienen tendencia a embotarse.) El sentimiento de culpa en la tristeza tiende a ser un remordimiento por omisión —lo que uno podría haber hecho— más que culpa por un comportamiento erróneo. En otras palabras, la pena con frecuencia contiene indicios de resistencia, en definitiva un sentido de capacidad, pese al terrible dolor por la pérdida. Y la tristeza no es estrictamente sindromática; los síntomas de trastornos de ansiedad están presentes casi con tanta frecuencia como los síntomas de depresión. Las reacciones a la pérdida varían.

Freud escribió que son los ambivalentes —aquellos cuya devoción aparece mezclada con el odio— los más susceptibles a la depresión frente a las pérdidas. Un amor más franco da lugar a una pena que no está teñida de patología psiquiátrica. Yo no suscribo el punto de vista de Freud. He visto que la pérdida de seres queridos produce depresión en casos donde, hasta donde yo puedo decir, el familiar perdido era amado francamente, sin el menor asomo de antagonismo. Y sospecho que una parte de lo que Freud observó es la asociación estadística, determinada en parte por los genes, que une tendencias neuróticas al riesgo de depresión. Pero la distinción que Freud realiza sigue siendo interesante; las más directas y rotundas formas de luto pueden no parecer depresión.

A menudo, los depresivos se quejan de que no pueden sentir

pena. La vacuidad de la depresión se extiende sobre el dolor de la pérdida, sofocándolo, de manera que el deprimido siente muy pocas cosas. Si consideramos el luto como un proceso de integrar recuerdos y llegar a aceptar la muerte, entonces, en un sentido verdadero, aquellos que se vuelven deprimidos pueden no llorar la pérdida.

Parte de lo que nos permite entregarnos a la aflicción generosamente es el sentido, por sutil que pueda ser, de que finalmente nos recuperaremos. Los resistentes se serenan y vuelven a dedicarse a las causas que habían compartido con el ser amado. La parálisis no es la única, ni la más admirable, reacción a la pérdida.

Fisher nos recuerda esta verdad. La tristeza despierta a la acción, en el caso de Electra, de Antígona, de Aquiles retando al combate a Héctor. Para Aristóteles, nos informa Fisher, pese a toda consideración de normas o moderación, el ideal de tristeza «incluiría una experiencia de luto activa, dominadora, sentida con fuerza». Incluso si ese estado no se traduce en ningún comportamiento atrevido, si no tiene ninguna relación con la ira, si es solamente la sensación y la exploración íntimas del dolor, se mantiene, sin embargo, a cierta distancia de la vaciedad y la confusión de la depresión.

Este antiguo modelo tiene hoy su atractivo: si comprendemos el trastorno del ánimo de una manera diferente, podemos descubrir que esperamos y admiramos una clase diferente de duelo.

De modo que, ante la acusación de que la depresión es un pretexto, de que considerar la depresión enteramente como enfermedad es alejarse de muchas cosas que apreciamos... alienación y pasividad y sensibilidad, la respuesta es: no, rotundamente, no. Llamamos a la depresión enfermedad porque encontramos que lo es. Pero, con todo, podría ser verdad que un cambio en la forma en que aceptamos la depresión nos llevará a un cambio en la manera como experimentamos la emoción. Una vez que aceptemos la depresión como patología, tal vez lleguemos a valorar menos la ambivalencia y más la pasión.

21

DESPUÉS DE LA DEPRESIÓN

Teniendo en cuenta lo que es la depresión, ¿qué será en el futuro? ¿Qué porvenir podemos imaginar?

La erradicación es una respuesta. Pero no será pronto. El cerebro es increíblemente complejo. Sus funciones mayores están sostenidas por múltiples sistemas que interactúan y se contrapesan. Inducir cambios estables en el cerebro se ha demostrado difícil. En cuanto a la ingeniería genética, está en su infancia. Nuestro modelo de trastorno del ánimo sigue siendo provisional e incompleto. Y con todo, una vez que la depresión pasa a ser completamente una enfermedad, podemos imaginar la victoria sobre ella.

Podemos emprender esa campaña ya, aunque de manera imperfecta e indirecta. Nuestra medicación, y probablemente nuestras psicoterapias, moderan los efectos de un sistema de respuesta al estrés demasiado activo. El sueño de la neurorresistencia está escondido en proyectos que ya son rutina en la práctica de la medicina, como prevenir las convulsiones y los ataques al corazón. Los esfuerzos por proteger a los niños de los abusos y los maltratos pueden también blindar sus glándulas suprarrenales y cerebros.

Quizás los avances contra la depresión continuarán de esta manera gradual. Los científicos identificarán un gen que cree una fuerte vulnerabilidad a la depresión; más tarde, inventarán una cura, de tal modo que algunas familias de alto riesgo tendrán entonces la misma probabilidad de sufrir depresión que sus vecinas. Este proceso será luego repetido... más variantes genéticas, más familias. Mejores antidepresivos pondrán fin a los episodios de depresión con más rapidez y fiabilidad. Se descubrirán marcadores biológicos que ayuden a encajar el medicamento con el paciente. Los científicos crearán medicaciones que bloquearán los efectos de los traumas en el cerebro. Estas intervenciones serán utilizadas primero en los casos de violación, pero luego más ampliamente. Las depresiones «médicas» serán eliminadas una por una. La prevención del trastorno del estado de ánimo se convertirá en un elemento corriente en el tratamiento del cáncer, la apoplejía y el parkinson. Y así sucesivamente. Cada intervención será perfeccionada y luego aplicada a poblaciones más amplias. El progreso tendrá lugar por fases.

Pero el objetivo de la resistencia permite visiones más espectaculares. He mencionado ya mi fascinación por los esfuerzos de Robert Sapolsky en ingeniería genética, por contener los efectos de los derrames. He imaginado técnicas parecidas aplicadas a la prevención de la depresión. Un gen es insertado en el cerebro. Éste permite a las personas seguir siendo como son. No crea felicidad sintética. No convierte la amargura en superficialidad. No interfiere con unos pasajeros sentimientos de aislamiento y desesperación, ni siquiera con sentimientos prolongados, de manera que no plantea ningún riesgo para el cerebro.

Las medicaciones que utilizamos hoy en día, y sin duda nuestras psicoterapias, tienden a inmiscuirse en la vida cotidiana, incluso entre episodios de depresión. A la vez que tratan o previenen el trastorno del estado de ánimo, los antidepresivos pueden también hacernos más confiados y decididos, menos ansiosos y compulsivos... Nos hacen comportarnos de unas maneras que la sociedad recompensa. Una intervención genética podría ser más limpia si aborda la depresión solamente.

Sólo frente a un estrés grave y prolongado entraría en juego el gen implantado, e incluso entonces, sólo después de un tiempo. Cuando las neuronas estuvieran en peligro inminente actuaría ese gen, protegiéndolas del daño y dando lugar a nuevo crecimiento de células y un nuevo aprendizaje. Podemos imaginar una variante, en la que el gen insertado ponga fin a una respuesta de estrés solamente cuando le digamos que lo haga, por ejemplo, administrando una medicación que indique al gen que se ponga en marcha.

Dada la capacidad de prevenir el trastorno del estado de ánimo, ¿podríamos una vez más considerar favorablemente la actitud melancólica y la obsesión, sabiendo que no causarán ningún daño biológico? ¿Cuánta alienación y anomia deberíamos conservar? He hecho alusión a un posible cambio cultural, lejos de la melancolía. Pero es posible imaginar que, cuando la depresión no constituya un riesgo, los estados inhibidos, pesimistas, podrían recuperar su encanto. La fantasía de ejercer un control preciso sobre la depresión, la enfermedad, nos permite determinar lo que deberíamos continuar valorando en las emociones que se agrupan en torno al trastorno del ánimo.

Pero considerado aisladamente, este enfoque no se corresponde con mis ideas sobre cómo podría tener lugar un progreso significativo contra la depresión. En la familia de la medicina, la psiquiatría es el pariente pobre. Incluso cuando la enfermedad mental aparece en primer lugar en las listas de los epidemiólogos en función del daño que causan, otras enfermedades tienen prioridad.

No importa. La mejora de la neurorresistencia es un objetivo bastante general de la atención sanitaria. Esperamos blindar el cerebro de los efectos de las infecciones, apoplejías, trastornos del flujo sanguíneo y toxinas ambientales. La neuroprotección podría ser un elemento de toda campaña contra la enfermedad cardíaca. Si como sociedad estamos interesados en envejecer con salud, si estamos preocupados por el aprendizaje temprano en la vida, si encargamos a nuestros científicos la tarea de sostener e incluso incrementar las prosaicas funciones cognitivas de la mente y el cerebro, entonces la neuroplasticidad y la neurogénesis estarán en el primer lugar de la agenda médica. La prevención de la depresión podría surgir como un efecto secundario de esos esfuerzos, de manera que la depresión fuera considerada incidentalmente, de pasada.

Imaginemos a un futuro obstetra, pediatra o genetista. Está asesorando a una pareja cuya historia familiar contiene ejemplos, en la infancia, de trastornos del aprendizaje y, en la edad adulta, de prematura pérdida de memoria. El examen genético confirma el riesgo. El asesor cree que es aconsejable, en el hijo de esta pareja, que se ajuste la producción cerebral de un factor que aliente el crecimiento neuronal, desde muy joven, e insertar genes inductores que aumenten la neuroprotección. Un efecto secundario (¿les preocupará a los padres que esté en juego la profundidad o la autenticidad de su hijo?) sería una muy reducida probabilidad de depresión.

Si estas suposiciones parecen improbables es (entre otras razones) porque sabemos que este tipo de éxito médico cambiaría decisivamente nuestro concepto de la depresión. Si unas herramientas para prevenir la demencia o invertir los trastornos del aprendizaje nos proporcionan un recurso para manejar la depresión, entonces nos sentiremos mucho más inclinados a creer que la depresión es un «tímpano» y no una adaptación. Una dolencia que se parece a la enfermedad de Alzheimer, en función de su curso y su cura, está destinada a ser considerada como un fallo progresivo del buen funcionamiento del cerebro.

De manera que nuestro supuesto médico no podría explicar la resistencia emocional como un efecto secundario de la resistencia cerebral. Propondría un paquete de intervenciones que contribuyeran a asegurar el desarrollo y funcionamiento de la mente. El esfuerzo —somos libres de imaginarlo— podría ser aún más general, extendiéndose hasta la competencia de los sistemas inmunológico o endocrino, hasta la resistencia celular. En semejante sistema, la noción de enfermedad podría desaparecer gradualmente a medida que la medicina atendía cada vez más a los prerrequisitos de la salud. De paso, la depresión desaparecería.

La cuestión para nosotros, mirando hacia el futuro, es qué deducimos de esta posibilidad... la depresión enfocada solamente como una disfunción... la depresión que desaparece incidentalmente, tras una campaña general de salud neuronal y corporal. ¿Es esta fantasía una utopía o una distopía?

A primera vista, la pregunta se contesta por sí misma. Nuestra premisa se inicia con una serie de éxitos médicos. La gente vive más tiempo. Se evitan sus ataques al corazón. El tratamiento de infecciones y cánceres se simplifica a medida que los efectos secundarios relacionados con el estado de ánimo ya no entran en juego. A algunas personas se les evita la demencia cuando envejecen. Sin depresión, otras enfermedades se muestran más benévolas, de modo que el asma, la artritis y la diabetes, cuando se presentan, son menos gravosas. Estos beneficios son conmovedores, vistas las historias personales. Los adultos que sufrieron abusos sexuales en su infancia ya no padecen ataques al corazón prematuramente. Los que perdieron un padre de jóvenes ya no sufren osteoporosis y fracturas de huesos en su vida posterior. Y, por supuesto, ahora, las demás enfermedades mentales ya no son desencadenadas o complicadas por la depresión... lo cual quiere decir que hay menos alcoholismo, menos anorexia, y se reduce levemente el sufrimiento de los esquizofrénicos.

Luego están los beneficios derivados de la ausencia de los estragos que la depresión provoca en la vida cotidiana. Hacer de padres se convierte en algo más fácil para aquellos depresivos que, de lo contrario, se habrían visto superados por esa tarea. Los niños ya no necesitan ser tan precavidos para proteger a sus frágiles madres. Los niños mayores ya no precisan crecer prematuramente para hacerse cargo de las responsabilidades familiares. Sólo este beneficio, rescatar a los niños, ya justificaría nuestros esfuerzos.

Están también los días de trabajo ganados, tanto para los efectados como para aquellos que habrían perdido su tiempo en cuidar de ellos... miles de millones de dólares de beneficio para la economía. Años de creatividad que se habrían perdido pasan a estar nuevamente disponibles para los artistas, eruditos, inventores y empresarios. Y son unos años buenos, no entorpecidos por la memoria deteriorada, el insomnio, la timidez y el miedo a la recurrencia que arruina incluso el tiempo transcurrido entre los episodios depresivos. En el trabajo se mantiene la continuidad, y en el hogar la estabilidad.

Todo esto por no hablar de la experiencia de la depresión, la malsana tristeza, el oscuro aturdimiento, el horror tan abrumador que no se puede expresar. Cuán extraordinario es imaginar a una sociedad aliviada, no liberada del sufrimiento por completo, pero sí al menos de esta dolencia tan insoportable.

Y contra estos extraordinarios beneficios, ¿cuáles son las pérdidas?

Existen objeciones bastante generales a este escenario que he descrito. Podemos desconfiar de la ingeniería genética, como algo opuesto a los mecanismos de la naturaleza. Podemos preguntar sobre la distribución de los recursos —¿salud para quién?— o sobre los desastres colaterales. Podemos preocuparnos por el papel de los laboratorios, o de los médicos, o del gobierno, dependiendo de donde resida nuestra desconfianza. Tal vez nos disguste la idea de una cultura tan centrada en la salud. Quizás seamos partidarios del declive, de la decadencia, de algún ideal de rebeldía. O tal vez prefiramos una salud ganada por medio de la meditación y el ejercicio a una salud obtenida mediante métodos científicos y tecnológicos.

Por supuesto, la psiquiatría siempre se siente feliz de enfrentarse a unas preocupaciones que se aplican al conjunto de la medicina. Cuenten con nosotros, decimos. Preocúpense por estos temas, con tal que empiecen por la neumonía y la enfermedad de Crohn y la tiroiditis. Simplemente vivimos nuestra vida en una sociedad que pone el acento en la salud, distribuye los recursos desigualmente y confía en el capitalismo para el progreso científico. Si bien el futuro que yo he imaginado nos hace sentirnos incómodos, no está claro que la culpa de ello resida en los progresos contra la depresión.

Las objeciones más convencionales a combatir la depresión empiezan con la preocupación por la excesiva felicidad, o por una felicidad conseguida mecánicamente, una felicidad superficial. Buena parte de la discusión sobre los antidepresivos en particular se formula en estos términos. En su informe sobre biotecnología, el (en gran medida conservador) Consejo del Presidente sobre Bioética incluye un artículo con el irónico título de «Almas felices». Estos críticos se preocupan de que la gente no comprenda que felicidad es esforzarse, no la mera satisfacción.

Espero que mi descripción de la depresión y mi evocación de un futuro invalide la objeción de la felicidad. A pesar de que la depresión ha moldeado nuestros gustos y nuestras opiniones, sólo el 16 o el 17 por ciento de los norteamericanos sufre alguna vez depresión mayor. Extender la definición a enfermedades más leves podría elevar la proporción a un 25 por ciento. No todos estos casos están relacionados con la biología de la depresión, el interruptor atascado, con las consecuencias para el cerebro que nuestra imaginaria intervención previene. Incluso si nuestra utópica medida preventiva fuera universal, la inmensa mayoría de personas nunca vería activado el gen pertinente. Serían eufóricos o desanimados, tranquilos o ansiosos, según su personalidad y circunstancias, como lo somos ahora sus antepasados. Su felicidad, cuando se vieran bendecidos por ella, sería vacía o rica, aleatoria o justificada. En las condiciones de nuestro experimento mental, hasta los artificialmente resistentes sufrirían dolor, tristeza y vaciedad a su nivel usual, hasta el punto de desencadenar un episodio depresivo.

Como mínimo, este imaginario curso de los acontecimientos traslada las objeciones éticas unos pasos atrás. *¿Debe ganarse la felicidad?* se convierte en *¿Debe ganarse la resistencia?* Y aquí querremos echar una mirada a los múltiples caminos que conducen a la pérdida de la resistencia: casualidad genética, el flujo aleatorio de las moléculas *in utero*, el estrés materno, el trauma sexual en la infancia, la pérdida de un padre seguida de la pérdida de oportunidades educativas. ¿En dónde, de esta cadena de desgracias, nos resistiríamos a proteger al cerebro en desarrollo si tuviéramos la oportunidad? ¿En qué momento deja de importarnos que el niño sufra las múltiples propensiones, al ataque al corazón y lo demás? Prevenir la depresión parece especialmente moral, especialmente justo... una forma de evitarle un posterior daño a la víctima.

La erradicación de la depresión no nos ofrece la felicidad en bandeja de plata, al menos no más de lo que lo haría la erradicación de la anorexia o el trastorno de pánico, o una enfermedad del riñón, si vamos al caso. Protegidos de la depresión, somos libres de mostrarnos erráticos, libres de ser neuróticos, libres de cuidar... Tenemos deseos, incluyendo el deseo de ser competentes y tener éxito. Necesitamos esforzarnos, tanto como los humanos necesitan hacerlo... aunque debo decir que este énfasis en el esfuerzo como el medio adecuado para conseguir la felicidad parece privilegiar a una especie de humano sobre otra, al trabajador sobre el amante, al puritano sobre el hedonista, al nacido dos veces sobre el nacido una. Quizás el ideal —esforzarse— oculta y revela a la vez un prejuicio sobre el temperamento, en el cual la melancolía se valora más que el optimismo.

La otra objeción a la resistencia es que a cierto nivel representa olvidar. Pero en mi futuro imaginario, mantenemos recuerdos nítidos de nuestro propio pasado. Nuestra imaginaria intervención no bloquea las emociones intensas que graban a fuego la experiencia en la memoria. Por el contrario, evitar la depresión preserva los recuerdos, alejando la confusión y pérdida de concentración que aparecen junto con el trastorno del ánimo, y la obsesiva, estereotipada, autoflagelación que interfiere con una libre valoración de nuestra propia historia. Y, por supuesto, los vulnerables evitarán las depresiones arbitrarias, «no provocadas», que simplemente distorsionan la visión interior del yo.

A esta lista de beneficios, yo añadiría una consideración privada. Todos nosotros, y no solamente los que están más en peligro, ya no tendríamos que vigilar la depresión. Para un grupo que se extiende más allá de la minoría que sigue sufriendo el síndrome, la depresión es la enfermedad que espera su ocasión. Muchos de nosotros, y aquí me incluyo, nos pasamos nuestra vida eludiendo la depresión, en aquellos que nos importan, pero también en nosotros. Hay probabilidades que no tenemos en cuenta; serían riesgos favorables y prudentes si pudiéramos soportar la posibilidad de que hubiera fallos. Esta estrategia tiene antiguas raíces, en la práctica griega de la ataraxia —sentimiento sofocado, vinculación limitada— como un profiláctico contra los horrores de la pérdida. Cuánto más libres nos sentiríamos para vivir la vida sabiendo que se podía confiar en nuestra resistencia.

Sin el temor a la depresión, podríamos amar con más generosidad. Indirectamente la mente y el cerebro pueden trasladar una inmunidad contra la depresión a una conciencia corporal que implica una terapia cognitiva o un análisis transaccional... Estoy bien, con bastante confianza para arriesgar aquello que decimos que las personas deben arriesgar: franqueza y compromiso e intimidad. En una sociedad liberada de la depresión, nuestra descripción de la pasión podría parecer extraña, unida como está a reacciones frente a las pérdidas. Podríamos llegar a identificar la pasión con un sentido interior de seguridad... con la confianza.

Si consideramos la emoción un bien humano, y si consideramos la emoción una forma de interpretar el mundo, resistiremos a la depresión.

En mis años de inmersión en la depresión, me preguntaba —junto con mis interrogadores del «¿Y si?»— sobre las diferentes maneras en que una campaña exitosa contra la depresión podría cambiar las artes. ¿Habrían sido diferentes los cuadros de Van Gogh si hubiera tomado Prozac? Pero, desde luego, en una sociedad que posea remedios efectivos contra la depresión, no son sólo los artistas los que tendrán acceso al tratamiento. No es sólo Van Gogh (si lo consideramos un depresivo) quien dispondría de la red de seguridad, sino también sus espectadores.

Como mínimo, en semejante sociedad, el arte se vería aliviado de una de sus cargas... quiero decir, protegiéndonos del riesgo del trastorno del estado de ánimo. A. E. Housman, un clacisista además de poeta, escribió un poema dialogado titulado «Terencio, esto son estupideces». Aquí la poesía cumple el papel de la filosofía griega antigua, promoviendo un bajo nivel de tristeza para fortificar al lector y al autor contra una descompensación más seria.

En «Terencio», los compañeros del poeta se mofan de él por sus tristes versos. ¿Por qué no beber y estar alegre? Preguntan los amigos. «La malta hace más de lo que puede hacer Milton / Para justificar los modales que Dios tiene con el hombre.»

Como réplica, el poeta cuenta nuevamente la historia de un antiguo rey que tomaba veneno en dosis crecientes, de modo que cuando sus enemigos le ponían arsénico y estricnina en la comida, no le hacían efecto. «Mitrídates murió viejo», es la conclusión. Usa la poesía melancólica para aclimatarte a la tristeza, y las enfermedades reales del mundo no te abrumarán. La poesía triste nos fortalece contra la hora de la amargura. La poesía melancólica induce serenidad, ecuanimidad... ataraxia.

Si la profesión médica llega a controlar la depresión, la pintura y la poesía pueden perder una de sus funciones terapéuticas. Una sociedad blindada contra la depresión podría exigir una poesía con una amplia proporción de tema y argumentos... menos cambios de humor, si no más malta. Si una excelsa cultura ilumina los desafíos y las contradicciones de su época, entonces diferentes edades necesitan un arte diferente.

No debería sernos difícil imaginar una estética menos sentimental. De hecho, ya está con nosotros, en opinión de algunos críticos. Me gustan especialmente los escritos de Gabriel Josipovici, un novelista y ensayista británico. Josipovici valora la vena melancólica en la poesía y la novela a través de un personaje ficticio que habla en su nombre:

> Por más que amo la literatura inglesa —dijo—, tengo que admitir que por ella corre una vena de sentimentalismo y desenfocada emoción. Y no se limita a los victorianos. Pensemos en el relato del monje sobre Ugolino comiéndose a sus hijos en la cerrada torre. Pensemos cuánto más austero es el original de Dante que la versión de Chaucer. Pensemos en el asesinato de los hijos de MacDuff; no estamos tan lejos hoy de la muerte del pequeño Nell. Por más que amo la literatura inglesa —dijo—, no puedo evitar sentir que es una debilidad a la que todos somos demasiado propensos. Hoy en día, por supuesto —dijo—, no hay nada excepto eso, cinismo y sentimentalismo, sentimentalismo y cinismo, dos facetas de lo mismo.

Además de Dante, entre los guías literarios de Josipovici figuran Rabelais, Sterne y Wallace Stevens. Josipovici escribe, medio en broma, sobre autores húmedos y secos. Aristófanes es seco, al igual que John Donne, Jonathan Swift, Jane Austen y Ivy Compton-Burnett. Por encima de todo, Josipovici elogia la sobriedad de Homero. El leal perro de Ulises, *Argos*, muere, en una sola línea, y nunca volvemos a oír hablar de él. La calma en la evocación de la grave pérdida es lo que encanta a

Josipovici. «Comparando con Homero, *todo* escrito es sentimental.»

En mis años de inmersión en la depresión, Josipovici parecía un alma gemela. Y tampoco está solo en sus juicios. Hay una tendencia del pensamiento en la Europa oriental, que descubrí por primera vez en los escritos de Milan Kundera, quien reserva un elogio especial para las narraciones literarias rudimentarias que preceden al desarrollo de la novela mayor de edad. Kundera nos llama la atención hacia obras en las que se suspende el juicio moral, y el lector sonríe a medida que cosas desastrosas les van ocurriendo a unas buenas personas. El *Gargantúa y Pantagruel*, de Rabelais, es un ejemplo paradigmático, pero Kundera tiene cosas favorables que decir sobre los aspectos crueles de Cervantes, Diderot, Sterne, Thomas Mann y Salman Rushdie. Kundera está haciéndose eco de los escritos del crítico Mijaíl Bajtin, sobre una clase especial de humor (en Rabelais) vinculado al trastorno de las estructuras sociales, a medida que el feudalismo pierde poder y el hombre corriente toma posesión de lo suyo.

Esta línea de pensamiento aborda cualquier inclinación que pudiéramos tener de defender la literatura sentimental, como la novela o el ensayo depresivo, sobre la base de que es implícitamente político, porque celebra la diferencia y fomenta la exploración. Todos los géneros pueden ser políticos. A los europeos orientales les gusta Rabelais porque la alegría es subversiva; los tiranos no pueden soportar la risa sincera del pueblo.

Quizás este retirarse del sentimiento es evidente también en el gusto literario mayoritario de los norteamericanos. Harold Bloom, el más conocido de los críticos norteamericanos actuales, considera al Falstaff de Shakespeare comparable a Hamlet en cuanto a personaje completamente desarrollado. Esta elección parece indicar un abandono del patrón que concede el único lugar de honor al insatisfecho melancólico.

En mis años de inmersión en la depresión, me sentía atraído hacia los escritores irónicos. Y me aficioné a leer sus biografías. Éstas dan una imagen más temprana del artista o escritor muy diferente de los ejemplos de Van Gogh, Kierkegaard, Nietzsche y Poe.

Sentía una particular fascinación por las historias relativas a Miguel de Cervantes. Su carrera militar terminó con su captura por los moros, y luego una serie de osados intentos de fuga. Más tarde se convirtió en comisario de abastos, una especie de recaudador de impuestos ambulante. Como España estaba titubeando entre el feudalismo y la modernidad, el puesto requería una gran astucia política... Saber qué estructura autoritaria había que aplicar y dónde. Cervantes se interesaba por el teatro. Siguió una vocación religiosa. Tuvo un hijo con una mujer y se casó con otra. Fuera cual fuese la realidad, según la leyenda, Cervantes personificó al escritor como Fígaro, una vigorosa persona de muchos oficios.

Tampoco está solo Cervantes. Rabelais estudió leyes, tomó los hábitos y practicó la medicina. En el alba de la novela y de la nación-estado, este héroe era plausible, el guerrero-*bricoleur*-hombre de letras. Un temprano escritor irónico, Dante, fue soldado y político, y no provisionalmente, sino con determinación. Cervantes sufrió encarcelamiento. Dante soportó un interminable exilio de su amada Florencia. ¿Fueron felices estos escritores? Seguramente no, en el sentido trivial. Parecen haber sido resistentes. No eran aventureros interiores solamente, sino hombres de gran experiencia en el mundo.

A principios de su carrera, Karl Marx escribió acerca de la vida ideal, sin las limitaciones impuestas por la división del trabajo, en la que un hombre puede elegir cazar por la mañana, pescar por la tarde, criar ganado por la noche y escribir ensayos después de cenar. Esta visión del futuro era también una especie de nostalgia, como lo es en mi caso. Había antaño eruditos que escribían grandes libros. Somos libres de imaginar que hacer incursiones contra la depresión nos llevaría, no a la marginalización de la literatura, sino a una edad de oro. Podemos ser tan utópicos como queramos.

Aunque quizás es más sencillo decir cuánto más arte habría, cuánta mayor cantidad habría de la creación que valoramos, de no ser por la depresión.

Si pudiéramos tratar la depresión de manera fiable, tendríamos artistas diferentes, historias diferentes, necesidades diferentes, gustos diferentes. Los detalles —qué clase de arte y de artistas— ya son cosa de ciencia ficción. Lo cual es el mensaje de toda esta especulación... una fantasía destinada en última instancia a proporcionar perspectivas sobre el presente. Mi intención principal es preguntar por qué no abandonaríamos la melancolía y confiaríamos en nosotros mismos con unas mentes receptivas y unos cerebros resistentes.

Si esta fantasía, sustituir la depresión por la resistencia, sigue resultando extraña, quizás sea porque los términos de la discusión conservan sus complejas connotaciones. Insistimos en preguntar: al ver tanta crueldad, sufrimiento y muerte, ¿no debería una persona sentirse deprimida? Hay circunstancias, como en el Holocausto, en las que la depresión podría parecer universalmente *justificada*. La conciencia de la omnipresencia del horror —conciencia de la inhumanidad como un aspecto de la humanidad— es la condición moderna, nuestra condición. Picasso, al pintar la *Tragedia*, parece expresar esta verdad.

Pero, por supuesto, la depresión no es omnipresente, incluso en estos terribles tiempos. He dicho que las recuperaciones repentinas de los pacientes son totalmente convincentes, en el caso de los médicos, para enmarcar la depresión como patología. Un segundo, y del mismo modo sorprendente, fenómeno surge en el trabajo con personas que han sobrevivido a la guerra o al terror o a parecidos horrores que se derivan de la represión política. Yo he tratado a bastantes de estos pacientes. Llegan a la depresión años después de haber soportado privación extrema. Habitualmente, esta persona diría: «No lo comprendo. Pasé por...», y aquí nombraría uno de los hechos vergonzosos de nuestra época. «Pasé por *eso*, y en todos aquellos meses, nunca sentí *esto*.» *Esto* se refiere a la interminable lobreguez de la depresión, la desesperanza, la vaciedad, el sí mismo como una concha vacía.

Ver las peores cosas que una persona puede ver es una experiencia; sufrir depresión es otra. No hay nada misterioso en estos relatos de supervivencia, nada que apunte a una inconsciencia o a un estado incompleto del yo. Todos los pacientes a los que he interrogado sobre el terror político y la muerte masiva me han parecido completamente humanos... y no menos cuando su episodio de depresión ha terminado. En todos los casos, su resistencia, en los años previos a aquel en que el trastorno del humor los alcanzó, parecía (al menos a mí) oportuna y admirable. Era la capacidad que yo esperaba restablecer en ellos y que podría desear para otros.

Sabemos también que el trauma puede causar daños psíquicos, como escenas retrospectivas y fobias y rabia compulsiva, y sin embargo no provocar esta distintiva patología, la depresión. Si a lo largo de muchos años he sostenido que la depresión es una enfermedad, si consideraba inevitable que la investigación biológica confirmara esta creencia, es en parte porque la depresión es una respuesta específica, y no una respuesta universal, a lo inexpresable.

En *Escuchando al Prozac*, me referí a lo que se sabía entonces sobre la muerte del gran escritor italiano Primo Levi. Para los lectores de sus relatos sobre el encarcelamiento y la supervivencia en el Holocausto, Levi destacaba como un hombre que conservaba un juicio humano y una sutileza emocional en unos entornos inenarrables. Aunque propenso al trastorno del ánimo, Levi había soportado Auschwitz sin ser víctima de la depresión. Posteriormente sucumbió a ella, y a la edad de sesenta y siete años, en una recidiva (casi con toda seguridad, aunque hay algunos que interpretan los hechos de manera diferente), se suicidó. Las noticias son particularmente desmoralizadoras, porque el suicidio pareció representar una derrota en un hombre que se había enfrentado al horror sin perder la vitalidad ni la complejidad.

Yo había comentado la depresión de Levi en el curso de una consideración que versaba sobre los efectos del estrés acumulado en el cerebro envejecido. Sea cual sea la verdad sobre Levi, no hay nada anormal en ese hombre tal como lo percibimos a través de sus relatos del Holocausto. Frente a la gran maldad, una persona puede mostrarse prudente, observadora y sentirse desilusionada, y sin embargo no estar deprimida. No deberíamos tener ningún problema en imaginar una resistencia que contiene tanta profundidad como la atribuida alguna vez a la depresión.

En el transcurso de mi trabajo clínico, tengo el privilegio de observar muchas victorias individuales, modestas, sobre la depresión. Mientras estaba dando los últimos toques a la redacción de este libro, tropecé con un ejemplo de resistencia de este tipo. El hecho puede, a primera vista, no parecer notable. La casa de una mujer ardió, y ella aguantó bastante bien. Puedo decir que encontré este resultado profundamente conmovedor, tan conmovedor como otros éxitos médicos más espectaculares.

La paciente había llegado a la depresión a través de una serie de abrumadoras pérdidas, incluyendo la muerte, en rápida sucesión, de su hermana y marido. Un antidepresivo había resultado de ayuda para mi paciente al principio. Pareció devolverla a la vida. Pero la mujer no mantuvo la medicación durante mucho tiempo.

En su lugar, nos embarcamos en una psicoterapia que duró años. A menudo ésta dirigía su mirada hacia unos traumas infantiles que hacían especialmente difíciles de soportar las pérdidas en la vida adulta. Con frecuencia nos quedábamos en el presente, constituyendo la terapia una especie de entrenamiento en el manejo del riesgo. Observaba cantidad de contratiempos... decepciones aparentemente menores que hacían perder terreno a mi paciente. Tal como sucede en un número sorprendente de depresivos, ella era de natural optimista, propensa a depositar sus afectos imprudentemente. Examinamos los hábitos mentales destructivos del yo, las motivaciones contrapuestas en las relaciones, las experiencias de vergüenza y humillación. E, interminablemente, analizábamos las pérdidas. Con el tiempo, los rasgos depresivos de mi paciente disminuyeron, y con ellos un aura de vulnerabilidad. En cuanto se sintió mejor —realmente, mucho mejor— interrumpimos nuestras sesiones semanales. Pero mi paciente continuó acudiendo a mi consulta regularmente, a intervalos más largos. Dijo que estaba llenando una caja de herramientas con utensilios que la ayudaban a resolver problemas que, caso de no controlarlos, la dejarían expuesta al peligro.

Su casa ardió hasta los cimientos. Y con ella, desaparecieron objetos irremplazables, recuerdos de seres amados. El fuego te desplaza a una vivienda desconocida. Te hace tratar diariamente con extraños cuyos intereses no son los tuyos... inspectores, peritos, contratistas. Las tensiones del trabajo no se detienen. Los que cuentan contigo siguen presentando sus exigencias. Estás a merced de la vida. Te cuestionas tus objetivos y valores. ¿Por qué estoy aquí?

Lo que ocurrió fue que... mi paciente se tomó con bastante calma la pérdida. No inmediatamente, no perfectamente. Hubo días inestables. Pero rápidamente, diez o doce semanas después, afirmó que había salido del túnel. «No creo que jamás consiga uno no echar de menos lo que ha perdido —dijo—. Pero ¿recuerda que solía engancharme a los hombres demasiado? Pues así me pasaba con la casa. El vecindario había cambiado... No era el adecuado para mí. El fuego fue el impulso que necesitaba.»

Esa resolución a aceptar una crisis menor podía servir, tanto como cualquier otra, como un ejemplo de resistencia en la vida diaria. Mi conjetura, mi suposición, mi fantasía, es que la resistencia psicológica refleja cierta disposición mejor del cerebro, una disminuida tendencia a una respuesta de estrés prolongada, la capacidad frente a la crisis de formar nuevas conexiones neuronales. Quizás lo que tuvo más influencia fue el uso de la medicación. El antidepresivo permitió a la paciente desatascarse, de manera que pudo iniciarse un nuevo aprendizaje. Quizás se curó durante los múltiples meses buenos que se presentaron en el curso de la terapia. Quizás, tal como cree mi paciente, era una cuestión de tener ciertas herramientas a mano, nuevas formas de tratar con las emociones difíciles. Sería bueno saberlo.

Cuando me refiero a la resistencia, no estoy señalando al optimismo de mi paciente. Ese rasgo era algo que ella parecía poseer por temperamento cuando no se veía agobiada por el trastorno del ánimo. Mi interés reside en un resultado más simple, la recaída que se evitaba.

Una paciente que ha tenido depresión en el pasado se enfrenta ahora a un desafío, y no se descompensa. Estas victorias mínimas justifican la carrera de un psiquiatra. No lamentan los imaginarios beneficios del episodio depresivo que podría haber habido. No; estos pequeños éxitos son motivo de alivio, de tranquila satisfacción, de júbilo. No podemos ser ambivalentes.

Estamos, confío en haberlo dicho ya, lejos de conquistar la depresión. En términos prácticos, los médicos no han avanzado durante diez años... quizás más, dependiendo de lo que uno considere progreso. Pero en cualquier momento podría producirse un punto de inflexión.

Los nuevos recursos para la investigación son extraordinarios. Hasta que los escáneres cerebrales no consiguieron un grado suficiente de resolución, nadie pensaba en implicar al hipocampo en la depresión. La mayor parte de las viejas medicaciones fueron descubiertas por casualidad, o a través de toscos modelos biológicos. Hoy los investigadores en farmacología clonan receptores, los describen en tres dimensiones y buscan sustancias químicas que casen con ellos. Los científicos pueden construir un ratón genéticamente modificado para ayudar a pulir teorías sobre el daño y la recuperación. Luego pueden insertar genes en un virus y verlos funcionar en el cerebro.

Tenemos nuevos modelos del trastorno del ánimo; nuevos conceptos dan paso a nuevas soluciones. Sólo durante los últimos diez o quince años los investigadores psiquiátricos se han concentrado en las medicaciones destinadas a interrumpir los efectos de las hormonas del estrés sobre las neuronas. El trabajo en los factores de neurorresistencia apenas ha salido de su infancia; el trabajo en la neurogénesis es aún más joven. La ingeniería genética aplicada a la enfermedad psiquiátrica apenas ha comenzado en modelos con roedores. Pero estos esfuerzos y muchos otros están ya en marcha. Si bien resulta difícil creer que hagamos progresos muy sustanciales contra la depresión, en cierto modo es más difícil creer que no los haremos.

Desde el punto de vista de un psiquiatra, debemos. Las múltiples preocupaciones que acompañan nuestros esfuerzos son comprensibles, cada una a su manera. Pero creo que es importante, al valorarlas, recordar cuán profundamente arraigada está la depresión en la conciencia humana.

Hay una vieja historia sureña en la que un hombre se compra un traje de mala confección, y después de muchas visitas al vendedor en busca de consejo, termina paseando por la calle con un hombro levantado, el otro brazo estirado hacia delante... Al final del chiste aparecen dos damas que le ven pasar cojeando. Una de ellas dice: «¿No es terrible la manera en que a Buck le afecta la artritis.» Y la otra replica: «Sí, pero ¡qué bien le sienta el traje!» Después de milenios de acomodación, la depresión nos sienta bien de esa manera; liberarnos de ella sería descubrir nuevas costumbres, una nueva forma de andar. Pienso que estamos preparados. Incluso ahora, nuestra adhesión a las formas melancólicas de la literatura parece limitadora. Resulta evidente que sublimar la alienación carente de alegría hasta convertirla en un ideal es algo muy peculiar. Parece perverso recurrir a lo natural cuando estamos hablando de una enfermedad que erosiona el cerebro. Como mínimo habría que reconsiderarlo.

Yo no considero nada extraño esperar un futuro en el que a las personas vulnerables se les conceda cierta dosis de resistencia —resistencia cerebral y en todo el cuerpo—, de manera que no se vean repetidamente castigados por sus desgracias. Tampoco aquí podemos ser ambivalentes. Cuán glorioso será liberarnos de la depresión.

NOTAS

1. RECAPITULACIÓN

16 **experimentado una espectacular respuesta:** En *Escuchando al Prozac* (Nueva York, Viking, 1993), escribí que estas transformaciones son infrecuentes. La sugerencia de que quizás pueden ser más corrientes de lo que yo había creído procede de una inesperada fuente. Cuando estaba investigando los efectos negativos, David Healy, un crítico conocido de los antidepresivos y los laboratorios farmacéuticos, descubrió también un buen número de estos resultados notablemente positivos. David Healy, comunicación personal, y R. Tranter *et al.*, «Functional Effects of Agents Differentially Selective to Noradrenergic or Serotonergic Systems», *Psychological Medicine* 32 (2002): 517-524. Véase también D. Healy, «The Case for an Individual Approach to the Treatment of Depression», *Journal of Clinical Psychiatry* 61 (suplem. 6) (2000): 18-23.

16 **alterar rasgos de la personalidad:** Esta afirmación, también, era especulativa cuando la hice en 1993. Que los nuevos antidepresivos tienen efectos sobre la personalidad, incluso en aquellos que nunca han estado deprimidos, fue confirmado de una manera preliminar en B. Knutson *et al.*, «Selective Alteration of Personality and Social Behavior by Serotonergic Intervention», *American Journal of Psychiatry* 155 (1998): 373-379.

17 **depresivos:** Algunos defensores de la salud mental ponen peros al uso de nombres como *esquizofrénicos,* que se refieren a las personas por la enfermedad que padecen. Pero los médicos llevan mucho tiempo hablando de tuberculosos, asmáticos e incluso «enfermos cardíacos». Si los sustantivos que se refieren a los mentalmente enfermos son estigmatizadores, la razón tiene que ver con la manera en que la sociedad reacciona ante la enfermedad. Por *depresivos*, me refiero a las personas que sufren una depresión crónica o recurrente.

17 **autopatografía:** El término *patografía,* que significa biografía desde un punto de vista médico o psicológico, data de los escritos del psiquiatra alemán del siglo XIX Paul Julius Möbius. Véase J. A. Schioldann, «¿Qué es la Patografía» [carta], *Medical Journal of Australia* 178 (2003): 303. Freud utilizó la palabra para abarcar las especulaciones psicoanalíticas sobre figuras históricas. En los años ochenta, fue resucitada para describir relatos de exposición a, o partici-

pación en, un comportamiento desviado, especialmente el abuso sexual. Yo empleé por primera vez *autopatografía* —el invento quizás sea mío— en este sentido amplio en «Autopathography», *Psychiatric Times,* junio de 1995, 3 y sigs. Aquí (como en «The Anatomy of Melancholy», *The New York Times Book Review,* 7 de abril, 1996, 27) estoy volviendo a un sentido más estricto, un ensayo que subraya el impacto de la enfermedad.

21 **que «optimiza» el nivel de malestar de un paciente:** Este método se asocia con más antiguas, freudianas, escuelas de psicoanálisis. P. D. Kramer, «Empathic Immersion», en *Emphaty and the Practice of Medicine: Beyond Pills and Scalpel*, ed. Howard Spiro *et al.* (New Haven, Yale University Press, 1993).

24 **tuberculosis... implica refinamiento:** Susan Sontag, *La Enfermedad como Metáfora*, comentado en el capítulo 3.

2. EL RETORNO

32 **sin ningún motivo aparente:** En los estudios realizados por Kendler (véase capítulo 11), aproximadamente un 40 por ciento de los episodios de depresión surgen en ausencia de un hecho vital estresante. En la vida de un determinado paciente, los episodios posteriores «no provocados» son más probables que los tempranos.

34 **la cara de la depresión con menos frecuencia:** No existen datos sobre este tema. Buscando una prueba informal de mi impresión, recurrí a E. Fuller Torrey, un psiquiatra conocido por su opinión de que la enfermedad mental mayor iba en aumento. (Véase su libro *The Invisible Plague: The Rise of Mental Illness from 1750 to the Present* [New Brunswick, N.J., Rutgers University Press, 2002].) En su correspondencia, Torrey reconocía que los tratamientos modernos, tan ampliamente disponibles, han atenuado el curso de la depresión. E. Fuller Torrey, comunicación personal, 2002.

39 **una novela de Philip Roth:** *Me casé con un comunista.*

39 **atribuido demasiada importancia:** Desde luego, nunca se puede demostrar que la importancia está ausente. Un freudiano podría decir que un determinado episodio o síntoma de depresión tiene una causa que es desconocida por el paciente y por el médico, o por sus mentes conscientes. Desde el mismo punto de vista, uno podría aceptar sin darle más vueltas los reconocimientos de culpa que hace el paciente mientras está deprimido. Esta decisión plantea problemas epistemológicos propios.

No son sólo los freudianos los que pueden darle importancia en los síntomas. El malestar de Margaret puede ser interpretado como una crítica de los equilibrios de poder: entre padre e hijo, maestro y estudiante, hombre y mujer, jefe y trabajador, o sociedad idiotizada e individuo autónomo. Llegué a preguntarme si mi preocupación por estas clases de problemas sociales había contribuido a mi buena disposición para empatizar con unos sentimientos que Margaret más tarde repudiaría. Para una crítica reflexiva de los esfuerzos contemporáneos por vincular episodios y causas concretas, véanse los comentarios sobre «desubjetivación» en Herman M. van Praag, Ron de Kloet y Jim van Os, *Stress, Brain, and Depresión* (Cambridge, Cambridge University Press, 2004).

3. ¿Y SI?

44 probablemente digitalina a elevadas dosis: Véanse T. C. Lee, «Van Gogh's Vision: Digitalis Intoxication?», *Journal of the American Medical Association* 245 (1981): 727-729, y las referencias en la nota «todo el mundo consideró que Van Gogh», más adelante.

44 arte y neurosis: Véanse Edmund Wilson, «Philoctetes: The Wound and the Bow», en *The Wound ande The Bow: Seven Studies in Literature* (Cambridge, Mass., Riverside Press, 1941), 272-295, y Lionel Trilling, «Art and Neurosis», en *The Liberal Imagination: Essays on Literature and Society* (Nueva York, Viking, 1950), 160-180. Analizo este debate en *Escuchando al Prozac*.

47 diarios de Kierkegaard: Véanse selecciones de Alastair Hannay de los *Papers and Journals* (Londres, Penguin, 1996) y la posterior interpretación de Hannay de estos mismos pasajes en *Kierkegaard: A Biography* (Cambridge, Cambridge University Press, 2001). Las citas estándar son *Papierer* IX A 70 y II A 495 y 509.

50 famoso ensayo: Sontag, *La enfermedad como metáfora*.

50 Sand... Chopin: Véase Benita Eisler, *Chopin's Funeral* (Nueva York, Knopf, 2003).

51 la tuberculosis se volvió repulsiva: Con los informes de una tuberculosis resistente a múltiples fármacos y una concentración de la enfermedad entre los pobres, la dolencia puede haber recuperado su categoría «repulsiva». Con respecto al caso menos corriente, una enfermedad que ha suscitado respuestas emocionales positivas, véanse capítulo 6 al 8.

51 Dinesen y sus dolencias médicas: Linda Donelson, *Out of Isak Dinesen* (Iowa City, Coulsong, 1998). Véanse también *Isak Dinesen*, de Judith Thurman (Nueva York, St. Martin's Press, 1982), y *Letters from Africa, 1914-1931*, de Isak Dinesen, ed. F. Lasson, trad. A. Born (Chicago, University of Chicago Press, 1982).

52 Poe se refiere: «El hundimiento de la Casa Usher».

53 Dostoievski... Dante: Alice Flaherty, *The Midnight Disease* (Boston, Houghton Mifflin, 2004).

53 Un epileptólogo actualizó: C. W. Bazil, «Seizures in the Life and Works of Edgar Allan Poe», *Archives of Neurology* 56 (1999): 740-743.

53 todo el mundo consideró que Van Gogh: Flaherty, *Midnight Disease*. La teoría predominante del diagnóstico hoy en día combina la epilepsia y el trastorno afectivo bipolar. Véanse D. Blummer, «The Illnes of Vincent van Gogh», *American Journal or Psychiatry* 159 (2002): 519-526; W. W. Meissner, «The Artist in the Hospital: The Van Gogh Case», *Bulletin of the Menninger Clinic* (1994): 286-306; J. C. Morrant, «The Wing of Madness: The Illness of Vincent van Gogh», *Canadian Journal of Psychiatry* 38 (1993): 480-484; P. H. Voskuil, «Vincent van Gogh's Malady: A Test Case for the Relationship Between Temporal Lobe Dysfunction and Epilepsy», *Journal of the History of the Neurosciences* 1 (1992): 155-162.

4. AMBIVALENCIA

55 Los síntomas residuales predicen la recaída: Véanse, por ejemplo, M. B. Keller, «Past Present, and Future Directions for Defining Optimal Treatment Outcome in Depression», *Journal of the American Medical Association* 289 (2003): 3152-3160; L. L. Judd *et al.*, «Major Depressive Disorder: A Prospective Study of Residual Subthreshold Depressive Symptoms as Predictor of Rapid Relapse», *Journal of Affective Disorders* 50 (1998): 97-108; L. L. Judd *et al.*, «A Prospective Twelve-Year Study of Subsyndromal an Syndromal Depressive Symptoms in Unipolar Major Depressive Disorders», *Archives of General Psychiatry* 55 (1998): 694-700; y M. B. Keller y R. J. Boland, «Implications of Failing to Achieve Successful Long-Term Maintenance Treatment of Recurrent Unipolar Major Depression», *Biological Psychiatry* 44 (1998): 348-360.

57 creencias contradictorias: Consideremos este recorte adicional de mi cosecha: en una reunión anual de 2001, la Sociedad Psicosomática Americana sometió a discusión la resolución «Las intervenciones psicosociales pueden mejorar los resultados clínicos en la enfermedad orgánica». Se valoró la legitimidad de veintitrés estudios de investigación que demostraban la utilidad de la psicoterapia en el tratamiento de cualquier enfermedad desde el cáncer hasta el resfriado común. Es decir, cualquier cosa excepto la depresión.

La depresión no fue ignorada. Los médicos discutieron sobre si la psicoterapia para la depresión previene los ataques al corazón o acorta la duración de las infecciones. Las ponencias que estaban en consideración discutían los efectos perjudiciales del trastorno del ánimo sobre la integridad de los sistemas circulatorio, hormonal e inmulógico... algunos tan evidentes que habían contribuido a establecer la importancia de la depresión como patología médica. Entre el auditorio había científicos que habían llevado a cabo los estudios. Nadie sugirió la necesidad de discutir si —o conceder que— la psicoterapia trata la depresión, *que es en sí misma una enfermedad orgánica.* Incluso expertos en la interacción de mente y cuerpo son capaces de olvidar —*en masse*— lo *que la depresión es.* El debate aparece transcrito en cinco artículos en *Psychosomatic Medicine* 64 (2002): 549-570.

59 *faute de mieux:* El fenómeno guarda una evidente relación con el concepto de Leon Festinger, *disonancia cognitiva,* elaborado en *A Theory of Cognitive Dissonance* (Stanford, Calif.; Stanford University Press, 1957). Por «*faute de mieux*» me refiero a un resultado específico... la atribución de valor a una enfermedad (o síntomas de una enfermedad) para la que no tenemos tratamiento, o los que tenemos son ineficaces. A menudo, respecto de la depresión, las personas parecen capaces de tolerar o ignorar ese malestar, valorándolo y devaluándolo simultáneamente.

59 síntomas... como virtudes: Más allá de ser considerados como vicios o virtudes, los síntomas de la depresión son a veces interpretados como claves de particulares traumatismos pasados o conflictos internos actuales sin examinar... la pérdida del apetito, como una falta de disposición a «tragar» una idea determinada, etc. En el apogeo del predominio freudiano, esta teoría se aplicaba a muchas enfermedades, de manera que la úlcera gástrica podía significar rabia dirigida hacia dentro, en tanto que la infertilidad podía significar ira no resuelta contra un padre. (Véase Georg Groddeck, *Boof of the It* [1923, reedición, Nueva York: Random House, 1949].) Puede proporcionarnos una pausa para pensar cuán descaminadas aparecen, miradas retrospectivamente, estas atribuciones tan específicas.

5. EN CONJUNTO

62 Szasz... afirmación: T. S. Szasz, «The Mith of Mental Illness», *American Psychologist* 15 (1960): 113-118; véase también su gran cantidad de libros y monografías de los siguientes cuarenta años.

63 debate televisivo: «Is Depression a Disease?», *Debatesdebates* (Warren Steibel, productor), 31 de marzo de 1998.

64 «marcadores biológicos»: Durante el auge de Szasz, el filósofo Hilary Putnam intentó trazar una línea clara entre enfermedades cuya presencia puede ser confirmada por tests de laboratorio y enfermedades conocidas sólo sindromáticamente. Véase H. Putnam, «Brains and Behavior», en *Analytical Philosophy Second Series,* ed. R. Butler (Oxford, Basil Blackwell & Mott, 1963). Podría defenderse la existencia de una categoría intermedia compuesta de enfermedad (por ejemplo, la demencia de Pick) cuya patología física es evidente *postmortem.* Mi opinión, esbozada en este capítulo, es que la depresión se ha desplazado más allá de la categoría síndrome-solamente. Una estudiante de la Universidad Wesleyana, Kathryn Schoendorf, me llamó la atención sobre el ensayo de Putnam.

64 «comunicación de la máxima importancia»: G. Rajkowska *et al.,* «Morphometric Evidence for Neuronal and Glial Prefrontal Cell Pathology in Major Depression», *Biological Psychiatry* 45 (1999): 1085-1098. Véase también J. J. Miguel-Hidalgo *et. al.,* «Glial Fibrillary Acidic Protein Immunoreactivity in the Prefrontal Cortex Distinguishes Younger from Olden Adults in Major Depressive Disorder», *Biological Psychiatry* 48 (2000): 861-873. He completado el material publicado con entrevistas y correspondencia con los doctores Rajkowska y Stockmeier. Los hallazgos de Rajkowska han sido confirmados y ampliados en posteriores investigaciones; los déficits en la depresión mayor parecen ser característicos y no compartidos con el trastorno afectivo bipolar u otras enfermedades mentales: D. Cotter *et al.,* «Reduced Glial Cell Density and Neuronal Size in the Anterior Cingulate Cortex in Major Depressive Disorder», *Archives of General Psychiatry* 58 (2001): 545-553.

69 «Quizás la serotonina sea la policía»: *Escuchando al Prozac,* 134.

70 provocativo resultado de una investigación: Y. I. Sheline *et al.,* «Depression Duration but Not Age Predicts Hippocampal Volume Loss in Medically Healthy Women with Recurrent Major Depression», *Journal of Neuroscience* 19 (1999): 5034-5043.

70 el hipocampo... es a veces más pequeño: Para una idea general, véanse C. Campbell *et al.,* «Lower Hippocampal Volume in Patients Suffering from Depression: A Meta-Analysis», *American Journal of Psichiatry* 161 (2004): 598-607, y J. D. Bremmer *et al.,* «Hippocampal Volume Reduction in Major Depression», *American Journal of Psychiatry* 157 (2001): 115-117. Como un punto de vista alternativo al de Sheline, en el que un hipocampo pequeño predice cronicidad de la depresión, véase T. Frodl *et al.*, «Hippocampal and Amygdala Changes in Patients with Major Depressive Disorder and Healthy Controls During a One-Year Follow-up», *Journal of Clinical Psychiatry* 65 (2004): 492-499.

71 **memoria verbal...:** Véase también J. D. Bremmer *et al.*, «Deficits in Hippocampal and Anterior Cingulate Functioning During Verbal Declarative Memory Encoding in Midlife Major Depression», *American Journal of Psychiatry* 161 (2004): 637-645.

72 **«Puede haber mecanismos...»:** *Escuchando al Prozac*, 135.

72 **El artículo de Gage:** P. S. Eriksson *et al.*, «Neurogenesis in the Adult Human Hippocampus», *Nature Medicine* 11 (1998): 1313-1317.

73 **la neurogénesis podía ser imposible:** P. Rakic, «Limits of Neurogenesis in Primates», *Science* 227 (1985): 1054-1056.

73 **neurogénesis... córtex prefrontal:** E. Gould *et al.*, «Neurogenesis in the Neocortex of Adult Primates», *Science* 286 (1999): 548-552.

74 **El trabajo de Sheline y Rajkowska...:** «Morphometric Methods for Studying the Prefrontal Cortex in Suicide Victims and Psychiatric Patients», *Annals of the New York Academy of Sciences* 836 (1997): 253-268; Y. I. Sheline *et al.*, «Hippocampal Atrophy in Recurrent Major Depression», *Proceedings of National Academy of Science* 93 (1996): 3908-3913.

74 **hallazgos contradictorios:** Véanse la nota sobre el tamaño del hipocampo más atrás y la nota sobre «datos confusos», en capítulo 10.

6. EL ENCANTO

79 **La emotividad... es un factor de riesgo:** Véanse el análisis de la neurosis, en capítulo 11, y el coste del afecto, en capítulo 17.

82 **uno de los ensayos más antiguos, en lengua inglesa:** Véase P. D. Kamer, «The Anatomy of Melacholy». Cowper era probablemente bipolar.

83 **«apenas hay...»:** Robert Burton, *The Anatomy of Melancholy* (1621), primer tomo, sección 3, parte 1, subsección 2, «Síntomas o Signos en la Mente». El pasaje aparece seleccionado en Jennifer Radden, ed., *The Nature of Melancoly* (Oxford, Oxford University Press, 2000). Las selecciones de esta antología están especialmente bien realizadas; para *anomalías de la voluntad,* véase el extracto sobre el tema (pp. 225-229) prestado del texto de 1867 de Wilhelm Griesinger, *Mental Pathology and Therapeutics.*

85 **La definición clásica:** *Diagnostic and Statistical Manual of Mental Disorders: DSM-IV* (Washington, D.C.; American Psychiatric Press, 1994); de forma similar para *DSM-IV-TR* (revisión del texto, 2000). Véase también capítulo 13.

86 **psiquiatras alemanes... escrupulosidad:** Véase Hubertus Tellenbach; *Melancholy: History of the Problem, Endogeneity, Typopogy, Pathogenesis, Clinical Considerations,* trad. E. Eng (Pittsburgh, Duquesne University Press, 1980). Aquí, el «orden» es el rasgo central del *typus melancholicus.* «Hemos dicho que el tipo melancólico es especialmente exacto, ordenado, terriblemente escrupuloso y concienzudo... El melancólico muestra una *sensibilidad superior a lo*

normal en temas de conciencia en lo que atañe a las relaciones con las personas y las cosas» (89-90).

7.   MÁS ENCANTO

90 *Darkness Visible,* **de William Styron:** Nueva York, Random House, 1990. Véanse también P. D. Kramer, «Darkness Obscured», *Psychiatric Times,* enero de 1991, y Kramer, «The Anatomy of Melancholy».

90 Las palabras fallan: Puede argumentarse que llamarla inefable es también hacer de la depresión algo más y algo menos que una enfermedad. Gabriel Josipovici, el novelista y crítico británico, se refiere al «sello de la sensibilidad romántica, la afirmación de que *las palabras le fallan*» (*Moo Pak* [Manchester, Carcanet, 1994], 48). El sufrimiento de la neurosis y el aura de la epilepsia quizás no sean más fáciles de describir que la vacuidad de la depresión; es sólo que, con la depresión, necesitamos que se nos recuerde el grado de diferencia de lo cotidiano.

91 Debería saltar ahora...: A. L. Kennedy, *On Bullfighting* (Nueva York, Anchor, 1999).

92 suicidios... donde la depresión era el diagnóstico fundamental: Aproximadamente la mitad de los pacientes que se suicidan tienen un diagnóstico de depresión. Véase N. E. Barklage, «Evaluation and Management of the Suicidal Patient», *Emergency Care Quarterly* 7 (1991): 9-17. Citado en A. M. Gruenberg y R. D. Goldstein, «Depressive Disorders», en *Psychiatry*, eds. Allan Tasman, Jerald Kay y Jeffrey Lieberman (Filadelfia, W. B. Saunders, 1997).

93 tasas de suicidio: M. Olfson *et al.*, «Relationship Between Antidepressant Medication Treatment and Suicide in Adolescents», *Archives of General Psychiatry* 60 (2003): 978-982; C. B. Kelly *et al.*, «Antidepressant Prescribing and Suicide Rate in Northern Ireland», *European Psychiatry* 18 (2003): 325-328; D. Gunnell *et al.*, «Why Are Suicide Rates Rising in Young Men but Falling in the Elderly? A Time-Series Analysis of Trends in England and Wales, 1950-1998», *Social Science and Medicine* 57 (2003): 595-611; M. S. Gould *et al.*, «Youth Suicide Risk and Preventive Interventions: A Review of the Past Ten Years», *Evidence-Based Mental Health* 6 (2003): 121; A. Carlsten, M. Waern y J. Ranstarn, «Antidepressant Medication and Suicide in Sweden», *Pharmacoepidemiology and Drug Safety* 10 (2001): 525-530; G. Isacsson, «Suicide Prevention A Medical Breakthrough?», *Acta Psychiatrica Scandinavica* 102 (2000): 113-117; W. D. Hall *et al.*, «Association Between Antidepressant Prescribing and Suicide in Australia, 1991-2000: Trend Analysis», *British Medical Journal* 326 (2003): 1008, y C. Barbui *et al.*, «Antidepressant Drug Use in Italy Since the Introduction of SSRIs: National Trends, Regional Differences, and Impact on Suicide Rates», *Social Psychiatry and Psychiatric Epidemiology* 34 (1999): 152-156. Lo que demuestran estos estudios es que, cuando los antidepresivos son introducidos o se utilizan más ampliamente, las tasas de suicidio se reducen, incluso mientras los indicadores alternativos de estrés, como el alcoholismo, permanecen constantes.

93 pensamientos e impulsos suicidas: En *Escuchando al Prozac,* sugerí que las tendencias suicidas podían no ser debidas meramente a un incremento de la activación o la agitación en personas ya inclinadas al suicidio, sino que la medicación podría, sobre una base biológica idiosincrática (quizás deteriorando la neurotransmisión basada en la serotonina), estimular nuevas inclinaciones suicidas.

Recientes descubrimientos, basados en parte en una investigación anterior no publicada, realizada (y luego ocultada) por laboratorios farmacéuticos, confirman que los antidepresivos pueden provocar tendencias suicidas, pero los hallazgos de la investigación son menos específicos de lo que yo había supuesto. Un análisis indica que *todos* los antidepresivos, nuevos y viejos, aparecen asociados con intentos de suicidio en las primeras semanas en que son administrados los fármacos. Se sabía desde hacía mucho tiempo que las medicaciones, si afectan a la energía antes de que modifiquen el humor, pueden activar a pacientes deprimidos con peligrosos resultados. Aunque me inclino por aferrarme a mi anterior interpretación de los riesgos, es posible que los antidepresivos más nuevos no ofrezcan el peligro concreto que yo había temido. Los hallazgos de conjunto resaltan la necesidad de controlar a los pacientes cuando se les prescribe por primera vez un antidepresivo.

En un estudio ampliamente comentado sobre ideas y comportamiento suicidas en niños y adolescentes, el riesgo excesivo más evidente aparecía, no en los depresivos, sino en los pacientes con trastornos de ansiedad. El estudio completo está disponible en la Food and Drug Administration, en www.fda.gov/ohrms/dockets/ac/04/briefing/2004-4065b1-10-TAB08-Hammads-Review.pdf. Con relación a la eficacia de los antidepresivos en adolescentes, véanse notas del capítulo 16.

Para una idea general de todo el tema, véase L. Culpepper *et al*., «Suicidality as a Possible Side Effect of Antidepressant Treatment», *Journal of Clinical Psychiatry* 65 (2004): 742-749.

93 *Should You Leave?*: Nueva York: Scribner, 1997; véanse capítulos 12, 14 y 16.

95 **maridos o mujeres... son dos veces más propensos:** J. Hippisley-Cox *et al*., «Married Couples' Risk of Same Disease. Cross Sectional Study», *BMJ* 325 (2002): 636-640. El hecho de que aparezcan semejanzas en los niveles de angustia dentro de los dos primeros años de matrimonio apunta a la elección (emparejamiento selectivo) como un factor importante: G. Galbaud du Fort, V. Kovess y J. F. Boivin, «Spouse Similitarity for Psychological Distress and Well-Being: A Population Study», *Psychological Medicine* 24 (1994): 431-447.

95 **la mayor parte de los estudios llega a la conclusión:** C. A. Mathews y V. I. Reus, «Assortative Mating in the Affective Disorders: A Systematic Review and Meta-Analysis», *Comprehensive Psychiatry* 42 (2001): 257-262. Según esta visión general, que integra la investigación más importante hasta el día de hoy, el riesgo de depresión en el cónyuge de un depresivo es dos veces superior al riesgo que tienen los sujetos de control.

97 **mecánico desde el punto de vista emocional:** Ha habido interés por investigar este tipo de emparejamiento selectivo, especialmente en los años de noviazgo, entre jóvenes depresivas y hombres distantes, que no ofrecen apoyo. Parece que la pauta se mantiene, pero la razón no está clara: las mujeres volubles pueden elegir hombres demasiado estables, o la depresión en una mujer puede hacer que el hombre se retire. Véase S. E. Daley y C. M. Hammen, «Depressive Symptoms

and Close Relationships During the Transition to Adulthoood: Perspectives from Dysphoric Women», *Journal of Consulting and Clinical Psychology* 70 (2002): 129-141.

8. EROS

105 devoción hacia compañeros: C. S. Lewis, *A Grief Observed* (Nueva York, Seabury Press, 1961); John Bayley, *Elegy for Iris* (Nueva York, St Martin's Press, 1999).

9. UNA CONFUSIÓN EVIDENTE: TRES ESCENAS

109 catálogo de la exposición: Marilyn McCully, ed., *Picasso: The Early Years, 1892-1906* (Washington, D.C., National Gallery of Art, 1997): para un análisis del empleo del rostro y el *habitus* de la depresión en Picasso, véase también Jeffrey Weiss, ed., *Picasso: The Cubist Portraits of Fernande Olivier* (Washington, D.C.: National Gallery of Art, 2004). Con relación a la erótica temprana, véase Jean Clair, ed., *Picasso Érotique* (Munich, Prestel, 2001)

112 historia de Borges: Jorge Luis Borges, «Funes el memorioso».

112 clásica versión de la tragedia: David Gullette, profesor de inglés en el Simmons College, compartió amablemente conmigo sus notas sobre los usos de la palabra *tragedia.*

114 obra clásica de Carl Rogers: *On Becoming a Person* (1961); reedición, Boston: Houghton Mifflin, 1995); una parte de este capítulo es una nueva versión de mi propio prólogo a esa edición.

116 «... enajenado Sísifo...»: C. Elliot, «Pursued by Happiness and Beaten Senseless: Prozac and the American Dream», *Hastings Center Report* 30, n.º 2 (2000): 7-12, incluido en una antología en Carl Elliot y Tad Chambers, eds., *Prozac as a Way of Life* (Chapel Hill, University of North Carolina Press, 2004). Las citas de Camus proceden de la traducción al inglés de *The Myth of Sisyphus and Other Essays* (Nueva York, Vintage, 1955).

117 en el cartel: Me estoy refiriendo al Sísifo de Camus, Sísifo el más prudente y el más apasionado de los mortales, Sísifo el héroe-rebelde, castigado por robar la sabiduría de los dioses. Hay versiones del mito en las que Sísifo es un bandolero y un asesino.

119 melancolía... conferiría mérito...: Como un ejemplo más de mi cosecha de recortes, ofrezco este pasaje de una crítica del *New York Times* de una exposición del Museo Whitney de obras de Joan Mitchell: «Quizás puedas perdonarte por decirte a ti mismo que estos cuadros abstractos tan suaves y de trazo tan seguro deben de ser superficiales y manipuladores. Desconfía de tu desconfianza. Exuberantes, opulentos campos de colores, aparentemente todos paradisíacos, contienen sombras de melancolía que se revelan a ti después de que tus ojos se adaptan a su luz.» Ésta es la capa de melancolía que redime y justifica el conjunto y hace que la exposición merezca una visita.

119 un contraste que William James analizó: *The Varieties of Religious Experience,* especialmente discursos 4 y 5, «The Religions of Healthy-Mindedness», y 6 y 7, «The Sick Soul».

120 **«Próxima al punto...»:** Sarah Whitfield, ed., *Bonnard* (Londres, Tate Gallery Publising, 1998).

121 **«Aunque al público...»:** Sacado de una sumaria introducción al «Pierre Bonnard» de S. Meisler, *Smithsonian*, julio de 1998, 33 y sigs.; el texto del artículo contiene un lenguaje casi idéntico.

123 **Cómo había llegado a ser lo evidente:** Este tema me ha fascinado durante mucho tiempo. *Should You leave?* trata de la estructura de lo obvio en la psicoterapia, y luego analiza las consecuencias de resistir a lo obvio cuando se toman decisiones en las relaciones.

10. DE NUEVO EN CONJUNTO

129 **forman un circuito:** J. D. Bremner, «Structural Changes in the Brain in Depression and Relationship to Symptom Recurrence», *CNS Spectrums* 7 (2002): 129-139. Bremmer sostiene la hipótesis de que las alteraciones en un circuito que incluye la amígdala, el hipocampo, el caudado, el tálamo y el córtex prefrontal subyacen bajo los síntomas de la depresión. Los antidepresivos como el Prozac parecen funcionar alterando los niveles de activación en todo este circuito, particularmente en el córtex prefrontal: H. S. Mayberg *et al.*, «Regional Metabolic Effects of Fluoxetine in Major Depression: Serial Changes and Relationship to Clinical Response», *Biological Psychiatry* 48 (2000): 830-843; C. H. Y. Fu *et al.*, «Attenuation of the Neural Response to Sad Faces in Major Depression by Antidepressant Treatment: A prospective, Event-Related Functional Magnetic Imaging Study», *Archives of General Psychiatry* 61 (2004): 877-889.

130 **Robert Sapolsky:** Aquí he tratado de resumir el abundante material en *Stress, the Aging Brain and the Mechanisms of Neuron Death* (Cambridge, Mass., MIT Press, 1992). Me he basado también en las conversaciones con Sapolsky y en numerosas monografías. Para aquellos interesados en las relaciones entre enfermedad mental y esta área de la literatura del estrés, buenos autores para empezar, y entre los que figuran: A. L. Lee, W. O. Ogle y R. M. Sapolsky, «Stress and Depression: Possible Links to Neuron Death in the Hippocampus», *Bipolar Disorders* 4 (2002): 117-128; R. M. Sapolsky, «The Possibility of Neurotoxicity in the Hippocampus in Major Depression: A primer on Neuron Death», *Biological Psychiatry* 48 (2000): 755-765; R. M. Sapolsky, «Glucocorticoids and Hippocampal Atrophy in Neuropsychiatric Disorders», *Archives of General Psychiatry* 57 (2000): 925-935; R. M. Sapolsky, «Glucocorticoids, Stress, and Their Adverse Neurological Effects: Relevance to Aging», *Experimental Gerontology* 34 (1999): 721-732; R. M. Sapolsky, «Cellular Defenses Against Excitotoxic Insults», *Journal of Neurochemistry* 76 (2001): 161-211; B. S. McEwen, «Protective and Damaging Effects of Stress Mediators», *New England Journal of Medicine* 338 (1998): 171-179, y R. M. Sapolsky, «Why Stress is Bad for Your Brain», *Science* 273 (1996): 749-750.

130 **«hormonas del estrés»:** Este término es la abreviación de otros más corrientes, presentes en la literatura más antigua, de «hormonas de respuesta al estrés» y «hormonas reactivas al estrés».

131 **envejecimiento... exposición crónica a las hormonas del estrés:** Las correspondencias son más sustanciales de lo que he indicado en el texto. Los daños son del mismo tipo, en las mismas partes del hipocampo.

131 **las neuronas pierden la conectividad:** Estas pérdidas, en unas ratas por lo demás visiblemente sanas, pueden ser enormes. Faltará una quinta parte de las células del hipocampo, pero nada menos que la mitad de los receptores de las hormonas del estrés habrá desaparecido.

132 **El hipocampo dañado es... interruptor atascado:** J. P. Herman, «Neurocircuitry of Stress: Central Control of the Hypothalamo-Pituitary-Adrenocortidal Axis», *Trends in Neurosciences* 20 (1997): 78-84; D. M. Lyons *et al.*, «Early Life Stress and Inherited Variation in Monkey Hippocampal Volumes», *Archives of General Psychiatry* 58 (2001): 1145-1151.

133 **glándulas suprarrenales aumentadas:** C. B. Nemeroff *et al.*, «Adrenal Gland Enlargement in Major Depression: A Computed Tomographic Study», *Archives of General Psychiatry* 49 (1992) 384-387. Los pacientes deprimidos pueden tener también glándulas pituitarias aumentadas de tamaño... Por razones de espacio, he omitido considerar el papel de la pituitaria en la depresión y en la enfermedad de Cushing.

133 **respuestas hormonales superactivas:** Los científicos han empezado también a encontrar relaciones entre tendencias a la depresión y variaciones genéticas en la capacidad de los humanos para *manejar* las hormonas del estrés. Véase Claes *et al.*, «The Corticotropin-Releasing Hormone Binding Protein Is Associated with Major Depression in a Population from Northern Sweden», *Biological Psychiatry* 54 (2003): 867-872.

133 **densidades óseas:** D. Michelson *et al.*, «Bone Mineral Density in Women with Depression», *New England Journal of Medicine* 335 (1996): 1176-1181. La hormona del estrés medida es el cortisol.

134 **Las dendritas... crecen:** Aunque al analizar la depresión me concentré en los fallos en la arborización, merece señalarse que no todas las conexiones neuronales están al servicio de la enfermedad mental; los trastornos de ansiedad parecen caracterizarse por la excesiva formación de conexiones en partes del cerebro asociadas con el miedo.

134 **factor neurotrófico derivado del cerebro o BDNF:** Para resúmenes de las pruebas del BDNF, véanse una serie de estudios de conjunto efectuados por Ronald Duman, entre los que figuran: R. S. Duman, «Structural Alterations in Depression: Cellular Mechanisms Underlying Pathology and Treatment of Mood Disorders», *CNS Spectrums* 7 (2002): 140-147; Y. Shirayama *et al.*, «Brain-Derived Neurotrophic Factor Produces Antidepressant Effects in Behavioral Models of Depression», *Journal of Neuroscience* 22 (2002): 3251-3261; R. S. Duman, S. Nakagawa y J. Malberg, «Regulation of Adult Neurogenesis by Antidepressant Treatment», *Neuropsychofarmachology* 25 (2001): 836-844; R. S. Duman, J. Malberg y S. Nakagawa, «Regulation of Adult Neurogenesis by Psychotropic Drugs and Stress», *Journal of Pharmacolgy and Experimental Therapeutica* 299 (2001): 401-407; A. Vaidya y R. S. Duman, «Depression-Emerging Insights from Neurobiology», *Bristish Medical Bulletin* 57 (2001): 61-79; J. E. Malberg *et al.*, «Chronic Antidepressant Treatment Increases Neurogenesis in Adult Rat Hippocampus», *Journal of Neuroscience* 20 (2002): 9104-9110; R. S. Duman

et al., «Neuronal Plasticity and Survival in Mood Disorders», *Biological Psychiatry* 48 (2000): 732-739; R. S. Duman, J. Malberg y Johannes Thome, «Neural Plasticity to Stress and Antidepressant Treatment», *Biological Psychiatry* 46 (1999): 1181-1191; R. S. Duman, «Novel Therapeutic Approaches Beyond the Serotonin Receptor», *Biological Psychiatry* 44 (1998): 324-335, y R. S. Duman, G. R. Heninger y E. J. Nestler, «A Molecular and Cellular Theory of Depression», *Archives of General Psychiatry* 54 (1997): 597-606. Con relación a la pérdida de eficacia antidepresiva, véase la obra de Lisa Monteggia citada más adelante. La investigación sobre BDNF y la neurogénesis empezó con un estudio citado anteriormente, Gould *et al.*, «Neurogenesis in the Neocortex».

Por razones de espacio, estoy omitiendo la referencia a una línea de investigación que concierne al papel del glutamato y el ácido gamma-aminobutírico. En resumen, una teoría en vías de desarrollo sostiene que un resultado del defecto glial en la depresión es la desregulación del metabolismo energético del cerebro, que conduce a la inhibición de los genes que producen el BDNF. En efecto, esta investigación sugiere la existencia de un nexo específico entre observaciones anatómicas (anomalías en las células gliales) y fallos de neurogénesis y neurorresistencia. Gerard Sanacora es uno de los expertos en esta área.

134 **Reducir en un animal el nivel de BDNF:** L. W. Monteggia *et al.*, «Essential Role of Brain-Derived Neurotrophic Factor in Adult Hippocampal Function», *Proceedings of the National Academy of Sciences* 101 (2004): 10827-10832.

135 **Rajkowska... déficit en BDNF:** Comunicación personal, 2002. Para una visión de la relación de su propio trabajo con la teoría de la neurorresistencia, véanse C. Rajkowska, «Postmorten Studies in Mood Disorders Indicate Altered Numbers of Neurons and Glial Cells», *Biological Psychiatry* 48 (2000): 766-777, y H. K. Manji *et al.*, «Neuroplasticity and Cellular Resilience in Mood Disorders», *Molecular Psychiatry* 5 (2000): 578-593.

135 **encaja bien con la investigación más antigua:** Véanse referencias Duman más adelante. Unos cambios en la serotonina y la norepinefrina pueden provocar, y ser provocados por, cambios en las hormonas del estrés. Van Pragg *et al.*, *Stres, the Brain and Depression*, pp. 189-196, y G. E. Tafet, «Correlation Between Cortisol Level and Serotonin Uptake in Patients with Chronic Stress and Depression», *Cognitive, Affective and Behavioral Neuroscience* 1 (2001): 388-393.

136 **con datos confusos:** C. M. MacQueen *et al.*, «Course of Illness, Hippocampal Function, and Hippocampal Volume in Major Depression», *Proceedings of the National Academy of Sciences* 100 (2003): 1387-1392; T. Frodl *et al.*, «Hippocampal Changes in Patients with a First Episode of Major Depression», *American Journal of Psychiatry* 159 (2002): 1112-1118; M. Vythilingam *et al.*, «Childhood Trauma Associated with Smaller Hippocampal Volume in Women with Major Depression», *American Journal of Psychiatry* 159 (2002): 2072-2080. Cristine Heim y Charles Nemeroff han reunido un importante conjunto de investigaciones sobre el trauma temprano como fuente de daño anatómico; véase K. M. Penza, C. Heim y C. Nemeroff, «Neurobiological Effects of Childhood Abuse: Implications for the Pathophysiology of Depression and Anxiety», *Archives of Women's Mental Health* 6 (2003): 15-22.

136 **esclerosis múltiple:** D. C. Mohr *et al.*, «Association Between Stressful Life Events and Exacerbation in Multiple Sclerosis: A Meta-Analysis», *British Me-*

dical Journal 328 (2004): 731-735, y D. Buljevac *et al.*, «Self Reported Stressful Life Events and Exacerbations in Multiple Sclerosis: Prospective Study», *Bristish Medical Journal* 327 (2003): 646-670.

136 se parece a... demencias: Véase Miguel-Hidalgo *et al.*, «Glial Fibrillary Acidic Protein».

137 «cómo el cuerpo...»: Burton, *The Anatomy of Melancholy*, primer tomo, sección 2, parte 5, subsección 1, «Continent, Inward, Antecedent, Next Causes, and How the Body Works on the Mind».

11. ACERCÁNDONOS

138 obra de... Kenneth Kendler: En este capítulo, me he basado en nuestras conversaciones regulares y mis lecturas, a lo largo de los años, de los resultados publicados de Ken. Para una visión general, véase K. S. Kendler, C. O. Gardner y C. A. Prescott, «Toward a Comprehensive Development Model for Major Depression in Women», *American Journal of Psychiatry* 159 (2002): 113-145. Véanse también K. S. Kendler, J. Kuhn y C. A. Prescott, «The Interrelationship of Neuroticism, Sex, and Stressful Life Events in the Prediction of Episodes of Major Depression», *American Journal of Psychiatry* 161 (2004): 631-636; K. S. Kendler *et al.*, «Life Events Dimensions of Loss, Humiliation, Entrapment, and Danger in the Prediction of Onsets of Major Depression and Generalized Anxiety», *Archives of General Psychiatry* 60 (2003): 789-796; K. S. Kendler, L. M. Thornton y C. A. Prescott, «Gender Differences in the Rates of Exposure to Stressful Life Events and Sensitivity to Their Depressogenic Effects», *American Journal of Psychiatry* 158 (2001): 587-593; K. S. Kendler y C. A. Prescott, «A Population-Based Twin Study of Lifetime Major Depression in Men and Women», *Archives of General Psychiatry* 56 (1999): 39-54; K. S. Kendler *et al.*, «Stressful Life Events, Genetic Liability, and Onset of Episodes of Major Depression in Women», *American Journal of Psychiatry* (1995): 833-842, y K. S. Kendler *et al.*, «A Longitudinal Twin Study of One-Year Prevalence of Major Depression in Women», *Archives of General Psychiatry* 50 (1993): 843-852. Por más que es extensa, esta lista omite numerosas monografías importantes; algunas otras son citadas más adelante.

140 El factor que aumenta: Debido a la potencial inexactitud de los diagnósticos realizados en un momento dado, las estimaciones actuales pueden subestimar el carácter hereditario de la depresión. Tal como un estudio señala: «La depresión mayor... puede ser más bien un trastorno altamente heredable de moderada fiabilidad que un trastorno moderadamente heredable de elevada fiabilidad» (K. S. Kendler y M. C. Neale, «The Lifetime History of Major Depression in Women: Reliability of Diagnosis and Heritability», *Archives of General Psychiatry* 50 [1993]: 863-870).

142 Como señaló un crítico de la investigación con gusanos: S. Austad, «Development: Varied Fates from Similar States», *Science* 290 (2004): 944 (una crítica de C. E. Finch y T. B. L. Kirkwood, *Chance, Development, and Aging* [Nueva York, Oxford University Press, 2000]).

142 estrés prenatal: C. L. Coe *et al.*, «Prenatal Stress Diminishes Neurogenesis in the Dentate Gyrus of Juvenile Rhesus Monkeys», *Biological Pschiatry* 54 (2003): 1025-1234; E. Gould, «Experience-dependent Effects on Structural Plasticity in Limbic and Cortical Structures Involved in Emotion Regulation» (presentación, Reunión Anual de la Asociación Psiquiátrica Americana, Nueva York, 4 de mayo, 2004). El estrés supone someter a monas preñadas a ruidos inesperados; la inhibición de la neurogénesis se nota en años posteriores en la descendencia.

142 **complicaciones en el parto:** T. C. Van Erp *et al.*, «Contributions of Genetic Risk and Fetal Hypoxia to Hippocampal Volume in Patients with Schizophrenia or Schizoaffective Disorder, Their Unaffected Siblings, and Healthy Unrelated Volunteers», *American Journal of Psychiatry* 159 (2002): 1514-1520.

143 **la naturaleza de la interacción:** A. Fanous *et al.*, «Neuroticism, Major Depression, and Gender: A Population-Based Twin Study», *Psychological Medicine* 32 (2002): 719-728; K. S. Kendler *et al.*, «A Longitudinal Twin Study of Personality and Major Depression in Women», *Archives of General Psychiatry* 50 (1993): 853-862. Véase también S. B. Roberts y K. S. Kendler, «Neuroticism and Self-Esteem as Indices of the Vulnerability to Major Depression in Women», *Psychological Medicine* 9 (1999): 1101-1109.

144 **gen transportador de la serotonina:** K. P. Lesch *et al.*, «Association of Anxiety-Related Traits with a Polymorphism in the Serotonin Transporter Gene Regulatory Region», *Science* 274 (1996): 1527-1531. Véanse también D. A. Collier *et al.*, «A Novel Functional Polymorphism Within the Promoter of the Serotonin Transporter Gene: Possible Role in susceptibility to Affective Disorders», *Molecular Psychiatry* 1 (1996): 4453-4460; A. D. Olgivie *et al.*, «Polymorphism in Serotonin Transporter Gene Associated with Susceptibility to Major Depression», *Lancet* 347 (1966): 731-733, y D. L. Murphy *et al.*, «Genetic Perspectives on the Serotonin Transporter», *Brain Research Bulletin* 56 (2001): 487-494. Para una buena explicación popular de la investigación sobre genes, transportadores, ansiedad y depresión, incluyendo las hipótesis tanto de la serotonina como de la dopamina, véanse D. Hamer y P. Copeland, *Living with Our Genes* (Nueva York, Doubleday, 1998); S. H. Barondes, *Mood Genes* (Nueva York, W. H. Freeman, 1998), y S. H. Barondes, *Better Than Prozac* (Nueva York, Oxford University Press, 2003).

Hay una sorprendente peculiaridad en la historia del 5-HTT. El transportador está implicado en la recaptación de la serotonina hasta las células transmisoras. (El transportador es el lugar donde actúan el Prozac y parecidas medicaciones.) Una dosis extra de 5-HTT *reduciría* el acceso de las células a la serotonina. Las teorías que explican los efectos beneficiosos de las variantes largas del gen a veces postulan la inducción de mecanismos compensatorios en una época temprana de la vida, en respuesta a una elevada producción del transportador.

144 **otros genes que podrían causar:** Por ejemplo, un gen llamado DRD4 contiene el código de una proteína involucrada en el modo en que las células manejan la dopamina, otro neurotransmisor implicado en la conservación del estado de ánimo. Una forma del gen parece que predispone a correr riesgos. Los buscadores de emociones fuertes han disminuido las tasas de depresión... y no son aprensivos. Al carecer de la variante buscador de riesgo del gen DRD4, una

persona es estadísticamente algo más propensa a la neurosis y a la depresión. Esta correlación, también, explica solamente un pequeño efecto; e incluso ese hallazgo es discutible. Véanse el libro de Hamer y Copeland y los libros de Barondes citados anteriormente.

145 **segundo vistazo al 5-HTT:** A. Caspi *et al.*, «Influence of Life Stress on Depression: Moderation by a Polymorphism in the 5-HTT Gene», *Science* 301 (2003): 386-389.

146 **«... sólo una picadura de pulga...»:** Burton, *Anatomy of Melancholy*, primera parte, sección 1, parte 1, subsección 5, «Melancholy in Disposition, Improperly So Called, Equivocations».

149 **medio ambiente que cuenta... es no compartido:** D. L. Foley, M. C. Neale y K. S. Kendler, «Reliability of a Lifetime History of Major Depression: Implications for Heritability and Co-Morbidity», *Psychological Medicine* 28 (1998): 857-870.

149 **Grupos... han conseguido obtener este mismo resultado:** Véase, por ejemplo, T. C. Eley y J. Stevenson, «Using Genetic Analyses to Clarify the Distinction Between Depressive and Anxious Symptoms in Children», *Journal of Abnormal Child Psychology* 27 (1999): 105-114.

149 **cuando la depresión es cosa de familia:** P. F. Sullivan, M. C. Neale y K. S. Kendler, «Genetic Epidemiology of Major Depression: Review and Meta-Analysis», *American Journal of Psychiatry*, 157 (2000): 1552-1562.

150 **un hallazgo menor:** K. S. Kendler y C. O. Gardner, «Monozygotic Twins Discordant for Major Depression: A Preliminary Exploration of the Role of Environmental Experiences in the Aetiology and Course of Illness», *Psychological Medicine* 31 (2001): 411-413.

151 **predisposición genética a la adicción:** J. M. Hettema, L. A. Corey y K. S. Kendler, «A Multivariate Genetic Analysis of the Use of Tobacco, Alcohol, and Caffeine in a Population Based Sample of Male and Female Twins», *Drug and Alcohol Dependence* 57 (1999): 69-78; K. S. Kendler *et al.*, «A Population-Based Twin Study in Women of Smoking Initiation and Nicotine Dependence», *Psychological Medicine* 29 (1999): 299-308.

154 **tienden a «implicarse en entornos de alto riesgo»:** K. S. Kendler, L. M. Karkowski y C. A. Prescott, «Causal Relationship Between Stressful Life Events and the Onset of Major Depression», *American Journal of Psychiatry* 156 (1999): 837-841. Los datos muestran asimismo que los genes de la depresión operan parcialmente incrementando (probablemente vía temperamento) la probabilidad de experiencias estresantes (K. S. Kendler y L. M. Karkowski-Shuman, «Stressful Life Events and Genetic Liability to Major Depression: Genetic Control of Exposure to the Environment?», *Psychological Medicine* 27 [1999]: 539-547).

155 **análisis estadístico global:** En Kendler, Gardner y Prescott, «Toward a Comprehensive Development Model». Si la depresión es más heredable de lo que sugieren las estimaciones actuales —si la inexactitud del diagnóstico ha conducido a una subestimación del papel de los genes—, entonces la parte medioambiental del modelo es asombrosamente completa en su alcance, y unas experiencias bastante «rudas» son las que tienen importancia para la iniciación de los episodios depresivos.

155 **Freud... pena... persistente:** En *Duelo y Melancolía* (1917).

156 **causas «fuente»:** Es decir, Kendler descubrió que aunque estos cuatro factores pueden provocarse mutuamente (como cuando la genética de un niño conduce a conflictos familiares), no hay nada que las provoque (de manera que, por ejemplo, la ansiedad en un niño, en la medida en que se produce sobre una base ambiental, no conduce al abuso en la infancia).

157 **las circunstancias... son benignas:** El equipo de Kendler evaluó el ambiente familiar mediante estimaciones repetidas, tanto para los gemelos como para los padres, del calor paternal y el tono familiar, y a través de preguntas específicas sobre discusiones, violencia doméstica, apoyo mutuo y demás.

158 **alcohólicos deprimidos... pérdidas gliales:** Rajkowska, comunicación personal. Véase también J. J. Miguel-Hidalgo y G. Rajkowska, «Comparison of Prefrontal Cell Pathology Between Depression and Alcohol Dependence», *Journal of Psychiatric Research* 37 (2003): 411-420. Los dos trastornos parecen tener distintos efectos destructivos sobre el córtex prefrontal, así como diferentes efectos sobre el hipocampo. La combinación de depresión y alcoholismo se traduce en una pérdida glial precortical especialmente extensa.

160 **provocación o «encendido»:** El concepto de encendimiento procede de modelos de epilepsia animal. Pequeñas corrientes aplicadas al cerebro de un ratón pueden no provocar aparente respuesta... hasta que finalmente una corriente de la misma magnitud desencadena un ataque. Más tarde, estímulos bastante menores pueden dar lugar a un ataque. Con el tiempo, el animal sufre ataques de forma espontánea. Muchas enfermedades tienen un esquema contrario. Si contraes la varicela, puedes volverte inmune a posteriores exposiciones al virus varicela-zóster. La teoría del encendimiento de la depresión es en gran parte obra de Robert Post del NIMH. Yo analicé esta investigación en *Escuchando al Prozac.*

160 **Riesgo y experiencia:** K. S. Kendler, L. M. Thornton y C. O. Gardner, «Genetic Risk, Number of Previous Depressive Episodes, and Stressful Life Events in Predicting Onset of Major Depression», *American Journal of Psychiatry* 158 (2001): 582-586.

160 **afectan los genes al proceso de encendido:** K. S. Kendler, L. M. Thornton y C. O. Gardner, «Stressful Life Events and Previous Episodes in the Etiology of Major Depression in Women: An Evaluation of the "Kindling" Hypothesis», *American Journal of Psychiatry* 157 (2000): 1243-1251.

162 **indicadores... modestamente proféticos:** Véase esta discusión sobre «depresión atípica» en *Escuchando al Prozac.* En la investigación sobre este tema realizada por el grupo de Donald Klein en la Universidad de Columbia figuran J. W. Stewart *et al.*, «Atypical Features and Treatment Response in the National Institute of Mental Health Treatment of Depression Collaborative Research Program», *Journal of Clinical Psychofarmacology* 18 (1998): 429-434; M. R. Liebowitz *et al.*, «Antidepressant Specificity in Atypical Depression», *Archives of General Psychiatry* 45 (1988): 129-137, y muchos otros artículos.

162 **monografía de despedida:** G. Winokur, «All Roads Lead to Depression: Clinically Homogeneous, Etiological Heterogeneous», *Journal of Affective Disorder* 45 (1997): 5-17.

12. LA MAGNITUD

166 peso... de la enfermedad: El grueso de los datos en este capítulo está sacado de las obras monumentales editadas por Christopher J. L. Murray y Alan D. Lopez: *The Global Burden of Disease: A Comprehensive Assessment of Mortality and Disability from Diseases, Injuries, and Risk Factors in 1990 and Projected to 2020* y *Global Health Statistics: A Compendium of Incidence, Prevalence, and Mortality Estimates for over 200 Conditions*. Ambas fueron publicadas en 1996 por la Harvard School of Public para la Organización Mundial de la Salud y el Banco Mundial y distribuidas por la Harvard University Press. Los hallazgos fueron resumidos en una serie de monografías en *Lancet*, incluyendo C. J. Murray y A. D. Lopez, «Global Mortality, Disability, and the Contribution of Risk Factors: Global Burden of Disease Study», *Lancet* 349 (1997): 1436-1442.

166 primeros años de la vida adulta: Esta evaluación surge de las preferencias que las personas expresan en las encuestas: «¿A qué edad le gustaría tener que soportar la discapacidad?» «¿Cuánto pagaría para añadir un año de vida a una determinada edad?» El valor de un año de vida llega al máximo durante el comienzo de los veinte años. El gráfico resumen aparece en la p. 60 del primer volumen, *Global Burden*.

167 ni el sida, ni el cáncer de pecho: En los estudios de *Global Burden of Disease*, el sida figuraba en la posición 28 en los datos de 1990, cuando la depresión mayor ocupaba el cuarto lugar; en los datos proyectados a 2020, la depresión se desplaza al número 2 y el sida salta al número 10. Para los países en vías de desarrollo, se espera que la depresión se desplace al tercero, tras la enfermedad cardíaca isquémica (como la mayor parte de los ataques al corazón) y las enfermedades cerebrovasculares (como la mayoría de los derrames), pero el sida cae nuevamente por debajo de los 10 primeros. El cáncer aparece en una posición baja en las listas. La excepción son los cánceres respiratorios en los países desarrollados en las proyecciones para 2020.

167 diarrea: Un estudio llevado a cabo en el Pakistán rural descubrió que la depresión en las madres era un poderoso factor de riesgo de la diarrea infantil... de modo que parte del peso de la enfermedad diarreica puede ser propiamente atribuido a la depresión: A. Rahman *et al.*, «Impact of Maternal Depression on Infant Nutritional Status and Illnes: A Cohort Study», *Archives of General Psychiatry* 61 (2004): 946-952.

168 siete categorías de gravedad: Para los tipos de discapacidad, véase *Global Burden*, p. 40.

168 Un estudio en curso está actualizando: Estudio Consorcio de la Salud Mental Mundial de la OMS, «Prevalence, Severity, and Unmet Need for Treatment of Mental Disorders in the World Health Organization World Mental Health Surveys», *Journal of the American Medical Association* 291 (2004): 2581-2590.

168 medidas indirectas apoyan: Véanse, por ejemplo, P. S. Wang *et al.*, «Effects of Major Depression on Moment-in-Time Work Performance», *American Journal of Psychiatry* 161 (2004): 1885-1891; W. F. Stewart *et al.*, «Cost of Lost Productive Work Time Among U.S. Workers with Depression», *Journal of the American Medical Association* 289 (2003): 3135-3144; R. C. Kessler *et al.*, «The Effects of Chronic Medical Conditions on Work Loss and Work Cutback», *Journal of*

Occupational and Environmental Medicine 43 (2001): 218-225; G. E. Simon *et al.*, «Depression and Work Productivity: The Comparative Costs of Treatment Versus Nontreatment», *Journal of Occupational and Envirommental Medicine* 43 (2001): 2-9; R. C. Kessler *et al.*, «The Association Between Chronic Medical Conditions and Work Impairment», en *Caring and Doing for Others*, ed. Alice S. Rossi (Chicago, University of Chicago Press, 2001); E. R. Berndt *et al.*, «Lost Human Capital from Early-Onset Chronic Depression», *American Journal of Psychiatry* 157 (2000): 940-947; R. C. Kessler *et al.*, «Depression in the Workplace: Effects on Short-Term Disability», *Health Affairs* 18 (1999): 163-171, y E. R. Bernat *et al.*, «Workplace Performance Effects from Chronic Depression and Its Treatment», *Journal of Health Economics* 17 (1998): 511-535.

169 **más de un 16 por ciento:** R. C. Kessler *et al.*, «The Epidemiology of Major Depresive Disorder: Results from the National Comorbidity Survey Replication (NCS-R)», *Journal of the American Medical Association* 289 (2003): 3095-3105. Los datos de la diabetes proceden de los estudios hechos por los Centers for Disease Control Surveys.

170 **Un estudio reciente:** D. G. Kilpatrick *et al.*, «Violence and Risk of PTSD, Major Depression, Substance Abuse/Dependence, and Comorbidity: Results from the National Survey of Adolescents», *Journal of Consulting and Clinical Psychology* 71 (2003): 692-700. Como un punto de referencia, la prevalencia antes de los veinte años de edad de otra enfermedad corriente crónica y discapacitante, la diabetes, es del 0,25 por ciento, según el CDC.

Acerca de un tema relacionado; se dice a menudo que la depresión es epidémica... que está creciendo rápidamente durante los últimos veinticinco años, especialmente entre los jóvenes. Por razones que tienen poco que ver con la ciencia, y más con mi práctica clínica y mi lectura de novelas de los últimos tres siglos, durante mucho tiempo he creído lo contrario, que la depresión siempre ha sido altamente prevalente y que el reciente incremento es el resultado de unas encuestas más cuidadosas y una información más cierta sobre la patología. (Veo esas ganas de creer en una epidemia como un resultado en parte de una falacia *Gemeinschaft-Gesellschaft* que sataniza a la sociedad industrial o postindustrial e idealiza la naturaleza compasiva de las comunidades en épocas anteriores. Para una profunda descripción de la tendencia a ignorar y negar la depresión franca en una sociedad, véase Nancy Scheper-Hughes, *Saints, Scholars and Schizophrenics: Mental Illnes in Rural Ireland*, 3.ª ed. [Berkeley: University of California Press, 2001].) Yo estaba por tanto interesado en encontrar una sola monografía —un elemento en el famoso Estudio del Condado de Stirling— que encuentre que las tasas de depresión han sido razonablemente constantes desde 1952 a 1992. El mismo estudio hace referencia a la investigación contrastante que muestra que la depresión va en aumento: J. M. Murphy *et al.*, «A Forty-Year Perspective on the Prevalence of Depression: The Stirling County Study», *Archives of General Psychiatry* 57 (2000): 209-215.

170 **tercera causa de muerte:** en edades entre 15 y 19 y entre 20 y 24; para edades de 25-34, es la segunda causa; para los 35-44, la cuarta: *National Vital Statistics Report* 50 (16 septiembre 2002). En lo que se refiere a la relación entre suicidio y depresión, véase también Barklage, «Evaluation and Management». Dado que las causas de suicidio que se presentan en una época avanzada de la

vida —enfermedad terminal o dolor crónico— son menos frecuentes en la adolescencia, es probable que más de la mitad de los suicidios en adolescentes tengan que ver con la depresión. Es difícil calibrar la exactitud de los cálculos, porque la mayor parte de los diagnósticos son efectuados *postmortem*. Los intentos de suicidio (como algo opuesto a los suicidios realizados) a menudo están relacionados con adolescentes que se encuentran menos enfermos; sin embargo, el estudio principal halló que más de un 37 por ciento de los que lo intentaron habían estado deprimidos: M. S. Gould *et al.*, «Psychopathology Associated with Suicidal Ideation and Attempts Among Children and Adolescents», *Journal of American Academy of Child and Adolescent Psychiatry* 37 (1998): 915-923.

170 todos los aspectos: Estos hallazgos proceden de la obra de Ronald Kessler.

170 casi el 8 por ciento: M. W. Weissman *et al.*, «Depressed Adolescents Grown Up», *Journal of American Medical Association* 281 (1999): 1707-1713.

170 simple diagnóstico de depresión: Alexander Glassman, comunicación personal, 2003.

171 espectacular titular en la prensa: A. Solomon, «A Bitter Pill», *The New York Times*, 29 de marzo, 2004. La cifra real puede estar más cerca del 6 por ciento. Los cálculos proceden de la obra de John Greden, citada en Andrew Solomon, *The Noonday Demon* (Nueva York: Scribner, 2001).

171 muerte y depresión realizado en ancianos: R. Schultz *et al.*, «Association Between Depression and Mortality in Older Adults: The Cardiovascular Health Study», *Archives of Internal Medicine* 160 (2000): 1761-1768. Si algo hace el estudio es subestimar el daño que la depresión mayor provoca; los criterios utilizados incluyen sujetos en estados depresivos leves que son supuestamente menos letales. Y algunas de las variables eliminadas no son independientes... La depresión puede conducir a un descenso en la clase social. La verdadera contribución de la depresión (menor y mayor) a la mortalidad en la vida avanzada está en algún lugar entre el 24 y el 40 por ciento; la depresión mayor por sí sola casi sin duda confiere un riesgo aún mayor. La relación entre el hábito de fumar y la depresión es complicada; durante mucho tiempo se pensó que la depresión llevaba a fumar, pero es posible que unos factores genéticos y familiares predispongan en paralelo a ambos problemas: K. S. Kendler *et al.*, «Smoking and Major Depression: A Causal Analysis», *Archives of General Psychiatry* 50 (1993): 36-43.

171 Estudios no tan bien elaborados: Reseñado en L. R. Wulsin, G. E. Vaillant y V. E. Wells, «A Systematic Review of the Mortality of Depression», *Psychosomatic Medicine* 61 (1999): 6-17; véase también L. R. Wulsin; «Does Depression Kill?», *Archives of Internal Medicine* 160 (2000): 1731-1732.

172 diabetes desencadenada en el adulto: D. L. Musselman *et al.*, «Relationship of Depression to Diabetes Types 1 and 2: Epidemiology, Biology, and Treatment», *Biological Psychiatry* 54 (2003): 317-329.

172 tumores pueden crecer más deprisa: D. Spiegel y J. Giese-Davies, «Depression and Cancer; Mechanisms and Disease Progression», *Biological Psychiatry* 54 (2003): 369-382; M. Watson *et al.*, «Influence of Psychological Response on Survival in Breast Cancer: A Population-Based Cohort Study», *Lancet* 354 (1999): 1331-1336.

13. EL ALCANCE

174 la definición estándar de depresión: *Diagnostic and Statistical Manual of Mental Disorders: DSM-IV* (Washington, D.C., American Psychiatry Press, 1994): de manera similar el DSM-IV-TR (revisión de texto, 2000).

174 la pérdida no circunstancialmente traumática de un ser querido: Véase el extenso comentario sobre tristeza y depresión en las notas del capítulo 20.

176 «depresión» se aplica desde el punto de vista del pronóstico: R. Kendell y A. Jablensky, «Distinguishing Between the Validity and Utility of Psychiatric Diagnoses», *American Journal of Psychiatry* 160 (2003): 4-12.

177 Un estudio así: El programa hecho en colaboración con el Instituto Nacional de la Salud Mental sobre Psicobiología de la Depresión, comunicado, por ejemplo, en: M. B. Keller y R. J. Boland, «Implications of Failing to Achieve Successful Long-Term Maintenance Treatment of Recurrent Unipolar Major Depression», *Biological Psychiatry* 44 (1998): 348-360; L. L. Judd *et al.*, «Psychosocial Disability During the Long-Term Course of Unipolar Major Depressive Disorder», *Archives of General Psychiatry* 57 (2000): 375-380; T. I. Mueller *et al.*, «Recurrence After Recovery from Major Depressive Disorder During Fifteen Years of Observational Follow-up», *American Journal of Psychiatry* 156 (1999): 1000-1006; T. I. Mueller *et al.*, «Recovery After Five Years of Unremitted Major Depressive Disorder», *Archives of General Psychiatry* 53 (1996): 794-799; M. B. Keller *et al.*, «Time to Recovery, Chronicity, and Levels of Psychopathology in Major Depression: a Five-Year Prospective Follow-up of 431 Subjects», *Archive of General Psychiatry* 49 (1992): 809-816. Véase también Keller, «Past, Present, and Future Directions».

178 Diagnóstico es pronóstico: Véanse Kendell y Jablensky, «Distinguishing Between the Validity and Utility», y Robert A. Woodruff, Donald W. Goodwin y Samuel B. Guze, *Psychiatric Diagnosis* (Nueva York, Oxford University Press, 1974).

179 pacientes con síntomas residuales: Véase la primera nota del capítulo 4, p. 314.

180 criterios de depresión grave: K. S. Kendler y C. O. Gardner, «Boundaries of Major Depression: An Evaluation of DSM-IV Criteria», *American Journal of Psychiatry* 155 (1998): 172-177.

181 ideas suicidas... desenlaces bastante graves: Los mismos resultados se aplican a los cálculos del trastorno hereditario; los pacientes con síntomas más marcados o persistentes son sólo ligeramente más propensos a tener parientes de primer grado en situación de riesgo.

182 criterios para el diagnóstico... menos severos: La *distimia* se caracteriza por un bajo ánimo prolongado. Por tanto: tristeza durante más de la mitad de los días, durante dos años, en donde no aparecen dos meses sin síntomas, y dos o más síntomas adicionales, tales como problemas en el sueño, o excesivo sentimiento de culpa, o ideas suicidas. El distímico no debe experimentar un episodio completo durante los dos primeros años de trastorno de bajo ánimo. La *depresión menor* es exactamente como la depresión mayor pero con menos intensidad: dos semanas de ánimo moderadamente deprimido o apatía, pero sólo uno, o unos pocos, de síntomas adicionales. La *depresión breve recurrente* conlleva una completa intensidad (cinco síntomas, incluyendo la tristeza o la apatía), pero de duración más breve. Los episodios duran menos de dos semanas, pero se repiten mensualmente durante un año. La *depresión sintomática subsindromática* aparece definida en el texto del capítulo.

Véanse N. Sadek y J. Bona, «Subsyndromal Symptomatic Depression: A New Concept», *Depression and Anxiety* 12 (2000): 30-39; L. Pezawas *et al.*, «Recurrent Brief Depression – Past and Future», *Progress in Neuropsychophar-machology and Biological Psychiatry* 27 (2003): 75-83; M. H. Rapaport *et al.*, «A Descriptive Analysis of Minor Depression», *American Journal of Psychiatry* 159 (2002): 637-643; L. L. Judd, P. J. Schettler y H. S. Akiskal, «The Prevalence, Clinical Relevance, and Public Health Significance of Subthreshold Depression», *Psychiatric Clinics of North American* 25 (2000): 685-698; L. L. Judd *et al.*, «Psychosocial Disability During the Long-Term Course of Unipolar Major Depression», *Archives of General Psychiatry* 57 (2000): 375-380; L. L. Judd *et al.*, «A Prospective Twelve-Year Study of Subsyndromal and Syndromal Depressive Symptoms in Unipolar Major Depressive Disorders», *Archives of General Psychiatric* 5 (1998): 694-700; H. S. Akiskal *et al.*, «Subthreshold Depressions: Clinical and Polysomnographic Validation of Dysthymic, Residual and Masked Forms», *Journal of Affective Disorders* 45 (1997): 53-63; L. L. Judd *et al.*, «Socioeconomic Burden of Subsyndromal Depressive Symptoms and Major Depresion in a Sample of the General Population», *American Journal of Psychiatry* (1996): 1411-1417; L. L. Judd *et al.*, «Subsyndromal Symptomatic Depression: A New Mood Disorder?», *Journal of Clinical Psychiatry* 55 (4, suplem.) (1994): 18-28.

184 **incidencia de las depresiones:** L. L. Judd, H. S. Akiskal y M. P. Paulus, «The Role and Clinical Significance of Subsyndromal Depressive Symptoms (SSD) in Unipolar Major Depressive Disorder», *Journal of Affective Disorders* 45 (1997): 5-17.

185 **legitimar una gama de «depresiones»:** La literatura escéptica, que se opone al diagnóstico médico sobre bases que tienen que ver con sus efectos comerciales, es vasta. Uno de los primeros ejemplos, ilustrativo de otros muchos, es Lynn Payer, *Disease-mongers: How Doctors, Drug Companies, and Insurers Are Making You Feel Sick* (Nueva York, John Wiley, 1992).

14. LA CONVERGENCIA

188 **K. Ranga Rama Krishnan:** Gran parte del material de este capítulo procede de conversaciones y correspondencia mantenidas con Ranga Krishnan. Véanse S. H. Lee *et al.*, «Subcortical Lesion Severity and Orbitofrontal Cortex Volume in Geriatric Depression»; *Biological Psychiatry* 54 (2003): 592-533; L. A. Tupler *et al.*, «Anatomic Location and Laterality of MRI Signal Hyperintensities in Late-Life Depression», *Journal of Psychosomatic Research* 53 (2002): 665-676; D. C. Steffens *et al.*, «Cerebrovascular disease and Depression Symptoms in the Cardiovascular Health Study», *Stroke* 30 (1999): 2159-2166; D. C. Steffens y K. R. R. Krishnan, «Structural Neuroimaging and Mood Disorders: Recent Findings, Implications for Classification, and Future Directions», *Biological Psychiatry* 43 (1998): 705-712; K. R. R. Krishnan *et al.*, «Depression and Social

Support in Elderly Patients with Cardiac Disease», *American Heart Journal* 36 (1998): 491-495; K. R. R. Krishnan *et al.*, «MRI-Defined Vascular Depression», *American Journal of Psychiatry* 154 (1997): 497-501; B. S. Greenwald *et al.*, «MRI Signal Hyperintensities in Geriatric Depression», *American Journal of Psychiatry* 153 (1996): 1212-1215; K. R. R. Krishnan y W. M. McDonald, «Arteriosclerotic Depression», *Medical Hypotheses* 44 (1995); 11-15; K. R. R. Krishnan *et al.*, «Leukoencephalopathy in Patients Diagnosed as Major Depressive», *Biological Psychiatry* 23 (1998): 519-522.

189 **más de cinco centímetros:** Krishnan ha compartido conmigo una diapositiva de una lesión de 80 centímetros cúbicos que no provocó ningún problema en la función motora o la percepción sensorial, pero que se tradujo en un trastorno del estado de ánimo. El espacio vacío se extiende aleatoriamente en tres dimensiones por todo el cerebro. K. R. R. Krishnan, comunicación personal, 2004.

191 **Anatómicamente, la depresión vascular:** Las mismas regiones aparecen implicadas en las depresiones asociadas con las enfermedades de Alzheimer, Huntington y Parkinson; en general, las pruebas de la neurología apoyan la hipótesis de que la depresión es una enfermedad coherente con representación bastante uniforme en el cerebro.

191 **un test que consistía en «seguir la pista»:** D. C. Steffens *et al.*, «Performance Feedback Deficit in Geriatric Depression», *Biological Psychiatry* 50 (2001): 358-363.

194 **aumentan el peligro de apoplejía:** K. R. R. Krishnan, «Depression as a Contributing Factor in Cerebrovascular Disease», *American Heart Journal* 140 (2000): S70-S76; E. M. Simonsick *et al.*, «Depressive Symptomatology and Hypertension-Associated Morbidity and Mortality in Older Adults», *Psychosomatic Medicine* 57 (1995): 427-435. Puede ser que, en la depresión, los vasos sanguíneos del cerebro respondan menos flexiblemente de lo que deberían a unos cambios en el flujo y la presión sanguíneos: P. Neu *et al.*, «Cerebrovascular Reactivity in Major Depression: A Pilot Study», *Psychosomatic Medicine* 66 (2004): 6-8.

194 **vínculo... con una deficiente salud cardíaca:** S. Wassertheil-Smoller *et al.*, «Depression and Cardiovascular Sequelae in Postmenopausal Women», *Archives of Internal Medicine* 164 (2004): 289-298; L. E. Wulsin y B. M. Singal, «Do Depressive Symptoms Increase the Risk for the Onset of Coronary Disease? A Systematic Quantitative Review», *Psychosomatic Medicine* 63 (2003): 201-210; N. Frasure-Smith y F. Lespérance, «Depression — A Cardiac Risk Factor in Search of a Treatment», *Journal of the American Medical Association* 289 (2003): 3171-3773; W. Jiang *et al.*, «Patients with CHF and Depression Have Greater Risk of Mortality and Morbidity Than Patients Without Depression», *Journal of the American College of Cardiology* 39 (2002): 919-921; W. Jiang *et al.*, «Relationship of Depression to Increased Risk of Mortality and Rehospitalization in Patients with Congestive Heart Failure», *Archives of Internal Medicine* 161 (2001): 1849-1856; D. E. Bush *et al.*, «Even Minimal Symptoms of Depression Increase Mortality Risk After Acute Myocardial Infarction», *American Journal of Cardiology* 88 (2001); 337-341; I. Connerney *et al.*, «Relation Between Depression After Coronary Artery Bypass Surgery and Twelve-Month Outcome: A Prospective Study», *Lancet* 358 (2001): 1766-1771; F. Lespérance *et al.*, «De-

pression and One-Year Prognosis in Unstable Angina», *Archives of Internal Medicine* 160 (2000): 1354-1360; H. D. Sesso *et al.*, «Depression and the Risk of Coronary Heart Disease in the Normative Aging Study», *American Journal of Cardiology* 82 (1998): 851-861, y N. Frasure-Smith, F. Lespérance y M. Talajic, «Depression and Eighteen-Mont Prognosis After Myocardial Infarction», *Circulation* 91 (1995): 999-1005.

195 **El mayor estudio de psicoterapia:** Investigadores del ENRICHD, «Effects of Treating Depression and Low Perceived Social Support on Clinical Events After Myocardial Infarction: The Enhancing Recovery in Coronary Heart Disease Patients (ENRICHD) Randomized Trial», *Journal of the American Association* 289 (2003): 3106-3116 (las notas finales proporcionan referencias para los elementos previos del estudio).

195 **Curiosamente, el prestigioso:** M. T. Shea *et al.*, «Course of Depressive Symptoms over Follow-up: Findings from the National Institute of Mental Health Treatment of Depression Collaborative Research Program», *Archives of General Psychiatry* 49 (1992): 772-778.

196 **estudio de atención sanitaria mejorada:** N. Frasure-Smith *et al.*, «Randomized Trial of Home-Based Psychosocial Nursing Intervention for Patients Recovering from Myocardial Infarction», *Lancet* 350 (1997): 473-479; N. Frasure-Smith *et al.*, «Long-Term Survival Differences Among Low-Anxious, High-Anxious and Repressive Copers Enrolled in the Montreal Heart Attack Readjustment Trial», *Psychosomatic Medicine* 64 (2002): 571-579. Aunque la asistencia extra a veces resultó perjudicial, era importante disminuir la tasa de depresión en estos pacientes cardíacos; aquellos cuyos trastornos del ánimo remitieron necesitaron menos readmisión hospitalaria para la enfermedad cardíaca.

196 **estudio piloto realizado en la Universidad de Columbia:** Alexander Glassman, comunicación personal, 2003, y A. H. Glassman *et al.*, «Sertraline Treatment of Major Depression in Patients with Acute MI or Unstable Angina», *Journal of the American Medical Association* 288 (2002): 701-709.

197 **entre un 30 y un 40 por ciento de reducción:** Este efecto se mantuvo incluso cuando se controló una variedad de factores de riesgo por parte de los investigadores de ENRICHD, «Effects of Treating Depression».

197 **los depresivos hacían menos ejercicio:** Véase, por ejemplo, H. C. Siegler *et al.*, «Personality Factors Differentially Predict Exercise Behavior in Men and Women», *Women's Health* 3 (1997): 61-70.

198 **anomalías en las plaquetas:** C. B. Nemeroff y D. I. Musselman, «Are Platelets the Link Between Depression and Ischemic Heart Disease?», *American Heart Journal* 140 (4, supl.) (2000): 57-62; D. I. Musselman *et al.*, «Platelet Reactivity in Depressed Patients Treated with Paroxetine», *Archives of General Psychiatry* 57 (2000): 875-882; D. L. Musselman *et al.*, «Exaggerated Platelet Reactivity in Major Depression», *American Journal of Psychiatry* 153 (1996): 1313-1317; V. L. Serebruany, P. A. Gurbel y C. M. O'Connor, «Platelet Inhibition by Sertraline and N-Desmethylsertraline: A Possible Missing Link Between Depression, Coronary Events, and Mortality Benefits of Selective Serotonin Reuptake Inhibitors», *Pharmachological Research* 43 (2001): 453-462. Los SSRI pueden incluso provocar hemorragia como efecto secundario: E. E. Welmoed *et al.*, «Association of Risk of Abnormal Bleeding with Degree of Serotonin Reup-

take Inhibition by Antidepressants», *Archives of Internal Medicine* 164 (2004): 2367-2370.

199 **frecuencia cardíaca constante:** El 16 por ciento de los pacientes deprimidos en la prueba ENRICHD poseían una invariabilidad de la frecuencia cardíaca a un nivel que aumenta el riesgo de muerte cardíaca en casi cinco veces a lo largo de treinta meses; véase R. M. Carney *et al.*, «Depression, Heart Rate Variability, and Acute Myocardial Infarction», *Circulation* 104 (2001): 2024-2028. Véase también M. W. Agelink *et al.*, «Relationship Between Major Depression and Heart Rate Variability: Clinical Consequences and Implications for Antidepresive Treatment», *Psychiatry Research* 113 (2002): 139-149. Por lo que respecta a los efectos de los inhibidores de la recaptación de la serotonina, véase Y. Khaykin *et al.*, «Autonomic Correlates of Antidepressant Treatment Using Heart Rate Variability Analysis», *Canadian Journal of Psychiatry.* Hay incluso pruebas de que la psicoterapia puede mejorar la variabilidad de la frecuencia cardíaca: R. M. Carney *et al.*, «Change in Heart Rate and Heart Rate Variability During Treatment for Depression in Patients with Coronary Heart Disease», *Psychosomatic Medicine* 62 (2000): 639-647.

200 **estudio realizado entre fumadores:** W. H. Sauer, J. A. Berlin y S. E. Kimmel, «Selective Serotonin Reuptake Inhibitors and Myocardial Infarction», *Circulation* 104 (2001): 1894-1898. Los antidepresivos serotonérgicos reducen en dos tercios el riesgo de ataque al corazón. El estudio fue concebido para investigar resultados; para medir los efectos de los antidepresivos en la salud del corazón su diseño no era el ideal.

200 **Las víctimas de la apoplejía también se benefician:** A. Rasmussen *et al.*, «A Double-Blind, Placebo-Controlled Study of Sertraline in the Prevention of Depression in Stroke Patients», *Psychosomatic* 44 (2003): 216-221; para la depresión y el pronóstico posderrame, véase L. S. Williams, S. S. Ghose y R. Swindle, «Depression and Other Mental Health Diagnoses Increase Mortality Risk After Ischemic Strokes», *American Journal of Psychiatry* 161 (2004): 1090-1095.

200 **Iowa y Argentina:** La investigación fue llevada a cabo por Robert Robertson, una autoridad sobre apoplejía y depresión. Las medicaciones estudiadas fueron el Prozac y un antidepresivo (tricíclico) más antiguo, la nortriptilina: R. E. Jorge *et al.*, «Mortality and Poststroke Depression: A Placebo-Controlled Trial of Antidepressants», *American Journal of Psychiatry* 160 (2003): 1823-1829, y K. Narushima y R. G. Robinson, «The Effect of Early Versus Late Antidepressant Treatment on Physical Impairment Associated with Poststroke Depression: Is There a Time-Related Therapeutic Window?», *Journal of Nervous and Mental Disease* 191 (2003): 645-652.

202 **La depresión inducida por el interferón:** L. Capuron *et al.*, «An Exaggerated HPA Axis Response to the Initial Injection of Interferon-Alpha Is Associated with Depression During Interferon Alpha Therapy», *American Journal of Psychiatry* 160 (2003): 1342-1345; L. Capuron *et al.*, «Neurobehavioral Effects of Interferon-Alpha in Cancer Patients: Phenomenology and Paroxetine Responsiveness of Symptom Dimensions», *Neuropsychopharnacology* 26 (2002): 643-652; M. Schaefer *et al.*, «Interferon Alpha and Psychiatric Syndromes: A Review», *Progress in Neuropharmachology and Biological Psychiatry* 26 (2002): 731-746; D. L. Musselman *et al.*, «Paroxetine for the Prevention of Depression

Induced by High-dose Interferon Alfa», *New England Journal of Medicine* 344 (2001): 961-966; F. D. Juengling *et al.*, «Prefrontal Cortical Hypometabolism During Low-Dose Interferon Alpha Treatment», *Psychopharmacology* 152 (2000): 383-389. Me he basado también en las presentaciones del simposio: «Interferon-Induced Neuropsychiatric Side Effects: New Data and Treatments», reunión anual de la Asociación Psiquiátrica Americana, San Francisco, 19 de mayo de 2003.

202 **la regla 80/80:** K. Steven y S. K. Herrine, «Approach to the Patient with Chronic Hepatitis C Virus Infection», *Annals of Internal Medicine* 136 (2002): 747-757.

204 **Las citocinas son moléculas portadoras de señales:** Hay dos clases principales de citocinas, inflamatorias y antiinflamatorias. Aquí y en todas partes me estoy refiriendo a las citocinas inflamatorias.

204 **la supuesta ruta:** Algunos psiquiatras han afirmado que toda depresión es provocada directamente por unos niveles elevados de citocinas. Las citocinas pueden provocar el «malestar» de algunas enfermedades. Según la teoría del malestar provocado por citocina, la depresión no es una enfermedad mental y la tristeza no es el síntoma central; los elementos fundamentales de la depresión son el dolor corporal y una sensación de malestar. Resulta que algunos antidepresivos (¡fármacos todo terreno!) reducen los niveles de citocinas inflamatorias.

El empleo del Paxil y el interferón socava la teoría del malestar producido por citocinas. El antidepresivo parece funcionar alterando la transmisión de la serotonina, los niveles de hormonas del estrés, el flujo sanguíneo en el córtex prefrontal y la neurogénesis... todo ello mientras los niveles de citocinas (el interferón administrado para combatir la infección o el cáncer) permanecen altos. Al ser administrado el interferón, tanto los pacientes medicados con éxito como los naturalmente resistentes continúan sintiendo los síntomas del «malestar» de las citocinas, tales como la fatiga, pero se les evita la tristeza y la apatía. Estos resultados sugieren que el malestar es distinto del trastorno del ánimo y que, cuando las citocinas provocan depresión, lo hacen a través del estrés corriente y las sendas de los neurotransmisores.

Para la teoría disidente, véase Bruce Charlton, *Psychiatry and Human Condition* (Abingdon, O.K., Radcliffe Medical Press, 2000); véanse también H. Anisman y Z. Merali, «Cytokines, Stress and Depressive Illness: Brain-Immune Interactions», *Annals of Medicine* 35 (2003): 2-11, y H. Anisman y Z. Merali, «Cytokines, Stress, and Depressive Illness», *Brain, Behavior and Immunity* 16 (2002): 513-524.

Con respecto a los efectos de los antidepresivos, véanse L. Capuron *et al.*, «Treatment of Cytokine-Induced Depression», *Brain, Behavior, and Immunity* 16 (2002): 575-580; N. Castanon *et al.*, «Effects of Antidepressants on Cytokine Production and Actions», *Brain, Behavior, and Immunity* 16 (2002): 569-574; B. J. Jacobs, «Adult Brain Neurogenesis and Depression», *Brain, Behavior, and Immunity* 16 (2002): 602-609, y C. A. Meyers *et al.*, «Reversible Neurotoxicity of Interleukin-2 and Tumor Necrosis Factor: Correlation of SPECT with Neuropsychological Testing», *Journal of Neuropsychiatry and Clinical Neuroscience* 6 (1994): 285-288.

204 **elevados niveles de citocinas:** D. L. Musselman *et al.*, «Higher than Normal

Plasma Interleukin-6 Concentrations in Cancer Patients with Depression: Preliminary Findings», *American Journal of Psychiatry* 158 (2001): 1252-1257; L. Capuron *et al.*, «Neurobehavioral Effects of Interferon-Alpha in Cancer Patients: Phenomenology and Paroxetine Responsiveness of Symptom Dimensions», *Neuropsychopharmacology* 26 (2002): 643-652; C. L. Raison y A. H. Miller, «Cancer and Depression: New Developments Regarding Diagnosis and Treatment», *Biological Psychiatry* 54 (2003): 283-294; A. H. Miller, «Cytokines and Sickness Behavior: Implications for Cancer Care and Control», *Brain, Behavior and Immunity* 17 (2003): S132-S134.

15. LA RESISTENCIA

206 programas que apuntan: Para dar un ejemplo: en el Sistema de Acogida Familiar de Niños en Oregon, los investigadores consideraron un programa de más alcance que enseñaba capacidades parentales. Los niños en estudio habían sufrido abusos, maltratos, o temprano abandono en su desarrollo. A medida que las estrategias de los padres adoptivos cambiaban, los niveles de hormonas del estrés de los preescolares mejoraban, al igual que la adaptación conductual de los niños (Philip A. Fisher, comunicación personal). Véase también P. A. Fisher *et al.*, «Preventative Intervention for Maltreated Preschoolers: Impact on Children's Behavior, Neuroendocrine Activity, and Foster Parent Functioning», *Journal of the American Academy of Child and Adolescent Psychiatry* 39 (2000): 1356-1364.

207 antiguos antidepresivos... son igualmente eficaces: Este hecho se conoce desde la época en que fueron probadas por primera vez las nuevas medicaciones. En *Escuchando al Prozac*, yo escribí que el Prozac era menos eficaz que anteriores antidepresivos para tratar la depresión mayor. Pensaba que el objetivo especial del Prozac sería el trastorno del estado de ánimo de bajo nivel y en una fase temprana.

207 antiglucocorticoides: Para una visión general, véanse O. M. Wolkowitz y V. I. Reus, «Treatment of Depression with Antiglucocorticoid Drugs», *Psychosomatic Medicine* 61 (1999): 698-711; B. E. Murphy, «Antiglucocorticoid Therapies in Major Depression: A Review», *Psychoneuroendocrinology* 22 (1997): S125-S132, y A. M. Ghadirian *et al.*, «The Psychotropic Effects of Inhibitors of Steroid Biosynthesis in Depressed Patients Refractory to Treatment», *Biological Psychiatry* 37 (1995): 369-375.

209 bloqueo selectivo de los efectos en el cerebro: Una prometedora línea de investigación concierne a la píldora abortiva, RU-486, que a elevadas dosis interfiere con las respuestas, no sólo a las hormonas del sexo, sino también a las hormonas del estrés. Pacientes con depresión psicótica, un maligno trastorno del estado de ánimo cuyos parientes más cercanos pueden ser el trastorno bipolar y la esquizofrenia, a veces responden al RU-486. Este enfoque surge de una observación clínica: un paciente con enfermedad de Cushing fue tratado con RU-486 y su depresión psicótica se resolvió. Véanse J. K. Belanoff *et al.*, «An Open Label Trial of C-1073 (Mifepristone) for Psychotic Major Depression», *Biological Psychiatry* 52 (2002): 386-392; J. K. Belanoff *et al.*, «Rapid Reversal of Psychotic Depression Using Mifepristone», *Journal of Clinical Psychophar-*

macology 21 (2001): 516-521; B. E. Murphy, D. Filipini y A. M. Ghadirian, «Possible Use of Glucocorticoid Receptor Antagonist in the Treatment of Major Depression: Preliminary Results Using RU 486», *Journal of Psychiatry and Neuroscience* 18 (1993): 209-213; K. R. Krishnan y D. Redd, «RU-486 in Depression», *Progress in Neuropsychopharmacology and Biological Psychiatry* 16, n.º 6 (1992): 913-920; L. K. Nieman *et al.*, «Successful Treatment of Cushing's Syndrome with the Glucocorticoid Antagonist RU 486», *Journal of Clinical Endocrinology and Metabolism* 61 (1985): 536-540.

209 **factor liberador de la corticotropina:** C. Heim y C. Nemeroff, «Neurobiology of Early Life Stress: Clinical Studies», *Seminars in Clinical Neuropsychiatry* 7 (2002): 147-159; L. Arborelius *et al.*, «The Role of Corticotropin-Releasing Factor in Depression and Anxiety Disorders», *Journal of Endocrinology* 160 (1999): 1-12; C. B. Nemeroff, «The Corticotropin-Releasing Factor (CRF) Hypothesis of Depression: New Findings and New Directions», *Molecular Psychiatry* 1 (1996): 336-342.

209 **En los roedores, el modelo de... estrés:** D. A. Gutman y C. Nemeroff, «Neurobiology of Early Life Stress: Rodent Studies», *Seminars in Clinical Neuropsychiatry* 7 (2002): 89-95; C. O. Ladd *et al.*, «Long-Term Behavioral and Neuroendocrine Adaptations to Adverse Early Experience», en *Progress in Brain Research: The Biological Basis for Mind-Body Interaccions,* vol. 122, eds. Emeran Mayer y Clifford B. Saper (Amsterdam, Elsevier, 2000); P. M. Plotsky y M. J. Meaney, «Early, Postnatal Experience Alters Hypothalamic Corticotropin-Releasing Factor (CRF) mRNA, Median Eminence CRF Content and Stress-Induced Release in Adult Rats», *Molecular Brain Research (Brain Research)* 18 (1993): 195-200. Asimismo, Paul Plotsky, comunicación personal, 2003. Con respecto al hipocampo como el interruptor atascado, véanse notas del capítulo 10.

210 **«antagonistas»... receptor específico del CRF:** F. Holsboer, «The Rationale for Corticotropin-Releasing Hormone Receptor (CRH-R) Antagonists to Treat Depression and Anxiety», *Journal of Psychiatric Research* 33 (1999): 181-214; M. J. Owens y C. B. Nemeroff, «Corticotropin-Releasing Factor Antagonists: Therapeutic Potential in the Treatment of Affective Disorders», *CNS Drugs* 12 (1999): 85-92.

211 **experimento «prueba de concepto»:** A. W. Zobel *et al.*, «Effects of the High-Affinity Corticotropin-Releasing Hormone Receptor 1 Antagonist R121919 in Major Depression: The First Twenty Patients Treated», *Journal of Psychiatric Research* 34 (2000): 171-181.

212 **Sapolsky... llevando la ciencia a sus límites:** Para una visión general, véase la sección sobre «gene therapy sparing hippocampal synaptic plasticity from stress», en R. M. Sapolsky, «Altering Behavior with Gene Transfer in the Limbic System», *Psysiology and Behavior* 79 (2003): 479-486. La mayor parte del material de origen de estos temas es muy técnico. Véanse H. Wang *et al.*, «Over-Expression of Antioxidant Enzymes Protects Cultured Hippocampal and Cortical Neurons from Necrotic Insults», *Journal of Neurochemistry* 87 (2003): 1527-1534; H. Zhao *et al.*, «Bcl-2 Overexpression Protects Against Neuron Loss Within the Ischemic Margin Following Experimental Stroke and Inhibits Cytochrome C Translocation and Caspase-3 Activity», *Journal of Neurochemistry* 85 (2003): 1026-1036; M. A. Yenari *et al.*, «Gene Therapy for Treatment

of Cerebral Ischemia Using Defective Herpes Simplex Viral Vectors», *Annals of the New York Academy of Sciences* 939 (2001): 340-357, y otros muchos artículos similares detallados en esta serie. Asimismo, Sapolsky, comunicaciones personales, 2001-2004.

212 **neuroprotectores:** Hay muchas de estas sustancias. Algunas realizan funciones tan simples como permitir que la neurona utilice más glucosa para producir energía. Otras protegen contra fases particulares del proceso de daño celular. Como veremos, en algunos modelos, el estrógeno en el cerebro actúa como un neuroprotector.

16. AQUÍ Y AHORA

217 **Fracasan en algunos... Producen daños en otros:** Sé por mis contactos con la prensa que las personas que no han leído *Escuchando al Prozac* a menudo se llevan una impresión equivocada sobre la manera en que describí los antidepresivos. A decir verdad, tuve bastante suerte en haberme anticipado a las preocupaciones sobre el Prozac que han surgido en los doce años transcurridos desde la aparición de mi libro. Enumeré una variedad de efectos secundarios, incluyendo la disfunción sexual, sobre la que dije que ocurría con más frecuencia de lo que se había informado en la literatura oficial. Me referí a las preocupaciones sobre síndromes neurológicos de aparición retardada. Comenté la «tolerancia» al Prozac, cuando el efecto de la medicación se disipa. Me puse de parte de aquellos investigadores que creían que el Prozac podía provocar impulsos suicidas. La catalogación de los efectos negativos era extensa, tratándose de un libro pensado para analizar temas teóricos y no prácticos. Con relación a la eficacia, véase la nota «antiguos antidepresivos... son igualmente eficaces» en p. 336; para más análisis de los impulsos suicidas, véase «pensamientos e impulsos suicidas» en p. 317.

217 **funcionan a medias:** Véase la obra de Martin Keller, citada en las notas de los capítulos 4 y 13.

217 **Pero cuando tienen éxito:** Por mis conversaciones con el público en auditorios, sé que existe la duda extendida de si los antidepresivos funcionan realmente. El escepticismo surge en parte de una cobertura mediática poco crítica de lo que, en mi opinión, es un débil desafío —por parte de unos psicólogos que son partidarios de la psicoterapia— a la investigación que ha demostrado la eficacia de estos medicamentos.

Del mismo modo que el desafío, las objeciones que se presentan son técnicas. En los estudios donde los antidepresivos parecen no ser eficaces, la muestra de pacientes parece contener a personas que no están deprimidas y por tanto tienden a mejorar espontáneamente (o lo justo para tener aspecto sano cuando son nuevamente comprobadas); como resultado, es difícil para el grupo de la medicación parecer diferente del grupo al que se ha administrado el placebo.

Los antidepresivos se han demostrado eficaces en ensayos multizonales a gran escala, cuyos resultados habrían sido publicados en cualquier caso, a favor o en contra. Los antidepresivos previenen la depresión inducida por el interferón y la depresión postapopléjica, revierten la seudodemencia y son eficaces en una gama de enfermedades difíciles de tratar, desde los trastornos del humor *postpartum* hasta la depresión crónica recurrente. Las medicaciones funcionan en los síndromes parecidos a la depresión que se presentan en los mamíferos inferiores. Sería motivo de gran curiosidad científica que estas medicaciones fracasaran únicamente en la depresión corriente y moliente en los seres humanos.

En mi opinión, Donald Klein resulta convincente en su detallada respuesta al desafío de la eficacia. Véanse D. F. Klein «Flawed Meta-Analyses Comparing Psychotherapy with Pharmacotherapy», *American Journal of Psychiatry* 157 (2000): 1204-1211; D. K. Klein, «Listening to Meta-Analysis but Hearing Bias», *Prevention and Treatment* 1 (1998): artículo 0006c, y muchos más sobre este tema.

Para una visión neutral de la eficacia de los antidepresivos, véase J. W. Williams *et al.*, «A Systematic Review of Newer Pharmacotherapies for Depression in Adults: Evidence Report Summary», *Annals of Internal Medicine* 132 (2000): 743-756. Esta valoración, llevada a cabo por un equipo dirigido por un epidemiólogo de asistencia primaria, utiliza los criterios «medicina basada en las pruebas». Los antidepresivos fueron de una y media a dos veces más eficaces que los placebos; una mayoría de pacientes a los que se les adminitró antidepresivos experimentó más de un 50 por ciento de mejoría en sus síntomas. Los estudios resumidos en el análisis son perjudicados por unos elevados índices de retirada: este problema parece enmascarar la eficacia de los antidepresivos, de manera que los índices de mejoría clínica podrían ser más elevados. La eficacia en los niños es baja, pero véase la investigación TADS (Estudio de Tratamiento para Adolescentes con Depresión), citado más adelante.

217 **tianeptina:** A. C. Shakesby, R. Anwyl y M. J. Rowan, «Overcoming the Effects of Stress on Synaptic Plasticity in the Intact Hippocampus: Rapid Actions of Serotonergic and Antidepressant Agents», *Journal of Neuroscience* 22 (2002): 3638-3644; B. Czeh *et al.*, «Stress-Induced Changes in Cerebral Metabolites, Hippocampal Volume, and Cell Proliferation Are Prevented by Antidepressant Treatment with Tianeptine», *Proceedings of the National Academy of Sciences, USA* 98 (2001): 12796-12801; B. S. McEwen *et al.*, «Prevention of Stress-Induced Morphological and Cognitive Consequences», *European Neuropsychopharmacology* 7 (suplem. 3) (1997): S32-S38; M. Frankfurt *et al.*, «Tianeptine Treatment Induces Regionally Specific Changes in Monoamines», *Brain Research* 696 (1995): 1-6; A. Kamoun, B. Delalleau y M. Ozun, «¿Un stimulant de la capture de la sérotonine peut-il être un authéntique antidépresseur? Resultats d'un essai therapéutique multicéntrique multinational», *L'Encéphale* 20 (1994): 521-525, y Y. Watanabe *et al.*, «Tianeptine Attenuates Stress-Induced Morphological Changes in the Hippocampus», *European Journal of Pharmacology* 222 (1992): 157-162.

218 **neuroplasticidad y neurogénesis:** Estos cambios no tienen lugar inmediatamente, sino que se desarrollan a lo largo de cuatro semanas. Este ritmo de cambio en los roedores es comparable al factor tiempo de desarrollo de los antidepresivos en los humanos... La respuesta de la medicación generalmente lleva semanas. Estos y otros detalles de la investigación proporcionan una sugerencia inicial de que la acción antidepresora podría estar vinculada a los efectos sobre el crecimiento neuronal.

218 **Ronald Duman:** Véase nota «factor neurotrófico derivado del cerebro o BDNF»

en p. 321, especialmente los informes sobre neurogénesis y plasticidad neuronal. Nuevamente, la neurogénesis (usando antidepresivos «típicos») no aparece temprano en el tratamiento sino que lo hace después de dos a cuatro semanas... con un 20 a un 40 por ciento de incremento en la formación de nuevas células. La terapia electroconvulsiva, el tratamiento más efectivo contra la depresión, aumenta la neurogénesis en un 50 por ciento. Las medicaciones psicoactivas que no actúan como antidepresivos (por ejemplo, la morfina calmante y el medicamento antipsicótico Haldol) no estimulan la producción de células nerviosas.

La investigación sugiere un mecanismo en el caso de medicaciones como el Prozac. En los modelos con roedores, la liberación de la serotonina produce un incremento en la formación de nueva célula en el hipocampo, mientras que el bloqueo de las sendas de la serotonina se traduce en una pérdida de neurogénesis. En cuanto a nuevas conexiones entre las neuronas existentes —de nuevo brote o neuroplasticidad—, los antidepresivos incrementan los niveles de factores neurotróficos, tales como el BDNF, y al mismo tiempo bloquean la capacidad del estrés de inhibir la producción de estos factores.

219 **René Hen:** R. Hen, comunicación personal, 2003, y L. Santarelli *et al.*, «Requiriments of Hippocampal Neurogenesis for the Behavioral Effects of Antidepressants», *Science* 301 (2003): 805-809.

219 **si la neurogénesis es crucial para:** Dean Hamer ha llamado al transportador de la serotonina «Prozac genético». Puede ser que cuando el gen transportador (5-HTT) protege a las personas de los efectos deprimentes de la adversidad, entre los mecanismos de acción figuren aquellos atribuidos al antidepresivo, a saber, la atenuación de la actividad de la hormona del estrés y la estimulación del crecimiento neuronal. Véase Hamer y Copeland, *Living with Our Genes*.

219 **reanálisis del estudio de Yvette Sheline:** Y. Sheline, M. Gado y H. Kraemer, «Untreated Depression and Hippocampal Volume Loss», *American Journal of Psychiatry* 160 (2003): 1516-1518.

220 **ineficaces para los adolescentes:** Sharon Begley resumió las entrevistas realizadas con los investigadores sobre estos temas en «Why Depression Looks Different in a Kid's Brain», *Wall Street Journal*, 15 de octubre de 2004, A1, A4. Otros investigadores creen que la diferencia en la respuesta tiene que ver principalmente con las diferencias en la impulsividad, que pueden estar relacionadas con la inmadurez del córtex prefrontal en los adolescentes. (En algunos estudios, tales como el TADS [véase la nota «los hallazgos no son uniformes», p. 341], la terapia cognitiva parece ineficaz en los adolescentes, quizás por la misma razón.) Puede existir amplia variación, de manera que los antidepresivos son perjudiciales para algunos adolescentes y de uso inmediato para otros. La cuestión crítica de la protección —si estas medicaciones detienen el progreso del trastorno del humor en los adolescentes— no ha sido bien investigada.

220 *Moments of Engagement*: Nueva York: Norton, 1989.

221 **investigación en psicoterapia durante la pasada década:** La investigación de vanguardia ha tenido lugar en la Universidad de Pittsburgh, bajo la dirección de Ellen Frank y Michael Thase. Dos buenos puntos de partida son E. Frank y M. E. Thase, «Natural History and Preventative Treatment of Recurrent Mood Disorders», *Annual Review of Medicine* 50 (1999): 453-468, y S. D. Hollon,

M. E. Thase y J. C. Markowitz, «Treatment and Prevention of Depression» *Psychological Science in the Public Interest* 3, n.º 2 (2002): 39-77. Un nuevo énfasis sobre tratamientos más breves: H. A. Swartz *et al.*, «A Pilot Study of Brief Interpersonal Psychotherapy for Depression Among Women», *Psychiatric Services* 55 (2004): 448-450.

221 **traumatizados en su temprana infancia:** C. B. Nemeroff *et al.*, «Differential Responses to Psychotherapy Versus Pharmacotherapy in Patients with Chronic Forms of Major Depression and Childhood Trauma», *Proceedings of the National Academy of Science, USA* 100 (2003): 14293-14296.

221 **antidepresivos y psicoterapia:** Un análisis influyente es M. B. Keller *et al.*, «A Comparison of Nefazodone, the Cognitive Behavioral-Analysis System of Psychotherapy, and Their Combination for the Treatment of Chronic Depression», *New England Journal of Medicine* 342 (2000): 1462-1470.

221 **los hallazgos no son uniformes:** Otro esfuerzo a gran escala, el Estudio del Tratamiento para Adolescentes con Depresión (TADS), ha resultado decepcionante en sus resultados iniciales. Observando a 439 adolescentes, el estudio descubrió que el Prozac era eficaz en las fases tempranas del tratamiento de la depresión, en tanto que la terapia cognitiva-conductual no se podía diferenciar del placebo o sólo servía ligeramente de más ayuda que éste. En este ensayo, el Prozac reducía las ideas suicidas pero aparecía asociado con otros «hechos relacionados con el daño», incluyendo intentos suicidas. Se sugirió que cuando se sumaba al tratamiento con medicación, la psicoterapia mitigaba la tendencia a dañarse uno mismo y aumentaba la eficacia del tratamiento en general. Equipo TADS, «Fluoxetine, Cognitive-Behavioral Therapy, and Their Combination for Adolescents with Depression: Treatment for Adolescents with Depression Study (TADS) Randomized Controlled Trial», *Journal of the American Medical Association* 292 (2004): 807-820; R. M. Glass, «Treatment of Adolescents with Major Depression: Contributions of a Major Trial», *Journal of the American Medical Association* 292 (2004): 861-863. Para una visión general más favorable a la psicoterapia, véase S. N. Compton *et al.*, «Cognitive-Behavioral Psychotherapy for Anxiety and Depressive Disorders in Children and Adolescents: An Evidence-Based Medicine Review», *Journal of the American Academy of Child and Adolescent Psychiatry* 43 (2004): 930-959.

El estudio fundamental de terapia cognitiva para la depresión descubrió nuevas ventajas sobre la gestión clínica rutinaria sin psicoterapia: I. Elkin *et al.*, «National Institute of Mental Health Treatment of Depression Collaborative Research Program: General Effectiveness of Treatments», *Archives of General Psychiatry* 46 (1989): 971-982. Pero véase: M. E. Thase *et al.*, «Is Cognitive Behavior Therapy Just a "Nonspecific" Intervention for Depression? A Retrospective Comparison of Consecutive Cohorts Treated with Cognitive Behavior Therapy or Supportive Counseling an Pill Placebo», *Journal of Affective Disorders* 57 (2000): 63-71.

222 **El estudio más importante:** K. Goldapple *et al.*, «Modulation of Cortical-Limbic Pathways in Major Depression: Treatment-Specific Effects of Cognitive Behavior Therapy», *Archives of General Psychiatry* 61 (2004): 34-41; véase también A. L. Brody *et al.*, «Regional Brain Metabolic Changes in Patients with Major Depression Treated with Either Paroxetine on Interpersonal Therapy», *Archives*

of General Psychiatry 58 (2001): 631-640. Una investigación parecida de tratamientos breves para otras enfermedades mentales ha manifestado unos resultados similares: una redistribución de la utilización de la energía en el cerebro.

222 **«ambientes enriquecidos»:** Gould; «Experience-Dependent Effects». Para similares resultados en roedores, véase G. Kemperman, H. G. Kuhn y F. H. Gage,
«More Hippocampal Neurons in Adult Mice Living in an Enriched Environment», *Nature* 386 (1997): 493-495. De forma interesante, el estrés suave en
una fase bastante madura del desarrollo puede «vacunar» contra futuros factores de estrés: K. J. Parker *et al.*, «Prospective Investigation of Stress Inocula-
tion in Young Monkeys», *American Journal of Psychiatry* 61 (2004): 933-941.

223 **Un cuidadoso estudio sugiere:** K. L. Harkness *et al.*, «Does Interpersonal Psychotherapy Protect Women from Depression in the Face of Stressful Life
Events?», *Journal of Consulting and Clinical Psycology* 70 (2002): 908-915; para
resultados similares con la medicación, véase P. M. Furlan *et al.*, «SSRIs Do
Not Cause Affective Blunting in Healthy Elderly Volunteers», *American Journal of Geriatric Psychiatry* 12 (2004): 323-330.

224 **Los teóricos que trabajan en la neurogénesis:** Duman, «Regulation of Adult
Neurogenesis by Antidepressant Treatment», *Neuropsychopharmacology* 25
(2001): 836-844.

225 **En un atrevido trabajo teórico:** B. L. Jacobs, H. van Pragg y F. H. Gage, «Depression and the Birth and Death of Brain Cells», *American Scientist* 88 (2000):
340-345. Véase también Jacobs, «Adult Brain Neurogenesis».

17.   EL FIN DE LA MELANCOLÍA

229 **Hipócrates:** En todo momento, me he basado en gran parte en la obra de mi
difunto y querido instructor en psicoterapia, Stanley W. Jackson, y su *Melan-
cholia and Depression: From Hippocratic Times to Modern Times* (New Haven,
Yale University Press, 1986). Me refiero extensamente a Raymond Klibansky,
Erwin Panofsky y Fritz Saxl, *Saturn and Melancholy: Studies in the History of
Natural Philosophy, Religion, and Art* (Londres, Nelson, 1964).

230 **Aristóteles,** *Problemas.*

230 **la melancolía era molesta:** H. M. Northwood, «The Melancholic Mean: The
Aristotelian *Problema XXX.1*», ponencia presentada en el Congreso Mundial de
Filosofía, Boston, Mass., 12 de agosto de 1998: el autor explica cómo los extre-
mos de la melancolía podrían, a fin de cuentas, concordar con el término medio.

232 **sociólogo alemán:** Wolf Lepenies, *Melancholy and Society*, trad. Jeremy Gaines
y Doris Jones (Cambridge, Mass., Harvard University Press, 1992).

234 **Santa Teresa considera la melancolía:** El pasaje ha sido extraído de Redden,
ed. *The Nature of Melancholy*, pp. 111-112.

235 **la melancolía penetra en Inglaterra:** Lawrence Babb, *The Elizabethan Malady:
A Study of Melancholia in English Literature from 1580 to 1642* (East Lansing,
Michigan State College Press, 1951).

235 **un detective literario:** J. L. Lowes, «The Loveres Maladye of Hereos», *Modern
Philology* 11 (1914): 491-546. Véase también Babb, *The Elizabethan Malady*,
128-174.

235 **Una segunda tradición clásica:** Martha C. Nussbaum, *The Therapy of Desire: Theory and Practice in Hellenistic Etichs* (Princeton, N.J., Princeton University Press, 1994).

238 **Cervantes:** Jean Canavaggio, *Cervantes*; mi colega en Brown, Antonio Carreño, me puso amablemente al corriente sobre ulteriores progresos en la investigación sobre la vida de Cervantes.

239 **«... la locura...»:** *Ibid.*, trad. cast.: Madrid, Espasa Calpe, 3.ª ed., 2005, 302.

239 **«hizo de Hamlet un Werther»:** «Hamlet y Sus Problemas.» En T. S. Eliot *El Bosque Sagrado* (London, Methuen, 1920); Eliot piensa que Hamlet, el personaje, carece de coherencia psicológica.

239 **Hamlet como una maceta:** Johann Wolfgang von Goethe, *Los años de aprendizaje de Wilhelm Meister*, 1796: Carlyle fue un temprano traductor de la obra al inglés.

240 **autobiografía espiritual novelada de Thomas Carlyle:** *Sartor Resartus: La Vida y Opiniones de Herr Teufelsdröckh en Tres Libros*, 1833-1834.

240 **posteriores escritos de Goethe:** *Wilhelm Meister.*

241 **Era muy apreciada por:** W. Dilthey, «*Sartor Resartus:* Philosophical Conflict, Positive and Negative Eras, and Personal Resolution (1891)», trad. Murray Baumgarten y Evelyn Kanes, *Clio* 1, n.º 3 (1972): 40-60.

241 **¿Qué es un poeta?...:** Søren Kierkegaard, *Either/Or*, trad. D. F. Swenson y L. M. Swenson (Princeton, N. J., Princeton Universiry Press, 1944, 1959), vol. 1, 19.

241 **«No hay tortura del cuerpo...»:** *Anatomy of Melancholy*, primer tomo, sección 3, parte 1, «Pronósticos de Melancolía».

242 **reflexiva crítica:** Hervie Ferguson, *Melancholy and the Critique of Modernity* (Londres, Routledge, 1994); tomo la frase «la melancolía es la profundidad de la modernidad» de Ferguson.

243 **la biografía:** Diane Middlebrook, *Her Husband: Hughes and Plath – A Marriage* (Nueva York, Viking, 2003).

243 **... en Occidente:** Joseph Skibell, *The English Disease* (Chapel Hill, N.C.: Algonquin, 2003), 185.

244 **hemorroides:** De forma bastante extraña, las hemorroides se consideraron durante mucho tiempo un trastorno del ánimo. Todavía en la última década del siglo XX, un destacado especialista de la medicina psicosomática sostenía una teoría en la que la inflamación y el sangrado de las almorranas eran un indicador emocional. Llevaba un diario del comportamiento de sus propias venas dilatadas —éstas sangraban sobre todo en los aniversarios de hechos vitales importantes— y compartió su historia con sus colegas en un discurso inaugural de la reunión anual de 1994 de la Sociedad de Medicina Conductual.

245 **Las culturas mantienen:** Harold Bloom, *The Anxiety of Influence; A Theory of Poetry* (Nueva York, Oxford University Press, 1973).

245 **«Está usted deprimido...»:** Walker Percy, *Lost in the Cosmos: The Last Self-Help Book* (Nueva York, Farrar Straus Giroux, 1983).

248 **Los esquizofrénicos son alienados:** Hasta hace poco, la mayoría de los razonamientos de este tipo versaban sobre la esquizofrenia y los estados emparentados. Véase, por ejemplo, el análisis del desapego en Louis A. Sass, *Madness and Modernism: Insanity in the of Modern Art, Literature, and Thought* (Nueva York, Basic Books, 1992).

18. EL ARTE

250 **depresión maníaca:** El estudio clásico sigue siendo el de Frederick K. Goodwin y Kay Redfield Jamison, *Maniac-Depressive Illness* (Nueva York, Oxford University Press, 1990).

251 **un tipo diferente de neurona:** Stephan Heckers, comunicación personal, 2004, y S. Heckers *et al.*, «Differential Hippocampal Expression of Glutamic Acid Decarboxylase 65 and 67 Messenger RNA in Bipolar Disorder and Schizophrenia», *Archives of General Psychiatry* 59 (2002): 521-529; C. Konradi *et al.*, «Molecular Evidence for Mitochondrial Dysfunction in Bipolar Disorder», *Archives of General Psychiatric* 61 (2004): 300-308. Véase también D. Cutter, «Reduced Glial Cell Density».

251 **hipomanía:** Los hipomaníacos son propensos a los episodios depresivos, y existen estados mezclados de depresión excitada. Estas afecciones, junto con la manía, parecen (biológica, genéticamente y en términos del curso de la enfermedad y la unión de las familias) estar relacionadas, no con la depresión mayor, sino con el trastorno afectivo bipolar.

251 **y mejor diseñado, estudio moderno:** N. C. Andreasen, «Creativity and Mental Illness: Prevalence Rates in Writers and Their First-Degree Relatives», *American Journal of Psychiatry* 144 (1987): 1288-1292.

251 **trabajo, extenso como un libro:** Kay Redfield Jamison, *Manic-Depressive Illness and the Artistic Temperamental* (Nueva York, Free Press, 1993).

252 **problemas técnicos:** La preocupación que mis informadores mencionaban más a menudo se refería a los prejuicios (no intencionados) del investigador. Si nos viéramos inducidos a nuestra hipótesis porque Byron y sus compañeros estaban tan evidentemente afectados por un trastorno del ánimo, ¿tendríamos entonces que excluir a los poetas románticos de nuestra investigación? En la investigación estadística, si una hipótesis se desarrolla gracias a las observaciones en una muestra, generalmente se necesita que aquélla sea comprobada en otra muestra independiente.

252 **la hipomanía... parece resultar útil:** Con relación a la hipomanía, véase la extensa obra de Hagop Akiskal. De forma interesante, Oliver Sacks ha afirmado lo contrario. En su opinión, es el estallido de creatividad lo que confiere energía, no lo contrario. Oliver Sacks, *Un antropólogo en Marte: siete relatos paradójicos*, y O. Sacks, «Time and the Nervous System», conferencia de Harriet W. Sheridan, Brown University, Providence, R. I., 13 de abril de 2004.

253 **bipolaridad y liderazgo:** Jamison, *Touched with Fire,* y «Manic-Depressive Illness, Creativity, and Leadership», en Goodwin y Jamison, *Manic-Depressive Illness*, 332-367.

253 **bipolaridad:** J. F. McDermott, «Emily Dickinson Revisited: A Study of Periodicity in Her Work», *American Journal of Psychiatry* 158 (2001): 686-690.

253 **«Escribo cuando soy...»:** Jamison, comunicación personal, 1995.

254 **contribuye a nuestras... percepciones:** Véase también el comentario sobre el litio en *Escuchando al Prozac*.

254 **estudio de artistas bipolares:** M. Schou, «Artistic Productivity and Lithium Prophylaxis Manic-Depressive Illness», *British Journal of Psychiatry* 135 (1979): 97-103.

254 **«el litio prevenía...»:** «Autobiography by Mogens Schou», abril 2002, que se puede encontrar en *www.laskerfoundation.org/awards/library/1987_bio_schou.shtml*;
el ensayo procede de un trabajo en marcha sobre la historia de la terapia con
litio, editada por Johan A. Schioldann.

256 **lo dicen los autores del Renacimiento:** «Escribo sobre la melancolía, para estar ocupado y evitar la melancolía», comunica Burton a su lector en el prefa-
cio de la *Anatomy*. Michel de Montaigne hace unos comentarios parecidos.

257 **«The Alligators»:** John Updike, *The Same Door* (Nueva York, Knopf, 1959).

258 *The Centaur*: Nueva York, Knopf, 1953.

259 **ensayo autobiográfico:** John Updike, *Self-Consciousness: Memoirs*, para la psoriasis y su relación con la escritura, véase F. Meulenberg, «The Hidden Delight
of Psoriasus», *BMJ* 315 (1997): 1709-1711; Vladimir Nabokov era un adepto.

259 **«El nombre de la enfermedad...»:** «From the Journal of a Leper», en John Updike, *Problems and Other Stories* (Nueva York, Knopf, 1976).

259 **«el mundo de ficción de Updike es pobre...»:** C. Ozik, revisión de John Updike, *The Early Stories* en *The New York Times Book Review*; 30 de noviembre
de 2003.

259 **Herzog:** En la novela epónima (Nueva York, Viking, 1964).

260 **En la reciente biografía:** James Atlas, *Bellow* (Nueva York, Randow House,
2000).

261 **héroe militar:** Canavaggio, *Cervantes*.

261 **«el manco sano...»:** *Ibid.*, trad. cast. cit., 417.

19. LO NATURAL

264 **los escritores populares y los filósofos:** Por ejemplo, Daniel Goleman, *Inteligencia Emocional*, y Martha C. Nussbaum, *Upheavals of Thought: The Inte-
ligence of Emotions* (Nueva York, Cambridge University Press, 2001).

264 **psicología evolutiva:** Aquí, me baso principalmente en el resumen de R. M.
Nesse, «¿Is Depression an Adaptation?», *Archives of General Psychiatry* 57
(2002): 14-20. Mi argumento contrario tiene una relación con las formulaciones teóricas de Jerome C. Wakefield, en ensayos como: J. C. Wakefield, «Spandrels, Vestigial Organs, and Such», *Philosophy, Psychiatry, and Psychology* 7
(2001): 253-269; J. C. Wakefield, «Evolutionary History Versus Current Causal
Role in the Definition of Disorder», *Behaviour Research and Therapy* 39
(2001): 347-366, y otros que datan de 1992. Donald Klein aplica esta teoría a
la enfermedad mental, en D. Klein «Harmful Dysfunction, Disorder, Disease,
Illness, and Evolution», *Journal of Abnormal Psychiatry* 108 (1999): 421-439.

268 **En un famoso ensayo:** S. J. Gould y R. C. Lewontin, «The Spandrels of San
Marco and the Panglossian Paradigm: A ritique of the Adaptationist Program-
me», *Proceedings of the Royal Society of London*, 205 (1979): 851-898; véase
también S. J. Gould y E. S. Vrba, «Exaptation — A missing Term in the Science
of Form», *Paleobiology* 8 (1982): 4-15.

270 **El conjunto de síntomas varía:** M. A. Oquendo *et al.*, «Instability of Symptoms
in Recurrent Major Depression: A Prospective Study», *American Journal of
Psychiatry* 161 (2004): 255-261.

271 **línea de investigación:** R. C. Kessler, J. D. McLeod y E. Wethington, «The Costs of Caring: A Perspective on the Relationship Between Sex and Psychological Distress», en Irwin C. Sarason y Barbara R. Sarason, *Social Support; Theory, Research, and Applications* (Dordrecht, Martinus Nijhoff, 1985). Véanse también R. C. Kessler y J. McLeod, «Social Support and Mental Health in Community Samples», en *Social Support and Health*, ed. Sheldon Cohen y S. Leonard Syme (Nueva York, Academic Press, 1985); R. C. Kessler, «Gender and Mood Disorders», en *Women and Health*, ed. Marlene Goldman y Maureen Hatch (San Diego, Academic Press, 2000), y R. C. Kessler, «Gender Differences in Major Depression: Epidemiological Findings», en *Gender and Its Effect on Psychopathology*, ed. Ellen Frank (Washington, D. C., American Psychiatric Press, 2000).

274 **«En Venecia...»:** Andre Codrescu, *Casanova in Bohemia* (Nueva York, Free Press, 2002).

275 **90 por ciento de los adolescentes:** El resultado procede de periódicas encuestas realizadas al comienzo de esta década por el Centro de Estudio Infantil de la Universidad de Nueva York. Véase Harold S. Koplewicz, *More Than Moody* (Nueva York, Putnam, 2000). Véanse también B. Birmaher *et al.*, «Childhood and Adolescen Depression: A Review of the Pas Ten Years, Part I», *Journal of the American Academy of Child and Adolescent Psychiatry* 35 (1996): 1427-1439; P. M. Lewinson *et al.*, «Major Depression in Community Adolescents: Age at Onset, Episode Duration, and Time to Recurrence», *Journal of the American Academy of Child and Adolescent Psychiatry*, 33 (1994): 809-818; P. M. Lewinson *et al.*, «Adolescent Psychopathology, I: Prevalence and Incidence of Depression and other DSM-III-R Disorders in High School Students», *Journal of Abnormal Psychiatry* 102 (1993): 133-144; H. Z. Reinherz *et al.*, «Prevalence of Psychiatric Disorders in a Community Population of Older Adolescents», *Journal of the American Academy of Child and Adolescent Psychiatry* 32 (1993): 369-377, y J. E. Fleming y D. R. Offord, «Epidemiology of Childhood Depressibe Disorders: A Critical Review», *Journal of the American Academy of Child and Adolescent Psychiatry* 29 (1990): 571-580. Los resultados constantes en estos estudios son unos índices elevados de depresión diagnosticable. Otros estudios encuentran altas tasas de recurrencia en la edad adulta.

276 **una cuarta parte de los estudiantes:** Este cálculo procede de los comentarios de Steven Hyman en un coloquio, «Ethical Issues in the Psychopharmacology of Mood», Academia de Ciencias de Nueva York, 13 de julio de 2004. Para una amplia visión general del tratamiento de la depresión en los campus, véase el ejemplar de mayo de 2002 de *Blues Buster*, editado por Hara Estroff Marano.

20. LA ALIENACIÓN

279 **«Supongamos que usted es...»:** C. Elliott, «The Tyranny of Happiness: Ethics and Cosmetic Psychopharmacology», en *Enhancing Human Traits: Ethical and Social Implications*, ed. Eric Parens (Washington, D.C., Georgetown University Press, 1998).

280 **de la ética de la superación:** Carl Elliott, *Better than Well: American Medicine Meets the American Dream* (Nueva York, 2003).

280 **«se parecen sorprendentemente...»:** Elliott, «Tyranny of Happiness», véase también C. Elliott, «Prozac and the Existential Novel: Two Therapies», en *The Last Physician: Walker Percy and the Moral Life of Medicine*, ed. Carl Elliott y John Lantos (Durham, N.C., Duke University Press, 1999). Yo originalmente respondí a algunos de los argumentos de Elliott en P. D. Kramer, «The Valorization of Sadness: Alienation and the Melancholic Temperament», *Hastings Center Report* 30 (marzo-abril, 2000): 13-18, recogido en Elliott y Chambers, eds., *El Prozac como forma de vida*, 48-58.

283 **epilepsia y manifiesta psicosis:** Véase, especialmente, Walker Percy, *The Second Coming* (Nueva York, Farrar Straus Giroux, 1980).

283 **«No quiero poner...»:** Elliott, «Prozac and the Existential Novel». Para aclarar uno de los términos de la discusión filosófica: no estamos considerando unos casos en que los antidepresivos inducen efectos secundarios, como la apatía. Incluso en intervenciones «cosméticas» imaginarias, se supone que la medicación impulsa a una persona a un normal, pero más deseado, o más socialmente premiado, temperamento o estado de la mente.

283 **La Sagrada Comunión como un tema dietético:** *Ibid.*

291 **¿No está justificada la hipersensibilidad?:** Véase también C. Freedman, «Aspirin for the Mind? Some Ethical Worries About Pharmacology», en Parens, ed., *Enhancing Human Traits*.

292 **«autonomía funcional»:** Véanse *Escuchando al Prozac*, y D. F. Klein, «Cybernetics, Activation, and Drug Effects», *Acta Psychiatrica Scandinavica* 77 (supl. 341) (1998): 126-137.

292 **un influyente crítico:** Philip Fisher, *The Vehement Passions* (Princeton, N.J., Princeton University Press, 2002).

292 **Walter Benjamin:** Max Pensky, *Melancholy Dialectics; Walter Benjamin and the Play of Mourning* (Amherst, University of Massachusetts Press, 1993).

293 **separa tristeza de depresión:** Incluso si cumple los criterios, un paciente no puede ser diagnosticado como deprimido si acaba de perder a un ser querido... a menos que «los síntomas persistan más de dos meses o estén caracterizados por un marcado deterioro funcional, preocupación morbosa por la propia inutilidad, ideas suicidas, síntomas psicóticos, o retraso psicomotor». Aquí se trata de distinguir, entre aquellos que han perdido un ser querido, a los que seguirán sufriendo depresión. Los criterios DSM se basan principalmente en la investigación efectuada por Paula Clayton, especialmente P. J. Clayton, «Bereavement», en *Handbook of Affective Disorder*, ed. Eugene S. Paykel (Edinburgh, Churchill Livingstone, 1982).

293 **los elementos de la tristeza a menudo difieren:** P. J. Clayton, «Bereavement and Depression», *Journal of Clinical Psychiatry* 51 (7, supl.) (1990): 34-38; S. Zisook y S. R. Shuchter, «Major Depression Associated with Widowhood», *American Journal of Geriatric Psychiatry* 1 (1993): 316-326; S. Zisook y S. R. Shuchter, «Uncomplicated Bereavement», *Journal of Clinical Psychiatry* 54 (1993): 365-372; S. Zisook y S. R. Shuchter, «Depression Through the First Year After the Death of a Spouse», *American Journal of Psychiatry* 148 (1991): 1346-1352. Estos estudios se refieren tanto a viudos como a viudas. Se sabe menos sobre la for-

ma de la tristeza en los padres que han perdido a un hijo. Por supuesto, la pérdida puede desencadenar patología. Véanse H. G. Prigerson *et al.*, «Traumatic Grief as a Risk Factor for Mental and Physical Morbidity», *American Journal of Psychiatry* 154 (1997): 616-623, y Selby C. Jacobs, *Traumatic Grief: Diagnosis Treatment, and Prevention* (Filadelfia, Brunner/Mazel, 1999).

293 **síntomas de trastornos de ansiedad:** S. Jacobs *et al.*, «Anxiety Disorders During Acute Bereavement: Risk and Risk Factors», *Journal of Clinical Psychiatry* 5 (1990): 269-274.

293 **Freud... los ambivalentes:** *Duelo y Melancolía* (1917).

294 **una clase diferente de duelo:** P. D. Kramer, «Hartstochtelijk Rouwen», *Nexus* 39 (2004): 137-145.

21. DESPUÉS DE LA DEPRESIÓN

299 **la malsana tristeza:** las caracterizaciones son de William Styron; véase capítulo 7, p. 90.

300 **«Almas felices»:** Publicado por Leon Kass, Beyond Therapy: *Biotechnology and the Pursuit of Happiness* (Nueva York, Regan Books Harper Collins, 2003).

300 **el 16 o el 17 por ciento:** Véanse notas del capítulo 12 y Kessler *et al.*, «The Epidemiology of Major Depressive Disorder».

302 **podríamos amar con más generosidad:** Véase mi testimonio ante el Consejo del Presidente sobre Bioética (que se puede encontrar en *www.bioethics.gov*), «Happines and Sadness: Depression and the Pharmacological Elevation of Mood», Washington, D.C., 12 de septiembre de 2002, particularmente el intercambio con Gilbert Meilaender.

302 **«Terencio, esto son estupideces»:** A. E. Housman, *A Shropshire Lad* (1986).

303 **«Por más que amo...»:** Josipovici, *Moo Pak*.

304 **Kundera... quien reserva un elogio especial:** Milan Kundera, *Testaments Betrayed; An Essay in Nine Parts,* trad. Linda Asher (Nueva York, HarperCollins, 1995); Kundera ofrece un horroroso relato de los efectos políticos del temperamento poético lírico en su novela *La vida está en otra parte*, Barcelona, Seix Barral, 1.ª ed., 1979.

304 **Mijaíl Bajtin:** *La cultura popular en la Edad Media y en el Renacimiento*, y M. M. Bajtin, *The Dialogic Imagination: Four Essays,* ed. Michael Holquist, trad., Carly Emerson y Michael Holquist (Austin, University of Press, 1981).

304 **Falstaff de Shakespeare:** Harold Bloom, *Shakespeare: La Invención de lo humano.*

305 **Dante:** R. W. B. Lewis, *Dante* (Nueva York, Lipper/Viking, 2001).

305 **la vida ideal:** Karl Marx y Friedrich Engels, *La ideología alemana,* escrita en 1845-1846.

308 **formar nuevas conexiones neuronales:** Por supuesto, me refiero a nuevas conexiones que funcionan en interés de la resistencia. Aunque en este libro he subrayado la pérdida de dendritas en el hipocampo como una posible causa y resultado de la depresión, la investigación a veces muestra una serie de hechos que contrastan en la amígdala. Ahí, además de provocar poda neuronal, el estrés puede traducirse en la formación de nuevas conexiones, las cuales refuerzan las respuestas al temor.

ÍNDICE

9   *Prólogo*

13   Lo que es para nosotros la depresión

15   1. Recapitulación
25   2. El retorno
43   3. ¿Y si?
55   4. Ambivalencia
61   5. En conjunto
76   6. El encanto
90   7. Más encanto
98   8. Eros
108   9. Una confusión evidente: tres escenas

127   Lo que es la depresión

129   10. De nuevo en conjunto
138   11. Acercándonos
165   12. La magnitud
173   13. El alcance
188   14. La convergencia
206   15. La resistencia
217   16. Aquí y ahora

227   Lo que será la depresión

229   17. El fin de la melancolía
250   18. El arte
262   19. Lo natural
279   20. La alineación
295   21. Después de la depresión

311   *Notas*

Impreso en el mes de enero de 2006
en A&M Gràfic, S. L.
Polígon Industrial La Florida
08130 Santa Perpètua de Mogoda (Barcelona)